1 分析的开端

[美]司各特·索姆斯 著

张励耕 仲海霞 译

20世纪分析哲学史

PHILOSOPHICAL ANALYSIS
in the
TWENTIETH CENTURY

VOLUME 1
THE DAWN OF ANALYSIS

Scott Soames

华夏出版社

HUAXIA PUBLISHING HOUSE

中文版序言

很高兴仲海霞和张励耕翻译了我的这两卷书，希望它们能够助中国的学生和学者更充分地参与到哲学的分析传统中去。这两卷书向读者介绍了分析传统中一个重要的部分，大约从 1900 年到 1975 年。虽然相对于一个已有数千年历史的学科而言，这似乎只是一段短暂的时期，但在此期间出版作品的数量已超过此前所有的时代。

分析传统的出现，部分源自对十九世纪形而上学观念论（metaphysical idealism）的回应，部分源自逻辑的新发展、逻辑与数学的关系以及逻辑在理解和阐释语言意义中的作用。最初，逻辑和语言中的新旨趣集中在对重要概念的分析上，以期找到解决传统哲学问题的新方案。但不久之后，占据主导地位的分析哲学家开始相信，逻辑上的和语言上的新技术需要一种新的哲学观念——在这种新观念中，那些在过去由不可解的、最终说来是误解性的问题所产生的无休止的辩论，将被富有成效的、系统性的哲学探究所取代，这些探究所针对的问题虽然具有挑战性，但完全是可理解的并最终可解决的。然而，人们很快就发现这种宏大的转变不会成功，因为二十世纪三十和四十年代的哲学家用他们精确的分析技术证明，哲学的这种转变将会面临无法修复的缺陷。第一卷讲述的正是上述故事。

第二卷通过如下哲学家或学派来解释分析传统在接下来的四分之一个世纪里的演变：首先是后期维特根斯坦和英国的日常语言学派，然后是威拉德·冯·奥曼·蒯因在科学启发下向自然主义的转变，以及这种转变与唐纳德·戴维森的语言理论的融合，最后是索尔·克里普克对必然性和先天性的概念重构，这种重构改变了分析哲学的轨迹。正是这个时候，分析的传统背离了关于哲学的语言观念，并回归到把逻辑和语言作为哲学理论化的有力工具的早期视野中去。尽管关于哲学的语言视野失败了，但我们在理解哲学各个领域的核心问题方面还是取得了很大进展。第二卷讲述了上述故事，而它的"尾声"部分勾勒了二十世纪结束之际哲学专业化的多元化新纪元。

从今天的视角回顾分析传统，我们将其视为作为整体的西方哲学伟大传统的自然延续，它保留了在科学的概念性基础、数学和所有促进知识的领域的不变的兴趣。只是在如今的二十世纪和二十一世纪，还有更多的东西需要知道。逻辑、语言和科学曾主要被认为是促进知识的工具，现在也是哲学探究的专业化领域的主题。其实，对于每一种自然科学或社会科学而言，如今都有一种发达的或正在兴起的关于该科学的哲学。通过与那些追求更专业化的规范性和经验性探究的人一同推进事业，道德哲学、政治哲学和法哲学（legal philosophy）也获得了新的活力。这就是这两卷书会帮助你们去理解的传统。

这两卷书中译本的翻译和出版对我们所有人而言都很重要。虽然西方哲学在世界各地为人们的生活做出了贡献，但许多人并没有接触到它，或对它知之甚少。我希望这样的状况会改变。生活在西方的我们同样需要来自中国的贡献来帮助改善自己的传统。我们也需要更多对你们哲学传统中伟大作品的翻译和介绍。哲学的工作是永无止境的。哲学帮助我们在人类生活的各个方面取得进步，而分享各自的知识是前进的最好方法。

司各特·索姆斯

2019 年 5 月 22 日

加利福尼亚州洛杉矶

代译序

这部两卷本的《20世纪分析哲学史》，既充分展示了分析哲学从二十世纪初到七十年代的发展历史，也是二十世纪七十年代以来的当代分析哲学的优秀入门教科书之一。

这两卷本以二十世纪初至七十年代这个时期出现的重要分析哲学家及流派为脉络，系统地介绍并分析、评价了摩尔、罗素、维特根斯坦、逻辑实证主义、日常语言学派、蒯因、戴维森、克里普克等人物或学派的哲学思想，同时侧重于语言哲学及元伦理学方面的问题。这部著作在语言表述上非常清晰，对各种哲学观点及论证的阐释、分析非常详细，很适合分析哲学的初学者自学。对于这一时期重要的哲学家提出的经典论证，作者都尝试以更清晰、更详细的方式重构那些论证，使得它们易于被读者理解。同时，作者还吸收了后代学者的研究，详细讨论了对那些经典论证的各种质疑、补充、发展等等。这使得读者不仅能知道过去那些重要哲学家说了什么、有什么观点，而且对他们提出的论证，以及对他们的思想的方方面面，有深入的了解，尤其是了解他们的论证中已经被发现的种种缺陷，以及他们的观点及论证的各种潜在的后续发展。这些后续发展与当代分析哲学的一些研究课题相衔接，所以，这两卷本不仅仅是对分析哲学的早期历史的介绍，同时也可以作为当代分析哲学的很好的入门教材，通过认真阅读这两卷本，读者可以得到很好的分析哲学训练，还可以了解当代分析哲学的一些研究课题的来龙去脉。

二十世纪七十年代以来，分析哲学经历了爆发性的发展，学科分支、研究课题、研究人员及发表的研究文献都大规模增长。二十世纪七十年代以前的分析哲学基本可以概括为"语言分析的哲学"，它侧重于以语言分析为工具来探讨一些哲学问题，尤其是语言哲学及元伦理学方面的问题。但今天的分析哲学研究状况已经完全不同，语言哲学之外的大量学科分支在最近四十多年得到蓬勃发展，哲学研究方法也完全无法再用"语言分析"来概括。今天已经无法用一两本入门读物来全面地介绍当代分析哲学，当代分析哲学也已经远远不是所谓的"语言分析的哲学"。要较全面地了解当代分析哲学，读者应该阅读当代分析哲学中各学科分支的入门教科书，比如语言哲学、心灵哲学、知识论、形而上学、行动哲学、一般科学哲学、各分支科学哲学、元伦理学、规范伦理学、政治哲学等学科分支的入门教科书。分析哲学的发展状况已经与其他自然科学、社会科学分支很相似，即已经出现高度专业化的倾向。对二十世纪七十年代以前的分析哲学发展的研究，在今天一般被看作当代分析哲学的学科分支之一，即"分析哲学史"这一分支。当然，与其他自然科学、社会科学分支相比，分析哲学还是有更强的历史性。因此，了解二十世纪七十年代以前的分析哲学的历史发展，对于学习当代分析哲学的多数学科分支来说都是不可或缺的。这部两卷本的《20 世纪分析哲学史》正是论述二十世纪七十年代以前的分析哲学发展史的最好读物。

这两卷本的作者 Scott Soames 是国际知名的语言哲学专家，现任教于美国南加州大学哲学系，此前曾长期任教于普林斯顿大学哲学系。这两卷本出版以后影响很大，得到很多学者的推荐，笔者也曾在自己主持的一个研究生讨论班中专门研读此书。现在这两卷本的中译本问世，两位译者都是专门研究分析哲学的学者，分别于加拿大麦克马斯特大学（McMaster University）和北京大学获得博士学位。译文清晰流畅，相信这个中译本的出版将给国内学习、研究分析哲学的学生、学者带来很大的便利。能够直接阅读英文文献当然是分析哲学研究者必须具备的能力之一，但是对许多初学者及学生来说，这样一个译本对于快速积累分析哲学的基础知识，快速进入研读前沿研究文献阶段的学习，应该还是非常有帮助的。

分析哲学传统中的哲学研究具有问题导向、重论证、语言表述高度清晰等特征，与之相对的其他一些哲学研究传统，则可能以阐述个别重要哲学家的思想为主，或以诗化的语言（而非严谨的论证）来表达哲学顿悟。问题导向意味着，一篇哲学研究论文或一本哲学专著一般是围绕一个具体的哲学问题展开讨论，而不是围绕某个著名哲学家；重论证则意味着，哲学写作主要在于提出新的论证，或提出支持或反驳某个论证的新理由，而不是在于阐释某个著名哲学家究竟说了什么，持有什么观点。问题导向与重视论证这个目标与策略很自然地要求哲学研究作品在语言表述上高度清晰。因为，表述不够清晰的论证让人无法提出新的理由去支持或反驳，因此表述得晦涩或缺乏系统论证的作品将难以发表，或即使发表了也难免被人忽视或忘却。在个别情形中，也会有一些很晦涩的或缺乏系统论证的作品被一些研究者认为包含了深刻的思想。但即使在这些情形中，研究者们一般也是侧重于受原作品的启发来重构清晰、严谨、系统的论证，以及针对这些重构出的论证来进一步提出新的支持或反驳的理由。至于原作品究竟是什么意思这一点，一般不被研究者们认为是一个很重要的问题——除非你的目的就是做历史研究，而不是研究哲学问题。

分析哲学的这些特征意味着，学习分析哲学主要在于学习针对各种观点提出的各种论证，包括针对一些经典的论证进一步提出的支持或反驳的理由，也包括学习如何分析论证，如何去支持或反驳一个论证等等。另一方面，这也意味着，学习分析哲学不能仅仅是记住几个著名哲学家的观点，重点也不在于尽力去理解某些较晦涩的哲学经典作品究竟是什么意思。因此，对于初学者来说，最好的学习方式是从学习分析哲学各个分支的教科书开始，而不是从阅读过去重要哲学家的经典原作开始。教科书一般既概括、重构了过去重要哲学家的经典原作中提出的对哲学观点的论证，同时又总结综述了近几十年来哲学研究者们提出的新的观点和论证，或对经典论证的种种补充或质疑。阅读教科书对于初学者来说是高效的学习方式。一些表述得较清晰的经典原作可以作为教科书的补充读物来阅读。至于那些晦涩难懂且对其解释争议较大的经典原作，除专业哲学史研究者外，一般研究者则不一定需要去钻研。这种学习分析哲学的方法是目前国际上通行的学习方法，国际上大多数分析传统的哲学系都是以这种方式设置他们的本科及研究生哲学课程体系。这也使得分析哲学教育更接近于哲学以外的其他自然科学及社会科学分支的学科教育。这些科学分支都已经以教科书的方式总结了过去的研究成果，因此学生不必再从原始文献中去学习过去的成果，尤其不必靠钻研晦涩的经典原作来掌握一个学科分支。

分析哲学教科书一般都以哲学研究课题为中心组织内容。一本教科书一般会介绍一个分析哲学分支（如语言哲学、心灵哲学）中的几个研究课题，围绕每个课题展示几种观点及论证，既包括以前的著名哲学家提出的经典观点与论证，也包括最近几十年学者们新提出的观点与论证，以及对各种经典论证的补充或质疑。这部《20 世纪分析哲学史》的作者 Scott Soames 也写过一本语言哲学教科书①，有兴趣的读者可以在阅读本书的同时阅读那本教科书。这些教科书符合分析哲学研究的问题导向特征，能够使得学生迅速地熟悉一个分析哲学分支中一个世纪以来积累起来的主要观点和论证。国内近年来陆续翻译引进了一些这种分析哲学教科书，使得国内的分析哲学学生也能高效地学习并熟悉当代分析哲学的各种研究课题。

这部《20 世纪分析哲学史》属于对早期分析哲学的历史的介绍，所以它不是以研究课题为中心组织内容，而是以人物或学派为中心。但是，这本分析哲学史并不同于国内读者可能比较熟悉的那些西方哲学史教科书。这本分析哲学史不仅仅是讲述历史上那些重要哲学家有什么观点，它用了更多的篇幅来清晰地重构那些重要哲学家提出的论证，并详细讨论对那些论证的种种质疑。在这方面，这部分析哲学史与其他分析哲学教科书是一样的。

不了解分析哲学的研究风格的读者可能会感到疑惑，为什么一本哲学史教科书要用大量的文字去质疑那些著名的哲学家，让人觉得那些著名哲学家的思想似乎一无是处。这正是笔者的一些学生读了这本书的一些章节后得到的印象。但这也正是分析哲学研究的常态。过去的著名哲学家的出色之处在于他们认识到了一些他们的前人及同时代

---

①   S. Soames: *Philosophy of Language*, Princeton University Press, 2010.

人不曾认识到的东西，而不在于他们的思想无懈可击。后人站在前人的肩膀上自然应该比前人看得更清楚一些。分析哲学强调哲学知识的纠正、积累。哲学不是公说公有理、婆说婆有理。当然需要澄清的是，积累常常不在于某种哲学观点、立场被普遍认可接受，不再被质疑，而在于一个哲学论证中的缺陷被更清楚地发现，或者一些新的支持或反对一种哲学立场的理由被发现。这些发现就经常是被普遍认可接受，不再被放弃的。哲学探索的积累正在于这些发现——虽然由于哲学问题的复杂性，这些新的发现一般并不能够决定性地确立或驳倒一种哲学立场。学习分析哲学，包括学习分析哲学史，很大一部分就在于了解这些对经典论证中的缺陷的发现，以及了解支持或反对一种哲学立场的新理由、新论证。这本书正是突出地展示了二十世纪分析哲学史上那些著名的哲学家及哲学流派所提出的论证中所包含的缺陷，详细地介绍了对它们的各种质疑。这些正是学习分析哲学史的学生所应关注的重点。换句话说，学习分析哲学史，重点不在于记住那些著名的哲学家说了什么，而在于认识到他们所说的错误或不足之处是在哪里。这本分析哲学史将很有助于读者认识到这些。

这本书因此包含了大量作者自己提出的分析、判断。对这些分析、判断，读者自然也应该带着质疑的态度去研读。有一点值得在这里特别指出，那就是，这本书的作者 Scott Soames 受克里普克的语言哲学思想的影响非常大，对克里普克特别推崇（虽然他也并不完全接受克里普克的所有观点）。克里普克的影响常常在作者对一些早期分析哲学家的分析、评论中显现出来。如果读者对克里普克的语言哲学思想已经有所了解，这里建议你在阅读本书时可以常常回忆一下克里普克，因为作者时时隐含地将一些早期分析哲学家的思想与克里普克的观点做比较。这可能有助于更深入地理解作者的一些分析判断。另一方面，一些其他学者可能并不像 Scott Soames 那么推崇克里普克的语言哲学思想，他们对克里普克的观点可能持有更多的保留态度，因此他们对这本书的一些分析、判断可能也会持一定的保留态度。另外，需要澄清一下，作者并没有预设读者已经了解当代语言哲学及克里普克的语言哲学思想。即使你没有专门学习过当代语言哲学或克里普克，应该也可以很好地理解这本分析哲学史。

　　另外，这本书完全没有专门讨论分析哲学的鼻祖弗雷格。弗雷格当然属于十九世纪而不是二十世纪，但一本讲述分析哲学早期历史的书没有一章专门讲述弗雷格，而是严格地以世纪之交为界限，将弗雷格排除在外，这还是有点奇怪。要完整了解分析哲学的早期历史，读者可能需要另外补充阅读一些对弗雷格的介绍，好在已经有很多专门介绍弗雷格的论著。

叶　峰

2018.2.28

于北京朝阳区望京花园

此卷献给我的儿子

格雷格

致 谢

这部两卷本的史书，产生自在普林斯顿大学所开的两门讲座课程，导向第一卷的课程持续了很多年，催生了第二卷的则是在 1998、2000和 2002 年。上世纪九十年代中叶某个燥热夏季的傍晚，在穿行布鲁克林大桥的散步途中，我曾经的学生、现在的好友兼同事乔纳森·沃格尔（Jonathan Vogel）第一次向我提出了关于这两卷书设想的建议。这两卷书起源于上述课程，这既反映在所选取的主题上，也反映在这些讨论所处的水平上。尽管这部作品的起源导致了对一些哲学上重要的技术性材料的忽略——例如，得自弗雷格、塔尔斯基和克里普克的材料（我希望在以后的著作中把这些内容囊括进来）——但它还是造就了一部更易于被广泛接受的成品。这两卷中所有的材料，都已经被呈现给参与进阶课程的本科生和低年级研究生——我情愿认为，上述这种事实已经起到了如下作用：强调了广泛的、可理解的主题，而与此同时只在最小的限度上涉及无关紧要的细节。

我对阅读并评论了第一卷手稿的四位表示感谢——我在普林斯顿的同事马克·格林伯格（Mark Greenberg），我长期以来的好友兼哲学上的知己阿里·卡兹米（Ali Kazmi），普林斯顿大学出版社所约的审稿人约翰·霍桑（John Hawthorne），以及我的学生杰夫·斯皮克斯（Jeff Speaks）。这四位都仔细阅读了手稿，并向我提出了详尽而有益的校勘意见。除了同我讨论重要的哲学问题之外，杰夫还在帮助我完成手稿和给出重要的文体上的建议方面——比如每章开头处的概要——起了很大作用。最后，我想感谢自己在出版社的编辑伊恩·马尔考姆（Ian Malcolm），他是本书的责任编辑。最后的最后，对玛莎·邓克尔（Martha Dencker）来说，什么样的感谢都不算过分，因为在我写作这两卷书的全部时间里，她自始至终都给予我无私和不懈的支持，而且给我的生活带来了如此的幸福。

两卷书的导论

本书呈现了一种导引性的概览，这种概览涉及大致从 1900 年到 1975 年间哲学中的分析传统。除了一些值得注意的特例之外，这个传统中的主要作品都由英国和美国的哲学家完成；即使那些并不是用英文写就的作品，通常也很快被译为英文，并主要在英语世界的哲学家中产生影响。幸运的是，这个时期所做的哲学，仍然可以以一种很亲近的方式被讲给我们听，而且无需太多的解释即可被理解。但是，这在时间上距离我们已经足够遥远，因而可以称为历史。回顾一下，我们现在处于这样的位置：将成功与失败相分离，分辨实质性的洞见，以及确定最终究竟什么会是迷途或死路。本书的目的即是进行上述工作。这不仅会涉及解释这个时代最重要的分析哲学家的想法以及他们为什么这样想，还会涉及与他们进行争论，评价他们所取得的成就，并表明他们是如何不尽如人意的。如果哲学史可以帮助我们扩展前辈们来之不易的成就，那么我们必须准备好汲取他们的教训，正如学习他们的成就一样。

在我看来，这段时期内的分析传统所造就的两项最重要的成就是（i）认识到哲学思辨必须扎根于前哲学的思想，（ii）在理解如下这些基本的方法论概念并将它们彼此区分开的方面，取得了成功：逻辑后承、逻辑真理、必然真理和先天真理。就前一项成就而言，一条在该时代最好的分析哲学作品中反复出现的主题便是：人们认识到，无论一个哲学理论抽象地而言有多么吸引人，与产生自常识、科学和其他研究领域——该理论有涉及这些领域的推论——的大部分日常的、前哲学的信条相比，它都不会得到更多可靠的支持。在某种程度上，所有的哲学理论都面临上述这些信条的检验和约束，没有一种切实可行的理论可以大规模地推翻它们。当然，不只是分析哲学家们认识到了这一点；如我们将看到的那样，他们也并不总是可以抗拒创立一种不受约束的、有时非常反直觉的理论的诱惑。不过，这种传统已经拥有了一种修正上述偏差并回归可靠基础的方法。就（ii）而言，与在区分逻辑后承、逻辑真理、必然真理和先天真理，以及理解其中每一项的独特特征方面所取得的成功相比，二十世纪没有任何一项哲学进步比之更重要、影响更深远且注定会更持久。导致了这种成功的斗争道路是漫长而崎岖的，其中有很多弯路。但是，当我们站在一种他们帮助我们达到的立场上来回顾二十世纪诸位伟大的前辈时，便会发现，上述斗争的最终结果，以一种现在才显得明显的方式改变了哲学的图景。

衡量这些成就重要性的一种方法是，它们在分析传统里、在哲学的各个领域内所产生的回响。与之相伴的，还有在更多专门的哲学领域内的重要进步——其中最显著的是逻辑哲学、语言哲学、心灵哲学、科学哲学和知识论。诚然，将哲学这个学科组织成上述这些相独立和专业化的领域，在某种程度上就是这种分析传统的产物。在这种组织下，有专业化兴趣的哲学家和相关联领域内的理论家之间的互动开始增加。这种互动反过来提供了一些重要的理智上的进步。最显著的进步之一，涉及如下一种成长和发展：符号逻辑成为一门很大程度上自主的学科，它在哲学上有重要的运用，对哲学也极为关切。另一项进步，涉及现代语言学和关于自然语言的科学研究的出现，语言哲学和逻辑哲学中的进步已经对这些研究做出重大贡献，并且还将继续做出贡献。

尽管分析哲学家与二十世纪重要的科学和数学进步联姻，但哲学中的分析传统却时常被该领域之外的人——尤其是传统的人文主义者和文人墨客们——误解。一项由来已久的误解是，将分析哲学当作一个高度一致的学派，或是接近哲学的方法，且有一套结构严密的原则来定义它。如同这两卷书的读者将会看到的那样，在自身历史的各个时期内，分析哲学包含着自身的体系和运动，这些体系和运动的确声称拥有关于一般的哲学、哲学方法论或分析性本质的最终真理；或者拥有关于此学科内的广阔领域的最终真理。但是，这些体系或运动都没有形成任何长久共识的基础。任何分析哲学家所面临的最苛刻和最有效的反对者，总是其他的分析哲学家。有时，最苛刻的批评是自我批评。逻辑实证主义这项运动，就被广泛地认为是被自己的支持者驳倒的。如第一卷记载的那样，逻辑实证主义者清楚阐述了他们的基本设想，并用如下方式对之进行了形式化的表述：这种方式足够清楚和准确，以允许人们来检测这种设想，然后建立反驳论证以最终驳倒该设想。但不幸的是，这些构成了真正进步的事情，在哲学史上太少了。出于这种原因，逻辑实证主义的兴衰，被今天的很多哲学家看作分析传统中的引以为傲的篇章。

如果分析哲学不是一组被哲学家们广泛坚持的一致的原则，那么它是什么？简单的回答是，它是一种特定的历史传统，在其中，G. E.摩尔、伯特兰·罗素和路德维希·维特根斯坦的早期著作为后来的哲学家确立了议程，这三人的著作形成了那些追随他们的哲学家的起点。①今天分析哲学的作品产生自先前的作品，反过来，这些先前的作品又常常可以到二十世纪早期的分析哲学家那里追溯自己的根基。分析哲学是这样一种对影响的追踪。

尽管在分析哲学的历史中没有固定的原则贯穿其中，但还是存在某些足以刻画其特征的基本的主题或倾向。其中最重要的主题或倾向，涉及做哲学的方式。这是一种对清晰、严格和系统论证的理念的含蓄承诺——尽管这是令人犹豫和有瑕疵的。这种承诺通过 G. E. 摩尔极具影响力的著作——写于哲学中分析运动的开端时期的《伦理学原理》——的第一段而得以阐明。

据我看来，在伦理学中，如同在其他所有哲学研究中一样，充斥在其历史中的困难和分歧主要应归于一条非常简单的原因，即在没有首先准确地发现你渴望回答的问题究竟是**什么**的情况下，便试图回答这些问题。即使哲学家们在开始着手回答他们所问的问题

---

① 尽管德国数学家兼哲学家戈特洛布·弗雷格可以被加入这份名单,但总体来说,与其他人相比,他所关心的东西更为专业化和技术化,这一点多年来也限制了他的影响。

之前，**尝试**去发现这些问题是什么，我也不知道这种错误的源头会被清理到多么远的地方去；因为分析和区分的工作通常是非常困难的：我们可能经常无法做出必要的发现，即使我们明确地进行这种尝试。但我倾向于认为，在很多情况下，一种果断的尝试将足以确保获得成功；结果，只要进行了这种尝试，哲学中很多最显著的困难和分歧便会迎刃而解。无论如何，一般而言哲学家们似乎并没有进行这种尝试，无论是否出于这种疏忽，他们仍然努力去证明"是"和"否"可以回答问题，但其实**没有哪个**答案是正确的，这是因为如下事实：呈现在这些哲学家心灵之前的并非一个问题，而是某些答案为"否"、某些答案为"是"的问题。①

这首歌颂明晰性的赞歌表达了一种核心理念，分析传统下的哲学家们时至今日仍然渴求着它，与这些文字在一个世纪前的 1903 年被写下时完全一样。

但是，明晰性并非事情的全部。同样重要的是分析哲学家对论证的承诺。分析传统下所做的哲学，试图通过最强的、可能的理性手段来建立自己的结论。无论一个哲学家想提供关于世界的一般观点，还是仅仅尝试解决某种概念上的混淆，他都被期望通过如下方法来进行工作：形式化地表述清楚的原则，并为所提的论点提供严格的论证。铺陈某种关于世界会是什么样子的思辨上的可能性，却不提供令人信服的理由来使人相信以这种方式看待世界比其他方式更为合理，这是不够的。即使最终没有任何一种看待事情的方式值得所有人赞同，但其中的目标却是，尽可能地推进做研究的理性手段。

这一点与另一条贯穿分析哲学整个时期的基本主题相关。总的来说，分析传统下所做的哲学以真理和知识为目标，这与道德或精神上的进步相对。在生活艺术的实践的和灵感的指导方面，人们很难有所发现，但在意图揭示关于某个给定的研究领域的真理的哲学理论方面，

---

① *Principia Ethica* 前言，(Cambridge : Cambridge University Press)，originally published in 1903。

却可以有很多发现。概言之，分析哲学的目标是发现什么为真，而非为人们的生活提供一味有用的秘方。

分析哲学中第三条一般性的倾向，与成果丰硕的哲学研究的视域有关。分析哲学在其整个历史中，都被外行批评为过度关心技术问题和细节，而忽视哲学的长久大计，放弃了发展广泛的哲学体系的理想。如同读者将会看到的那样，这种批评很大程度上是不准确的；对于宏大、全面的体系或宏伟的哲学抱负来说，分析哲学绝非是个新手。然而，分析传统下的哲学也确实欢迎和接纳一种更加零散的方法。我想，这个传统里有一种广泛的假定，即通过深入细致地研究哲学问题中一个细小的、有一定限制的范围，同时悬置更广阔的、有系统的问题，以此来实现哲学进步，这常常是可能的。将二十世纪分析哲学与至少某些其他传统下或其他时代的哲学区分开的，并非是对哲学体系无条件的拒斥，而是对更细小、更详尽、更严格的研究——这些研究无需受到任何支配性的哲学观点的束缚——的价值的认可。

分析哲学中最后一条倾向——对小规模的哲学研究的认可——在二十世纪后半叶比前半叶变得更为显著。在某种更有限的程度上，在二十世纪西方哲学中一般可以观察到一种类似的趋势——无论其途径是什么。其中的大部分与如下因素有关：职业的制度化，从事哲学教育和写作之人数量的巨大增长，哲学听众的扩充，以及出版平台的蓬勃发展。所有这些因素导致了分析哲学与其他当代学科一样程度的专业化。结果是——不只在分析哲学中——相应的领域变得太大、太专业化、太多样化，以至于一个单独的心灵无法囊括它。我们已经习惯于以这种方式看待其他学科。无论乍看上去多么令人不安，我们都必须也习惯于以这种方式看待哲学。近年来出现的细致、专业化的研究，可以刻画分析哲学的大部分特征，并会持续下去。

当然，这仍然不是事情的全部。依我所见，在二十一世纪初，我们可以不再期望那种宏大的演绎式哲学体系的发展，在过去，这种哲学体系试图提供一种关于世界以及我们在世界中地位的简单而广泛的观点。但是，我们可以，也应当发展哲学景观的实质性部分的广阔的、内容丰富的图景。我相信，做到这一点的方法**不是**背弃这门学科，谨小慎微地去接近界限清楚的哲学问题——这些问题随着时间的流逝已经被证明是非常富有启发性的。相反，这种接近的途径必须补充进这样一种尝试，即从现存的分析性细节的价值中，对一般的主题和课程进行综合与抽象。我们需要在广袤的哲学研究领域更好地创造富于启发性的概览，这需要从头做起——从树木到森林，而不是反其道行之。这两卷书致力于如下想法，即哲学研究的其中一个领域——它需要以上述方式来加以阐明——便是分析哲学自身的历史。

产生于我在普林斯顿的两门常规讲座课程的这两卷书，以两种读者为主要目标。第一种由高年级本科生和低年级哲学研究生组成，他们经过努力应当可以借助这里所呈现的材料进行工作，即使他们之前对所讨论的哲学家知之甚少或全然无知。第二种由高年级研究生和教授组成，他们已经熟悉所涉及的大部分材料，或许会很高兴有机会来填补自己知识中的空缺，并得益于一种对不同哲学家以及作为整体的传统更为丰富的评价和解释的立场。对两种读者来说，首要的目标是帮助他们打造对最近的哲学往事的共识，这些往事照亮了我们今天所处的位置，以及我们在哲学的海洋中航行的方向。

除此之外，如果这两卷书成功地使得抱有成见的、不是哲学家的人更多地理解分析哲学的话，我会感到高兴。在哲学中，如同在任何其他学科中一样，不是专家的人无需关心行家所关心的那些最先进和最深奥的事情。但是，在哲学中尤为重要的是，处于领导地位的想法，至少在某种程度上要为不是专家的人所理解。当代哲学涉及各种各样的理智努力。从长远来看，如果当代哲学要具备持续的价值，那么它就必须影响到那些努力并且被这样的努力所影响。为了做到这一点，在哲学家和各种不同的非哲学家之间必须有一种健康的对话。我希望这两卷书会为这种对话做出贡献。

当然，我的计划有着自身的限制。它当然并不意图去详尽研究二十世纪前七十五年里的分析哲学。对我的计划来说，这个领域过于广阔了——它包括的出版的哲学作品超过了之前所有世纪的总和。不可避免的是，很多重要的分析哲学家被排除在外，所讨论的哲学家的一些重要作品也不得不被冷落或干脆不被提及。这在任何关于这个时代的导论性概览中都是无法避免的。通过补救，我已经试图对所讨论的每个重要哲学家最重要、最具代表性的作品，提供清晰、集中和认真的批判性检查。总之，我已经尝试提供足够的细节，以允许人们理解和恰当地评价这个时代主要的哲学进步。但是，我不打算就任何问题或任何哲学家进行详尽的讨论。

　　一个独特的忽略需要格外注意。逻辑学、逻辑基础和将逻辑技术用于语言研究的著作的一个重要传统，需要被相当节制地处理。这种传统可能被视作由戈特洛布·弗雷格开启，继承者有伯特兰·罗素、早期维特根斯坦、逻辑实证主义者、库尔特·哥德尔、阿隆佐·邱奇（Alonzo Church）、阿尔弗雷德·塔尔斯基、鲁道夫·卡尔纳普、C. I. 路易斯、鲁斯·巴肯·马库斯（Ruth Barcan Marcus）、早期索尔·克里普克、理查德·蒙太古（Richard Montague）、大卫·卡普兰（David Kaplan）、罗伯特·斯塔内克（Robert Stalnaker）、大卫·路易斯（David Lewis）、唐纳德·戴维森以及《命名与必然性》中的克里普克。尽管他们中的多数人都会在这两卷中被加以讨论，但这个传统中更为技术性的部分——这些部分值得单独的一卷书来讨论——却不得不被忽略。这包括一条富于创造性的、历史上完整的研究分支，该分支由十九世纪晚期弗雷格对逻辑的现代观念的形式化表述，以及二十世纪三十年代早期塔尔斯基关于形式化语言中真理和逻辑后承的工作所开启。这条研究分支被如下工作所继承：卡尔纳普对模态逻辑发展中的、塔尔斯基式技术的扩展和重释，C. I. 路易斯、鲁斯·马库斯、索尔·克里普克和其他人所做的贡献，这些贡献导致了一种关于模态逻辑的易于理解的、系统的模型论的发展。在哲学这方面，这种形式化工作，促进了怀疑论者与必然性和可能性观念及其在哲学中的部署的拥护者之间的战争。最终，拥护者获胜，而蒙太古、卡普兰、路易斯、斯塔内克和其他人，则将其精细复杂地运用于自然语言的语义理论、丰富的逻辑语言，以及关于语言使用的实用主义理论。这种形式化工作的传统，接受了出现在罗素、早期维特根斯坦和逻辑实证主义者——这些将在第一卷中讨论——那里的一些问题和主题，并产生出这样的结果：通过第一卷末尾（与蒯因对分析/综合区分的攻击相联系）和第二卷（其中戴维森的著作、克里普克的《命名与必然性》会被详细处理）所讨论的那些方式，使他们的方式回归到分析哲学中不是那么形式化的主流当中。但是，除了这些接触点之外，这段形式化插曲的迷人的历史，及其对于主流分析哲学的更广阔的重要意义，在这里不能被囊括进来。我希望借另外的机会来讲述这段故事。

最后，谈一下关于如何使用这两卷书的问题。我写作它们时的意图是，通过关于这个时代核心的哲学进步的一系列相关联的、有深度的批判性研究，建立一种广阔的、综合性的概览。出于这种原因，这两卷书最好与所讨论的一手文献一同使用。对那些不熟悉相应主题的新手来说，当遇到一个新的哲学家或哲学问题时，我的建议是，首先阅读我的讨论来获得视角，然后阅读这些讨论中所考察的一手材料，最后再重读我的讨论，以达到自己对材料最终的评估。这种方法对于将这两卷书当作教材的课程来说是理想的。但是，勤奋的学生也可以用它来进行自己的工作。我鼓励那些希望走得更远的人，去钻研每个部分后所列的拓展阅读清单。

关于符号的说明

接下来，当我想指涉特殊的语词、表达式或句子——例如，"好"或**好**——时，我会使用双引号或斜体字。[1] 有时我会在同一个例子中使用两种方式——例如，**"知识是善的"是一个为真的英语句子，当且仅当知识是善的**。其中斜体字 [2] 的句子指涉其自身，该句子的第一个组成部分是对如下英文句子的引述：它由语词"知识""是"和"善

---

[1] 译者注：英文原文为"单引号"，在中译本中一般采取双引号或**粗体 + 黑体字**，以下不再——赘述。

[2] 译者注：中译本的**粗体 + 黑体字**，以下同。

的"依次组成。斜体字除了被用于表示引用外，有时还会被用来表示强调，尽管通常被用来表示强调的是粗体字。我相信，根据这些特殊符号所使用的语境，相关的用法是很清楚的。

除了在形式化地表述语词、表达式或句子的概括时，我经常使用加粗的斜体字，这应当被理解为与"角括号"这种技术工具相等同。例如，当解释语言 L 中的诸简单句是如何被组成更大的句子时，我可能会使用（1a）这样的例子，它的意义由（1b）给出。

　　1a. 对语言 L 中的任何句子 A 和 B 来说，A&B 是 L 的一个句子。

　　 b. 对语言 L 中的任何句子 A 和 B 来说，由 A、& 和 B 依次组成的表达式是 L 的一个句子。

根据（1）我们知道，如果"知识是善的"和"无知是恶的"是 L 中的句子，那么"知识是善的 & 无知是恶的"以及"无知是恶的 & 知识是善的"也都是 L 中的句子。

大致来说，（2a）所表明的那种概括具有（2b）所给出的那种意义。

　　2a. 对任一个（或一些）表达式 E 来说，……E……是如此这般的。

　　 b. 对任一个（或一些）表达式 E 来说，由"……""E"和"……"依次组成的表达式是如此这般的。

（3）则给我们提供了一个有些微妙的例子。

　　3a. 对 L 中的任一个名称而言，**"n"指涉 n** 表达了一条真理。

　　 b. 对 L 中的任一个名称而言，由左引号、n、右引号和 n 依次组成的表达式，表达了一条真理。

（4）给出了（3a）的特殊示例：

4a. **"布莱恩·索姆斯"指涉布莱恩·索姆斯**，表达了一条真理。

　b. **"格雷格·索姆斯"指涉格雷格·索姆斯**，表达了一条真理。

最后，我时常使用 *iff* 作为**当且仅当**的缩写。因此，（5a）就是（5b）的缩写。

5a. 对所有 x 而言，x 是一个施事者应当做出的行动，当且仅当（iff）x 是这样一个行为，与该施动者的其他可能的行为选项相比，它产生了更多好的后果。

　b. 对所有 x 而言，x 是一个施事者应当做出的行动，当且仅当（if and only if）x 是这样一个行为，与该施动者的其他可能的行为选项相比，它产生了更多好的后果。

目　录

G.E. 摩尔
论伦理学、认识论
和哲学分析

G. E. MOORE
ON ETHICS, EPISTEMOLOGY,
AND PHILOSOPHICAL ANALYSIS

第一章

常识与哲学分析

本章概要

1. 关于世界的常识性观点

关于我们自身和世界的、我们都知道其为真的命题

否定这种知识的荒谬性

对于哲学的意涵

2. 作为分析的哲学这一观念

分析的例子：感知性知识和伦理学陈述

乔治·爱德华·摩尔（George Edward Moore）于 1873 年出生于伦敦郊区，他是一名医生的儿子。他在学校里学习了古典学——希腊语和拉丁语，并于 1892 年进入剑桥大学，成为了一名古典学学者。在那里的第一年，他遇到了伯特兰·罗素（Bertrand Russell），一位大他两届的学长。罗素鼓励他学习哲学，他听从了这一建议，并取得了很大的成功。他对伦理学和认识论特别感兴趣，这也是他大部分哲学生涯中的首要兴趣。他于 1896 年毕业。在接下来的八年中，他获得了三一学院一系列的奖学金。在那之后，他被视为哲学界一颗冉冉上升的新星。直到 1939 年他从剑桥退休，摩尔和罗素、维特根斯坦（Ludwig Wittgenstein）一起，一直被认为是大不列颠三位最具有影响力、最重要的哲学家。

尽管由于对哲学的诸多贡献而受到高度评价，但 G. E. 摩尔最为

人熟知的，大概是他身为捍卫常识的哲学领军人物。他在其很多著作中都表达了常识性的观点，而这在他发表于 1925 年的著名论文《关于常识的辩护》①中得到最为明确的表达。在那篇文章中，他认为，关于"常识"的命题是那些我们所有人不仅相信、而且很确定我们知道其为真的命题。下面的（1）中列举了一些摩尔认为我们确定知道的常识性命题的例子。

1a. 他（摩尔）有一个人的身体，这个身体是在过去的某个时间出生的，并从出生之后持续地存在于地球的表面或者接近于地球的表面；它经历了变化，一开始很小，随着时间而逐渐长大；并且，它和很多其他事物共同存在着，这些事物都有三维的形状和大小，它与它们在不同的时间或者有接触，或者保持着不同的距离。

1b. 在这些和他的身体共同存在的事物中，有其他的活着的人的身体，这些身体也是在过去的某个时间出生的；它们存在于地球的表面或者接近于地球表面，随着时间而成长；它们和很多其他事物或者有接触，或者保持着不同的距离，就像在（1a）中那样；并且除此以外，这些身体中的某些已经死去了，从而停止了存在。

1c. 地球在他（摩尔）的身体出生之前就已经存在了很多年了；并且在这很多年中，很多人的身体在地球上面生活；在他（摩尔）出生之前，他们中的很多就已经死去了，从而停止了存在。

1d. 他（摩尔）是一个人，具有很多不同种类的经验。比如，（i）他感知到他的身体以及他周围的其他事物，包括其他人的身体；（ii）他观察到关于他所感知到的事物的事实，

---

①　G. E. 摩尔，"A Defense of Common Sense," 收于 J. H. Muirhead 编辑的 *Contemporary British Philosophy*（2nd Series, 1925），重印于 G. E. Moore, *Philosophical Papers*（London: Collier Books, 1962），32—59。（所有的引述均来自于 Collier 版本。）

比如，在某个特定的时间，一个事物比其他事物距离他的身体更近；(iii) 他经常意识到其他一些事实，他在当时并没有对其进行观察，这些包括关于他的过去的事实；(iv) 他有关于他的将来的预期；(v) 他有很多信念，这些信念有些是真的，有些是假的；(vi) 他想象过很多他并不相信的事情，并且，他有很多各种各样的梦和感觉。

1e. 正如他（摩尔）的身体是一个具有像 (1d) 中的那些经验的人（即摩尔他自己）的身体，很多其他人的身体也是那些具有同类经验的人的身体。

最后，除了（1）中摩尔所声称所知道的关于他自己和他的身体的真理之外，他还断言他确定地知道下面这个关于其他人的命题。

2. 很多人知道关于他们自己和他们的身体的命题，这些对应于（1）中列出的那些他（摩尔）声称所知道的关于他自己和他的身体的命题。

这些在（1）和（2）中列出的命题，构成了摩尔所称为的"关于世界的常识性观点"[①] 的核心。他关于常识性命题的立场是，它们构成了哲学的起点，并且，正因如此，它们是不能够被哲学论证所推翻的。他将这些命题表述得如此仔细、缜密，其中部分原因就是，他要表明，**他并没有**将所有那些在历史的某个时期被人们通常所相信的命题都包括在内。例如，关于上帝、宇宙的起源、地球的形状、人类知识的界限、性别之间的差别以及人类本性中的善恶等的命题，**并没有**被包括在摩尔所谓的关于常识的真理之中——不管有多少人相信它们。

尽管他没有试图对此做任何精确的刻画，即什么使得一些命题成为关于常识的真理而同时将其他那些被人们通常所相信的命题排除在

---

① 摩尔，"A Defense of Common Sense," 尤其注意第 32—45 页。

外，他所捍卫的立场是经过精心设计且被严格限定了的，从而使得对其常识性真理的否定显得是荒谬的，甚至是悖谬的。当然，他完全意识到，（1）中的那些命题，它们的否定没有一个是矛盾式；它们中没有一个是必然真理——所谓"必然真理"即不管现实世界是处于哪个可能的世界状态，该命题总是为真。尽管如此，在（1）中的关于摩尔的命题，对于**他**来说是非常难以否定的，正如（2）中相应的关于其他人的命题，对于**他们**来说也是难以否定的。这并不是说，没有哲学家曾经否定过这样的命题——有些哲学家确实否定了它们。然而，摩尔坚持，如果一个哲学家真的否定了这一点，即认为像在（1）中列举的以及在（2）中提到的那种命题没有一个为真，那么仅仅是这个哲学家否定这一点这一事实，就对其观点提供了一个有力的反驳。假设，正如摩尔所做的那样，任何哲学家都是一个在地球上生存的人，他具有经验，并且形成了一些信念，那么我们就可以确信，如果任何哲学家曾经怀疑过什么事情，那么，就有人曾经怀疑过某些事情，从而就有人曾经存在过。这样的话，相应于摩尔关于他自己所做的那些断言，很多关于那个哲学家的断言就必然是真的。摩尔将这一观点表达为（我认为其稍微有一点夸张）："这一命题，即属于这类中的每一种里面的有些命题是真的，是一个有其自身特殊之处的命题，它使得，如果有哲学家曾经否定过它，那么就可以从他否定了它这一事实得出，他这么做必然是错的。"①

　　然而，如何看待摩尔的这一断言，即他**知道**（1）中的命题是真的，以及他更进一步、更为一般性的断言（2）——很多人都**知道**类似的关于他们自身的命题是真的——这样的断言能够被否定吗？当然，这些声称被知道的命题并不是必然真理，它们的否定命题并非矛盾式。有些哲学家否认有任何人真的知道这些命题中的任何一个，而这一立场并非显然不一致或者自我推翻的。这样的哲学家可以前后一致地得出结论说，尽管没有人知道（2）中被错误地说成是被知道的事情，这些事情最终还是可能为真的。尽管难以采信，但这样的立场至少是融

---

① 摩尔，"A Defense of Common Sense"，第 40 页。

贯的。不过，这位哲学家必须要很小心。因为，如果像一些人习惯所做的那样，他接着自信地声称，诸如地球已经存在了很多年、人类在上面繁衍生息这样的命题，是通常为大家所相信的，并构成了关于世界的常识性观念的核心，那么他就一下子陷入了矛盾。因为，一个人自信地声称这一点，就可能被认为是隐含地断定了他知道他所声称的东西，即，有些事情是一般为人们所普遍相信的。然而那就意味着，他在断言，他**知道**有一些人具有一定的信念和经验；从而就难以看出，他如何能做到这一点而不使得自己陷入这样的境地：**知道**很多跟摩尔声称他所知道的（1）中列举出的那些命题同样的事情。最后，除非这个哲学家认为他是唯一的，否则的话他将不得不承认其他人也处于同样的立场上，即也知道同样的事情，从而，他也必须得接受（2）。

摩尔提出这样的讨论，是试图说服他的读者，关于世界的常识性观点应该被视为如此明显正确从而没有异议，正如他所理解的那样。就这一点，我们必须说，他是非常有说服力的。难以想象有什么人真诚且前后一致地否认摩尔的常识性观点的核心论点。摩尔自己确信没有任何人可以这样做。比如，他说：

> 我属于这样的哲学家，即认为在某些根本的特征上，"关于世界的常识性观点"是**完全**为真的。但是必须要记住，在我看来，**所有**的哲学家，无一例外，都跟我一样坚持这个观点（**即，他们都相信其为真**）：而真正的不同之处——通常表达为这样的方式——其实只是在这样的两类哲学家之间的不同，即那些同时**还**持有跟"关于世界的常识性观点"的这些特征不一致的观点的，与那些并不持有这样的观点的。①

毕竟，摩尔会指出，哲学家的生活就跟其他人差不多——依赖他们所认为理所当然的常识性真理而生活，就像他那样。而且，这一点在他们的怀疑论工作中，是和在任何其他事情中一样明显的。在提出

---

① 摩尔，"A Defense of Common Sense"，第44页。

他们的怀疑论学说的时候，他们对其他人进行演讲，出版他们知道将会被购买和阅读的书籍，并且批评他人的作品。摩尔的观点是，在做所有这些事情的时候，他们已经预设了他们的怀疑论学说要否定的东西。如果他的这一点是正确的，那么他关于他们的不一致性的批评将是破坏性的打击。阅读摩尔的作品，或者听摩尔演讲，很多人发现很难不同意他是正确的。

虽然其颇为明显，摩尔的观点还是以其特有的方式显得是雄心勃勃甚至是革命性的。他断言他知道很多其他哲学家认为有问题或者可以怀疑的事情。而且，他并没有通过哲学论证就断言他知道这些事情，而且也没有直接回答针对这种知识的怀疑论的各种反驳。他如何能够做到这一点，这是我们将要在下一章仔细考察的。

现在，我想强调摩尔的立场是如何跟哲学家们对于常识性断言有时候所采取的一种更为怀疑论的立场相对照的。这个怀疑论者所采取的立场是作为这些断言的最终仲裁者或者裁判。采取这一立场的哲学家以此为豪：他并**没有**对前哲学的知识性断言照单全收。给出一些前理论的常识上明显的断言——比如，物体是能够不被感知而存在的，有一些其他的心灵（minds），感知是关于世界的知识的来源——这个哲学怀疑论者通常会问，我们是如何知道这些断言为真的。他认为这样的问题是对此提出了一个挑战，即如何为我们的断言进行**辩护**；如果我们最终不能给出**证明**以满足他的要求，那么他就可以得出结论说，我们最终还是不能够知道这些事情。

更糟糕的是，一些哲学家还声称他们能够表明，我们最为坚定地持有的一些常识信念是假的。当十九世纪末摩尔还是剑桥的一名学生的时候，好几位哲学界的领军人物都坚持这种对常识的极端排斥态度。他们是摩尔的教授和导师。他们所坚持的观点有：

　　　　这样的学说：时间是不真实的（从而，我们的这种日常信念是假的：一些事情在其他一些事情之前发生）；

　　　　这样的学说：实际上，只有一个东西存在，即绝对者（the

absolute)（从而，我们的这种日常观念是假的：这个世界包含了很多各种各样不同的、相互独立的对象），以及

这样的学说：所有存在的本质是精神性的（spiritual）（从而，我们这样的观点是假的：有一些物质实体，它们没有感知能力或者其他精神活动的能力）。

作为一个学生，摩尔被这些相互关联的学说所困惑[1]。特别是，他对这一点感到困惑：支持这些观点的哲学家何以能够认为他们自己可以这样彻底推翻我们日常的、前哲学的看待事物的方式？从什么样的源头，这些思辨哲学家可以得出他们所声称的知识？他们如何能够仅仅通过反思，就达到这样的学说，而他们对于这些学说的确信是如此之有把握，从而能够以此来推翻我们最为根本的前哲学的信念？

正如摩尔所看到的，思辨哲学的原则和关于常识的最为基本的信念之间的冲突，使得人们面临一个选择。在任一这类情况下，一个人必须要么放弃他的常识性的信念，要么放弃思辨哲学的原则。当然，他应该放弃那个他较为不确信的。但是，摩尔想知道，相较于那些最为根本的常识性真理——诸如我们这样的信念：有很多不同的、独立于我们自己而存在的对象和人，一个人如何可以对一个一般性的哲学原则更为确信。最终，摩尔认为，一个人对于一般性的哲学原则的确信永远不可能超过他对于这样的常识性观点的确信。换句话说，摩尔认为，哲学家并不具有这样特殊的知识，它先于或者比这更为可靠：我们先于理论就认为是日常知识的最有力的例子。从而，哲学家们没有任何东西可以被用来推翻我们认为我们所知道的东西里面最为核心和根本的那部分。

摩尔这一立场的效果是，它直接推翻了他的一些老师所做的哲学。根据他的观点，哲学的工作并不是证明或者否证我们都认为我们知道的那些最为基本的命题。我们并没有选择，而只能接受这一点：我们

---

① 参见摩尔的 "An Autobiography"，收于 P. A. Schilpp 编辑的 *The Philosophy of G. E. Moore*，vol. 1，（La Salle，IL：Library of the Living Philosophers，1968）。

知道这些命题。相反，哲学的中心任务是，**解释**我们是如何知道它们的。摩尔认为，进行这项工作的关键是仔细地分析这一点：当我们知道这些命题为真的时候，**我们究竟知道什么**。

摩尔将他的分析方法用于两个重要主题——我们关于外间世界的知识，以及伦理学。关于前者，在摩尔看来，其基本问题可以表述如下：(i) 关于外间世界的知识是基于我们的感觉的；可是 (ii) 由我们的感觉所提供的基本材料是感觉经验，它们是完全在感知者意识中的私人的事件；而 (iii) 我们关于外间世界的知识是关于对象的知识，它们并不是我们所私有的，而是可以公共地为大家所接近的；从而 (iv) 这里有一个鸿沟：一方面，是我们证据的私有性以及对观察者的依赖，另一方面，是我们基于这样的证据所知道的事物的公共性以及不依赖于观察者的独立性。在他的大部分哲学生涯中，摩尔都在努力解释如何能够填平这样的鸿沟。

第二个他运用其分析方法的领域是伦理学。他认为伦理学的中心任务是回答这样两个根本问题：**什么样的事情是就其本身而言为好的（坏的）**？以及，**我们应该（或者不应该）做什么样的行为**？对于第一个问题的回答是由具备这种形式的理论所提供的：

> 对于所有的 x，x 就其自身是好的（坏的），当且仅当，x 是如此这般的。

对于第二个问题的答案被认为是基于对第一个问题的答案的。根据摩尔的观点，一个行为之对错完全由其后果之好坏来决定。从而，在他看来，如果我们能够精确地决定什么是好的、什么是坏的，那么在原则上，我们就能够决定什么样的行为是对的或者是错的——或者说，我们就能够做出这样的决定，基于我们此外还具有这方面完备的知识：关于不同的行为所能够导致的所有后果。当然，我们没有这样的知识，并且永远也不可能具备这样的知识。然而，如果摩尔关于一个行为的道德特质与其后果之好坏之间的关系的看法是正确的，那么我们就处于一个很有利的地位。如果，在这样的位置上，我们能够决定什么（就其自身）是好还是坏的问题，那么，我们关于应该履行什么行为的道德不确定性，将被还原为关于它们所导致的后果方面的日常经验性知识的不足。尽管我们可能不知道，在一个特定的情形下，什么对于我们来说是道德上要求我们做的，我们还是能够精确地知道，什么样事实性的考察将能够解决这一个问题，并且在特别重要的情形中，我们就能够着手寻求必要的证据来使得我们的道德义务变得更为清晰。

然而，最终，摩尔并不能完全支持这个理论。相反，他相信，这里有一个难以解决的问题，它阻碍我们为任何一个具有这种形式的哲学理论提出证明或者是有说服力的论证：**对于所有的 x，x 就其自身是好的（坏的），当且仅当，x 是如此这般的。** 基于我们接下来将要探讨的原因，他认为，一个人只有在这种情况下才能够提出这样的理论，即只有当他能够将"好"（或者"坏"）分析为更为简单的构成性成分的时候。然而，同时他也认为，他发现了一个方法来表明这是不可能做到的。因为"好"是一个简单的性质，不能够被进一步分解为概念上更为基本的组成部分。尽管"好"是能够直接被理解的，它却不能够被定义，或者被分析。基于这个原因，摩尔认为，我们无法通过哲学论证来进一步地证明一个东西是好的，而另一个东西不是，正如我们无法通过哲学论证来进一步地证明一个东西是黄色的，而另一个东西不是那样。在颜色的问题上，我们可能只是简单地看看；在"好"的问题上，我们只能够诉诸我们的道德直觉。我们不能够**证明**任何关于"好"的哲学理论。我们能做的最多只是，澄清概念混淆，从而使得我们的道德直觉正常地工作。在接下来的五十年中，这个破坏性的、令人费解的结论成为分析哲学传统中伦理学理论的核心立场。

在接下来的三章中，我们的任务将是，仔细地考察并评价摩尔关于这些方面的核心学说：关于外间世界的知识，对道德观念的分析，以及理性和论证在伦理学中的作用。

第二章

摩尔论怀疑论、感知和知识

本章概要

1. 摩尔关于一个外间世界的证明

要证明什么以及为什么

怀疑论的根源以及尝试性的反驳

外在对象 *vs.* 依赖于我们的心灵的对象

摩尔的证明

摩尔的论证，以及关于它可以算作一个证明的论证

针对怀疑论者的攻击而捍卫摩尔的证明

怀疑论者关于知识的前提未得到支持

哲学中的适当的起点

摩尔证明的反讽性目的；这个证明的要点是不需要有什么证明

2. 感知，感觉材料与分析

感觉材料

它们是什么；为什么摩尔认为它们是感知的对象

对感知性陈述的分析

我们能够找到对这种陈述内容的分析，从而可以解释我们何以知道

其为真吗？

摩尔关于一个外间世界的证明

我们从可能算是摩尔最为著名的文章、他的《关于一个外间世界

的证明》① 开始。这篇文章发表于 1939 年，即摩尔从剑桥大学退休的同一年，那一年他六十五岁。尽管这篇文章是出现于他职业生涯的后期，却并不是他的最后一个工作。他还是继续在各个大学进行演讲，并且时不时地发表文章近二十年，直到他于 1958 年去世。尽管《关于一个外间世界的证明》是其后期作品之一，其主要想法却至少在它发表前三十年就已经是摩尔哲学观点中熟悉的成分了。例如，这些想法在他发表于 1909 年的文章《休谟的哲学》② 中就有触及，并且在他的著作《一些主要的哲学问题》③ 的第一、五、六章中有相当详细的阐述，而这本书是由他于 1910—1911 年间在伦敦所做的讲座整理出版的。从而，在《关于一个外间世界的证明》发表的时候，其核心观点表达得如此之清楚有力，使得在此之后的几十年内，它在主流分析哲学家中广为流传，影响深远。

要证明什么以及为什么

摩尔用一个摘录自伊曼努尔·康德（Immanuel Kant）的《纯粹理性批判》第二版前言中的句子来开始他的文章：

> "这将仍然是哲学的一个丑闻……在我们之外的事物的存在……必须只能通过信仰而被接受，并且，如果任何人想要怀疑它们的存在，我们将不能够用任何令人满意的证明来反驳他的怀疑。"

摩尔指出，如果这是哲学的丑闻，那么康德显然必定认为这是哲学的工作：对关于在我们之外的事物的存在给出一个令人满意的证明，

---

① 摩尔，"Proof of an External World"，*Proceedings of the British Academy*，vol. 25，1939；重印于他的 *Philosophical Papers*。所有的页码都是指这本书中的。

② 摩尔，"Hume's Philosophy"，*New Quarterly*，November 1909；重印于 Moore，*Philosophical Studies*（Totowa，NJ：Littlefield，Adams & Co.），1968。

③ 摩尔，*Some Main Problems of Philosophy*（New York：Macmillan，1953；reprinted by Collier in 1962）。所有的页码都是指 Collier 版本中的。

并且，这样的证明确实是可以被给出的。康德并不是唯一一个坚持这种观点的人。这一立场为很多哲学家所坚持，特别是从伟大的十七世纪哲学家勒内·笛卡尔（Rene Descartes）之后。这里，摩尔给自己所设定的任务是，（ⅰ）找出这些哲学家认为应该被证明的东西究竟是什么，以及（ⅱ）决定为了达到令人满意的结论，什么样的证明能够被提出，如果真的可以的话。

作为对此的一个背景，我们可以从回顾笛卡尔的遗产开始。笛卡尔在其《沉思》的开头引入了普遍怀疑的方法。他想要怀疑，或者至少是悬置判断，任何他能够想象可以有一丁点儿原因来怀疑的事情。最终，他怀疑所有这些事物的存在：桌子、椅子、其他人、他自己的身体——事实上所有的事情，除了他自己以外，或者用他的话来说，除了他的思想以外。现在，怀疑所有那些笛卡尔所悬置判断的东西，这可能初看起来从好处说是有点人为化，从坏处说就是显得有点病态。虽然如此，他的方法为推进他的这一目标起到了一个重要的准备性作用，即将我们全部知识都建立在一个完全确定的基础之上。除此以外，笛卡尔也为他的怀疑找到了理论上的根据。他说，他可能是在做梦——他可能从来都是处于一个长长的梦境之中，从而，当他认为他是在看、听、摸、尝或者闻着什么东西的时候，他实际上所真正经验到的不过是一些鲜活的梦境。他甚至考虑这样的可能性，即一个恶魔可能导致他具有这样的梦，从而欺骗了他。这就好比想象一下，你的一生都是处于一种深深的昏迷之中——在这个过程中，一个天才的科学家使用电极刺激你的大脑，从而导致你具有那些感觉，就好像你在正常生活中所具有的那样。

通过考虑诸如此类的情形，笛卡尔达到了这样的结论，唯一一个他能够完全确信的事情是，他思考，从而他存在，以及这一点，他具有一些想法、思想、感觉和经验。他为自己所设定的任务就是表明，从这些少得可怜的基础开始，我们如何可以重建所有或者近乎所有我们日常认为自己所知道的东西，并为之提供辩护。他的目标就是表明，我们日常知识的结构如何能够坚实地建立在一个绝对令人确信的基础之上。毫不奇怪，在笛卡尔为达到这一目标所进行的推理中，存在着严重的问题。我认为可以公平地说，最终他并没有成功超出他所严格限定了的起点多少。其结果是，他的一个最为重要的遗产是一个怀疑的方法，至少在理论上，这一方法能够导致我们处于一个高度怀疑的位置——一个笛卡尔自己也没有什么令人信服的方法可以从其逃离的位置。

从这一点开始，一个认识论的计划诞生了——从类似笛卡尔《第一沉思》中的那种怀疑论立场中逃脱出来。从而，我们大概可以说，在摩尔所引用的那段话中，康德似乎认为，哲学的丑闻是没有人可以成功地驳斥笛卡尔的怀疑论。这并不是说现实中确实有哪位这样的怀疑论者需要我们去驳斥，因为难以想象有人可以真诚而前后一致地接受怀疑论者令人难以置信的结论。相反，康德似乎是说，这是一个丑闻，即没有人成功驳斥了由笛卡尔和其他的哲学家所提出的这一假设的怀疑论立场。

摩尔的《关于一个外间世界的证明》应该被看作对于这样的认识论计划的一个回应。注意，我并**没有**说，摩尔的证明**成功地**推翻了笛卡尔的怀疑论，在即便是怀疑论者也将会接受的意义上。我甚至都没有说它是对此的一个**尝试**。在我看来，摩尔的"证明"是对这样的尝试背后的预设所做的冲击。他的目标是，首先，理解怀疑论者的要求是什么，他们为什么会有这样的要求；第二，通过对一些隐含的假设提出质疑，从而动摇怀疑论者的立场。因为正是这些假设导致了怀疑论者对我们关于外间世界的知识提出疑问，并要求那种永远不可能被给予的证明。摩尔的目的与其说是回答怀疑论者的问题，不如说是改变哲学家们看待怀疑论问题的视角。

摩尔从提出这个问题开始：哲学家们一直所尝试证明的究竟是什么。在那个对康德所引用的段落中，其中的问题是**外在于我们的事物**的存在。然而，摩尔注意到，对于康德来说，**外在于我们的事物**这个短语是有歧义的。根据康德，它的一个意义是**物自体**（thing-in-itself），是**跟我们相区分**的，从而被认为是独立于我们的。康德赋予这个词的第二种意义可以用很多种方式来表达：**属于外在表象的事物**（*things belonging to external appearance*），**经验上外在的对象**（*empirically external objects*），**在空间中遭遇的事物**（*things to be met with in space*），以及**在空间中呈现的事物**（*things presented in space*）。

　　这两种意义之间的对照可能看起来很奇怪。我们通常将很多我们在空间中遇到的事物视作由它们自身所存在的、跟我们相区分的并且是独立于我们的。然而，在摩尔的解释下，这并不是康德关于它们的想法。有一个对康德的自然的解读，根据该读法，康德并没有将我们在空间中遭遇的或者在空间中呈现的事物看作与我们完全相区分的。在这种解读下，它们被认为是依赖于心灵的实体，它们的组织和构成部分源于我们的感知和理解的认知性范畴。既然对于康德来说，空间是这些范畴之一，那么他很自然地用这样的短语——**我们在空间中遭遇的事物**，以及**在空间中呈现的事物**，来表示他所称之为**外在表象**的那类依赖于心灵的实体。

　　尽管摩尔没有就此做过多讨论，他可能认为康德的这一点是可以批评的，即康德利用了关于**外在于我们的事物**这个词用法上的歧义性。在这个解释下，即外在于我们的事物是**不依赖于我们的心灵而存在的**，我们可以理解，为什么一个哲学家会断定这是一个丑闻，即从来没有人可以证明这样的事物的存在。通常我们认为，诸如地球、石头和树之类的物质对象是这样的东西，如果它们存在的话，那么它们是独立于我们而存在的。基于此，我们很自然地将康德关于这个所谓的哲学丑闻的评论理解为这样一个断言：对于哲学来说这是一个丑闻，即在康德之前，没有任何人能够向笛卡尔式的怀疑论者证明，诸如地球这样的独立于我们的心灵而存在的事物是确实存在的。类似地，一个人会自然地将康德的断言，即为外在于我们的事物的存在提供一个严格的证明，看作为诸如地球这样独立于我们的心灵的对象的存在提供一个证明，且这样的证明会让即使是笛卡尔主义的怀疑论者也感到满意。然而，康德是否真的试图证明这一点，这并不明显。相反，在一种自然的诠释下，他所做的是表明关于一个依赖于心灵的表象世界的存在和构成等诸多方面的事情。当然，这里的问题是，这样的表象的存在并**不是**自从笛卡尔以来的哲学家们所力图证明的。

尽管这里并不是展开讨论这个问题的地方，还是有另外一种更为善意的对康德进行诠释的方法。根据这种解释，康德所试图证明的，既不是认知上难以接近的物自体，也不是依赖于心灵的表象，而是关于桌子和椅子这样的事物，在我们日常对它们所理解的意义上。根据这个解释，与其说康德试图证明这些日常的事物存在，不如说他试图证明，一个人能够提出和严肃地对待怀疑论的问题，就预设了他已经隐含地承认了这样的对象的存在——外在于、独立于他自己的对象。这样的立场是非常有意思的。然而，遗憾的是，康德自己并没有将它和其他一些更成问题的解释仔细地区分开，从而导致了他的这一区分——一方面关于物自体，另一方面关于外在表象——存在严重的混淆。

这个混淆表明了这一点是很重要的：弄清楚当一个人要求关于**外在于我们的事物**或者**独立于我们的心灵的事物**或者**在空间中遭遇的事物**的存在证明时，他所要求的是什么。由此，摩尔证明的一个必要先决条件是，澄清**他**用这些短语意味着什么。

外在对象 *vs.* 内在于我们的、或者依赖于我们心灵的对象

摩尔是这样来完成这个任务的，即通过区分两类事物：**在空间中遭遇的事物**，相较于**在空间中呈现的事物**。**在空间中遭遇的事物**的例子有桌子、椅子、气泡、石头、树以及地球。**在空间中呈现的事物**的例子有：疼痛（比如当我头疼的时候，有时候我感觉到就在我的眼睛后面有种抽痛）、后像（after images）（比如当我在瞪着看一个黑暗背景前面的明亮灯光之后闭上眼睛，我似乎看到那个明亮的金黄色圆圈在我的视野中心渐渐地变成了蓝色），以及双重影像（double images）（比如我看到的这种影像，当我将一支铅笔靠近我的脸，并同时用手指按住我的一只眼睛，直到我看到双重的影像）。摩尔注意到，这两类事物

之间有两个一般性的区分。

首先，他注意到后像、双重影像，以及疼痛是逻辑上（概念上）私有的。这可以定义如下：

> x 是为 y 所逻辑（概念）上私有的，当且仅当，y 感知或经验到 x 是概念上可能的，但是 y 以外的其他人感知或经验到 x 是概念上不可能的。

比如考虑疼痛。摩尔会说，尽管你所感受到的疼痛和我感受到的疼痛是非常相似的，但是它们不可能是同一个。这个观点的一个结果是，如果你的腿疼，我的腿也疼，这样就有两个疼痛存在，而不是说同时在我们两个人的腿上呈现的同一个疼痛。我并没有感受到你腿上的疼痛，你也没有感受到我腿上的疼痛；我们只是各自感受到各自的疼痛，不管它们之间是如何的类似。根据摩尔，以及很多其他哲学家的观点，这并不是自然的巧合。相反，这是我们用**疼痛**这个词所意味的东西的一部分，即两个人经历到同一个疼痛在概念上是不可能的。摩尔认为同样的观点也适用于后像和双重影像，它们都是逻辑（概念）上私有的。

这对于在空间中遭遇的事物来说并非如此——比如桌子、椅子，以及气泡。一些气泡可能事实上只被一个人 y 所感知。但是并不存在这样的气泡，它被 y 之外的人所感知是概念上荒谬的或者不可能的。从而，气泡，和我们在空间中遭遇的其他事物一样，**不是逻辑（概念）上私有的**。

在空间中遭遇的事物和**在空间中呈现的事物**的第二个不同之处是，正如摩尔对这些词的用法那样，对于在空间中呈现的事物，**存在就是被感知**，而对于在空间中遭遇的事物并非如此。这是说，后像、双重影像以及疼痛只有在它们被感知到或者经验到的情况下才存在。在我的脚停止疼之后，我们通常不认为这个疼痛在我感知不到它的情况下仍然存在（尽管那个造成疼痛的原因可能是如此）。类似地，当我的后像消失了之后，我们并不认为它仍然存在于某处，即使不被感知到。
同样地，这不是自然的巧合。在摩尔看来，它们是这样的事物，即难
以设想它们可以在不被感知或者不被经验的情况下存在。和之前一样，
这对于桌子、椅子、肥皂泡来说并非如此。摩尔说，气泡通常被认为
是只有在它们被感知的情况下才存在的。但是并不存在这样的肥皂泡：
难以设想它可以在不被感知的情况下存在。的确，我们通常假设很多
这类事物事实上确实存在，即使没有任何人感知到它们。

由此，摩尔接着试图证明有一些事物是在空间中遭遇的，这被理
解成是说，如果 x 是在空间中遭遇的，那么 x 是这样的一类事物，它
们可以不被感知而存在，可以被多于一个人而感知到（假设它们能够
被感知到）。现在，当然，如果桌子、椅子、石头、树、手或者阴影存
在，那么它们就是这样的事物，即能够不被感知而存在；而且，它们
也是可以被多于一个人所感知到的。从而，如果有桌子、椅子、手
或者阴影存在，那么就有一些事物是在空间中遭遇的（在摩尔的意
义上）。

接下来，考虑这样的短语：**外在于我们心灵的事物**。根据摩尔，
哲学家们依照下面的定义来使用这样的词：

> x 是**在我的心灵中的**，当且仅当，这是概念上不可能的，即 x
> 在某个我没有经验的时候存在——特别地，x 在概念上不可能在一
> 个我没有经验到 x 的时间存在。

> x 是**外在的**，不仅外在于我的心灵，而且外在于所有人的心
> 灵，就是说，x 在没有任何一个人感知或者经验到它的情况下存在
> 是概念上可能的。

然而，注意，第二个也是关于一个东西作为在空间中遭遇的事物
的标准。从而，摩尔以这样的方式来使用**在空间中遭遇的事物**和**外在
于我们的心灵的事物**这两个短语：任何在空间中遭遇的事物**都是**外在
于我们的心灵的。

摩尔的证明

我们已经看到，如果有桌子、椅子、手或者阴影，那么就有一些事物是在空间中遭遇的。我们现在也看到，假如有桌子、椅子、手或者阴影，那么就可以得出，有一些事物是外在于我们的心灵的。那么，摩尔关于有一些外在于我们心灵的事物的证明又是什么呢？它是很简单的。

> 前提 1. 这里（举起他的一只手）是一只手。
> 前提 2. 这里（举起他的另一只手）是另一只手。
> 结论 1. 从而，这里至少有两只手。
> 结论 2. 既然这里有两只手，那么至少有两个事物是在空间中遭遇的。
> 结论 3. 从而，至少有两个事物是在外在于我们的心灵的。

这个论证是如此之简单，以至于一个人可能想知道，它是不是真的是一个证明①。摩尔坚持它确实如此。他引证了一个论证被视为一个证明所必须满足的三点要求。

第一个要求是，这个论证的前提必须不同于它的结论。摩尔给出的论证满足这个标准。他的前提是：(ⅰ) 这里（举起他的一只手）是一只手；(ⅱ) 这里（举起他的另一只手）是另一只手。他的结论是，至少有两个事物是在外在于我们的心灵存在的。这个结论可以为真，即使其前提不为真。例如，这个结论将为真，如果是摩尔的脚存在，而他的手不存在。既然结论可以在前提为假的情况下为真，那么结论是不同于前提的，从而摩尔的第一个要求满足了。

一个论证为了成为一个证明所必须满足的第二个要求是，结论必

---

① 当然，摩尔可以跳过中间的步骤，直接从结论 1 到结论 3。这里将结论 2 包括在内仅仅是为了保持其讨论的风格。

须从前提中推出。这就是说，**不可能**其前提为真而结论为假。摩尔的论证同样满足这个条件。他解释了他使用这些表达式的方式：**手，在空间中遭遇的事物**，以及**外在于我们心灵的事物**，从而可以得出，**如果**有手，那么就有在空间中遭遇的事物，从而就有外在于我们心灵的事物。从而，摩尔的结论**确实**可以从他的前提中推出。

摩尔所提出的一个论证被视为一个证明所必须满足的最后一个要求是，前提必须被知道为真。从而，这个问题产生了："当举起他的手的时候，摩尔是否确实知道它们是手？"摩尔认为这是最为关键的问题。当然，任何一个认为我们不能知道关于外间世界的存在的怀疑论者，都将会否认摩尔知道他有手。从而，我们必须仔细检查摩尔关于他的证明也满足这一要求的断言。

为了对这个断言进行辩护，摩尔用一种看起来显得简单而淳朴的方式开始。他说，当然，他知道他有手。说他没有手将是荒谬的，就好像说你不知道你正在阅读这些文字一样。摩尔认为，没有什么比我们知道这些事情更为明显的了。**如果**他是对的，那么他的论证就满足了他关于成为一个证明的全部三个要求，从而他就有理由得出结论说，他确实证明了外间世界的存在 ①。然而，他是对的吗？

摩尔坚持说他是对的，这一部分是通过指出他所给出的证明的日常性本质来完成的。他通过提出一个类比来说明这一点。他让我们想象，某人说在某一页上有三处印刷错误，而另一个人不同意这一点。第一个人就通过阅读那一页并指出它们，来**证明**在那一页有三个印刷错误。"这里是一处印刷错误，这里是另一处印刷错误，这里是第三

---

① 一些哲学家争辩说，成为一个证明还有第四个条件，摩尔的论证并不满足它——粗略地说，就是前提必须先于，或者独立于知道其结论为真而知道。这里的争议是，尽管摩尔的前提——他有手——确实是可以知道的，知道它们为真依赖于已经知道其结论为真。对于这个观点的一个发展，参见 Martin Davies, "Externalism and Armchair Knowledge", in Paul Boghossian and Christopher Peacocke, eds., *New Essays on the Apriori*（Oxford: Clarendon Press, 2000）。关于更多的讨论，以及对摩尔的论证确实事实上满足第四个条件的辩护（或者很接近于如此），参见 James Pryor, "Is Moore's Argument an Example of Transmission-Failure？"（即将发表）。

处，所以在这一页上至少有三处印刷错误。"摩尔指出，假如认为没有这样的证明可以是真正的证明，那将是荒谬的。在现实生活中，我们每个人都将完全乐意接受这样的证明。然而，如果一个人可以以这种方式证明在一页上有三处印刷错误，那么他就可以**知道**这个证明的前提是为真的。也就是说，一个人知道如此这般的事物是一个印刷错误。而如果一个人可以知道这一点，那么他当然也可以知道某些事物是手。

我们怎样看待摩尔的这个辩护呢？一方面，他所说的似乎很有道理。在日常生活中，没有人会严肃地否认我们可以知道某个东西是一个印刷错误。所以，对于手来说，同样的话当然也为真。一个人可能会问：为什么哲学中的证明要满足不一样的、高到离谱的标准，而生活中其他方面的证明却不需要满足这样的标准？哲学怀疑论者要求一个关于外间世界的证明。很好，摩尔暗自回答，那么让我们首先想想，什么可以被视为一个证明。我们如何来做这件事呢？我们做的一件事就是，看看周围每个人通常视为一个证明的是什么。关于印刷错误的例子就是这样的。但是，如果那样的话，既然这样的证明是真正的证明，那么摩尔所谓的关于外间世界的证明就也应该被认为是真正的证明。当然，怀疑论者可能会回答说，这不是他所谓的证明——他所意味的是要严格得多、缜密得多的东西。但是那样做是为什么呢？对哲学采取这样高的标准难道不会必然抹杀了它的意义和严肃性吗？有人可能会争辩说，不会，假如哲学家们有着特殊洞见的话，那么就允许他们有这样高的标准。但是他们并没有，这样一来摩尔的辩护中似乎有某些正确的地方。

另一方面，摩尔所说的可以被认为是无效的，甚至是悖谬的。当然，摩尔认识到，任何最初对关于我们是否能够知道外在对象存在持有怀疑的哲学家，都会对摩尔的这一断言抱有怀疑，即他知道他的前提为真。任何一开始认为需要有一个关于外间世界的存在的证明的哲学家，都会基于"其前提需要进一步的证明"这一点而拒绝摩尔所提出的证明。摩尔对这样的回应不抱有同情。在他看来，他的前提并不需要证明，并且关于它们没有什么证明可以给出，从而可以满足这个假想的怀疑论者的要求。从而，摩尔拒绝这样的观点，即如果你不能以满足怀疑论者的方式证明你有手，那么你就不知道你有手。

针对怀疑论者的攻击而捍卫摩尔的证明

在这一点上，我们似乎陷入了一个僵局。怀疑论者认为摩尔所谓的证明不是证明，是没有价值的，除非摩尔可以通过证明他确实有手，来为他关于他知道他有手的断言进行辩护。而摩尔则拒绝怀疑论者的要求，并且断定他可以知道他有手而不需要什么证明。我们对此如何看待呢？摩尔确实真的回应了怀疑论者了吗，还是仅仅不理会他们？

我相信摩尔确实有一个真正的回应，不过，这不是他在他的《关于一个外间世界的证明》中所明确给出的那个。这个回应在他的早期文章《休谟的哲学》（1909）中有简要的提及，而在他于紧接着的一年里在伦敦所做的讲座中得到了极大的发展，并在很久之后作为《一些主要哲学问题》的第五章和第六章发表。实际上，摩尔的回应就是让怀疑论者为**他的断言**进行辩护，即我们不能知道有手存在。

在摩尔看来，哲学怀疑论者关于这种知识的怀疑论通常是建立在此基础之上的：关于什么可被认为是知识的限制性哲学理论（restrictive philosophical theories）。他引用休谟作为一个例子，并且花了很多时间来表明他所理解的休谟的理论。就我们这里的目的，这一特定理论的细节并非那么的重要，更为重要的是这种一般的理论在怀疑论论证中被使用的方法。这种论证可以被重构成具有如下形式：

1. 所有知识都是如此这般的。（例如，为了知道 p，一个人的证据必须逻辑地或者概念地蕴涵 p——从而完全排除了 "p 不是真的" 的可能性。而且，没有什么东西可以被视为自明的，除非在任何可设想的情形下，一个人关于它都不可能犯错——即使他最终发现自己是一个缸中之脑，或者是在做梦，或者是被一个恶魔所欺骗。在这幅图景下，一个人的证据最后被局限于一些关于他自己、他自己的思想、私人感觉经验等基本的陈述之内——诸如这样的陈述：他自己存在，他自己似乎看到有红色的东西，等等。）

2. 所声称的关于手之类事物的知识，不是如此这般的。

3. 从而，没有人知道有手之类的事物存在。

对于所有这样的论证，摩尔的回应是，"**你如何知道你的论证的前提是真的？**"

我们不应该认为，像休谟那样的或多或少地具有（1）那种效力的限制性原则，它们自身完全没有任何直观的支持。如果一个人以适当的方式构造情形，那么他将能够给出一个这样的怀疑论论证，它就我们通常关于知识的常识性观点来说是有吸引力的——毕竟，我们一般会对这样的说法感到非常不舒服：**我知道 S，但是这是可能的，鉴于我的证据，并非 S。**虽然如此，摩尔认为没有一个像上面那样的论证可以确立其结论。既然这个论证的结论确实从其前提中得出，那么这个论证所表明的是，一个人不能同时接受（1）（2）和（4）：

4. 我知道这是一只手。

这些之中至少有一个要被放弃。**然而，这个论证中没有什么表明哪一个要被放弃。**我们必须做的是，决定哪个陈述是我们最缺乏信心的，或者支持它的理由是最少的，从而拒绝那个陈述，而保留那些我们最有信心的陈述，或者有最多理由支持的陈述。摩尔的观点似乎是，如果一个人真诚地问他自己，在这些陈述中，哪一个是他最有信心的，或者是最有理由接受的，他将发现这是（4）。从而，他将必须拒绝（1）或者（2）。

在摩尔看来，怀疑论者的问题是，他们所采取的那个关于知识是由什么构成的哲学理论是太过于限制了。**怀疑论者假设了，在决定我们所有人通常认为是知识的典型例子的东西是否为真正的知识之前，我们就能够确定什么是知识。**然而这是颠倒的。摩尔会说，一个用来测试任何关于知识是由什么所构成的理论的根本方法，就是确定它是否由那些我们通常看来最为基本和典型的知识的例子所组成。如果一个理论跟那些例子不一致，那么摩尔会坚持说，这样的结果是反驳这一理论的强有力证据。一旦我们看到这一点，即怀疑论者关于知识的假设就其自身而言是得不到支持的，并且较之跟它们相对立的常识性信念，这些假设远非合理，那么我们就没有选择，而只能拒绝怀疑论者一开始的关于外间世界的提问方式。在摩尔看来，真正的哲学问题不是证明或者否证我们知道有手存在，而是构建一个跟我们认作知识的明显例子（比如知道有手存在）相一致的知识理论，并且解释这样的知识是如何产生的。

那么，摩尔关于怀疑论问题的最终诊断是什么呢？在他看来，怀疑论者以及那些试图提出一个怀疑论者所要求的证明的哲学家，都接受了一个难以得到辩护的关于知识是由什么所构成的理论。这一诊断表明了摩尔论证的一个反讽本质。有哪个相信需要有一个关于外间世界的证明的人会满足于摩尔的证明吗？不会。任何要求这样的证明的人，都已经接受了怀疑论者关于什么是知识的限制性概念，从而将会否认摩尔知道他举起了他的手。那么，摩尔表述他的这个证明的目的又是什么呢？它是为了表明，在一开始就没有必要要求这样的证明。他要我们所看到的是，如果在这之中有什么哲学的丑闻，那么它不是因为哲学家们没有能力满足怀疑论者的要求，而是他们不加批判地接受了这一要求背后的预设以及它的正当性。

感知，感觉材料与分析

感觉材料

在给出他关于一个外间世界的证明的时候，摩尔断定，仅仅通过感知就知道他的前提为真，而不需要进一步的证明。尽管这看起来似乎有理，它还是提出了重要的问题。感知究竟是什么，它又如何赋予我们知识呢？摩尔在他的大部分哲学生涯中都在深入地思考这个问题。他关于这个问题的大多数讨论都是集中于视觉感知的。我们将在这一点上依照他的方式来讨论。

我们从摩尔关于感觉材料的观点开始，这是在他 1910 年的《一些主要哲学问题》的第二章中讨论的。在那里，摩尔提出的学说是一个他称之为**公认的观点**，因为它被他那个时代或者更早一些的哲学家们所普遍接受。摩尔自己倾向于认为这个观点是有道理的，尽管他从来没有对它完全确信，而且，在不同的时候，他对其不同方面的观点也有所变化。尽管如此，他所提出的观点还是大致可被认为是很多二十世纪前半叶的分析哲学家关于感知的默认观点。

开始考虑这个理论，最好是从某些不同寻常的、并非标准的视觉经验来开始，比如说看到一把匕首的幻觉。想象你自己站在一堵空墙面前产生这样的幻觉，在你面前有一把匕首。在描述这样的情景的时候，我们会倾向于说，虽然你没有看到一把真正的匕首，并且虽然没有什么物质对象在你看来像是一把匕首，你还是正在看某个具有一把匕首的视觉特征的东西。这样的对象——看起来像一把匕首但并非任何物质对象的东西——如果事实上确实有的话，就是摩尔以及其他很多哲学家所说的叫做**一个视觉感觉材料**（*a visual sense datum*）的东西。

两个前面所提到的情形也提供了这样的例子，在那些情形中，我们会倾向于说一个人所真正看到的并不是一个物质对象，而是一个感觉材料。这些情形是，一个包含后像，另一个是双重影像。例如，当我瞪着看一个黑暗背景前面的明亮灯光之后闭上眼睛，我将具有通常被描述成这样的经验，即看到一个明亮的金黄色的圆圈在我的视野中心渐渐地变成了蓝色。或者，当我盯着一支铅笔看的时候，如果我的手指按住一只眼睛，从而我看到双重的铅笔，我们很自然地会说我所看到的是这支铅笔的两个影像。既然在我面前只有一支铅笔，似乎至少有一个影像不是铅笔，也不是任何其他看起来像铅笔的物质对象。在后像的例子中，这一点就更为明显了。如果我确实看到了一个圆圈，那么那个圆圈当然不是物质对象。

在所有这些例子中，摩尔都会说我看到了一个感觉材料——在一个情形中是幻觉的匕首，在另一个情形中是后像，而在第三个中是一个双重影像。摩尔提醒我们注意，这些感觉材料通常被认为具有四个一般性的特征 ①。

1. 对它们每一个，存在就是被感知。

例如，当我的后像消失了，我们并不认为我所看到的圆圈还继续在某处不被感知地存在着。对于幻觉的匕首和双重影像也同样如此。

2. 它们每一个都是逻辑地（概念地）私有的。

这些感觉材料不可能被多于一个人看到。例如，假设两个人都产生幻觉，看到有老鼠从地板上跑过。假设更进一步，一个人说他看到的老鼠是粉红色的，而另一个人说他看到的老鼠是白色的。在这样的情形下，我们不会说，其中必定有一个人对于他们所共同看到的幻觉老鼠是看错了。相反，我们会说，他们的幻觉是不同的。然而，如果不同的感知报告总是导向这样的结论，即其中包含了不同的幻觉对象，那么似乎这样认为就是合理的：两个人不能看到同样的幻觉对象。换句话说，这些对象是逻辑地（概念地）私有的。同样的推理也适用于后像和双重影像。

3. 关于感觉材料，没有关于表象和现实的区分

对于它们来说，看起来如此这般就是如此这般；它们就是它们所

---

① 在文本中，摩尔只主要讨论了（1），（2）和（4）。然而，他似乎也隐含地接受（3）。

看起来的样子。很多哲学家假设了诸如幻觉对象，后像，以及双重影像这样的感觉材料具有所有，且仅仅只有它们似乎具有的那些观察性性质。如果一个人的幻觉老鼠看起来是粉红色的，那么它们就是粉红色的。如果另一个人的看起来是白色的，那么它们就是白色的。应该很清楚这是为什么。谈论幻觉、后像以及类似的东西，就是说事物对一个人看起来是什么样的。如果在这些情形中，一个人坚持他总是看到**某些东西**，那么就可以自然地认为他所看到的是**一个表象**。那样的话，关于表象的描述将跟关于事物看起来是如何的描述一致。如果，在看了一个明亮灯光之后转向一面空墙，你似乎看到一个明亮的金黄圆圈，那么摩尔会说，你看到了一个表象，它是明亮的，金黄的，圆形的。对于幻觉和双重影像也同样如此。

4. 感觉材料并不存在于公共的空间。

你的视觉感觉材料存在于你私有的视觉空间，我的存在于我私有的空间。从而，你的感觉材料永远不可能跟我的在同一个地方。

到目前为止，我们仅仅考虑了不同寻常的视觉感知。在这些情形中，摩尔以及其他一些哲学家认为我们所看到的不是物质对象，而是感觉材料。而且，正如上面的四个一般性特征所表明的，感觉材料是**依赖于心灵**的实体。它们是为每一个观察者所私有的，它们只在被感知的时候存在，而且具有在观察者看来显得具有的那些性质。

但是现在，假设我们在一个非正常的感知情形下看到这样的感觉材料，我们必须要问，是否有理由相信我们在正常的情形下也会看到它们。摩尔认为有这样的理由。为了表明这一点，他在他的学生面前举起一只信封。他很正确地认为，每个学生都看到了同样的信封。他还认为，由于他们所坐的位置的不同，这个信封在每个学生看来都不一样。对于坐在教室后面的人来说，它看起来很小，而对于前面的人来说，它看起来要大一些。对于坐在教室一边的人来说，它看起来似乎是一种形状，而对直接坐在它面前的人来说，它具有另一种形状。甚至它的颜色，在不同的人看起来也相当的不同，这取决于光线、他们的视力如何，以及其他一些因素。摩尔这样表达了这一观点，他说，一个在教室前面的学生会看到一块白色的长方形占据了他的视野中的很大一部分，而坐在后面以及坐在旁边的人会看到小一些的、更为暗些的一块东西。但是现在，既然坐在前面的人看到的东西跟坐在后面的人看到的东西具有非常不同的性质，那么坐在前面的人和坐在后面的人所看到的必然是不同的两块东西。

摩尔接着论证如下：

P1．每个学生看到了一块不同的东西。

P2．每个学生看到了相同的信封。

 C．从而，至多只有一个学生看到的那块东西是跟被所有学生所看到的信封同一的。

注意，这个论证具有跟下面的论证同样的形式：

(i) 每个学生都有一个不同的指导教师。

(ii) 每个学生都有同样的分析哲学老师。

(iii) 从而，至多只有一个学生的指导教师是跟他或她的分析哲学老师为同一个人。

这些论证是逻辑上有效的；从而，如果它们的前提为真的话，那么它们的结论必然是真的。既然摩尔为第一个论证的前提为真而进行辩论，那么他也就承诺了它的结论。

事实上，他准备走得更远。他指出，这是不合情理的：认为只有一个学生看到的那块东西是跟这个信封同一的，而所有其他学生都看到了其他的不同的东西。当然，说只有一个学生所看到的是这样的，这是任意的，因为我们没有标准来判断这对于哪个学生来说是真的。从而，摩尔总结到，最合乎情理的假设是，每个学生都看到了一块跟他们都看到的那个信封不一样的东西。当然，这些块状物就是感觉材料。它们是只在被感知到的时候才存在的东西，是每个观察者所私有的东西，具有所有且仅有那些它们看似具有的可观察的性质，并且在每个观察者私有的空间中存在。从而，摩尔总结到，不管是正常的还是在不同寻常的感觉经验中，我们的心灵中具有的东西都是依赖于心灵的实体。

但是这带来了一个问题。如果不论是在幻觉的情形中还是在正常的感知中，我们的心灵中具有的东西都是感觉材料，那么它们之间的区别又是什么呢？在幻觉中看到一把匕首和真正看到一把匕首之间的区别又是什么？我们会说，在幻觉情形中，我们仅仅只是认为有一把真的匕首在我们面前，而在真的看到一把匕首的情况下，就确实有一把真的匕首呈现在我们面前。但是，如果在这两个情形中的感觉材料是无法区分的，那么这样的不同意味着什么，我们又怎么知道我们不是处于幻觉中呢？

关于感知陈述的分析

我们现在可以看到摩尔的认识论中的张力。一方面，他坚持认为他知道有物质对象，并且这样的知识依赖于感知。另一方面，他关于感知的分析可能使得他难以解释，这样的知识是如何可能的。如何消除这样的张力呢？摩尔承认，他永远不可能以一种完全令人满意的方式来解决这个问题。但是，关于一个令人满意的解决方案必定会趋向的方向，他确实提出了一些建议。他在《为常识辩护》的第四节中讨论了这些建议。

他的第一个，也是最基本的建议是，为了理解感知如何给予我们存在着物质对象这样的知识，我们必须**分析**，当做诸如这样的基本断言的时候，我们究竟意味着什么：

　　A. 我看到这个，并且这个是一张桌子。

在摩尔看来，哲学的任务并不是决定这样的命题是否为真。当然，很多是真的。相反，哲学家必须接受它们是真的，并提供一个关于这些命题的分析，从而解释我们是如何知道它们为真的。那么，我们如何分析诸如 A 那样的命题呢？摩尔建议了三种不同的方式，在三者之中他不能决定选取其中的哪一个①。

第一个方案是直接实在论，它要求在正常的感知情形中抛弃感觉材料。根据这个方案，我所感知到的根本不是在后像那种意义上的感觉材料。相反，我所看到的就是一张桌子，除此以外没有更多的东西。另外，也没有什么更为基本的命题可以给出 A 的内容。尽管摩尔认为这个观点可能正确，他还是引证了两个对它的反驳，从而使得他对此有所怀疑。首先，它要求放弃这样的分析，即正常的感知中包含感觉材料，而这是他所不愿意的。他不愿意这样做的一个原因是他倾向于接受原则 B。

> B. 每当某个东西对你来说看起来是白色的，长方形的，小的等，那么你就是看到了一个白色的，长方形的，小的等的东西。

正是这个原则使得他从这个信封对于不同的学生来说看起来不同，得出这样的结论：他们必然是看到了不同的块状物——感觉材料。既然直接实在论否认这一点，而摩尔是倾向于接受原则 B 的，那么他从而认为这是对直接实在论的一个反驳——尽管并不必然是一个致命的反驳，因为他承认对于 B 他也并不是完全确定。当然，如果一个人一开始就不认为 B 有道理，就像现在很多人那样，那么他就不会认为这是一个真正的问题。然而，摩尔还有另外一个对直接实在论的反驳。他认为这是很明显的，在幻觉、后像以及双重影像的情形中，我们确实看到了感觉材料。而且，他认为在这些情形中我们所看到的东西跟我们在正常的情形中所看到的非常类似——是如此之类似，以至于对

---

① 我将在这里省略这个区分，即谈论一张桌子和谈论一张桌子的表面的区分。尽管摩尔在这一点上花了很多时间，但这一区分并不影响这里所讨论的中心哲学问题。

这种相似性最为合理的解释是，我们总是看到感觉材料。如果确实如此的话，那么直接实在论就出局了。

第二个方案是说，在正常的、真实的情形中（在其中，不同于幻觉，事物确实是它们看起来的样子），我们事实上所看到的是依赖于心灵的感觉材料，它们跟物质对象以某种方式相联系。按照这种方案，陈述 A 被分析成跟 A* 的某些形式具有同样的意义。

> A*. 这里有且只有一样事物，关于它这是真的：它是一张桌子，而且它跟我现在看到的感觉材料具有 R 关系。

根据对 R 的不同的选择，我们得到这个方案的不同版本。根据一个熟悉的版本，R 是因果关系。根据这个版本，看到一张桌子就是看到一个被桌子所引起的感觉材料。摩尔他自己并不接受这个版本，而是更为倾向于这样的版本：R 是不可再被分析的关系，它存在于 x 和 y 之间，当且仅当，y 是 x 的一个表象。

但是，不管我们如何刻画 R，在这个方案中，一个人之所以相信他看到一张桌子，是基于他关于感觉材料的感知性知识。一个人必须能从这一事实，即一个人正在感知感觉材料，有根据地推出这一点：有一些东西跟他所正在感知的感觉材料具有 R 关系。尽管摩尔认为这样的分析可能是正确的，他也注意到这样的推论的基础是有问题的。如果所有我们能够直接感知的东西都是感觉材料，那么我们如何知道有什么东西跟它们具有 R 关系？或者，如果真的有什么东西是这样的，那么我们又如何知道这样的东西是什么样的呢？这个方案设定了在我们和物质对象之间有中介物，然而对于我们如何超越中介物却没有给出明白的解释。

摩尔认为这是一个有力的反驳。不过他并没有认为这是绝对确凿的。例如，在《一些主要的哲学问题》的第二章的末尾，他说到，有这样一些情形，在其中，基于呈现于我们的心灵之前的精神影像，很显然我们是知道其他一些并未直接呈现于我们的心灵之前的事物的存在。他举的例子是记忆。他说他今天可以记得昨天他看到了某个红色的东西，尽管那个他所记得其存在的红色的感觉材料，跟他现在所具有的任何回忆出来的影像都不一样。摩尔认为这表明了，有时候，我们关于某个特定影像或者感觉材料的直接的意识，使得我们可能知道其他跟这些影像或者感觉材料所关联的事物的存在。根据这第二个关于感知的方案，我们基于对感觉材料的感知而获得的关于物质对象存在的知识，是跟这类似的。摩尔承认这可能是正确的解释，但是他也承认他对此并不确定。

到目前为止，我们考虑了两个方案。第一个方案是将感觉材料从正常的感知中刿除出去，并且断言，一个类似 A 的陈述并不需要任何更为根本的分析。第二个方案是设定了感觉材料在所有的感知经验的情形中都是被感知到的对象，并认为 A 的意义是由 A* 所给出的。正如我们已经看到的，摩尔认为对它们每个都有实质性的，但并非绝对确凿的反驳。这时，值得提出另外一点考虑，这一点可能使得这两个方案对于他来说都不再具有吸引力，尽管他自己没有提到这一点。这个考虑是基于他最初要为诸如 A 那样的陈述寻求一个所谓的分析的原因。

摩尔希望有一个关于这些命题的分析，其主要原因是帮助解释我们如何能够知道它们为真。在我看来，不管一个人是否将感觉材料认为是感知的对象，由提供这样的解释所带来的关键问题都将会产生。无论如何，我们必须承认，人们有时候具有幻觉经验，这对他们来说是跟其他正常的感知的情形在质上无法区分的。人们有时候被幻觉所欺骗。然而，如果他们有时候被欺骗，那么我们又如何能够确定我们不总是被欺骗呢？

为了将这个问题刻画得更为鲜明，我们可以问一问，一个人如何能够知道他现在不是一个缸中之脑，它的感知通路被一个计算机通过电极刺激，就像这个人在正常的生活中被刺激的那样。这一点似乎无关紧要：我们是否将这个大脑描述成看到没有物质对象与之相对应的感觉材料，还是并没有真正看到任何东西（包括感觉材料），而是仅仅似乎看到什么东西。这里的关键之处是，我可能具有这样的经验，它跟我现在所具有的经验是无法区分的，而事实上我面前却没有任何桌子、电脑，或者墙壁。可是，如果是那样的话，我的实际经验又如何保证我知道确实有事物在那里呢？这个问题是至关重要的，也是很难回答的，不论感知的对象是不是感觉材料。

如果，根据直接实在论，像 A 那样的陈述没有什么更为根本的分析，那么分析当我们知道 A 为真的时候**我们知道什么**，并不能帮助我们回答关于**我们如何知道**的问题。这对于第二个方案同样如此。如果 A 是被分析为 A*，那么解释我们如何可以知道它为真的任务并不显得更为简单一点。既然摩尔希望，不管是对是错，对类似 A 这样的陈述的分析将会有助于这样的解释，他从而有理由对这两个方案都不满意。

这将我们带到了最后一个非常极端的、摩尔认为可能是提供了正确分析的方案。根据这个方案，物质对象跟感觉材料**并非根本不同**，而是它们被约翰·斯图尔特·密尔（John Stewart Mill）称为**永久的感知可能性**（*permanent possibilities of sensation*）的东西。根据这个观点，一个类似 A 那样的陈述的意义是由一系列关于感觉材料的范畴性陈述和假设性陈述所给出的。粗略地说，A 意味着类似下面这样的东西：

> A**　我正在看到一个像桌子那样的视觉感觉材料，并且如果我走得离它的边近一点的话，那么我将具有一个稍微不同的像桌子一样的视觉感觉材料；并且如果我将我的手放下，那么我将具有一定的关于硬度和光滑性的触觉感觉材料，等等，等等。

摩尔并没有说这样分析的好处是什么。然而，很明显他所想的是什么。根据这样的分析，说我正在看一个桌子，就是说一些关于我的感觉材料的东西——那些我现在所具有的，以及那些在某些条件具备的情况下我将会具有的。我知道现在我具有什么样的感觉材料，因为我感知到它们，同时也因为它们是那种我对其不可能出错的事物。如果某些条件具备的话，那么我知道我将会感知到什么样的感觉材料吗？如果在一个特定的"看到一张桌子"的情形下，我得到了足够的视觉和触觉感觉材料，那么，因为我在过去经验过这样的感觉材料的组合，也看到过什么样的其他的感觉材料是随着它们而来，从而就可以合理地假设，我有根据相信所有这些关于"看到一张桌子"的条件都满足了。如果它们都满足了，那么就会很自然地假设我知道这一点。从而，**如果我看到一张桌子**真的是一个关于我自己的感觉材料的陈述，那么就可以理解我是如何知道这样的陈述为真的。

那么，这是正确的分析吗？摩尔对此还是抱有怀疑。一方面，他注意到这是可疑的：在对类似 A 这样的包含物质对象的陈述的分析中所提出的条件，可以不经过指涉物质对象就可以说明。注意，在提供 A** 作为 A 的分析的时候，我说了诸如这样的话：**如果我走得离它的边近一点的话……**以及**如果我将我的手放下……**然而，走意味着我具有一个身体，而放下我的手意味着我有一只手。如果所有的物质对象都被认为是永久的感知可能性，那么这些对于手、身体以及其他事物的指称，都要完全被分析为感觉材料。摩尔怀疑这是否可以做到。第二，摩尔似乎认为，关于一个人自己的感觉材料的陈述——不管是如何的复杂——是永远不能跟关于物质对象的陈述完全等价的。他似乎（基于很好的理由）认为，在我们关于物质对象的谈论中，有一个不能被还原的剩余，是不能被关于感觉材料的谈论所把握的。

从而，他对于所有这些他能想到的对类似 A 这样的陈述的分析都不满意。其结果是，关于他的中心问题：**假设我们确实有关于物质对象的知识，那么这样的知识如何得到解释呢？**他没有回答。不过，他遗留下这个没有回答的问题，这对于其他哲学家来说是一个激发。他的立场中尤其具有影响力的三个方面是：

　　a. 他的这一确信，即我们确实知道有物质对象和他人存在；
　　b. 他的这一坚持，即哲学的工作并不是对此进行争论，而是解释这样的知识是如何可能的；

　　c. 他的这一信念，即任何令人满意的解释必须建立在一个对
　　　关于物质对象、他人等的陈述的意义的哲学分析基础之上。

　　这是很重要的遗产。不过，它尽管很重要，却可能并不是摩尔最
具影响力的贡献。他的伦理学观点所具有的深远影响，不仅只是对他
的同时代人，而且还波及后来的好几代哲学家。毫不夸张地说，在长
达半个多世纪的时间中，G. E. 摩尔的道德哲学定义了分析哲学中伦理
学讨论的基本框架。

第三章

摩尔论"好"以及伦理学的基础

本章概要

1. 概观：摩尔关于好和正当的主要学说

2. 关于"好"不可定义的论证
   可定义性以及分析／综合的区分
   不可定义的性质："好"和"黄色"之间的类比
   摩尔的开放问题论证

3. 不可定义性论题在摩尔这一论证中的作用：未包含"好"的断言不能用来确立关于什么东西是好的的断言
   这一论证
   解释1：关于分析性和蕴涵的限制性概念；当这些概念采取狭窄定义的时候，"好"的不可定义性可以表明，没有提及"好"的断言不能够蕴涵关于什么东西是好的断言，但是这并不表明它们没有确立它们的真理
   解释2：关于分析性和蕴涵的扩展性概念；当这些概念采取扩展化定义的时候，就不能够表明未提及"好"的断言不能蕴涵关于什么东西是好的的断言

4. 摩尔的论证可以被修复吗？
   扩展化的开放问题论证；为什么可定义性不是问题

5. 自明性

摩尔的这一观点，最为基本的伦理学原则——它们告诉我们什么是好的什么不是——是自明的，即使它们不是分析地明显的，也不是分析地可证明的；该观点内在的张力，以及什么使得摩尔趋向于这样的观点

6. 一个一般性的教训

摩尔关于伦理学辩护的有缺陷的概念；常识哲学家如何错失了伦理学的常识性起点

概观：摩尔关于"好"（Goodness）和"正当"（Rightness）的主要学说

在这一章，我们转而考察摩尔关于伦理学的开创性的观点。这是在他出版于 1903 年的经典著作《伦理学原理》①中提出的。在这本书的前言中，摩尔区分了两类伦理学问题。

> A. 什么样的事情**就其自身而应该存在？**
>
> **就其自身而言是好的？**
>
> **具有内在的价值？**
>
> B. 什么样的行为**是我们应该去做的？**
>
> **是正当的？**
>
> **是义务？**

他认为 A 组中的不同提法之间是互相等价的。对于 B 组的问题也是如此，只有一点例外，即在这两者之间稍微有一点不同：一方面是被他称为我们的义务或者是我们应该去做的行为，另一方面是被他称

---

① G. E. Moore, *Principia Ethica* (Cambridge: Cambridge University Press, 1903; revised edition, 1993).

为正当的行为。对于摩尔来说，义务性的行为和我们应该去做的行为是一样的。每一个这样的行为都是正当的。然而在某些情形下，我们的义务可能是去做两个不同行为中的任何一个。在这种情况下，两者都是正当的，尽管就它们本身而言，没有一个是我们的义务或者是我们应该去做的。不过，除了这点小小的例外，摩尔认为 B 组中的不同提法之间也是等价的。

与这两类问题相对应的是两类伦理学陈述——那些试图回答 A 类问题的，和那些试图回答 B 类问题的。一些旨在回答 A 类问题的答案有①：

> 对于美的欣赏是（内在地）好的。
> 知识是（内在地）好的。
> 友谊是（内在地）好的。

一些旨在回答 B 类问题的答案有：

> 信守一个人的承诺是正当的。
> 说真话是正当的。
> 帮助他人是正当的。

在这个前言中，摩尔提出了两个关于 A 类陈述和 B 类陈述的论题②。

　　T1．如果一个论证的结论是一个 A 类陈述，而它的任何一个

---

①　这里以及在接下来的关于摩尔的讨论中，我将总是用**好**来表示**就其自身而言是好的，或者作为目的的好**，而不是**作为其他目的的手段的好**。

②　当然，在表述这些论题的时候，摩尔采用了一种粗放的笔法，而将技术细节问题撇在一边。例如，一些包含了一个跟"好"不一样的或者是由"好"来定义的谓词的陈述，可能蕴涵了一个 A 类陈述，然而它自身却不是一个 A 类陈述。这里应该认为摩尔是隐含地排除了这样的情形。

前提都不是，那么其前提并不蕴涵结论，并且，前提之为真并不为结论之为真提供任何证据，或者任何令人信服的理由来认为它为真。

T2. 如果一个论证的结论是一个 B 类陈述，那么只有在这种情况下该论证的前提蕴涵结论：前提同时包含了一个 A 类陈述以及一个"因果陈述（causal statement）"（或者另外一个 B 类陈述）。

论题 2 表达了摩尔对**后果主义**（consequentialism）的信奉，即这样的观点：一个行为的对错完全取决于其结果的好坏。根据这个观点，我们关于一个行为之对错的伦理评判，在概念上依赖于我们对这个行为所带来的事态（states of affirs）之好坏的评价。

边沁和密尔经典的**功利主义**（utilitarianism）就是一种这样的理论。

1a. 一个行为是对的，当且仅当，它所产生的好的结果比该行动者所可能采取的任何其他替代性行为所能产生的都更多。

b. 幸福（happiness），且只有幸福是好的。

c. 从而，一个行为是对的，当且仅当，由它带来的幸福比该行动者所可能采取的任何其他替代性行为都更多。

这里的第一个前提是所有的后果主义理论都共有的，它和摩尔的 T2 表达了同样的思想。第二个关于幸福的前提，是一个属于 A 类的道德陈述。不同的后果主义就是源于选择不同的 A 类陈述来作为这第二个前提。在摩尔看来，A 类原则构成了所有伦理判断的基础。既然它们是最为根本的原则，那么它们也就是他所最为关心的。

它们也是他的中心论题 T1 的主题。在它一开始被提出来的时候，T1 很自然地被认为是一个大胆的、令人震撼的断言。通常人们会认为，什么东西是好的这样的断言，至少有时候可以被证据或者论证所支持。在这样的情形中，一个人可能会认为，他的如下断言可能是正确的：x

是好的，因为 x 是如此这般的——"x 是如此这般的"这个陈述自身并不明显是一个评价性陈述，而是要求更进一步的论证和辩护。然而，如果 T1 是正确的，那么这一自然的想法就是错的。

那么，摩尔坚持 T1 的理由又是什么呢？用来支持这个论题的前提主要是摩尔的 T3。

> T3. **好**是不可定义的。

摩尔认为有一个论证可以表明 T3 为真。另外他认为，一旦 T3 被确立了，那么我们将看到 T1 也必须为真。不过，T1 和 T3 之间的联系还不是那么的明显。使得它们之间的联系明确化的一个办法是，添加这样一个进一步的论题，它是摩尔在第一章的第五节结尾所提出来的①。

> T4. 除非一个人知道**好**的定义，否则这是不可能的：知道什么可以构成"某个东西是好的"这一命题的证据。

看起来似乎的确如此：如果 T3 和 T4 都是真的，那么 T1 也将是真的。这一推理如下：假设**好**是不可定义的。那么，既然没有关于**好**的定义，也就没有人可以知道**好**的定义。另外，如果 T4 为真，那么就没有人可以知道什么可以成为某个东西为好的的证据。这从而至少表明了，没有什么可以成为"某个特定的东西是好的"这一命题的证据，或者有任何令人信服的理由来认为它为真。如果是这样的话，那么 T1 这个断言就是真的。

在我看来，这就是摩尔的观点。这样说的时候，我必须加上四点澄清。首先，摩尔在第一章用了好几页来讨论他用**定义**这个词意味着什么。这些讨论是挺令人困惑的，而且在我看来也是有点混乱的②。在

---

①　同时参见 *Principia Ethica*，第 86 节，第 142—143 页（修订版的第 192—193 页）。

②　这里部分的困难是，摩尔想要顾及这一特定的传统：区分一个性质的"真实"定义和对一个表达这一性质的词的"名义"定义。所幸的是，我认为摩尔的主要观点可以得到明确的表述，而不必考虑这些复杂性。

这里，我并不想深入细节来讨论它们，而只是关于这一点提供一个重构，即他想要寻求的是什么。尽管他自己并没有将其表述成这种形式，在我看来，他所寻求的正是对"好"这个词的一个定义，从而对我们通常用这个词所表达的性质（概念）提供一个分析。总体上说，摩尔设定，当 P 是任何一个谓词，一个关于 P 的定义就是对我们用 P 所表达的性质的一个定义（或者分析）——即通过这样一个真句子所表达的定义："是（一个）P"这一性质就是"是（一个）D"这一性质。其中，D 是某个词或者短语。例如，在这个意义上，一个关于"正方形"这个词的定义会告诉我们，"是一个正方形"这个性质就是"是一个具有四条等边的长方形"这个性质。根据这个观点，"正方形"这个词通常被用来表达一个复杂的性质，它的构成成分包括"是一个长方形"这个性质，以及"具有四条等边"这个性质。既然这个性质也可以由"具有四条等边的长方形"这个短语来表达，那么"正方形"这个词跟这个短语就意味着同样的东西；并且，在任何一个句子中，它们都可以为对方所替换，而不改变句子的意思或者它所表达的命题。说**好**是不可定义的，摩尔就是说"好"这个词不具备这种意义上的定义；我们用它来表达的性质是简单的、不能再被分析的性质，即：它没有任何其他的构成性性质。

我们为理解摩尔所必须做出的第二点澄清包括对这两者进行区分：一方面是知道"好"这个词的意义，另一方面是知道它的定义。如果摩尔的这一观点是正确的，即"是好的"这个性质是一个简单的、不可被定义的性质，那么"好"这个词就没有摩尔意义上的定义。但是，它还是具有一个意义的。的确，它的意义就是它所表达的那个不可被定义的性质。从而，即使没有人知道"好"的定义，我们还是可以知道"好"意味着什么。

第三点需要做出的澄清是关于这两者之间的关系：知道什么东西是好的，和对"它是好的"这一点能提出证据。对于摩尔来说，这一陈述，即一个人不能知道"x 是好的"这个断言的证据，并不蕴涵一个人不能知道 x 是好的。摩尔认为，有一些东西是我们不需要证据就知道的——即，不需要从其他一些更为基本的断言中推导出它们为真，或者甚至是它们可能为真。例如，摩尔认为，我们可以知道什么东西是黄色的，却不是从什么更为基本的、作为其证据的断言中推出这个命题，而是仅仅在适当的条件下看一看那个东西。类似的，他认为，至少在某些情形下这是可能的，知道某个东西是好的，仅仅是通过思考一下关于它的好的问题，以及将这个问题和其他可能与之混淆的问题适当地区分开即可。

即使做出了这些必要的澄清，摩尔还是很快地从 T3 跳到了 T1，而没有花太多的时间考虑二者之间的联系。这是当我们在批判性地评价他的理论时需要仔细考察的。不过，首先，我们需要理解摩尔的"好是不可定义的"这一断言，以及对于它的论证。

关于"好是不可定义的"的论证

可定义性以及分析和综合的区分

我们一开始来对这一点做出一个决定，即什么样的陈述被摩尔视为一个定义。这里，最好是关注四类不同的陈述，它们是通过两个粗略的区分以及两个现成的区分产生的。一个是**分析性**（analytic）陈述和**综合性**（synthetic）陈述之间的区分，另一个是**等价性**（equivalences）陈述和**概括性**（generalities）陈述之间的区分。由此产生的四类陈述是，分析等价陈述，分析概括陈述，综合等价陈述，综合概括陈述。《伦理学原理》第一章的大部分都是在做这些区分。

摩尔是这样开始他关于伦理学问题的讨论的，即通过表明，当我们说诸如这样的话的时候——**杰瑞是一个好人**，或者**我应该信守我对琼斯的承诺**，我们是在做出道德陈述。然而，这些陈述是特定的陈述。我们可能因为对进行这样特定的评价感兴趣而对伦理学感兴趣，然而，一个道德哲学家并不关心一个人可能做出的每一个特定的判断。相反，摩尔说，道德哲学家关心的是一般性的、能够涵盖广泛情形的道德原则。例如，他认为，道德哲学家关心的是类似（2a）和（2b）这样的一般性断言。

　　2a. 快乐是好的。

　　　b. 快乐，且只有快乐是好的。

　　这里的第一个陈述是概括性陈述的一个例子。它所说的是，所有的快乐都是好的，却并没有说是否其他事情也是好的。第二个陈述是等价性陈述的一个例子。它说快乐是好的，并且更进一步，在快乐以外没有其他什么东西是好的。

　　接下来，我们需要理解摩尔是怎样区分分析性陈述和综合性陈述的。带着这一问题来考虑下面的例子：

　　3a. 对于所有的 x，如果 x 是一位美国参议员，那么 x 是美国参议院的一个成员。

　　　b. 对于所有的 x，如果 x 是一位代表新泽西的美国参议员，那么 x 是男性。

　　这两个陈述（现在）都是真的。然而，（3a）是一个必然真理，是先天可知的，而（3b）是一个偶然真理，是只有通过经验证据和调查才能知道其为真的。摩尔会说这是我们关于"美国参议员"这个概念的一个部分，即任何它所适用的人都是美国参议院的一个成员。从而，他会认为，我们不需要查看什么选举结果就可以知道这是不可能的：x 是一位美国参议员而不是美国参议院的一个成员。从而，他会认为（3a）是分析的。在（3b）的情况下，身为男性并不是我们"代表新泽西的参议员"这个概念的一部分。既然可能是位女性参议员，那么（3b）就是这样的陈述，尽管它为真，但它还是可能为假的。同时，它之为真并不是仅仅通过推理和反思就可以知道的，而是必须通过经验调查才能得知。从而，摩尔会将它划归为综合的。

我们能找到分析和综合的等价性陈述的例子吗？考虑下面一对句子。

> 4a. 对于所有 x，x 是一个人，当且仅当，x 是一个没有羽毛的两足动物。
>
> b. 对于所有 x，x 是一个人，当且仅当，x 是一个有理性的动物。

尽管（让我们假设）（4a）是真的，它是偶然的，只有在经验证据的基础上才可被知道为真。很显然，可能某个没有羽毛的两足动物并不是一个人。从而，（4a）会被摩尔划归为综合的，并且这两个概念，"是一个人"和"是一个没有羽毛的两足动物"，不会被认为是必然等价的。在（4b）的情形中，据称有些哲学家坚持认为它提供了"是一个人"的定义。对他们而言，这是不可能的：是一个人但不是一个有理性的动物，或者相反；此外，他们还认为，我们仅仅通过理解这些语词和对它们进行反思就先天地知道这一点。尽管他们这一观点是对是错是非常有争议的，我们至少还是对于他们想要断定的东西有了一些概念，即，（4b）是分析的。其他更为明显一点的分析等价陈述的例子是（5a）和（5b）。

> 5a. 对于所有 x，x 是一个正方形，当且仅当，x 是一个有四条等边的长方形。
>
> b. 对于所有 x，x 是一个哥哥或者弟弟，当且仅当，x 有兄弟姐妹并且 x 是一个男性。

在上面每个例子中，这些断言都既是必然为真也是先天可知的。

在断定"**好**是不可定义的"的时候，摩尔认为自己所说的是，从它可以得出，不存在具有（6）那种形式的分析陈述——其中的省略号被替换成这样一个词或者短语：它要么是表达了一个（其自身不再包含"好"作为一个组分的）复杂性质，要么是一个像"快乐"这样的被有些哲学家等同于"好"的自然性质。

    6. 对于所有 x，x 是好的，当且仅当，x 是……

这并不是说摩尔认为没有像（6）这种形式的句子是真的。事实上，他认为某些类似（7）这样的句子是真的。

    7. 对于所有 x，x 是好的，当且仅当，x 是对一个美的对象的沉思，或者 x 是对于人类友情的享受。

他所坚持的是，即使有些这样的句子是真的，它们中也没有任何一个是分析的。在这里，用"分析"这个词，粗略地讲，他似乎意味着，这样的陈述是必然为真的、先天可知的，并且是仅仅通过分析这个陈述中所包含的概念而为真的。（后面我们将会更为详细地讨论这一点。）

    一个类似的观点对于包含好的概括性陈述也适用。在摩尔看来，没有这种形式的概括性陈述是分析的：

    8. 对于所有 x，如果 x 是……，那么 x 是好的。

当其中的省略号被替换成这样一个词或者短语：它要么是表达了一个（其自身不再包含"好"作为一个组分的）复杂性质，要么是一个简单的自然性质。摩尔在《伦理学原理》的第一章第六节的结尾表达了他的这一观点，即"什么是好的"这样的陈述永远不会是分析陈述。

    如果我问，"什么是好？"那么我的回答是，好就是好，而这就是这个问题的终结。或者，如果我问"好如何被定义呢"，那么我的回答是，它不能够被定义，而这就是关于它所有我能说的话。虽然这些答案听起来可能比较令人失望，它们却是最为重要的。对于那些熟悉哲学术语的读者来说，我可以用这样的方式来表达这种重要性，即它们等同于说：所有关于好的命题都是综合的，它们永远不会是分析的；并且，那显然不是一件琐屑的事情。同样的观点可以用更为通俗的方式来表达，即，如果我是对的，则没有人可以以这就是"这个词的意义"为借口，将诸如此类的公理强加于我们："快乐是唯一的好"或者"好是令人向往的"。①

正是因为否认了包含"好"的分析性陈述的存在，这使得摩尔认为，没有什么这样的结论，即关于某个东西是好的，可以从一些不包含"好"的前提中得出。不过，他确实认为一些包含了"好"的**综合概括**性陈述是真的——比如，他认为这是真的，享受人类友谊是好的。

简单的、不可定义的性质："是好的"和"是黄色的"之间的类比

正如我们所看到的，摩尔坚持，未提及好的前提永远不可能为某个东西是好的提供**证据**。这个关于证据的观点可以通过考虑他所讨论的一个例子而变得更为清楚。根据摩尔，"是好的"这个性质在某些方面类似于"是黄色的"这个性质。考虑下面这个陈述：

9a. 柠檬是黄色的。

一个人会说上面的这句话，而不说是一个柠檬就等同于是一个黄色的东西。一个人甚至可能说，"是黄色的"并不是柠檬的一个必然特征，因为这一点似乎没有任何概念上的不一致或者不可能：在一个世界中，柠檬是橘黄色的。从而，摩尔会说，"柠檬是黄色的"这个陈述

---

① *Principia Ethica*，第6节，第6—7页（修订版的第58—59页）。同时参见第86节，第143页（修订版的第193页）。在那里，摩尔将所有由"那是好的"和"那是坏的"这种形式的句子表达的断言认为是综合的。

是**综合**的。这类似于摩尔认为（2a）那个陈述是综合的。

对等价句也可以提出类似的观点。考虑陈述（9b）。

9b. x 是黄色的，当且仅当，x 反射了 n 频率的光波。

尽管这个等价性陈述事实上是过于简单化从而并不严格为真，这里让我们暂且忽略技术细节，出于论证的目的想象一下，对于光学物理的研究确立了对于某个特定的 n，一个类似这样的陈述为真。即使这样，摩尔并不会将（9b）认为是分析的，或者是一个定义。他会坚持说，右边的从句并没有给出左边的从句的意义。为了支持这一点，他会指出，一个正常的人会知道一个东西是黄色的，而对于光波、频率之类的东西没有一丁点概念。从而，摩尔会说，这并不是我们关于黄色这个概念的一部分，即任何黄色的东西必须是反射了某个频率的光波。相反，我们使用一组标准来确定一个东西是不是黄色的——仅仅看一看它——而用另外一组标准来确定它所反射的光波的频率。这两组标准最终被同样的对象所满足，这是一个经验发现，而不是概念或者哲学的反思。从而，（9b）就像（9a）那样是综合的，而不是分析的。摩尔说对于包含了"好"的等价句，也是如此。尽管有这种形式的真的陈述——**"x 是好的，当且仅当，x 是如此这般的"**，它们中没有一个是定义，从而没有一个是分析的。

根据摩尔，像"好""黄色"或者类似的词之所以是这样的，是因为"是好的"或者"是黄色的"这样的性质是简单的、不可分析的。它们之间的不同是，我们可以通过感知来知道什么东西是黄色的，而对于什么东西是好的，确定它的唯一途径是通过理智直觉。摩尔这样表达了这一点，他说，"是黄色的"是一个**自然**（natural）性质，而"是好的"是一个**非自然**（non-natural）的性质。

基于这个关于"好"这个词和"黄色"这个词之间的相似性的观点，我们可以更好地理解摩尔这一断言的本质，即关于什么东西是好的这样的结论，并不被任何没有提到好的前提所蕴涵，后者也不能以任何形式来支持前者。这个断言就类似于关于黄色的断言。

> T1y. 如果一个论证的结论是某个东西是黄色的，而其前提中
> 没有任何一个说它是黄色的，那么这些前提并不蕴涵这
> 个结论，并且，它们并不为这个结论提供什么证据，或
> 者任何令人信服的理由认为它为真。

这个断言有一定的道理。毕竟，一个人通常怎样确定某个东西是黄色的呢？并不是通过论证，而是通过观察。当然，可以想象有这样的情况，在其中可以给出一个论证。然而，摩尔大概会认为它们没有任何一个可以否证 T1y。例如，考虑下面的对话。问题：**那个盒子里有什么？是不是什么黄色的东西？**回答：**那是一个柠檬。**结论：**那么它很可能是一个黄色的东西。**这里，似乎**那是一个柠檬**这个前提为**它是黄色的**这个结论提供了证据，从而是认为它为真的一个理由。

我怀疑摩尔是否会认为这是对 T1y 的一个真正的反例。相反，他很可能会回应说，这个论证依赖于一个隐含的前提，**所有（大多数）柠檬都是黄色的**，而这个前提最终依赖于观察，而不是说明性的论证。一旦这个前提被加到这个对话所包含的简单论证中去，这个论证的前提就会包含一个关于什么东西是黄色的的陈述，从而它就不再是 T1y 的反例了。关于这是不是思考这些所谓的反例的一个合适的方式，尽管这是可以争辩的，我认为摩尔会对下面的例子说同样的话。

> 那个在爆炸现场的对象是什么颜色的？
> 它反射了具有 n 频率的光波。
> 那么，它必然是黄色的。

假设这个论证是健全的，摩尔会可能说，它之所以是这样，是因为它依赖于一个隐含的、已经被确立了的前提——**任何反射了 n 频率光波的东西都是黄色的**。事实上，类似这样的例子可能使得这一点对

于他来说更为合理，即关于什么是黄色的的结论最终都必须依赖于一些简单的观察，而不是其前提中没有提到黄色的说明性的论证。

在摩尔看来，类似的结论对于什么是好的也为真。这里主要的不同之处是，我们并不是像观察什么东西是黄色的那样来观察什么东西是好的。我们通过眼睛来观察什么东西是黄色的。我们通过理智来看到什么东西是好的——仅仅通过弄清楚我们正在思考的是什么，从而就理解它必然是好的。

摩尔的开放问题论证

到目前为止，我们解释了摩尔的结论 T1 和 T3 中的内容。然而，我们还没有讨论他究竟是怎样达到这些结论的，我们也没有对其做出评论。现在让我们来做这件事。我们从 T3 这个结论开始，即"好"是不可定义的。摩尔在《伦理学原理》的第 13 节为这个结论给出了他著名的"开放性问题"论证（open question argument）。他说，我们可以看到"好"是不可定义的，这是因为，不论提供了什么样的定义，对那个满足了这一定义项的东西问这样的问题总是有意义的：它是不是好的。他通过考虑下面这个简单的定义表明了这点。

      G. 对于所有的 x，x 是好的，当且仅当，x 是我们想要的。

摩尔的推理是，如果 G 是一个真正的定义，那么它不仅是真的，而且也将为我们提供"好"的意义——在那样的情况下，"好"以及这个短语"我们想要的"将表达同样的性质，从而意味着同样的事情。但是摩尔认为，通过考虑 Q1，我们可以很容易地表明"好"并不意味着这个。

      Q1. 假设 x 是我们想要的，那么 x 是好的吗？

不管你认为这个问题的答案是什么，摩尔说，很清楚，这个问题就和 Q2 一样是可以理解、一样有意义的：

Q2．x 是好的吗？

但是，如果"好"和"我们想要的"表达了同一个性质，从而意味着同样的事情，那么我们将总是可以在一个句子中用一个词来替代另一个，而不会改变该句子所表达的命题或者问题。从而，如果 G 是一个真正的定义，那么句子 Q1 和 Q3 就意味着同样的事情，从而表达同样的问题。

Q3．假设 x 是我们想要的，那么 x 是我们想要的吗？

但是这是荒谬的。句子 Q1 和 Q3 并不意味着同样的事情，它们所问的问题也是不一样的。从而，G 并没有为我们提供"好"的意义。

基于这样的讨论，我们可以将摩尔关于"好"不可定义的论证重构如下：

P1．如果（i）**对于所有的 x，x 是好的，当且仅当，x 是 D** 是一个对"好"的定义，那么"好"和 D 表达了同样的性质，并且这两个表达式意味着同样的东西。

P2．如果"好"跟 D 表达了同样的性质，并且这两个表达式意味着同样的东西，那么句子（ii）**假设 x 是 D，那么 x 是好的吗？** 和（iii）**假设 x 是 D，那么 x 是 D 吗？** 就表达了同样琐屑的、答案自明的问题（即，[ii] 跟这个问题是类似的：（iv）**假设 x 是 y 的一个男性的兄弟姐妹，那么 x 是 y 的一个兄弟吗？** 只要适当地理解了这些句子，就足以知道对于这样的问题的答案是"是的"）。

P3．不存在这样的（其自身不再包含"好"这个组分的）复杂

性质或者简单的自然性质 P 以及表达式 D，使得 D 表达
了 P，并且 P2 中的（ii）表达了像（iii）一样琐屑的、答
案自明的问题；我们也不能引入这样的表达式 D。

C1. 从而，不存在这样的关于"好"的定义，**对于所有 x，x
是好的，当且仅当，x 是 D，**在其中 D 要么是表达了一个
复杂性质，要么是一个简单的自然性质。

C2. 所以，"好"是不可定义的，从而它必然表达了一个简单
的非自然性质①。

这个论证的前提是直观上相当有道理的。P2 体现了一个自然的假
设，（在这些以及其他相关的情形中）一个句子的意义是其组成部分的
意义的一个函项，而 P1 合理地表述了我们从至少一种重要的定义中想
要得到什么。尽管并非完全没有异议，这些假设还是有吸引力的，并
且，就我们的目的而言，它们或许可被接受。鉴于此，我们关于这个
论证的评价就依赖于我们对于 P3 的评价。这里，最好是明确地表述出
摩尔可能很依赖的一个原则，尽管他从来没有明确的表述过它。

意义的透明性

如果两个表达式 α 和 β 意味着同样的事情（比如，如果两个谓
词表达了同样的性质），并且，如果一个人 x（完全）理解了 α 和
β，那么（i）x 将知道 α 和 β 意味着同样的事情，且（ii）x 会知道，
任何两个（摩尔所考虑的那种）句子，当它们之间的区分只在于将
其中的一个表达式替换成另一个意味着同样东西的表达式的时候，
它们表达了同样的命题（在陈述句的情况下）或者表达了同样的问

---

① 这个最后的从句假设了（i）如果"好"是有意义的，那么它表达一个性质，以
及（ii）如果由"好"所表达的性质是复杂的话，或者如果它是一个简单的自然性质的
话，我们就可以发现或者引入某个词或者短语 D，以表达那个性质，从而使得**对于所
有 x，x 是好的当且仅当，x 是 D** 将是对"好"的一个定义。尽管我们将在后面对（i）
提出质疑，就目前来说，我们将有条件地接受（i）和（ii）。

题（在问句的情况下）。

摩尔似乎隐含地依赖于这个原则，或者是其他一些类似的原则，当他认为这是理所当然的时候：如果 D 给出了**好**的意义，那么任何一个（完全）理解了两者的人都将仅仅通过反思就看到，P2 中的问句（ⅱ）和问句（ⅲ）意味着相同的事情，从而表达了同样的问题[①]。既然这两点看起来是很合理的，即我们（完全）理解了**好**以及相关的表达式，而我们不能判断这两个问题是这样相互联系的，他从而认为 P3 是正确的。

他也确实应该如此，鉴于他接受了透明性原则。就这个原则本身来说，情形又更为复杂一些。一方面，这个原则在直觉上是很有吸引力的，它不仅是被摩尔，而且也被二十世纪早中期的大多数处理关于意义的实质性问题的分析哲学家们要么隐含要么明确地接受了。另一方面，在最近的二十年中，对这个原则的很多重要的反例被提出来了——很多包含了专名（proper names）和自然类谓词（natural kind predicates），它们随着一个被称为**直接指称理论**（direct reference theory）[②]的语义学方法而得到理解。在我看来，这些反例，尽管在其他语境中是真正的反例并且是非常重要的，它们跟摩尔对于这个原则的隐含性依赖却没有太大的关系[③]。从而，尽管透明性原则在我看来最

---

① 他说我们能够"通过审视"而发现这样的事情，*Principia Ethica*，第 16 页（修订版的第 67 页）。

② 参见我的 *Beyond Rigidity* 的第三章和第十章中对于这样的反例的讨论。（New York：Oxford University Press，2002）。

③ 在我看来，对包含自然类谓词的原则的唯一的反例，是那些在其中 α 和 β 都是简单的自然类词项的情况（其典型为单个词），像**土拨鼠**和**旱獭**这样的；当其中一个词项是简单的（比如，水），而另一个是复杂的（比如，H_2O，或者**那种分子式有两个氢原子和一个氧原子的物质**），这两个表达式 α 和 β 就永远不会意味着同样的事情。（参见 *Beyond Rigidity* 的第 10 章。）从而，即使**好**被表明是跟自然类谓词类似的，这个相应的结果将会确保，它不能由任何表达了一个复杂性质的复合表达式 D 来定义。这并不是问题的终结——对于这个原则的评价，还要考虑其他更多的情况。然而，因为关于摩尔的整个论证还有其他更为紧要的问题，这里我们不需要深入探讨其中的复杂性。

终是不对的，从而不能对 P3 提供什么支持，后者却仍然还是有道理的、不必质疑。这就将我们置于这样的立场：至少是有条件地接受了摩尔关于**好**不可定义的结论。

摩尔这一结论的吸引力可能会显得更大，如果我们注意到在哲学家（以及其他人）中存在的关于"好"的有意义而广泛性的争议。哲学家们对于像 Q1 这样的问题如此持久的争论这一事实表明了，它们很难说是像 P2 中的问题（iv）那样琐屑的。在 Q1 这个特定的问题上，我们可以通过问这个问题来看出这样的争议是如何产生的，所谓"是我们想要的"，这里的"我们"是谁。它是否包括像希特勒、斯大林或者波尔布特这样的人？如果包括的话，那么这一点显然并不清楚：他们想要的是不是好的。如果不包括的话，那么基于什么可以决定谁该被包括在内，而谁必须被排除在外呢？像这样的困难表明了，Q1 不是琐屑的，而是有着真正的效力的。从而，摩尔总结到，"好"跟"我们想要的"并不意味着同样的东西。有理由认为，类似的问题在所有对"好"所提出的哲学定义中都可以找到，从而"好"在摩尔关于定义的严格意义上确实是不可定义的。

不可定义性论题在摩尔对 T1 的论证中所起的作用

不可定义性论题，T3，是摩尔对 T1 的（隐含）论证的第一步。这个论证可以被重构如下。在给出这个论证的时候，我们将相关的 D 视为任何这样的词或者短语，它要么是代表一个复杂性质，要么是代表一个简单的自然性质。（S4 是根据摩尔的观点重新表述和详细阐释了 T1）。

这一论证

S1. 不存在这样相关的 D，从而使得，**对于所有的 x，x 是好的，当且仅当，x 是 D** 是"好"的一个定义。

S2. 对于任何相关的 D，不存在这样的分析等价性陈述，**对于**

所有的 x，x 是好的，当且仅当，x 是 D，也不存在这样的分析概括性陈述，**如果 x 是 D，那么 x 是好的。**[1]

S3. 对于任何相关的 D，不存在这样的蕴涵，即由 α 是好的所表达的陈述被由 α 是 D 所表达的相应陈述所蕴涵。

S4. 对于任何相关 D，不存在由 α 是 D 所表达的陈述，为由 α 是好的这个陈述所表达的结论提供了任何证据，或者任何令人信服的理由认为它为真。某个特定的东西是好的这个断言，有时候能够从一个断定了某一类中的所有成员都是好的这样一般性的原则中得出。但是，伦理学的根本原则——这样的原则断定所有，且只有这些某一特定集合的成员是好的，并且，它们为其他的伦理学断言进行辩护提供了基础——是自明的命题，对于它们不需要什么辩护，也不可能有这样的辩护；这样的命题必须就是被认为是真的。[2]

诠释 1：关于分析性和蕴涵的限制性概念

鉴于摩尔关于什么可被称为一个定义的非常严格的意义，其关于"好"不可被定义的论证看似非常有道理。从而，我假定我们接受 S1。然而，在他从 S1 到 S2—S4 的过渡中，存在着非常严重的问题。让我们从 S1 到 S2 之间的过渡开始。摩尔将他的这一论证，即没有关于"好"这个词的定义，看作好像它足以确立这一点：对于任何相关的 D，不存在将"好"和由 D 所表达的性质联系起来的分析等价陈述或概括陈述。为了评价这一步，我们需要进一步澄清他所谓的一个**分析**真理意味着什么。引人注目的是，他对这方面以及其他紧密相关的观念所花的注意是如此之少，而这些对于他的整个论证却是如此之重要。在《伦理学原理》中的很少几处他谈到分析性的地方，他似乎表示，他将分析真理看作是必然真理，其为假对于我们来说是"不可设

---

[1] 我们不考虑这样的词项，即它们本身是通过"好"而定义的。

[2] 参见 *Principia Ethica*，第 5 章，第 86 节，第 143—144 页（修订版的第 193—194 页）。

想的"，它们的否定句是"矛盾的"①。他的这些词的意义从来没有得到详细说明；但是它们可以被适当地理解为表明了一个关于分析性的相当狭窄的概念。他很可能假设了，分析真理是那些可以通过同义词替换而被转化成形式逻辑真理的。根据这个观点，**如果约翰是玛丽的一个兄弟，那么约翰是玛丽的一个男性的兄弟姐妹**，是一个分析真理，因为通过对**是一个兄弟**做同义词的替换，我们可以得到一个逻辑真理，**如果约翰是玛丽的一个男性的兄弟姐妹，那么约翰是玛丽的一个男性的兄弟姐妹**，它具有**如果 p 那么 p** 的形式。因为它的否定，或者其他任何逻辑真理的否定，在逻辑上等价于 $p \& \sim p$ 这个简单的矛盾式，一个分析真理的否定是矛盾式，这句话的意义在这种解释下是显而易见的。如果一个人确实持有这种关于分析性的观点，那么给定摩尔的非常严格的关于什么可以算作一个定义，从而什么可以算作同义词的概念，我们最终会将分析真理这个集合视为必然真理这个集合的一个高度限定了的子集，它表达了先天可知的命题（假设，正如摩尔所做的那样，逻辑真理是必然的、先天的）。在这种诠释下，摩尔论证中的 S1 和 S2 之间的跨度是很小的，从而从第一步到第二步的跨越是有道理的、可以理解的。

　　然而，有理由对这样的诠释进行怀疑。它首要的问题是，使得从 S1 到 S2 之间的跨越有效的关于分析性的狭窄定义，对从 S2 到 S3 和 S4 之间的跨越造成了问题。为了达到 S3，我们需要对蕴涵（entailment）这个观念进行解释。摩尔倾向于将这个关系视为**逻辑暗含**（logical implication）——一个命题 p 蕴涵了一个命题 q，当且仅当，p 逻辑地暗含 q——即：当且仅当，q 是 p 的一个逻辑后承（logical consequence）。然而，通过**逻辑暗含**和**逻辑后承**这样的词，他并不意味现在的形式符号逻辑中这些观念的意义。对于摩尔来说，逻辑暗含和

---

① 一个类似的、稍微长一点的关于分析真理这一观念的讨论，可以在摩尔发表于《伦理学原理》同一年的文章 "The Refutation of Idealism" 中找到，它重印于摩尔的 *Philosophical Studies*（参见那一卷的第 12 和 13 页，在那里摩尔讨论了分析真理作为必然真理，其为假是不可设想的，而其否定是自我矛盾的。）

逻辑后承是命题或命题的集合之间的关系；而在形式逻辑中，它们是句子或句子的集合之间的关系。对于摩尔来说，命题是句子所编码的信息，是陈述句被用来做出的断言——这可以理解成，意义相同的不同句子表达（编码）了同一个命题，并且，不同的命题可以由同一个句子在不同场合的使用来表达（或编码），如果这个句子含有像"我"和"现在"这样的索引词①的话。

另外一点表明摩尔用**逻辑暗含**和**逻辑后承**所意谓的东西跟这些词在现代符号逻辑中的意义的不同之处是，摩尔将 S3 视为一个重要的哲学论题，而与之对应的、包含逻辑暗含的现代观念的 $S3_1$，则完全是琐屑的。

> $S3_1$. 对于任何相关的 D，以及名字 n，句子 **n 是 D** 并不逻辑地蕴涵 **n 是好的**。

$S3_1$ 是琐屑的，因为在现代逻辑的意义上，仅仅是**好**这个词并不在 D 中出现这一事实，就足以确保 **n 是 D** 并不逻辑地暗含 **n 是好的**。这一点可以通过一个简单的例子来表明。在现代逻辑中，**这个对象既不是圆的也不是方的**这个句子，逻辑地暗含**这个对象不是圆的**这个句子，因为**任何**对这些句子中具有下划线的非逻辑语词的解释，如果它使得第一个句子为真，那么也将使得第二个句子为真。这一点通过这个事实反应出来：将这些具有下划线的非逻辑词汇统一地替换为其他的非逻辑词汇，而不变动其他的逻辑词汇，将永远也不能得到这样一对句子，其中第一个是真的，而第二个不是。根据这个标准，**一个正方形在这个圆之内**这个句子，**并不逻辑地暗含一个长方形在这个圆之内**，因为关于逻辑暗含的现代定义并没有规定，替代**正方形**和**长方形**的语词必须是相互关联的。既然摩尔坚持，一个正方形在这个圆之内这个

---

① 在表述摩尔的伦理学论题的时候，我将避免包含索引词的句子，并且（除非说明）我将排除由这所带来的的复杂情况，即同一个句子在不同场合的使用表达不同的命题。

命题**确实**蕴涵了一个长方形在这个圆之内这个命题，那么在摩尔的 S3
中的蕴涵关系就不能是现代意义上的逻辑暗含。

到此为止，在对摩尔的这种解释下，一个人被拉扯向两个方
向——一个是力图使得 S2 到 S3 之间的跨越有效，另一个是试图使得
S3 到 S4 之间的跨越有效。首先考虑前者。回顾我们关于摩尔主义的分
析性暂定的（provisional）解释——一个句子是分析的，当且仅当，它
可以通过用同义词来替换同义词被转化成一个形式逻辑真理。（S 是一
个形式逻辑真理，当且仅当，不管其中的非逻辑词汇被如何解释，也
不管其中的非逻辑词汇如何统一地被替换成其他非逻辑词汇，S 都将为
真。）① 这个关于分析性的定义可以这样扩展到命题，一个命题是分析
的，当且仅当，它是由某个分析句所表达的。从而，蕴涵可以用分析
暗含（analytic implication）来定义。

分析暗含：句子

一个句子（或者句子的集合）S 分析地暗含一个句子 R，当且
仅当，有一个通过对 S 和 R 中的同义词替换而得到的句子或者句子
的集合 S'以及句子 R'，并且 S'逻辑地暗含 R'（在现代符号逻
辑的意义上）。

分析暗含：命题

一个命题（或者命题的集合）p 蕴涵一个命题 q，当且仅当，
有一个句子（或者句子的集合）S 表达了 p（或者当 p 和 S 是集合
的时候，S 中的句子表达了 p 中的命题），以及一个表达了 q 的句
子 R，并且 S 分析地暗含 R。

在这个关于蕴涵和分析性的解释下，S3 从 S2 中顺利地得出。
然而，这个关于蕴涵和分析性的观念是非常有局限的。例如，这

---

① 关于逻辑真理和逻辑后承的现代观念更多的解释，参见我的 *Understanding Truth*
第三章，以及第 101—102 页（New York : Oxford University Press，1999）。

个分析性命题的集合并不大于被单纯的形式逻辑真理所表达的命题的集合，并且，这种蕴涵关系仅仅在这样的命题 p 和 q 之间存在，即它们由句子 S_p 和 S_q 所表达，而其中一个逻辑地暗含另一个（在现代形式逻辑的意义上）。并且，从 S3 到 S4 的跨越现在变得渺无希望。为了达到那个想要的结论，摩尔必须至少排除这样的可能性，即对于有些相关的 D，

10．如果 α 是 D，那么 α 是好的。

（10）表达了一个必然的，先天可知的，可以被哲学中的推理所证实的东西。因为，如果有这样的 D，那么由 **α 是好的**所表达的断言，就将是由 **α 是 D** 所表达的断言的一个先天的、必然的、哲学上可被证实的后承，在这样的情形下，由 **α 是 D** 所表达的断言将成为由 **α 是好的**所表达的断言的一个证明，或者至少是为得出这样的结论的一个有说服力的理由。这样的结果将会否证摩尔关于"好"的最为重要的元伦理学观点：对关于好的断言，不可能有什么证明或者是令人信服的论证。

摩尔在这一点上的薄弱之处可以通过考虑下面这个例子来表明。

11．对于所有的 x，如果 x 是黄绿色的，那么 x 是有颜色的。

（11）是必然的，它表达了一个可以先天知道的东西，它也是自明的。有些像摩尔一样相信意义透明性的人可能甚至会坚持说，一个知道**黄绿色**和**有颜色**的意义的、掌握了这门语言的人，将会意识到（11）表达了一个真理，并且，任何掌握了它所表达的命题的人，都将会判断它为真。（11）可能被认为具有这些性质，尽管**黄绿色**并没有通过**有颜色来定义**，并且**有颜色**没有用**黄绿色来定义**。一个人可以知道某样东西是有颜色的，而不知道所有的颜色，或者甚至不知道所有的颜色可以从某些首要的颜色中得出。鉴于此，可以有理由认为，我们可以

得出，**有颜色的**这个谓词不能够在摩尔关于定义的严格意义上，用任何一个相关的提及单个颜色的词或者短语 D 来定义。

将这个结果和前面关于分析性和蕴涵的暂定的定义结合起来，我们就可以得到 S3$_C$。

> S3$_C$. 对于任何相关的 D，以及名字 n，由 **n 是 D** 表达的陈述并不蕴涵由 **n 是有颜色的**所表达的陈述。

但是从这并不能得出什么令人感兴趣的结果。某个东西是黄绿色的这个断言，为它是有颜色的这个断言既提供了证据，也为相信它提供了很好的理由。事实上，一个人可以通过表明一个东西是黄绿色的，来**证明**或者**确立**它是有颜色的。从而，那个包含了**有颜色的**这个谓词的 S4 版本就是错的，尽管 S3$_C$ 是真的。既然在这个情形下，从一个到另一个的跨越是跟原初从 S3 到 S4 的跨域完全平行的，那么在**好**的情形中，S4 并不能从 S3 中得出。从而，在这个解释下，摩尔没有能够建立其最为重要的方法论的结论。

诠释 2：分析性和蕴涵的扩展性概念

可以自然地想到，上面的解释中的问题存在于它关于分析性和蕴涵的过于狭窄的定义。类似（11）这样的例子表明了，两个表达式可以是在概念上相连的，尽管没有一个是由另一个来定义的。类似的，两个句子可以是这样的，由一个所表达的命题是由另一个所表达的命题的必然和先天的后果，即使一个句子并不能通过同义词的替换被转化成另一个，并且也没有什么定义可以将两者联系起来。对于这些想法，一个自然的回应可能是认为，我们需要关于分析性和蕴涵的更为扩展化的观念——这样的观念承认概念上的联系，即使它们不是建立在定义的基础上的。可能，使用这样的观念，我们就可以证明摩尔的论证中从 S3 到 S4 之间的跨越是有效的。

带着这一点，让我们来考察下面的扩展化的观念。

分析的明显性 (analytic obvisousness): 句子和命题

令 S 为任何必然的、表达了某个先天可知的东西的句子，并且它是如此显然，从而任何理解了它的人都会倾向于接受它，而且，任何人只要掌握了它所表达的命题就倾向于判断它是真的。我们称任何这样的句子，以及它所表达的命题是**分析地明显的**。

分析地明显的后承 (analytically obvisous consequence): 句子和命题

我们称一个句子 R 是一个句子的（有限）集合 S 的**分析地明显的后承**，当且仅当，这样的条件句是分析地明显的，其后件是 R，其前件是 S 中的句子的合取。一个命题 q 是一个命题的（有限）集合 q 的分析地明显的后承，当且仅当，有某个表达了 q 的句子 S_Q，以及某个表达了 p 中命题的句子集合 S_P，并且 S_Q 是 S_P 的一个分析地明显的后承。

我怀疑摩尔是否会将（11）视为分析地明显的，以及将（12b）视为（12a）的分析地明显的后承。

12a. n 是黄绿色的。
12b. n 是有颜色的。

接下来，我们定义一些更为扩展化的观念。首先，我们需要这样一个观念，即一个句子或命题可以从其他句子或者命题中通过一系列分析地明显的步骤得出。

扩展性的分析后承 (extended analytic consequence): 句子和命题

一个句子 R 是一个句子集合 S 的**一个扩展性的分析后承**，当且仅当，可能构建一个关于 R 的证明，其中的每一步都要么是 S 的一个成员，要么是这个证明的前面的步骤的一个分析地明显的后承。一个命题 q 是一个命题的集合 p 的一个扩展性的分析的后承，当且仅当，有某个表达了 q 的句子 S_Q，以及某个句子集合 S_P，其中的成员表达了 p 中的命题，并且 S_Q 是 S_P 的一个分析地明显的后承。

接下来，我们引入关于一个句子或者命题的这样的观念：它要么是分析地明显的，要么可以从其他分析地明显的句子或者命题中通过一系列的分析地明显的步骤得出。

扩展性分析性（extended analyticity）：句子和命题

一个句子是**扩展性分析的**，当且仅当，要么它是分析地明显的，要么它是某个分析地明显的句子集合一个扩展性的分析后承。扩展性的分析命题是那些由扩展性的分析句所表达的命题。

最后，我们将命题之间的扩展性蕴涵，定义为扩展性分析后承的一个逆命题。（p 扩展性蕴涵 q，就是指 q 是 p 的一个分析后承。）

分析的明显性和扩展性分析性之间的区分可以通过（13）来表明。

13. 对于所有的 x，$x=2^{11}$，当且仅当，$x=2048$。

注意 2^{11} 并不是 2048 的**同义词**（synonym）。一个人可以理解两者意味着什么，而不知道 2^{11} 就是 2048。从而，这个问题

14a. 假设 $n=2048$，那么是否 $n=2^{11}$？

是一个真正的而非琐屑的问题，并且当然不同于问题（14b）：

14b. 假设 $n=2048$，那么是否 $n=2048$？

如果这是真的，那么（13）将是扩展性分析的，在这样的情况下，由（16a）所表达的命题将会扩展性蕴涵由（16b）所表达的命题。

16a. 这里有 2048 个如此这般的东西。

   b. 这里有 2^{11} 个如此这般的东西。

类似的观点也适用于其他的数学陈述。例如，同样的论证可以被用来支持（17）是扩展性分析的，而由（18a）所表达的命题扩展性蕴涵了由（18b）所表达的命题。

17. 对于所有的 x，x 是一个等边三角形，当且仅当，x 是一个等角三角形。

18a. 那是一个等边三角形。

   b. 那是一个等角三角形。

出于两个原因，这个被用来做出这些断言的扩展性蕴涵关系是很有意思的。第一，如果 p 扩展性蕴涵了 q，那么就可以通过将它从 p 中推出，从而在原则上证明、确立或者知道 q，只要一个人能够证明、确立或者知道 p 而不需要首先确立 q。第二，p 可以跟 q 具有这样的关系，即使这两个命题之间的关系一开始不是明显的，而是需要可观的推理和分析才能发现的。从而，在特定的情形中，知道 p 是否扩展地蕴涵 q，这将是重要的哲学或者数学发现。

在这些讨论的基础上，假设在摩尔的整个论证中，S2 中的分析性和 S3 中的蕴涵被定义成扩展性分析性和扩展性蕴涵，那么，S3 将既可以从 S2 中得出，而且也提供了一个潜在合理的基础来达到 S4。特别是，假如 S2 能够被确立，从而 S3 能够被确立的话，那么就可以得出，没有从由 α 是 D 所表达的前提到由 α 是好的 所表达的断言的这种证明：对于任何相关的 D，该证明的每一个步骤都要么自身是分析地明显的，从而是如此之明显以至于本质上是不可以被否定的，要么是前面步骤的分析地明显的结果，从而是如此之明显以至于难以被否定，只要接受了前面的步骤的话。并且，我们可以看到，一个哲学家可以用这样的结果来表明，不可能存在这样的证明，即对于任何实际上等效于说什么东西是好的这样的断言，它可以从没有提及好的前提中得出。这当然并不是摩尔的 S4，后者说的是，由 α **是 D** 表达的断言不能够为 α **是好的**所表达的结论提供任何**证据**，或者是任何**令人信服的理由**来认为它为真。但是为通向这个最终的结论，至少一个非常重要的步骤已经达到了。[①]

尽管这乍看起来似乎对摩尔来说是非常有希望的，它却预设了，在分析性被解释成扩展性分析性的条件下，S2 可以从 S1 中有效地得出。然而，这是不能的。摩尔的开放性问题论证至多确立了，**好**是在摩尔的非常严格的关于定义的意义上不可定义的。正如我们已经看到的，可以有一个类似的论证，即**有颜色的**在这个意义上也是不可定义的，尽管像（11）这样的概括句很可能是扩展性分析的（如果存在什么这样的句子的话）。从而，在这种诠释下，摩尔的整体论证并不能够超出 S1 的范围。

摩尔的论证可以被修复吗？

由此得出的教训是，我们必须停止试图从这样的论题，即对于"好"这个词不存在严格的摩尔主义的同义词，得出这样强的结论，即关于什么可以或者不可以蕴涵关于"好"的重要断言，或者是为其提供证据。缺乏这种严格的同义词，这并**不是**关键之处。更为重要得多的是这个问题，由 α **是好的**所表达的断言，是否能够从相应的由 α **是 D** 表达的断言中通过一系列这样的步骤得出，其中的每一步都是像（15）中的陈述作为（13）的证明那样明显的。像（13）和（17）这样有趣的、并非明显琐屑的数学真理，能够通过一系列这样完全明显的

---

① 一个关于摩尔用**理由**和**证据**意味着什么的讨论，参见《伦理学原理》第 86 节，第 143—144 页（修订版的第 193—194 页）。

步骤得出，这从而使得这一点成为可能：很多数学真理不仅是有趣的，而且甚至是令人惊叹的，但同时又是理性上确定的。如果一个人可以表明，关于好的有意义的断言从来都不能以这种方式从没有提到好的前提中得出，那么他将向摩尔所寻求的那种强元伦理学结论迈出重要的一步。

在我看来最有希望做这件事的是，通过下面的方式来扩展和加强原初的开放性问题论证。

扩展的开放性问题论证

P1. **如果对于所有的 x，如果 x 是 D，那么 x 是好的**是分析地明显的，那么这个问题

(i) **假设 α 是 D，那么 α 是好的吗？**

是一个琐屑的、答案自明的问题，就像 (ii) (iii) 和 (iv) 那样。

(ii) **假设 α 是 β 的一个男性的兄弟姐妹，那么 α 是 β 的一个兄弟姐妹吗？**

(iii) **假设 α 是黄绿色的，那么 α 是有颜色的吗？**

(iv) **假设 n 的后继 =m 的后继，那么 n=m 吗？**

(ii—iv) 这些情形中的每一个，跟这些问题对应的命题是明显必然、先天的真理；并且，任何人如果真正理解了这些问句，从而掌握了它所表达的问题，就必然意识到对于它的回答是"**是的**"——不知道这一点就是表明他没有真正地理解这个句子，或者掌握这个问题。

P2. 没有什么复杂的或者简单的自然性质 P 以及表达式 D，从而使得 D 表达 P，并且 P1 (i) 中的问句表达了就像 (ii) (iii) 和 (iv) 那样琐屑的、答案自明的问题。

C1. 从而，没有什么分析地明显的概括陈述，**对于所有的 x，如果 x 是 D 那么 x 是好的**，其中 D 表达了要么是一个复杂性质，要么是一个简单的自然性质。

C2. 从而，没有什么扩展了的分析句，**对于所有的 x，如果 x 是 D 那么 x 是好的**，其中 D 表达了要么是一个复杂性质，要么是一个简单的自然性质。

在这个论证中，C1 从 P1 和 P2 中得出，而 C2 从 C1 中得出。另外，S2 和 S3 可以从 C2 中得出（在分析性和蕴涵被理解成是扩展性分析性和扩展性蕴涵，且意义的透明性被认为是理所当然的情况下）。并且，有理由认为，S4 的一个弱化版本可以在 S3 的基础上得到确立，该版本将其自身限制在这样的陈述中，即那些关于"好"的断言不能够从没有提到"好"的断言中得到**证明**。从而，摩尔的整个论证的重心就在于 P1 和 P2。

摩尔关于这些前提的立场又是什么呢？为了回答这个问题，我们必须回到他原初的"开放性问题"论证的陈述。那里的结论是，"好"这个性质不是任何复杂性质，也不是任何简单的自然性质。摩尔通过指出这一点来为它进行论证：对于任何要么是表达了一个复杂性质，要么是表达了一个简单的自然性质的 D 由**假设 α 是 D，那么 α 是好的吗**所表达的问题，不同于**假设 α 是 D，那么 α 是 D 吗**所表达的问题，也不同于**假设 α 是好的，那么 α 是好的吗**所表达的问题。到此为止没有什么问题。但是摩尔是否认为，由**假设 α 是 D，那么 α 是好的吗？**以及**假设 α 是好的，那么 α 是 D 吗？**是否总是表达了"开放的问题"（或者至少其中的一个如此）？

这取决于一个问题："开放的"究竟是什么意思。在《伦理学原理》的第 13.1 节的最后一句话，即他表述这个开放问题论证的地方，摩尔说，"我们很理解这意味着什么，通过怀疑"我们想要的每样东西是否都是好的，这个事实"表明了在我们的头脑中有两个不同的观念"。这里的想法是，虽然**不可想象**有人可以怀疑是否每个好的东西都是好的，或者是否每个我们想要的东西都是我们想要的；然而这却是**完全可以想象**的，即有人可以怀疑是否所有我们想要的东西都是好的。更为一般地，摩尔似乎认为，对于任何相关的 D，这总是可以想象的，即有人可以怀疑由**所有是 D 的东西都是好的**这个句子所表达的命题。

好是否真的可以定义，就像**兄弟**可以由**男性的兄弟姐妹**来定义那样，或者**正方形**可以由**具有四条等边的长方形**来定义那样，摩尔会回答说不是。他似乎认为，没有人可以怀疑由这所表达的东西，**每个是正方形的东西都是具有四条等边的长方形**，因为它就是这个命题，任何是一个正方形的东西都是一个正方形。当然有人可能不确定，**所有是一个正方形的东西都是一个具有等边的长方形**这个**句子**是否为真；然而，可以想象，摩尔会认为，只有当这个人没有完全掌握这门语言，从而没能真正地理解这个句子时，这样的情形才会出现。

如果这是对的，那么摩尔很可能认为，对于任何相关的 D，**"假设 α 是 D，那么 α 是好的吗"**在这个意义上总是表达了一个开放性问题，即一个人可能理解这个句子，也掌握这个句子所表达的问题，但是却没有意识到对于它的回答是"是的"（如果这确实是答案的话）。如果摩尔关于这一点是对的，那么这就足以确立 P2，从而，间接地确立了 C1 和 C2。现在所剩下的唯一问题就是，摩尔是否会接受这个（隐含的）说法，即 P1 中的问句（ii）（iii）和（iv）并**没有表达（i）**所被认为表达了的那种"开放性的问题"。在我看来，《伦理学原理》中的文字证据并没有确定地解决这个问题。不过，有理由认为摩尔会愿意接受这样的说法。他常常这样说，似乎关于好的问题是实质性的和开放的，而像那些由（ii）（iii）和（iv）所表达的琐屑的问题则不是。假如这里没有真正的差异的话，那么他的被认为具有深远影响的结论 S3 和 S4 将要么消失，要么被抽空了意义。既然他认为它们具有最高级别的重要性，我倾向于认为他会接受 P1 和 P2。

对于摩尔关于好的主要元伦理学结论的论证，我们现在达到了对其最强版本的合理化重构。这个论证是结合了开放性问题论证的一个扩展化版本，S4 的一个弱化版本，该弱化版本是，排除了对关于好的**断言**的**论证**，同时将步骤 S2 和 S3 解释为包含扩展性分析性和扩展性蕴涵（加上意义的透明性原则）。我们已经看到，有理由相信摩尔自己会乐意接受这样的重构。另外，这一点是清楚的，很多受他影响的哲学家接受了一些与之很类似的东西。然而，尽管这个立场对于一些人来说看起来似乎是有道理的，摩尔并没有真正**确立**它的正确性。为了做到这一点，他需要表明在这两者之间有一个清楚、确定的对比：一方面是由 P1 中的（ii）（iii）和（iv）所表达的问题，另一方面是对于所有相关的 D，由（i）所表达的关于好的问题。这是他既没有做，也没有严肃地试图去做的事情。而且，这个断言远非明显，即对于所有的 D，存在这样的对比。从而，摩尔的这一令人震惊、影响深远的结论——没有人可以通过论证来确立什么东西是好的——就其自身而言，并没有得到论证的充分支持。最多，我们可以将它看作是一个有趣的、并非完全不合理的、历史上非常有影响力的设想。

自明性（self-evidence）

根据摩尔主义的设想（i），对于任何相关的 D，总是可能理解这个句子，**是 D 的东西是好的**，而不倾向于接受它；理解它所表达的命题，而不倾向于判断它为真，并且（ii）永远不可能通过一系列这样的步骤，从一个由 α **是 D** 所表达的前提证明得出由 α **是好的** 所表达的断言：这些步骤是如此的明显，从而只要一个人仔细地理解这些步骤，理解表达它们的句子，并掌握它们所表达的命题，就不能否定它们。我们可以将这一点不那么形式化地表达为，根据摩尔主义的设想，关于好的陈述永远不是**分析地明显**的，也永远不可以从没有提及好的陈述中**分析地可证明**的。如果一个人认为摩尔真的接受这个设想，那么他会吃惊地发现，摩尔还是相信一些关于"好"的非常重要的命题——包括伦理学中最为根本的命题——是自明的。

摩尔在《伦理学原理》的第五章中表明了这一点，在他总结他之前的关于**好**意味着什么的讨论的时候，他说了如下的话：

> 我们不能通过证明来看出什么是可能的，赞成一个判断"这或者那是好的"，或者反对另一个判断"这或者那是坏的"，直到我们

看到这样的命题的本质必然总是什么。事实上，从好和坏的意义中可以得出，所有这样的命题，用康德的话来说，都是"综合的"：它们最终都必须建立在这样一些命题之上，这些命题必须只是被接受或者拒绝，而不能够从任何其他的命题中逻辑地演绎出来。这个从我们的第一项研究中得出的结果，可以用另外的方式表达为，伦理学最根本的原则必须是自明的。①

在这些根本的伦理学命题中，摩尔认为是自明的有（19）和（20）。

19.　快乐不是唯一的（内在的）好。

20a.　对于美的事物的欣赏是（内在的）好。

　　b.　他人的陪伴和交流所带来的快乐是（内在的）好。

　　c.　对于美的事物的欣赏和他人的陪伴和交流所带来的快乐是唯一的（内在的）好的事情。

摩尔在第五章第 87 节申明了（19）是自明的。他在第六章讨论了（20）中的例子，其主要目的被描述如下：

　　　其主要目标是对于伦理学中的根本问题达到一些肯定的回答，即对于"什么样的事情是好，或者就其本身为目的的"这个问题，我们到目前为止所得到的仅仅是一些否定的答案，即，快乐当然不是**唯一**的好。②

摩尔在 113 节给出了他的肯定的回答。③

　　　确实，一旦这个问题的意义得到清楚的理解，那么对于它的答

---

① *Principia Ethica*，第 143 页（修订版的第 193 页）。

② *Principia Ethica*，第 184 页，110 节（修订版的第 233 页）。

③ *Principia Ethica*，第 188—189 页。

案，就其要点来说，显得是如此之明显，以至于有可能显得像是陈词滥调。到目前为止，我们所知道或者可以想象的最有价值的事情，是意识的某些状态，它们大致可以被描述为人类交流带来的快乐，以及对于美好事物的欣赏。很可能，没有哪个问过自己这个问题的人，怀疑过人与人之间的情感以及欣赏艺术或者自然中的美好事物，是就它们自身而言好的；而且，如果我们在严格的意义上考虑，什么事情**仅仅就其本身而言**值得拥有的，似乎也不可能有人会认为，有什么其他的事情有着和上面两类事物近乎一样大的价值。……**尚未**被认识到的是，它是道德哲学的最终、最根本的真理。即，仅仅是为了这些事情——为了使得有尽可能多的这样的事情存在——任何人可以为其履行任何公共或者私人义务而得到辩护；正是由它们——这些复杂的整体**自身**，而不是它们的任何组成部分或者特质——组成了人类行为的理性终极依托和社会进步的唯一标准：而这些好像是普遍被忽视了的真理。

我在这里的问题并不是（19）和（20）的真或假，而是"它们是自明的"这个断言。这样来刻画它们，摩尔是在断言（i）它们能够被知道为真，（ii）我们关于它们的信念是被辩护的，即使它们不能从更为基本的已知命题或者被辩护了的命题中（逻辑地或者分析地）演绎得出，（iii）它们的辩护并不依赖于它们本身之外的任何命题，以及（iv）它们之为真对于我们来说是潜在明显的，只要我们仔细地考察它们，并仔细地将它们和任何可能与之混淆的命题区分开。当然，一个人可能怀疑这些摩尔所选择的特定命题——那些在（19）和（20）中的——是否真的在这个意义上是自明的。我们待会将回到这个问题。不过，做这件事之前，我们需要考察这样一个问题，即关于自明命题和那些分析地明显的命题之间的关系。如果两者有所不同的话，那么它们是怎样的不同呢？

对于摩尔来说，x 是否具有（自身为）好这样的非自然的性质，必然地依赖于 x 的自然性质；这是不可能的：两个事物 x 和 y 具有完全同样的自然性质，而 x 是（自身为）好的，但是 y 却不是。从而，摩尔就承诺了这样的观点，像（20b）这样的自明真理是必然的，既是潜在明显的，也是先天可知的。这样，对于（21b）那样分析地明显的真理，它们既然就其自身是必然的、先天可知的、潜在明显的，那么（20b）又是如何跟它们区分开来呢？

> 21a. 红色的事物是有颜色的（即，对于所有 x，如果 x 是红色的，那么 x 是有颜色的）。
>
>   b. 如果一本书恰好有 201 页，那么这本书的页数是 200 的后继。

是否存在什么方式，可以使得这些非伦理学的真理成为明显的，而伦理学中的自明真理却不是呢？

《伦理学原理》第 87 节 ① 中的一段提到了这一点。在那里，摩尔回顾了他之前所做的尝试，即通过表明"快乐是唯一的好"这个命题跟其他看起来同样为真的命题有矛盾，从而说服读者它并不为真。他强调了（i）他并没有对"快乐不是唯一的好"这个论断提供证明，因为这个断言是自明的，从而是不可被证明的；他进一步强调了（ii）虽然我们有理由持有这样的观点，快乐不是唯一的好，但是可以设想我们是错的；并且，他说（iii）尽管其他人不同意他关于快乐和好之间的关系的观点，这主要是因为他们不理解这里真正的问题是什么。要点（i）和（ii）给这样的想法添加了一些砝码，对于摩尔来说，关于"好"的问题总是实质性的，开放性的，不能像数学问题那样被证明。但是，在阐释（iii）的时候，他说了一些强调伦理学问题和数学问题之间的相似性的话。他急于表示，对于什么就其自身是好的，在这一点上存在不一致的原因一般包含了：没有能够做出必要的区分，以及没有清楚地理解所问的问题；他进一步推测，一旦做出了必要的澄清，那么**每个人**都将同意什么是好的。这从而导致他将伦理学和数学进行比较。他说：

---

① *Principia Ethica*，第 144—145 页（修订版的第 194—195 页）。

因而，尽管不能证明我们［关于（19）］是对的，我们还是有理由相信，每个人，除非他弄错他自己的想法，否则都将和我们想的一样。这就像数学中的加法一样。如果我们发现计算中的一个显而易见的错误，对于那个犯了这一错误的人达到跟我们不一致的结果，我们不会感到吃惊或者麻烦。我们认为如果向他指出其错误的话，他会承认他的结果是错的。例如，如果一个人计算 5+7+9，假如他一开始算得 5+7=25，而将结果算作 34，那么我们并不会感到奇怪。对于伦理学也是如此，如果我们发现，正如我们确实发现的那样，有人将"值得拥有的"跟"想要的"混淆起来，或者将"目的"和"手段"混淆了起来，对于那些犯了这种错误的人跟我们不一致，我们不必觉得惊慌。唯一的不同之处是，在伦理学中，由于其主题的复杂性，说服别人看到这一点要难得多，即要么是他犯了一个错误，要么是那个错误影响了他的结果。①

这里，摩尔似乎是在建议，伦理学最为基本的原则，当其真正被理解了的时候，是明显的、自明的，就像数学中的那些原则一样。然而，如果是这样的话，伦理原则又为什么在摩尔主义设想的意义上**不是**分析地明显的，如果大多数基本的数学公理是这样的话？

尽管后来的哲学家回答这个问题的方式是，远离摩尔主义的自明性，并强调他们所认为的作为伦理原则的最为本质的驱动性特征（essentially motivating character），但是摩尔既没有采取这样的立场，也没有对这个问题提供任何清楚的答案。很可能，如果坚持要问的话，他将**不会**情愿在这里所定义的意义上，将最为基本的数学公理认为是分析地明显的（除了琐屑的和明确的定义之外）。然而那样的话，伦理学和数学的基本真理似乎就不分轩轾，从而使得我们难以接受其关于我们不能证明关于"好"的断言的慎重警告，或者是赋予他的"好是不可分析的"这一结论太多的哲学意义。类似的紧缩性判断（deflationary judgement）也将成立，如果摩尔坚持两个学科中最为基本

---

① *Principia Ethica*，第 145 页（修订版的第 195 页）。

的真理都是分析地明显的。

另一方面，摩尔也可能这样认为，尽管就潜在的明显性而言，自明的伦理学真理接近于根本的数学公理，后者的明显性是以某种方式跟意义和理解相关联的，而前者的明显性不是这样。可能，跟数学公理不同，表达自明的伦理学真理的句子可以得到完全的理解，它们所表达的命题可以被把握，然而一个人却不倾向于判断它们是真的，虽然尽管对这些命题多思考一下，并且将它们和其他相关的命题区分开的话，就能够让他看到它们实际上是多么的明显。如果确实如此，那么伦理学中达到共识的可能性，就将接近于数学，即使这种共识的认识论源泉在两个领域是不同的。这样的立场并非不一致，而且我认为它们是解释摩尔的一种方式。然而，如果他确实这样相信的话，那么他显然没有确立它，或者甚至是做一些工作使得它变得清楚。如果这是他的观点，那么我们就想要知道更多关于意义和理解究竟是什么，从而能阐释这个所谓的在数学公理和自明的伦理真理之间的不同之处，我们也希望得到这样的解释，如果它们都是以各自的方式自明的，那么为什么在哲学中存在如此之不同，为什么一者跟意义和理解之间存在联系，而另一者却没有。

一个一般性的教训

正如我们所看到的，摩尔那里并没有对这些问题的解决。我们只是在他的哲学中找到了一种张力。一方面，他对于这个事实很敏感，**好**是难以定义的，如果不是根本不可能定义的话；以及这个事实——关于好的有意义的断言，出于某些原因，似乎是不能被证明的。另一方面，他力图为这个进一步的事实进行辩护，即我们通常认为，关于"好"的断言不仅可以为真或者为假，而且可能在一些情形下，这是被我们所知的——这个事实难以解释，除非某些这样的断言是自明的。在我看来，他的哲学的强处就在于他对这两类难以妥协的事实很敏感，即使他未能适当地解释它们，或者表明如何可以看似合理地、一致地将它们放到一起。正如我们将要看到的，后来那些受他的伦理学观点很大影响的哲学家也对这样的张力很敏感，很多对此的回应是，肯定摩尔的不可定义性和不可证明性论题，而拒绝他的这一观点，即根本的伦理学陈述是自明的、可知的，或者甚至是能够为真或为假的。从而，不管是对是错，他的不可定义性和不可证明性论题是最有历史影响的。

　　然而，在我们离开这个话题之前，还有最后一点必须要弄清楚。在我看来，摩尔的这一论题，即有些伦理学断言是自明的，实际上是比它通常所认为的那样具有更强效力、更有道理的。对此的一个理由是，他选择用来表明他的论题的特定例子并不是最适当的。像那些在（20）中的断言是太过于宽泛、牵涉太多，以之作为例子是有争议的。不幸的是，摩尔并不是随机地选择了他所选择的那些例子，他的选择是被一个关于伦理学中的辩护的隐含概念所驱动的，这使得他走向了错误的方向。

　　在思考伦理辩护的时候，我相信，摩尔是被三个相互有重合的想法所引导的。第一，一些伦理学的断言既是真的，也是能够被知道为真的，从而它们必然要么是自明的，要么是能够被辩护的。第二，伦理辩护的过程到最后总是诉诸某些特定的伦理判断，这样的判断其自身是不能被辩护的，相反，它们必须被接受为自明的。第三，伦理辩护是从一般到个别。关于个体情形的伦理判断是通过被包含在一般的伦理原则之下而得到辩护的。一般的伦理原则是通过诉诸一些更为一般的伦理原则而得到辩护的。对于摩尔来说，这种辩护的过程只有当我们达到绝对一般的、自明的道德原则才停止——像（20c）那样的、等价于这种形式的断言：**对于所有的 x，x 是好的，当且仅当 x 是 D。**当摩尔说对任何伦理判断，不存在什么理由或者证据，我相信他首先实际上是在想，没有什么原因或者证据来支持这些最根本的原则，它们是为所有其他的伦理判断进行辩护的基础。

　　在我看来，这既有对的地方，也有不对的地方。对的地方是，所有的伦理学辩护最终依赖于自明的伦理学原则，而这些原则自身不能通过诉诸任何更为基本的东西而得到辩护。而其中让我感到吃惊的错误之处，或者是过于简单之处，是摩尔隐含的关于伦理辩护的概念，总是包含了将特定的伦理原则和判断纳入更为一般性的原则之下。与之相反，我会说，我们能够做出的真正自明的伦理学判断，是局限于类似（22）中的那些概括性陈述。

22a. 任何这样的人是一个坏人，他习惯性地虐待儿童致死，仅仅是为了观察他们受苦和死去而带来的乐趣。

b. 任何这样的行为都是错的，它导向广泛的、不可避免的痛苦以及所有生命的灭绝。

c. 任何这样的事态都是坏的，在其中每一个有感知的生命独自受到强烈而持续的痛苦却没有任何形式的缓解，并最终走向死亡。

d. 伤害别人一般来说是错误的——任何这样的行为都是错的，除非它有其他使其变得正确的特征能够盖过这样一般的错误。

e. 信守一个人的承诺一般来说是正确的。

f. 一个好人关心他人的权利和福利。

g. 如果一个人向 y 承诺了将做 x，那么他有义务做 x，除非 y 解除了他的义务。

在我看来，像这样一些被限制了的概括性陈述是老生常谈，它们构成了我们在伦理学中的起点。伦理学的中心难题是，这些被限制了的、自明的概括性陈述并没有囊括所有在其中我们需要做出一个评判的情况。从而，我们的问题是通过形成更多更有包容性的概括性陈述，从而将这些判断系统化并且进行延伸。这些更有包容性的概括性陈述通过诉诸多种因素而得到辩护——包括正确地刻画什么是我们之前认为自明的情形，就其自身具有重要的独立的合理性，以及很好地符合我们已经接受了的原则。如果这是对的，那么在这个领域，最为系统和抽象地概括其自身将不是自明的，而是通过这样被辩护的，即它们是如何很好地切合一系列被进一步限制了的自明的断言，并且使之系统化。

假如摩尔采纳了这幅图景，那么他关于伦理学中适当的哲学方法论的概念，较之实际上的最终情形，将会跟他在哲学其他领域中的观点更加协调。回想一下摩尔对关于知识的哲学理论的态度。很多过去的哲学家们认为，我们可以从建立一些一般性的、关于我们将什么视为知识的认识论理论开始，然后通过是否符合之前所设定的一般的认识论原则，而对这样的断言进行判断：一个人知道他有手，一个人有一个身体，有一些身体存在，等等。与之相反，摩尔却坚持，我们关于特定的知识的前哲学的确信提供了这样的基础，我们必须用它来评价任何这样的一般性的原则。没有什么其他的想法是比这样的想法跟 G. E. 摩尔更为紧密相联的，即从关于个体情形的前哲学的确信开始，用它们来确认或者推翻一般的哲学原则，而不是反其道而行之。在他对哲学的贡献中，没有什么能媲美这一点所具有的持久重要性。这是多么的反讽，也是多么的遗憾，他未能在伦理学中也坚持同样的方法。假设他也这样做了的话，那么他的伦理学观点中的破坏性张力将会在很大程度上得到缓解。

第四章

摩尔伦理学的遗产和失去的机遇

本章概要

1. 摩尔的道德哲学中张力的来源

如果一些说明一个事物是好的必要充分条件的等价句是自明的，那么关于什么是好的问题如何可能总是真正开放的？摩尔的关于辩护的有缺陷的观点，以及他对于分析的基本观念把握的不确定性

2. 摩尔误解了"好"吗？

谓词和归属性谓词修饰词这两者之间的不同；对于"好"的归属性用法的独特性。"好"用作一个谓词的时候，是否具有任何道德上重要的用法？

3. 可定义性、后果主义和"好"的首要性

摩尔认为后果主义是通过定义而为真的，这是否犯了一种自然主义的错误？

4. 摩尔对伦理学中的主观性的反驳

为什么称一个行为是对的或者错的，不能被分析为只是报告一个人对其肯定或者否定的态度

摩尔的道德哲学中张力的来源

在上一章的结尾，我们看到了在摩尔的伦理学观点中有一股重要

的张力。一方面，他坚持没有什么这样的伦理学陈述是分析的：关于什么是或者不是好的；特别是，通常由哲学家们提出来的那种等价性陈述中没有一个是这样的：它要么是可以证明的，要么是分析的。另一方面，他认为有些这样的陈述既是真的，也是可以被知道为真的；例如，他认为这样的等价性陈述——**于美的对象的欣赏以及他人陪伴所带来的快乐是（内在地）好的，而且只有这样的事物是（内在地）好的**——是真的，而且可以被知道为真。因为在他看来，这是最为根本的伦理学原则，其他的伦理学断言可以通过诉诸它而得到辩护，但是它自身不能通过诉诸任何其他事物而得到辩护。从而，他就被推向了这样的观点，这个最为一般和根本的伦理学断言是自明的。其结果是，他的最终观点应该被理解成这样：有一个有重要哲学意义的对于 D 的选择，从而使得这样的等价性陈述——**是 D 的事物是好的，并且只有这样的事物是好的**——是自明的，尽管它既非可以证明的，也不是分析的。而且，对于任何相关的 D，由这样的句子表达的问题——**假设 α 是 D，那么 α 是好的吗**——是一个真正开放的问题，即对于这个问句的理解以及掌握它所表达的问题并不确保可以知道它的答案。简而言之，这些等价性陈述是自明的，即使关于它们是否为真这样的问题是真正开放的。这又是如何可能的呢？

摩尔令他自己陷入这样的困境，因为他坚持下面这三个一般性的想法：

(i) 对于任何相关的 D，这个最为一般的伦理学断言——**是 D 的事情（且仅仅只有这些事情）是好的**——既不是分析的，也不是可被哲学证明的，而且对于任何这样的 D，这样的问题——**假设 α 是 D，那么 α 是好的吗**——是真正开放的。

(ii) 一些伦理学断言既是真的，也是可以被知道为真的；从而要么它们是自明的，要么它们是可以被辩护的。

(iii) 对于伦理学断言的辩护是从一般到个别。关于这个或那个事物是好的的个别断言，是通过诉诸包含它们的一般性陈述而得到辩护的。低等级的一般性陈述，通过诉诸高等级的一般性陈述以及等价性陈述而得到辩护，直到我们达到一个根本的断言——**是 D 的事情（且仅仅只有这些事情）是好的**。

（ii）和（iii）一起告诉我们，有些高等级的根本性的断言必须是自明的，因为它们是作为低等级的断言的辩护，而那些低等级的断言既然是可以知道的，从而就必须是能够被辩护的。既然没有任何更为根本的东西可以为这些最为根本的断言——**是 D 的事情（且仅仅只有这些事情）是好的**——提供基础，我们就没有选择，而只能认为它们是自明的。但是很难将这和（i）协调起来。难以看出，这样的断言如何能够一方面是自明的，另一方面却并不是要么可以证明，要么是分析地明显的。不幸的是，对于如何解决这样的张力，摩尔几乎没有做任何解释。

历史上，受摩尔影响的最为重要的一派道德哲学家是情感主义者，我们将在本卷后面的部分来讨论他们的学说。现在，我只是提一下这一点，他们是通过放弃（ii）来解决摩尔观点中的张力的。对于他们来说，没有这样的句子——**是 D 的事情是好的**——是分析的，因为伦理学中的句子并不是用来描述事物的，也根本不是用来谓述对象的性质的。相反，伦理学的句子是表达一个人的感受和情感的修辞手段，除此以外没有更多的东西。既然这样的句子对世界并没有做出什么断言，那么将真和假这样的范畴应用于它们，或者声称知道它们为真是没有任何意义的，就好像将真和假的范畴应用于**关上门**这样的命令或者声称知道它为真没有什么意义一样。粗略地讲，在这个观点下——**假设 α 是 D，那么 α 是好的吗？**——这个问题总是开放的，因为不管你认为一个对象具有什么样的性质，你总是可以对它具有负面的情感，或者没有什么情感。

以这样的方式，摩尔的开放问题论证，以及他从中得出的结论，被赋予了伦理学中的怀疑论或者非认知主义的形式，一种他从来没有坚持或同意过的理论。这是令人遗憾的，因为有一个可供选择的替代方案，对于他来说既更具吸引力，也可以在某种程度上缓解其道德哲学中的张力。正如我在第三章的结尾所指出的，他可以放弃（iii）。不同于这种观点，即认为特定的或者高度限制了的关于好坏对错等观念的断言，需要通过诉诸包含了这些观念中的一个或多个自明的等价性陈述，或者是高度抽象的一般性陈述来得到辩护，相反，他可以坚持，道德哲学的起点是由我们这样的前理论的道德确信所组成的，它们是关于特定的情形以及被高度限制了的一般性陈述的。它们是自明的道德判断，如果存在任何这样的判断的话。

从这个观点来看，伦理学的中心难题是，这些限制了的，自明的概括性陈述并没有囊括所有我们需要做出一个评判的情况。从而，我们的问题是，通过形成更多更有包容性的概括性陈述，来对这些判断进行系统化并做出延伸。这些更有包容性的概括性陈述通过诉诸多种因素而被辩护——包括正确地刻画什么是我们之前认为自明的情形，就其自身具有重要的独立的合理性，以及很好地符合我们已经接受了的原则。在这个概念下——我们将会在讨论（受摩尔主义影响的）1930年代跟情感主义所对立的重要的认知主义学说、大卫·罗斯爵士（Sir David Ross）的道德哲学的时候考察这个概念——伦理学中最为系统和抽象的概括性陈述其自身并不是自明的，而是这样被辩护的，即它们是如何很好地切合一系列更加被限制了的自明的断言，并且使之系统化。

尽管这一方式是有希望的，尽管它的确支持了摩尔的这一洞见，即哲学家们所看重的最为重要和深远的伦理学断言高度排斥直接的证明，然而必须承认，它并没有能够完全解决摩尔的道德哲学中的张力。当然，摩尔主义对于自明性的诉诸，当它们用于那些包含根本性道德观念的、被高度限制了的断言时，是更为有道理的，比之将自明性用于那些牵涉太多方面的、陈述应用这些观念的必要充分条件的等价性陈述来。但是即使是看似合理地诉诸明显的、被限制了的道德断言，也还是对摩尔的这一元伦理学论题造成了麻烦：所有道德陈述是不可证明的、非分析的。如果有些道德真理不仅是必然的、先天可知的，而且也是自明的，那么说它们不是分析的又是什么意思呢？而且它们是不是分析的，这一点为什么是重要的呢？如果一个人可以在原则上通过诉诸自明的道德真理而确立重要的道德断言，那么坚持这些断言是不可证明的，其意义又何在呢？

摩尔没有关于这些问题的答案，这一事实在我看来，是跟他的思想中的一个根本性的缺陷有关联的，这也是他跟几乎所有他同时代的分析哲学家所共同具有的缺陷。他没有理解这些在他的论证中起到核心作用的根本的方法论观念——**分析，可定义性，逻辑暗含，蕴涵，逻辑后承，逻辑一致性，逻辑真理，分析性，必然性，可能性，意义，以及证明**。乍看起来，他用这些观念来讨论伦理学中心问题的方式，显得似乎是一种清楚而精确的方式；而且毋庸置疑，他非常努力地向这些观念看齐。但是，清楚和精确的表象是误导的。正如我们在第三章中所看到的那样，他的论题以及论证——尽管用了精确的、听起来技术化的术语来装饰——实际上根本不清楚、精确，亦非得到了很好的理解。最终，对那些根本的方法论观念的不清晰，摧毁了他最为重要的元伦理学结论。因为他的这种混淆和清晰性的缺乏是如此广泛地为其他人所共有，以至于这一点在后来的几十年中都没有被发现。

这个评价看起来很尖锐，我们必须记得，当世纪之交，摩尔在写《伦理学原理》的时候，对于哲学的分析方法还没有处于像今天这样的成熟、自我意识的状态。在那时，它尚处于挣扎着被诞生出来的阶段，从而关于分析的中心模态的非清晰性是可以想见的。确实，这将是本书两卷本中的主题之一，在《伦理学原理》之后的很多年中，分析哲学所取得的进步中，很大部分就是长久而艰难地力图理解这些至关重要的模态词的经历。

在本章剩下来的部分中，我们将转向摩尔伦理学中的重要的、有历史意义的，但是较为独立的一些问题。

摩尔误解了"好"吗?

　　我们已经讨论过的方法论问题所关心的是,如何确立由**好**这个词构成的断言。我们关注**好**的原因是,摩尔认为它是伦理学中最为根本的一个词——它被用来定义其他的伦理学词汇,比如**责任**(duty)、**义务**(obligation),以及**道德上正确的行为**(morally right action)。到目前为止,我们还没有讨论关于"好"在道德观念中的首要性。我们接下来将会做这件事。不过,在我们进行这项工作之前,有两点值得注意。首先,在我看来,假使我们关注使用其他的道德词汇所做出的断言,我们关于伦理学断言如何被确立的讨论,将**不会**发生什么根本的改变。我们关于"好"已经达到的结论将自然地转而应用到其他的道德词汇。其次,摩尔对于**好**的处理的某些方面,在历史上已经有过重要的批评,这是研究这一主题的学生需要知道的。由彼得·吉奇(Peter Geach)在《伦理学原理》出版五十多年之后所做出的这个批评[①],无论是对关于摩尔伦理学理论的流行观点,还是对很多更为当代的受到摩尔影响的伦理学理论,都具有深远的影响。

　　吉奇的批评集中于摩尔将**好**这个词和**黄色**这个词相提并论这一点。正如我们已经看到的,摩尔自己坚持这样的观点,两者都代表某种性质,从而它们之间存在某种平行关系。在**黄色**的情形下,**那是一个黄色的 N** 这个句子,等价于**那是黄色的并且那是一个 N** 这个合取式;从而,在"好"这个词的情形下,**那是一个好的 N** 这个句子,应该等价于这个合取式——**那是好的并且那是一个 N**。然而在很多情形下并非如此,就像下面的例子所表明的:

　　　　P1. α 是一个好的司机。

　　　　C1. 从而, α 是好的并且 α 是一个司机。

---

　　① 彼得·吉奇(Peter Geach),"Good and Evil", *Analysis*17(1956);重印于 Philippa Foot 编辑, *Theories of Ethics*,(Oxford:Oxford University Press,1967)。

C2. 从而，α 是好的。

P2. α 是一个人。

C3. 从而，α 是好的并且 α 是一个人。

C4. 从而，α 是一个好人。

　　如果 α **是一个好的 N** 总是等价于 α **是好的并且** α **是一个 N**，那么这将是一个有效的论证，而且我们将从 "x 是一个好的司机并且 x 是一个人" 这个前提，得出 "x 是一个好人" 这样的结论。因为，既然事实上这个结论并不能从前提中得出，那么 α **是一个好的 N** 并不总是等价于 α **是好的并且** α **是一个 N**。这从而表明了**好**，当用于**一个好的 N** 这个短语时，并不代表一个这样的性质，它是所有且仅有那些好的事物所共有的性质。对于这些事物，所有好的人，好的木匠，好的窃贼，好的厨师，好的房子，好的奶酪等等，并没有什么有意义的性质是它们所共有的。

　　当**好**这个词被用于这样的构造中时，它具有跟指向某一个性质这样的功能完全不同的功能。用吉奇的话来说，它是一个**归属性谓词修饰语**（attributive predicate modifier），而不是一个谓述性形容词，或者本身是一个单独的谓词。当一个人说 α **是一个好的 N** 的时候，粗略地讲，他是在说，α **是一个 N，其满足 N 中的某些语境相关的特征，并在这一方面高于大多数的 N**[①]。因为决定什么是相关的方面，这通常是很直截了当的，从而一个人通常可以对此提供真的、有信息含量的，并且相对来说比较没有争议的陈述，即将**是一个好的 N** 这个谓词应用于某物的充分必要条件。例如，一般来说，某人是一个好的短跑运动员，当且仅当，那个人比大多数的短跑运动员都跑得快，某物是一个好的手表，当且仅当，它正确地记录时间、经久耐用，且佩戴起来很舒适等等。只要 N 是这样一个名词（或者名词性短语），它代表那些具有非常特定功能的事物，或者是代表那些在其中特定方面很明显的事

---

① 这些特征是什么，以及这些特征是由谁来判定的，这通常是隐含的，它们随着说话的语境不同而不同。

物，那么这样的结论都很容易得出。

然而，当 N 是这样一个名词，它所指代的事物没有什么特定的与之相联系的功能，通常就难以说明**是一个好的 N** 这个谓词所适用的条件，如果不是根本不可能的话。例如，当 N 指代一类没有什么人感兴趣的事物——比如说一堆尘埃——那么，由 α **是一个好的 N** 所表达的断言（即，某物是一颗好的尘埃）将被视为奇怪且没有意义的（除非可能是在特定的或者人为的情境中）。另外一类有问题的情形是，N 代表一类人们确实感兴趣的事物，但是这样的兴趣有很多不同的、变化的种类。其中一个例子就是**人**这个谓词。为什么有时候难以决定什么可以说是一个好人，其中一个原因是，有些时候可能难以精确地认定，关于"人"，人们所感兴趣的相关之处到底是什么①。当 N 像是**事件**，或者**事态**这样的高度概括和抽象的谓词时，类似的结论也适用。因为在任意的事件或者事态之中，人们感兴趣的相关之处究竟可能是什么（如果有的话），这既不清楚也不明确；从而就可以理解，究竟什么样的事件或者事态可以被认为是好的，这也是不清楚、不明确的。一个人可能甚至倾向于认为，在这些情况下，没有什么是可以清楚确定知道的东西。

是一个好的事态这个谓词，对于摩尔来说尤其重要。他视其为表达了一个根本的道德概念，基于它，诸如责任、义务，以及道德上正确的行为之类的道德观念才可以被定义。如此严重地依赖这个抽象的谓词，其中一个问题是，想要确定究竟什么可以被视为一个好的事态，这是如此之难。当然，关于为什么这样难以确立关于什么是一个好的事态的断言，摩尔有他自己的解释。在他看来，因为**好**代表一个简单的、不可分析的、为所有且只有那些好的事态所共有的性质，从而，关于什么是好的断言就不能通过抽象的推理或者哲学分析而得出来。既然这个性质并非自然的性质，这样的断言就也不能通过经验观察来确定。对于摩尔来说，唯一剩下的选择就是理性直觉——某种我们很

---

① 然而，这一点确实很清楚，关于人的一些通常人们感兴趣的方面——比如，美，运动能力，甚至智能——事实上却从来不是判断某人是一个好人的相关的方面。

难理解的东西。后来，情感主义者关于为什么如此难以确立关于什么是好的事态的断言，有他们自己的解释。这样的断言难以被确立，因为它们根本不是真正的描述性断言。对于情感主义者来说，**好**并不代表任何性质；它仅仅是用来表达说话者的感受和评价性态度的一种修辞方式。

然而，对于为什么 x 是一个好的事态这样的断言是如此之难以证明，我们现在看到有另外一种可能的解释。如果，正如吉奇所坚持的，**好**总是作为一个归属性谓词修饰语，而不是一个谓词或者谓述性形容词，那么，它可能完全是描述性的，却不代表任何性质。如果，另外，**一个好的 N 意味着类似一个这样的东西——一个 N，其满足 N 中的某些语境相关的特征，并在这一方面高于大多数的 N**——那么，每当由 N 所指称的事物中我们所认为的相关的感兴趣之处（如果有的话）是不清楚、不确定的时候，则这个由 α **是一个好的 N** 所表达的断言将会是不清楚的、开放的、难以被确立的。这就正是当 N 为**事态**这一抽象的谓词时我们所遇到的情形。因为事态没有什么功能，而且因为通常我们关于任意的事态并未确定什么特定的感兴趣之处，从而，什么东西是一个好的事态这个断言，就显得是模糊的、不确定的。无怪乎一个人会很难看出，如何来证明这样的断言。

在我看来，这是可以从吉奇关于**好**作为一个归属性谓词修饰语的分析中得出的、对摩尔关于好的讨论的最为重要的批评。在评价其意义的时候，最好是将那些没有争议的、或多或少已被确立的事实和那些仍然存在争议的，或尚未解决的问题区分开。首先，显然，很多对**好**这个词的用法，甚或大多数用法，都是将其作为吉奇意义上的归属性谓词修饰语来使用的。其次，似乎这是显然的，当**好**被用作归属性用法的时候，对它的分析大致像上面所指出的那样——在其中，**好的 N** 适用于这样的事情，它满足我们在 N 所指称的事物中所认为的某些感兴趣的方面。然而，这个分析的具体细节是可以争辩的，并且还需要进一步的精细调整。在 N 所指称的事物中人们感兴趣的方面，其中哪些是跟决定**好的 N** 的指称相关的，而这兴趣又是谁的兴趣呢？是每个人的兴趣，是那些可能选择由 N 所指称的事物的人的兴趣，是说话者的兴趣，还是一个理想情境中的、跟说话者共享同样的价值，并且知道所有相关事实的观察者的兴趣，还是说，它们是说话者所想到的，并且隐含地指称的某一个群体的兴趣？这些（以及其他的）选项都是开放的。

另外一个尚未被最终解决的问题是，**好**是否总是被用做归属性的？当然，有时候它被单独使用，而没有一个伴随的名词或者名词性短语。在很多这些情况下，从说话的语境中，可以明显地知道，说话者隐含地意指某个 N。吉奇坚持说，这总是这样的。

甚至即使当**好**和**坏**就其自身作为一个谓词，从而是语法上的谓词，一些相应的实词必然已得到理解；并没有什么东西仅仅是好或者仅仅是坏，而只有是好的什么东西或者坏的什么东西。（如果我说某物是一个好的或者坏的**东西**，那么，要么"东西"仅仅是一个代词，指代一个在语境中被补充的、更为描述性的名词，要么我是在试图谓述性地使用"好"或者"坏"，而它作为一个语法上的形容词仅仅是一个假象。根据我的论点，后面的这个用法是不合法的。）①

尽管吉奇的断言是一个大胆的断言，它却并非明显正确。如果你说，**迪克刚刚出院**，而我说，**那是好的**。我的话似乎是完全可以理解的，即使这一点并不明显：好是在修饰某个隐含的名词或者名词性短语（除了高度抽象的、没有信息含量的事件或者事态）。这能够成为对**好**的一个真正的谓述性使用吗？如果确实如此的话，那么它是摩尔在表明他关于一个好的或者值得拥有的事态的观念的时候，可能诉诸的那种用法吗？这些问题都是有争议的，并且尚未得到解决。尽管吉奇对于我们对**好**这个词的理解所做的贡献非常有价值，我认为现在尚不足以说他已经确立了伦理学的核心观念中没有什么是跟一个好的、值得拥有的事态类似的东西，在摩尔所理解的意义上。

---

① 彼得·吉奇（Peter Geach），"Good and Evil"，*Analgsis*17（1956）；重印于 philippa Foot 编辑，*Theories of Ethics*，（Oxford：Oxford Vniversty Press，1967），第 65 页。

可定义性，后果主义和"好"的首要性

在第三章，我们仔细考察了摩尔关于定义的严苛观念，以及他关于**好**不可定义的论证。在摩尔看来，没有什么样的表达式 D 可被认为跟**好**在定义上等价的，除非（ⅰ）它表达了跟**好**一样的性质，（ⅱ）一个既理解 D 也理解**好**的胜任的说话者将意识到，它们意味着同样的事情。以及（ⅲ）在一个正常的陈述句或问句 S 中，将一个和另一个替换，将保持 S 所表达的命题或者问题不变。没有意识到**好**在这个意义上不可定义的哲学家——那些坚持**好**是可以被定义的，或者"好"这个性质是可以被分析的——在摩尔看来是犯了他所谓的**自然主义的错误**（naturalistic fallacy），关于这一点他描述如下：

> 这可能是真的，所有好的东西**也是**其他某种东西，就好像所有是黄色的东西都产生了某种类型的光波振动。而且这是一个事实，伦理学力图发现那些属于所有好的事物的其他性质是什么。但是，有太多的哲学家认为，当他们确定了这些其他性质的时候，他们事实上就是在定义"好"；他们认为这些其他的性质事实上并不是"其他"性质，而是跟"好"绝对、完全一样的。我想将这样的观点称为"自然主义的错误"，而且，我要努力消解这样的观点。①

与之相反，摩尔声称，一个行为是对的、是我们的责任、是我们应该去做的，这样的观念是**可定义的**——即，用"好"来定义。他不仅认为所有且仅有那些对的行为具有这样的性质，它们所带来的好结果不能被任何替代方案所带来的好结果所盖过，他还相信，"对"完全就是这样的性质。在《伦理学原理》的第 88 和 89 节，他表达了这个信念。

---

① *Principia Ethica*，第 10 节，第 10 页（修订版的第 62 页）。

　　问我们应该做什么样的行动，或者什么样的行为是对的，就是
问，这样的行动或者行为会产生什么样的结果。我们无法回答什么
实践伦理学的问题，除非是通过一个因果概括。所有这样的问题都
确实也包含了一个适当的伦理学判断——即这样的判断，某些结果
相比于其他的结果就其自身而言是更好的。但是它们确实断定了这
些更好的事情是结果——是跟那些相关行为因果上相关联的。实践
伦理学中的每个判断都可能被还原为这样的形式：这是那件好事情
的一个原因。①

　　我首先要指出的一点是，**对**确实，而且恰恰只意味着跟**一个好
结果的原因**一样的东西，从而是跟**有用**等同的；从而可以得出，目
的总是可以为手段进行辩护，并且，没有什么不能被其结果所辩护
的行为是对的。②

　　然而，在这一点上，一个自然的问题产生了。这两个表达式——
α 是一个对的行为和 **α 是一个好结果的原因**③，满足摩尔关于"意味
着同样事情"的苛刻标准，这真的可能吗？假设它们确实如此，这就
是在假设，任何理解了两者的（完全）会说英语的人，就将意识到（i）
它们意味着同样的事情，并且（ii）Q1 就像 Q2 那样表达了同样琐屑
的、自我回答的问题。

　　Q1. 假设 α 导致了一个好的结果，那么 α 是对的吗？
　　Q2. 假设 α 导致了一个好的结果，那么 α 导致了一个好的结
　　　　果了吗？

　　然而，这却似乎并非如此。一些人在特定的情形下可能并不很确

---

①　*Principia Ethica*，第 88 节，第 146 页（修订版的第 196 页）。

②　*Principia Ethica*，第 89 节，第 147 页（修订版的第 196—197 页）。

③　即这样一个结果，它的好没有被任何其他可能采取的行为所导致的好结果所
超过。

定，为了产生一定的好结果而说谎或者打破承诺究竟对不对。这样的人可能并不怀疑可以达到一个好的结果，然而却不知道，这个行为本身的错误特质，或者它跟过去行为的关系，是否盖过了这个行为将带来的事态的好处。在诸如这样的情形中，无论正确的答案可能是什么，一个面临着这种二难困境的人，可能自然地用 Q1 来表达一个真正的问题，而它并不能被等同于由 Q2 所表达的琐屑问题。从而似乎是，依照摩尔自己的标准，**一个对的行为不能被定义为一个带来好结果的行为**。

1930 年，在他的经典著作《对的和好的》中，大卫·罗斯爵士就提出了这个论证。他批评摩尔关于**对**犯了这样的错误，它是跟关于**好**的那种（所谓的）自然主义的错误同类的。这是一个代表性段落：

> 关于**对**可以定义成**产生了如此这般结果**的最为深思熟虑的断言，是由 G. E. 摩尔教授做出的。在其《伦理学原理》中，他说，**对意味着产生了最大可能的好**。现在这通常被指出来反对享乐主义（hedonism），并且没有人比摩尔教授更为清楚地指出这一点，"**好就意味着快乐**"这个断言是难以被严肃地坚持的；尽管说唯一好的事情就是快乐，这可能为真也可能不真，然而"好就是快乐"这个陈述是一个综合的，而非分析的命题；**好**这个词和**快乐**这个词代表了不同的品质，即使具有前者的事物也恰恰是那些具有后者的事物。否则的话就难以理解，**好就是快乐**这个命题，一方面被某些人坚定地支持，而另一方面却被另一些人强烈地否定，因为我们并不支持或者反对分析命题；我们认为它们是理所当然的。同样的断言难道不应该也适用于这样的陈述吗？**对的行为就意味着这样的行为，它在那个情境中产生了最大可能的好**。难道不是仅仅通过反思就可以看到，这不是我们用**对**来意味的东西，尽管它是关于对的事情的一个正确的陈述？这看起来很明显，例如，当一个普通人说，信守承诺是对的，他绝没有在想这一行为的所有后果，对于后者他知道或者关心的很少，或者没有。似乎，"理想的功利主义"（即，后果主义）是合理的，只有当它被理解为，不是关于"**对**"这个观

念的一个分析或者定义，而是作为这样一个陈述：所有对的行为，且只有这样的行为具有这样进一步的特质——即能够产生最好的可能的后果，而且，它们是对的，是因为它们具有这样的特质。①

鉴于摩尔自己关于定义的标准，我们很难不同意罗斯的观点，即这个被提出的定义，根据一个行为的结果之好坏来定义其对错，没有能够满足这样的标准。

摩尔对此又会作何感想呢？在《伦理学原理》的第 89 节，他最为清楚地告诉了我们。在那里，他说了如下的话：

> **"我是在道德上被要求做这个行为的"**，这个断言跟**"这个行为将在宇宙中产生最大可能数量的好"**这个断言是一样的——这一点已经在第一章（第 17 节）被简要地表明了；不过，重要的是坚持，这个最根本的观点是可以被表明为确定的。这可能最好通过下面的方式来使其变得明显——**显然，当我们说一个特定的行为是我们绝对的义务，我们是在断言，在那个时间做那个行为在价值上是独一无二的**。但是没有什么义务性的行为可能在这样的意义上具有唯一的价值：它是世界上唯一有价值的事情；因为，那样的话，**每一个**这样的行为都将是**唯一**好的事情，而这是一个明显的矛盾。出于同样的原因，它也不可能在比世界上任何其他事情都具有更多的内在价值这个意义上具有唯一的价值；因为那样的话**每一个**义务的行为都将是世界上的**最好的**事情，而这也是一个矛盾。从而，它只有在这样的意义上可以是唯一的——如果它被做了的话，比起做了任何其他可能的替代方案起来，这整个世界将会变得更好。事实是否真的这样，这个问题不能仅仅依赖关于其自身的内在价值这个问题。因为任何行为所具有的结果跟其他任何行为都不一样；并且，如果这些具有任何内在的价值，那么它们的价值就和它们的原因一样，跟宇宙整体的好是相关的。事实上很明显，不论一个行为就其

---

① 罗斯，*The Right and the Good*（Oxford：The Clarendon Press, 1930），第 8—9 页。

自身多么有价值，鉴于它的存在，比起假如其他一些自身具有更少价值的行为被做了的话，可以想象宇宙中总体的好可能变得更少了。说这一点是事实，就是说，这个行为要是没有被做的话就更好了，这同样也是明显等价于说，它不应该被做——它不是义务所要求的……

　　从而，我们的"义务"只能被定义为，比起其他任何可能的替代方案来，那个将导致更多的好在宇宙中存在的行为。而什么是"对的"或者是"道德上允许的"，其与之不同之处仅仅在于，那个**不**会比任何可能的替代方案导致**更少**的好的行为。[①]

在这个段落中，我们看到一个值得注意的转换。后果主义一般被理解成这样的学说，一个行为的"对"**完全不**取决于这个行为自身的内在特质、行动者在做这个行为时的意图，或者这个行为跟先前行为或事态的关系，而是**仅仅**取决于其所导致的接下来的后果的价值。摩尔在《伦理学原理》通篇所说的话说明了这一点——例如，他重复强调，"对"就是一个行为所**导致**的"好"（从而必须是在该行为之后的）。当然，这就是罗斯对摩尔这一断言的理解，**是对的仅仅就意味着是一个好结果的原因**。尽管这是理解摩尔在这本书中的语言的一个自然的方式，很清楚，至少在这一段落中，这并非他真正所意味的。这里，在为他的这一断言——后果主义是根据定义而为真的——进行辩护的时候，摩尔将它从一个非常有意思的，但颇具争议的伦理学论题，转化成了一个近乎没有信息含量的琐屑命题。

　　他在这个段落中的论证要旨是这样的：说一个行为是我们的义务就是说，它是一个我们最好去做的行为，也就是说，所有事情都考虑在内，我们做它比不做它要更好。而且，所有的事情都考虑在内，我们做它比不做它要更好，就是说，由这个行为所具备的所有正面道德上相关的因素，将超出这个行为所具备的负面道德上相关的因素。这

---

　　① *Principia Ethica*，第 89 节，第 147—148 页（修订版的第 197—198 页），粗体是我加的强调。

里，通过**道德上相关的因素**，我们意味着任何跟这个行为潜在的对与错相关的方面——它所导致的结果的价值、这个行为自身的内在特质（例如，它是不是说谎）、这个行为跟过去的行为之间的关系（例如，它是不是在做一个人过去所承诺了要做的事情）、做它所出于的动机（例如，对过去所接受的服务的感激），或者任何其他的事情。将所有这些考虑在内，当我们判断做这件事情比不做要好，就是在说，如果这个行为被做的话，比起不做来，这个宇宙将会变得更好。从而，当我们说一个行为是我们的义务，我们是在说，它最大化了宇宙整体的价值。简而言之，后果主义是通过定义而为真的。

正如很多复杂的论证那样，这个论证使得我们面临一个选择。如果一个人将后果主义认为是这一有意义，但颇具争议的论题，即一个行为的对错完全由它所导致的接下来的事件或者事态的好坏来决定——而根本不是由这个行为自身的内在特质，或者是它跟过去事件的关系所决定——那么这个论证**未能**确立后果主义是依照定义而为真的这一点；事实上，它隐含地假设了后果主义可能是错误的。与之相反，如果一个人将所有的事态，包括这个行为本身，都包括在其结果之中，而将这个行为的所有道德上相关的特征都包括在这些"结果"的价值之中，那么他将理解为什么这样的结论，即后果主义是依据定义而为真的，可能是有吸引力的。然而，采取这种策略的代价是抽干了这个学说大部分的哲学上的重要性。但是，无论这个策略的优点是什么，一个人绝**不能**做的一件事是，将这两个选项结合起来——将后果主义视为有高度信息含量的、实质性的伦理学理论，而同时认为它是在摩尔意义上依照定义而为真的。《伦理学原理》的缺陷就是，这部著作给我们的总体印象恰恰是这样的结合——这也正是罗斯对这本书的解读方式。

必须指出，公平地讲，有时候摩尔自己似乎承认这一批评的有效性。在他最初出版于 1912 年（《伦理学原理》出版的九年之后）的一本小书《伦理学》中，他为后果主义的有意义、有争议的版本进行了有力的辩护。关于"对"或者"义务"的后果主义是否依定义而为真，他说了如下的话：

> 即使我们承认，称一个行为是有利的，跟说它导致了最好的可
> 能结果是一样的，我们的原则仍然没有迫使我们持有这样的观点，
> 把一个行为称作有利的跟把它叫做义务是**一样的**。它迫使我们承认
> 的只是，所有有利的东西**也**总是一个义务，而所有义务**也**总是有利
> 的。这是说，它**确实**认为，义务和有利是**共指**的，但是它**没有**说这
> 两个词的意义是一样的。我认为，这的确很清楚，这两个词的意义
> 并不一样；因为，如果它们的意义是一样的话，那么这将就是一个
> 重言式，说我们的义务总是做那些能够带来最好的可能后果的事
> 情。因而，我们的理论并没有取消"义务"这个词和"有利"这个
> 词在**意义**上的区分，它只是强调了两者总是适用于同样的行为。①

这一转变对于摩尔的总体观点的影响是，现在他具有这样的任务，
以同样的方式为他关于对错和义务的根本的后果主义断言来辩护——
要么是通过诉诸自明的、由道德直觉所揭示的道德事实，要么是以其
他的方式——以他为关于"好"的根本性断言进行辩护的方式。②

摩尔反对主观主义（Subjectivism）的论证

除了包含其观点的重要转变之外，摩尔的第二本道德哲学方面的
书——《伦理学》，还包括了一个重要的章节，是致力于关于道德判
断的客观性这一问题的。在摩尔看来，客观性的本质是，如果一个人
就一个给定的行为说**它是错的**，而另一个人关于同样行为说**它是对的**
（或者**不是错的**），那么他们不能同时都是正确的。即使两者都同样是

---

① 摩尔，*Ethics*，（London，Oxford，New York：Oxford University Press，1912；重印
于 1965 年）。

② 作为一个谨慎的评论者，罗斯注意到了摩尔在 *Principia Ethica* 和 *Ethics* 之间立场
上的转变，并且甚至提醒我们注意上面所引用的 *Ethics* 中的段落。

真诚的、有良知的，x 不能同时既是错的又是对的，从而，摩尔认为，其中的一个人必然判断错误。

认识到可能有人不同意这一点，他指出，很多人这样做，是因为他们相信断定一个行为是对是错，就是断定了一个人关于这个行为的感受。这种主观主义观点的一个为人熟知的版本认为：

> 每当一个人说一个行为是对的或者错的，他所断言的仅仅是**他自己**对于这样的行为有一些特定的感受。根据这个观点，我们每一个人，都是仅仅就**他自己的**感受做出一定的断言：当**我**断定一个行为是对的的时候，我所意味的**全部**事情仅仅是，**我**对于那个行为有一些特定的感受；而当**你**做出同样断言的时候，你所意味的**全部**事情仅仅是，**你**对于那个行为有一些特定的感受。①

摩尔指出这个观点的如下后果：

> 如果，每当我判断一个行为是对的，我仅仅是判断我自己对于它有一定的感受，那么明显可以得出，假如我真的有这样的感受，那么我的判断就是真的，从而这个行为确实是对的。并且在这方面，对于我而言为真的东西，将也是对任何其他人都为真的……从而，从这个理论可以严格地得出，每当**任何一个人**对于一个行为有一个特定的感受，那么这个行为就确实是对的；每当**任何一个人**对于一个行为确实有另一个特定的感受，则那个行为就确实是错的……现在……似乎很明显得出，如果是这样的话，那么同一个行为则必然经常既是对的也是错的。②

尽管这个段落中有一点小小的错误，但它是可以更正的。摩尔所描述的主观主义者**确实**承诺了这样的观点，两个不同的人，关于某一

---

① *Ethics*，第 37 页。
② *Ethics*，第 38—39 页。

特定的行为 x，一个人说**它是对的**，而另一个人说**它是错的**，而他们都正确地描述了他们的感受，从而他们所说的是对的。但是主观主义者**并没有**因此就承诺关于 x，**它既是对的也是错的**。一个摩尔式的主观主义者将会说，关于 x，他，这个主观主义者，同时要求了关于 x 的正确的感受，也要求了关于 x 的错误的感受——一种他可能不具备的感受。依赖于所要求的感受是什么，主观主义者可能甚至会告诉我们，任何一个人对于同一个行为同时具有两者，这是不可能的。这样的主观主义者将会强烈否定这样的句子，**同一个行为可以既是对的又是错的**。

不过，由摩尔所刻画的主观主义确实承诺了这样的观点，当一个人说 x，**它是对的**，而另一个人说，**它是错的**，或者甚至**它是不对的**，这两个说话者**没有**互相矛盾，而是都说了正确的话。摩尔很正确地认为，仅仅这点就可以作为对主观主义者的致命反击。他问道：

> 那么，这可能是事实吗？当我们判断一个行为是对的或者错的，我们每一个人只是断言了**他自己**对于该行为具有一定的感受？ ①

他答道：

> 在我看来，对于那种回答确实如此的观点，有一个绝对致命的反驳。我们必须记住，这个问题只是一个事实性问题；一个相当于对我们的道德判断进行实际分析的问题——相当于当我们**认为**一个行为是对或者错的时候实际上发生了什么。并且，如果我们记得，这只是这样的一个问题，即当我们认为一个行为是对还是错的时候我们**实际上**想的是什么——既不比这更多，也不比这更少——我认为，可以清楚地看到，我们所考察的这个观点是跟明显的事实不一致的。这是因为，它包含了一个奇特的后果，而那些持有这一观点的人似乎并非总意识到它包含了这样的后果；而且我认为，这样的后果显然跟事实是不相容的。这个后果是这样的——如果，当一个

---

① *Ethics*，第 41—42 页。

人说"这个行为是对的",而另一个人回答说"不,它不是对的",他们两个人总是仅仅对**他自己**的感受做出了一个断言,那么显然可以得出,他们之间从来不会有真正的意见上的不同:他们中的一个永远不会跟另一个所断定的真正冲突。他们就好像下面这样的情形并不互相矛盾一样:当一个人说"我喜欢糖",而另一个人回应说"我不喜欢糖"。当然,在这样的情形中没有什么意见的冲突,没有一个跟另一个的矛盾:因为这完全可以是事实,即两个人所断定的是同样为真,这也很可能是事实——即一个人确实喜欢糖,而另一个确实**不**喜欢它。从而,一个**从来没有**否认另一个所断言的。我们所考虑的这个观点所包含的是,当一个人说一个行为是对的,而另一个人认为它是错的或者是不对的,这里同样,一个**从来没有**否认另一个所断言的。从而,它包含了一个很奇特的后果,两个人从来不可能就一件事的对错有不同的意见。可以确定的是,这个事实所包含的这样的结果就足以断定它不对了。这是很明显的事实,当我断言一个行为是错的,而另外一个人断定它是对的,有时候在我们之间有一些真正的意见上的不同:有时候他否定了的恰恰是我所断定的。但是,如果是这样的话,那么这将不可能成为事实,即我们中的每一个都仅仅是关于我们自身的感受做出了一个判断,因为两个这样的判断永远不可能互相矛盾。①

这个论证所表明的是,一个特定的主观主义的版本难以解释伦理意见分歧的这一现实,从而必须被拒绝。这个论证所**没有**表明的是,**没有**什么主观主义的版本能够跟这样的现实相容,从而伦理判断在一些坚实的意义上是"客观"的。例如,这样一个主观主义的版本,它认为当说一个行为是对的,就是说每个人或者每个满足了一定条件的人,考虑这个行为的时候,都会对它有某一特定的态度。这样的观点从而就可以跟这样的事实相容,关于 x,一个人说**它是不对的**,确实是跟另外一个说**它是对的**的人相互矛盾。当然,对这个版本的主观主义可能有其他的反驳,但至少它是跟摩尔的论证相容的。在后面,当我

① *Ethics*,第 42 页。

们讨论情感主义（emotivism）的时候，我们将会看到，摩尔反驳主观主义的论证是如何在历史上起到了一个重要作用，使得像 C. L. 史蒂文森（C. L. Stevenson）这样的情感主义的领军人物形成他们的主观主义的情感主义版本，从而使得他们能够解释伦理上的意见分歧。①

关于第一部分的拓展阅读

讨论的主要一手文献

Moore, G. E. "A Defense of Common Sense." In *Contemporary British Philosophy* (2nd Series), edited by J. H. Muirhead, 1925; reprintedin G. E. Moore, *Philosophical Papers* (London: Collier Books, 1962), 32—59. See especially sections 1 and 4.

——. *Ethics*. London, Oxford, New York: Oxford University Press, originally published in 1912; reprinted in 1965.

——. *Principia Ethica*. Cambridge: Cambridge University Press, 1903; revised edition, 1993. See especially the preface, chapter 1, chapter 5, and chapter 6.

——. "Proof of an External World." *Proceedings of the British Academy* 25 (1939); reprinted in his Philosophical Papers.

——. *Some Main Problems of Philosophy*. New York: Macmillan, 1953. See especially chapters 1, 2, 5, and 6.

补充性的一手文献

Moore, G. E. "An Autobiography." In *The Philosophy of G. E. Moore*, volume 1, edited by P. A. Schilpp (La Salle, IL: Open Court, and London: Cambridge University Press, third edition, 1968), pp. 3—39.

---

① C. L. 史蒂文森，"The Emotive Meaning of Ethical Terms", *Mind* 46（1937）; reprinted in *Logical Positivism*, edited by A. J. Ayer（New York and London : Free Press，1959）。

——. "Hume's Philosophy," *The New Quarterly*, November 1909; reprinted in Moore, *Philosophical Studies*, (Totowa, NJ: Littlefield, Adams & Co., 1968).

进一步阅读的材料

Davies, Martin. "Externalism and Armchair Knowledge." In Paul Beghossian and Christopher Peacocke, eds., *New Essays on the Apriori*, (Oxford: Clarendon Press, 2000).

Geach, Peter. "Good and Evil," *Analysis*, Vol. 17, 1956; reprinted in Philippa Foot, ed., *Theories of Ethics* (Oxford: Oxford University Press), 1967.

Pryor, James. "Is Moore's Argument an Example of Transmission-Failure?" Forthcoming.

——. "The Skeptic and the Dogmatist." *Noûs* 34 (2000).

Ross, W. D. *The Right and the Good*. Oxford: Clarendon Press, 1930.

第二部分

伯特兰·罗素
论逻辑
和语言的分析性
BERTRAND RUSSELL
ON LOGICAL
AND LINGUISTIC ANALYSIS

第五章

逻辑形式、语法形式和摹状词理论

本章概要

1. **摹状词理论的背景**

   否定存在句的问题；逻辑形式和罗素解决方案背后的考虑

2. **罗素的形式化语言及其解释**

3. **对否定存在句的分析**

   罗素对否定存在句问题的解决方案；摹状词理论，作为缩写摹状词的语法专名，以及逻辑专名的本质

4. **罗素用于决定包含摹状词句子的逻辑形式的规则**

   罗素理论的适用范围

   歧义和排中律

   摹状词的域（scope）

   域，命题态度句，以及关于乔治四世和《威弗利》（*Waverley*）作者的难题

5. **罗素的认识论与摹状词理论间的冲突**

   亲知的知识，描述的知识；罗素关于逻辑专名和命题态度归属句（propositional attitude ascriptions）中量词化的限制

6. 语言分析和形而上学实践

用罗素主义的分析，来阻止关于疯长的本质论（rampant essentialism）和绝对唯心论的论证

伯特兰·罗素和 G. E. 摩尔是相互给予对方重要影响的同侪，特别是在各自职业生涯的早期。十九世纪末，他们作为学生在剑桥相遇，并且都开始了哲学之外领域的研究。摩尔起初对古典学的研究怀有浓厚兴趣，随后在罗素的劝说下转向哲学；而罗素自己则是数学专业的本科生，对哲学的最初兴趣始于对数学的哲学基础的关注，他也将自己职业生涯的早期奉献在了这个领域。而罗素最具影响力的贡献之一，便是他在符号逻辑领域内的开拓性工作。但是，他并未局限于技术性的问题。相反，他的目标是，将在数学中发现的严格和科学的精神，带到数学哲学乃至所有哲学中去。这个目标的核心在于，将逻辑中特定的结论和技术用于攻克传统的哲学问题。

摹状词理论的背景

这些技术中最重要的一项，便是对其摹状词理论的使用。为了理解是什么引导罗素走向这种理论，人们必须了解一些他发展这种理论的哲学背景。在罗素和摩尔最初开始对哲学感兴趣的时代，在剑桥大学占统治地位的思想流派是绝对唯心论，他们在剑桥的一位老师约翰·麦塔格特（J. M. E. Mctaggart）正是此流派的主要拥趸之一。这个流派的哲学家坚信，所有的实在都是精神性的——这使得他们成为**唯心论者**。他们也坚信，实在的整体是单个统一（single unified）的对象，要么是一个神性的心灵，要么（据唯心论者说）是一个由相互依赖的诸心灵构成的整体系统——这就是他们为什么是**绝对唯心论者**的原因。导致这种整体图景的观念之一，便是被称作**内在关系的实在性原则**（*the doctrine of the reality of internal relations*）的东西。在最极端的形式

中，这条原则坚信，任何一个对象的本质和存在都如此地依赖于所有其他对象的本质和存在，以至于任何实体（entity）只要损失了哪怕自己实际拥有的任何一项单一的属性，宇宙自身或其任何部分便都不会存在。尽管这种观点令人惊讶而且显然违背我们的日常思维方式，但唯心论者给出的论证在一定程度上是可接受的，而且（如我们接下来将看到的那样）并非完全让人感到索然无味。

在学生时代，摩尔和罗素一度受到他们老师的唯心论观点的影响。然而，他们很快就由摩尔带领着进行了反叛。摩尔一些最令人感兴趣的文章——比如，《对唯心论的反驳》（The Refutation of Idealism）和《外在与内在关系》（External and Internal Relations）——对唯心论的核心原则提出了清晰而有力的批评。[①] 在很早的时候，摩尔对绝对唯心论的反驳，将他导向一种观点的极端版本，即**哲学实在论**（*philosophical realism*），但更合适的名称是**哲学多元论**（*philosophical pluralism*）。罗素也追随他坚持这种观点。

摩尔和罗素早期的实在论，由三条基本的本体论承诺构成。首先是对日常对象——人类、身体、物理对象等——存在的信念。最初，摩尔和罗素都没有倾向于说，在实在中不存在我们一般所设想的事物，而只有由其他更基本的元素构成的各种各样的星座一样的东西。他们的第二条实在论承诺是，相信数学和逻辑实体的存在，比如数、集合、关系和性质——大致相当于哲学家所谓的"**抽象对象**"。如他们所言，他们早期实在论的第三条承诺是，相信"**思维的所有对象**"必定具有某种存在性（因为否则的话我们不能思考它们）。根据这条信念，人们可以思考珀加索斯（Pegasus）[②]、圣诞老人和当今的法国国王这种事实说明，它们必须具备某种存在性，因此它们是实在的真实的组成部件。

这三条本体论承诺是摩尔和罗素最初所采取的立场，但接下来就

---

① 第一篇文章首先发表于 *Mind* 12（1903）；第二篇则首先发表于 *Proceedings of the Aristotelian Society*，1919—1920；两篇文章都在摩尔所著 *Philosophical Studies*（Totowa, NJ: Littlefield and Adams，1968）一书中收录。

② 译者注：希腊神话中长有翅膀的马。

被修正或抛弃了，而这次是罗素带的头。到最后，在对它们的批判上，罗素比摩尔走得更远，并最终拒斥了这些观点所表达的大部分内容。此种背离哲学多元论的运动，为这种观点——哲学是分析——的更新、更彻底的解释铺平了道路，也为随后的逻辑原子主义和逻辑实证主义学派奠定了基础。我们将追踪罗素在这条道路上的进展，并以他在这个方向上的第一步，即他的摹状词理论的发展为起点。

这种理论构成了他对下述观点拒斥的核心：思维的所有对象一定具有某种存在性，因此珀加索斯、圣诞老人和当今的法国国王之类的东西必定存在。支持这条原则的关键论证，建基于被称为**否定存在句**的陈述。罗素写于 1900 年、发表于 1903 年的早期著作《数学原则》给出了这种论证。①

在全书开始的部分，罗素解释了一些关键术语，并期待在接下来给出基于否定陈述的论证。

> 任何可能作为思维的对象，或可能出现于真或假的命题中，或可以被计数为**一**的东西，我都将之称为一个**项**……一个人，一个时刻，一个数字，一个类，一组关系，一只奇美拉（chimera），或其他任何可以被提到的东西，必定都是一个项；而否认如此这般的事物是一个项，则一定是错误的。②

罗素在这本著作的随后部分这样陈述该结论的论证：

> **存在**是这样的东西：它属于所有可设想的项，属于所有可能的思维对象——简言之，属于所有可能出现于无论真假的任何命题中的东西，也属于所有这些命题自身。存在属于任何可以被计数的东西。如果 A 是任意一个可以被计数为"一"的项，那么显然 A 是件什么东西，而且因此 A 是其所是。"A 不是其所是（A is not）"

---

① Bertrand Russell, *The Principles of Mathematics* (New York: Norton and Co.).

② Ibid., p. 43.

一定总为假或无意义。因为如果 A 什么都不是，那么就不能说它
什么都不是；"A 不是其所是"暗含了存在着这样一个项 A，它的
存在被否定了，而因此 A 是其所是。那么，除非"A 不是其所是"
是一声空洞的声响，它一定为假——无论 A 可能是什么，情况一
定如此。数字、荷马史诗中的诸神、关系、奇美拉和四维空间，它
们都具有存在性，因为如果它们不是某种实体，我们就不能制造出
关于它们的命题。所以，存在是所有事物的一般属性，而无论谈及
任何事物都会显示这一点。①

在检验罗素立场的时候，我们要首先重构关于他似是而非的结论
的论证，然后展示他随后如何用自己的摹状词理论，来阻止这条有问
题的结论。这种论证建基于**否定存在句**，为了当前的目的，我们可以
认为否定存在句包含了（a）或（b）中的任何一个。

　　a．x 不存在。
　　b．诸 x 不存在。

下面的（1）—（3）是否定存在句的例子。

1．食肉的奶牛（Carnivorous cows）不存在。
2．黑湖怪兽（The creature from the black lagoon）② 不存在。
3．圣诞老人不存在。

考虑到这些例子，罗素 1903 年的论证可以被重构如下：

　　P1．有意义的否定存在句，比如（1）—（3），是主谓句。例
　　　　如，（1）的主语是**食肉的奶牛**，而谓语是**不存在**。

① *The Principles of Mathematics*., p. 449.
② 译者注：出自 1954 年美国的杰克·阿诺德导演的同名电影。

P2. 一个有意义的主谓句为真，当且仅当有一个（或一些）主词表达式所指涉的对象，并且这个对象具有（或这些对象具有）谓词所表达的属性。

C1. 句子（1）可以为真，仅当有它的主词表达式——**食肉的奶牛**——所指涉的对象——食肉的奶牛，并且这些对象具有不存在这种属性。对（2）（3）和所有其他有意义的否定存在句来说都是如此。

P3. 没有对象具有不存在这种属性。如果有有意义的否定存在句的主词所指涉的对象，那么它们就存在。

C2. 有意义的否定存在句不可能为真。

C3. 因此，没有为真的、有意义的否定存在句。

C4. 换言之，为真的、有意义的否定存在句不存在。

　　C4 本身既是一个有意义的否定存在句，又是 P1—P3 的逻辑后承。既然这些前提蕴涵了这样一种一般性的断言——它是自身的一个反例，那么它们中至少有一个为假。问题在于，究竟是哪一个。1903 年，罗素原初的"实在论"（或"多元论"）解决方案，将困难锁定在 P3 上。根据他那时所持的观点，存在性是有等级的，其中包括一个不存在的事物的范畴，这些事物具有的存在性，比那些存在的事物所具有的存在性等级更低。根据这种观点，确实有诸如食肉的奶牛、最大的质数、单词 philosophy 中的字母"f"、当今的法国国王、金山甚至实存的金山这样的事物。有这样一些事物，它们具有存在性，尽管它们并不存在。它们与那些真正存在的事物相对，比如英国女王、唯一的偶数质数和维苏威火山。如罗素所说："**存在性是所有事物的一般属性，而谈及某物就是去显示存在性是什么。相反，实存（Existence）只是其中一些存在物的特权。**"①

　　尽管罗素最初受到这种观点的吸引，但他很快便将其视作不可思议

---

① *The Priciples of Mathematics.*, p. 449.

的。到 1905 年，他已经把它归于另一位哲学家——迈农（Meinong），并以下述方式对之进行了批评：

　　这种理论，将任何一个语法上正确的指谓性短语（denoting phrase），当作代表一个**对象**。因此，"当今的法国国王""圆的方"等诸如此类的东西，都应当是真实的对象。我们承认这些对象并不**存活**（subsist），可它们应当是对象。这种观点本身包含困难；但首要的反驳是，这种对象无疑倾向于违反矛盾律。例如，这种观点主张：实存的当今法国国王既存在又不存在；圆的方既是圆的又不是圆的，等等。这是不可容忍的；而且如果可以发现任何一种理论来避免这种结果，自然是再好不过了。①

　　数年后，在著作《数理哲学导论》（Introduction to Mathematical Philosophy）（写于他因反对一战而入狱期间，并于 1919 年首次出版）里名为"摹状词"的一章中，罗素表达了对自己 1903 年观点的反驳：

　　由于缺乏一种命题函项的工具（apparatus）（罗素 1905 年摹状词理论的核心特征），许多逻辑学家被导向这样一种结论：有不真实的对象。例如，迈农论证说，我们可以谈论"金山""圆的方"等等；我们可以制造出以它们为主词的真命题；因此，它们必定具有某种逻辑上的存在性，否则它们出现于其中的命题就是无意义的。在我看来，这些理论有一种对实在的感受的缺失，而这种感受即使在最抽象的研究中也应当被保有。我坚持认为，逻辑必须像动物学那样不承认独角兽；因为逻辑关涉的是像动物学一样真实的现实世界，即使逻辑拥有更抽象和更一般的特性。说独角兽在徽章上、在文学里或在想象中具有某种存在，这是一种最可悲、最微不

---

① Russell, "On Denoting," *Mind* 14（1905）; reprinted in *Logic and Knowledge*, R. C. Marsh, ed.（New York : Capricorn Books, 1956）, p. 45。所有引文均出自 Marsh 的文本。

足道的借口。在徽章上存在的并不是一只由肉和鲜血组成、自发地移动和呼吸的动物。存在着的是一幅图画或语词中的一个摹状词。同样，例如坚持哈姆雷特存在于他自己的世界——莎士比亚想象的世界——与（说）拿破仑存在于日常世界一样真实，这就等于在说某种刻意迷惑人的东西，或是在某种程度上几乎不可信的胡话。只有一个世界，"真实的"世界：莎士比亚的想象是它的一部分，而他在写哈姆雷特时所具有的想法是真实的。我们在阅读这部剧时所具有的想法也是如此。虚构作品的本质在于，只有莎士比亚和读者的想法、感觉等才是真实的，除这些之外，没有一个客观的哈姆雷特。当你考虑到作家和历史读者被拿破仑所唤起的所有感觉时，你并没有接触到那个实际的人；但在哈姆雷特的情形下，你已经穷尽了关于他的所有事情。如果没有人想到哈姆雷特，那么也就没有关于他的任何事情存留；如果没人想到拿破仑，一旦有人想起他时，他就又会立即浮现出来。①

　　显然，罗素彻底拒斥了极端的"实在论"观点，这种观点最初由他在 1903 年涉及否定存在句的论证所支持。正是 1905 年《论指谓》中的摹状词理论允许他这样做。这种理论和他对自己早先论证拒斥的核心在于他关于**逻辑形式**和**语法形式**的著名区分。在罗素看来，句子表达思想或命题。就像句子拥有一个**语法形式**那样，句子所表达的命题（思想）则拥有一个**逻辑形式**。有时，S 所表达的命题的逻辑形式与 S 的语法形式相一致，有时则不然。如果 S 在语法上具有主谓形式，并且它所表达的命题的逻辑形式与 S 的语法形式**相一致**，那么 S 就被称作**在逻辑上**拥有主谓形式。这种情况适用于 S 所表达的命题 P 可以被完全地划分为如下两个部分的情况：(ⅰ) 谓词所表达的属性，(ⅱ) 与 S 的语法主词相应的成分。现在，关于这个成分是否是主词表达式的

---

① Bertrand Russell, *Introduction to Mathematical Philosophy* (New York: Dover, 1993), pp. 169—170. (First published by Allen and Unwin, London, and Macmillan, New York, 1919.)

指称（referent）或一个决定了主词指称的概念的问题，我们保持开放。
（最终罗素会坚持它一定是这个指称，但我们现在无需坚持这点。无论
在何种情况下都应这样理解：谓词所表达的属性就是要被用来谓述主
词表达式的指称。）S 的逻辑形式（换言之，S 所表达的命题）在决定 S
于何种条件下为真时，扮演了重要角色。

考虑到这些，涉及否定存在句的悖论可以被这样重新表述：

P1a. 有意义的否定存在句，比如（1）—（3），在逻辑上具有
主谓形式。

P2a. 一个在逻辑上拥有主谓形式的句子为真，当且仅当有一
个（或一些）主词表达式所指涉的对象，并且这个（或这
些）对象拥有谓词所表达的属性。

C1. 句子（1）可以为真，仅当有它的主词表达式——**食肉的
奶牛**——所指涉的对象——食肉的奶牛，并且这些对象
具有不存在这种属性。对（2）（3）和所有其他有意义的
否定存在句来说，都是如此。

P3. 没有对象具有不存在这种属性。如果有有意义的否定存
在句的主词所指涉的对象，那么它们就存在。

C2. 有意义的否定存在句不可能为真。

C3. 因此，没有为真的、有意义的否定存在句。

C4. 换言之，为真的、有意义的否定存在句不存在。

罗素 1905 年对这个版本悖论的解决方案是否定 P1a。尽管像
（1）—（3）这种否定存在句在语法上拥有主谓形式，但他主张，其所
表达的命题（思想）并不是这样。他的策略是，为每一个有问题的否
定存在句 S 制造一个逻辑上等价的、不拥有主谓形式的句子 S_1——在
此 S_1 的语法结构映照出 S 和 S_1 所表达的命题的逻辑结构。在否定存在
句 C4 的情形下，相应的改写可能是 C3 或 C2。在否定存在句（1）的

情形下，其改写则可能是沿着（4）这条路线的某种东西。

　　4. 所有事物都是这样：要么不是奶牛，要么不是食肉的。

　　当考虑（4）时，我们看到该句子中没有任何一部分指涉了以前被说成是不存在的东西。因此，宣称它为真就不包含任何悖论。最终，如果句子（1）表达了与（4）同样的命题，那么它的真也就不包含悖论。

　　为了将这种方案一般性地扩展到否定存在句，同其他在哲学上有问题的句子一样，还需要两样东西。第一，我们需要某种关于句子所表达的命题（思想）的逻辑形式的构想，以及某种清晰明确地表现该形式的方法。第二，我们需要某种精确和系统的方法，将一个日常英语中的句子的逻辑形式从其明显的语法形式中抽取出来。这二者都由罗素的摹状词理论提供，我们将分三步展示它。首先，我们会定义一种表现逻辑形式的简单形式化语言，在其中句子的语法形式映照出句子所表达的命题（思想）的逻辑结构，并且我们会对此提供一种罗素主义的解释。接下来，我们会检验，罗素如何使用他的形式化语言去提供一种关于有问题的否定存在句的分析。最后，我们会展示，关于将包含各种名称和摹状词的日常英语句子翻译成形式化语言中的句子——这些句子（据说）表达了与原初的英语句子同样的命题（思想）——的罗素主义原则。

罗素的形式化语言及其解释

　　为了详述这种形式化语言，我们首先展示一下它的基本词汇，然后展现如何用这些词汇构造句子。沿着这条路径，我们会引入一种作为语法范畴的式子的观念，它是词汇和句子的中介。只有句子才（独立地）表达完整的思想或命题。

形式化语言

Ⅰ. 词汇

1. 谓词

   =, A, B, C, ……（这些谓词被分为一元的，二元的，……n元的。一元谓词，比如**是红色的**，表达个体的性质；二元谓词，比如**比**……**重**，表达一对个体之间的关系；以此类推。一个 n 元谓词在语法上与 n 个词项结合在一起，形成一个式子。）

2. 词项（这些表达式标示或指涉单一个体）

   a. 变量

   x, y, z, x', y', z'……

   b. 名称

   $\underline{x}$, $\underline{y}$, $\underline{z}$, $\underline{x}'$, $\underline{y}'$, $\underline{z}'$, ……（通俗地讲，在变量下加上下划线，会涉及将其处理为一个名称。）

Ⅱ. 式子

1. 原子式

   一个为 n 个词项所跟随的 n 元谓词是一个原子式（在"="的情况下，我们让词项排列在谓词两侧而不是跟随在它之后。）

2. 其他式子

   如果 Φ 和 Ψ 是式子，那么 $\sim\Phi$，$(\Phi v \Psi)$，$(\Phi \& \Psi)$，$(\Phi \rightarrow \Psi)$ 和 $(\Phi \leftrightarrow \Psi)$ 都是式子。如果 v 是一个变量而 Φ（v）是一个包含了 v 的出现的式子，那么 $\forall v\, \Phi$（v）和 $\exists v\, \Phi$（v）都是式子。（在不产生歧义的情况下，有时可以去掉圆括号。）

   $\sim\Phi$ 被读作或读成非 Φ，是 Φ 的否定；$(\Phi v \Psi)$ 被读作或读成 Φ 或 Ψ，是 Φ 和 Ψ 的析取；$(\Phi \& \Psi)$ 被读作或读成 Φ 且 Ψ，是 Φ 和 Ψ 的合取；$(\Phi \rightarrow \Psi)$ 被读作或读成如果

Φ 则 Ψ，是以 Φ 为前件和以 Ψ 为后件的条件式；$(\Phi \leftrightarrow \Psi)$ 被读作或读成 Φ 当且仅当 Ψ，是联结 Φ 和 Ψ 的充分必要条件式；$\forall v \Phi (v)$ 被读作或读成对所有 v 而言，$\Phi (v)$，是 Φ（v）的全称概括（universal generalization）；而 $\exists v \Phi$ (v) 被读作或读成至少有一个这样的 v，$\Phi (v)$，是 Φ（v）的存在概括（existential generalization）。$\forall v$ 和 $\exists v$ 被称作量词。

Ⅲ. 句子

1. 一个句子是一个不包含变量的自由出现的式子。

2. 一个变量的自由出现
   一个变量的出现是自由的，当且仅当它不是被约束的。

3. 诸变量的约束出现
   一个变量在式子中的出现是被约束的，当且仅当这种出现是在量词的域内对这个变量的使用。

4. 一个量词 $\forall v$ 或 $\exists v$ 出现的域
   一个量词在式子中的出现的域，是该量词加上紧随其后的（最小的完整的）式子。

Ⅳ. 例子

$\forall x (Fx \rightarrow Gx)$ 和 $\exists x (Fx \& Hx)$ 都是句子，因为附属于量词的"x"在式子中的两次出现都在该量词的域内。请注意，在这些句子中（i）由于"（"的介入，Fx 并不直接跟随在量词之后，（ii）（Fx 并不是一个完整的式子，因为它包含"（"而没有"）"相随。相比之下，$(\forall x Fx \rightarrow Gx)$ 和 $(\forall x (Fx \& Hx) \rightarrow Gx)$ 不是句子，因为跟随着"G"的"x"的每次出现都是自由的。

对这种语言的罗素主义解释

Ⅰ. 命题和命题函项
句子表达命题。不是句子的式子（"开放式句子"）表达命题函项。一个命题函项是这样一种函项：将命题作为值，赋予作为变量的对象。例如，如果用谓词"C"意指"是一头奶牛"，那么式子"Cx"就表达这样一种函项：对任意一个作为变量的对象 o，该函项都将一个命题作为值赋予它，这条命题论及 o 是一头奶牛。这条命题为真，当且仅当 o 是一头奶牛，而且被"C$\underline{x}$"——其中"$\underline{x}$"命名了 o——所表达。

Ⅱ. 真理

1a. 被句子 $\forall v\,\Phi\,(v)$ 表达的命题为真，当且仅当被 Φ（v）表达的命题函项，对 v 的所有的值来说都为真——也就是说，当且仅当，对每个作为变量的对象 o，该函项都将一个关于 o 的真命题作为值赋予它。当且仅当对每一个对象 o 而言，将所有 v 的自由出现都用于命名 o，而由此产生的结果 Φ（$\underline{v}$）都表达了一个真命题时，情况就是这样。

 b. 被句子 $\exists v\,\Phi\,(v)$ 表达的命题为真，当且仅当被 Φ（v）表达的命题函项至少对 v 的一个值为真——也就是说，当且仅当至少有一个这样的对象 o：当上述函项被用于作为变量的 o 时，该函项将一个真命题作为值赋予它。当且仅当至少有在一个这样的对象 o——将所有 v 的自由出现都用于命名 o，而由此产生的结果 Φ（v）都表达了一个真命题——时，情况就会是这样。

2a. 被句子 $\sim\Phi$ 表达的命题为真，当且仅当被 Φ 表达的命题不为真。

 b. 被句子 $(\Phi v\Psi)$ 表达的命题为真，当且仅当或者被 Φ 表达的命题为真，或者被 Ψ 表达的命题为真。

 c. 被句子 $(\Phi\&\Psi)$ 表达的命题为真，当且仅当被 Φ 表达的命题为真，并且被 Ψ 表达的命题为真。

 d. 被句子 $(\Phi\rightarrow\Psi)$ 表达的命题为真，当且仅当情况不会是（被 Φ 表达的命题为真，并且被 Ψ 表达的命题为假）。

e. 被句子（$\Phi \leftrightarrow \Psi$）表达的命题为真，当且仅当被 Φ 表达的命题和被 Ψ 表达的命题都为真或都为假。

3. 谓词代表性质（或关系）。名称代表对象。一个原子句由名称加上一个单称谓词构成。被这样一个句子表达的命题为真，当且仅当被命名的那个（或那些）对象具有被谓词所标示的性质（或具有被谓词所标示的关系）。例如，如果 "C" 代表的是一头奶牛这个性质，那么被原子句 "C<u>x</u>" 表达的原子句为真，当且仅当被 "<u>x</u>" 命名的对象是一头奶牛。每一个不为真的命题都为假。

命题结构

最后，我们来简述罗素关于命题结构的理论。根据他的看法，命题可以算作被句子编码的信息。他把被一个（在一种逻辑上完美的语言中的）句子编码的信息当作一种复合实体，该实体的结构映照出该句子的结构。被他的形式化语言中的句子所表达的命题，以如下方式被确定。

I. 被由一个为 n 个名称跟随的谓词构成的原子句 $Pt_1......t_n$ 表达的命题，是〈P^*, $O_1......O_n$〉这样一个复合物，它由被该谓词表达的性质（或关系）加上这些名称的指称构成。

一个包含某个变量的一次或更多次自由出现的原子式 $Pt_1......t_n$，其本身并不表达一个命题。但是，相对于关于对象的赋值——这种赋值将对象作为原子式中自由变量的（临时）指称——而言，这样一个原子式确实表达了一个命题。因此，相对于将对象赋予其自由变量的赋值 A 而言，被 $Pt_1......t_n$ 表达的命题，是〈P^*, $O_1......O_n$〉这样一个复合物，它由被该谓词表达的性质（或关系）加上这些项与 A 相关的指称构成（只当变量在式子中自由出现时，A 才是与此有关的）。这种命题为真，当且仅当这个（或这些）对象具有 ***P**** 这种性质（或处于 ***P**** 这种关系中）。

II. 被式子 ～***Φ***（相对于赋值 A 而言）表达的命题是 〈Neg, Prop ***Φ***〉这样一个复合物，其中 Prop ***Φ*** 是被（相对于 A 而言）***Φ*** 表达的命题，而 Neg 是这样一种性质：是一个非真的命题。〈Neg, Prop ***Φ***〉为真，当且仅当 Prop ***Φ*** 不为真。

III. 被式子 (***Φ&Ψ***)（相对于赋值 A 而言）表达的命题是 〈Conj, Prop ***Φ***, Prop ***Ψ***〉这样一个复合物，其中 Prop ***Φ*** 和 Prop ***Ψ*** 是被 ***Φ*** 和 ***Ψ*** 所表达的命题，而 Conj 是当且仅当一对命题都为真时，二者之间所存有的关系。因此，〈Conj, Prop ***Φ***, Prop ***Ψ***〉为真，当且仅当 Prop ***Φ*** 和 Prop ***Ψ*** 都为真。类似的规则规定了被 (***Φ∨Ψ***)，(***Φ→Ψ***) 和 (***Φ↔Ψ***) 表达的命题。

IV. 被式子 ∃***vΦ*** (***v***)（相对于赋值 A 而言）表达的命题是 〈SOME, g〉这样一个复合物，其中 g 是这样一种命题函项：相对于一种赋值 A′ 而言，它将一个被 ***Φ*** (v) 表达的命题赋予每个对象 o，其中 A′ 将 o 赋值为 v 的指称（否则就与 A 等同）；而 SOME 是这样一种性质：是一个"有时为真"的命题函项。（即将一个真命题赋予至少一个对象）因此，〈SOME, g〉为真，当且仅当至少有一个对象"是 ***Φ***"。

被式子 ∀***vΦ*** (***v***)（相对于赋值 A 而言）表达的命题是 〈ALL, g〉这样一个复合物，其中 g 是这样一种命题函项：相对于一种赋值 A′ 而言，它将一个被 ***Φ*** (v) 表达的命题赋予每个对象 o，其中 A′ 将 o 赋值为 v 的指称（否则就与 A 等同）；而 ALL 是这样一种性质：是一个"总是为真"的命题函项。（即将一个真命题赋予每一

个对象）因此，〈ALL，g〉为真，当且所有对象都"是
Φ"。①

对否定存在句的分析

基本想法

考察了罗素关于命题结构的想法和他用于呈现它们的形式化语言
后，现在我们处于这样的位置：要去理解他如何将这些想法运用于否
定存在句的悖论。在发展摹状词理论的时候他开始考虑，这种悖论出
自：未经批判地将**语法**形式当作**逻辑**形式的精确指标。句子 **α 不存在**
在语法上具有主谓结构的形式。我们时常假定，如果一个句子是主谓
结构的，那么它就在如下情况下为真：当且仅当主语表达式指涉某个
事物，该事物具有被谓语表达的性质。在否定存在句的情况下，这就
意味着，该陈述为真，当且仅当 α 指涉一个不存在的对象。但这似乎
是荒谬的，因为似乎如果有 α 指涉的某物，那么它必定存在。

罗素开始相信，破解这条悖论的方法就是，认清这种句子的逻辑
形式

　　　1. 食肉的奶牛不存在。

得自（a）这种东西。

　　　（a）$\forall x (\sim Cx \, v \sim Mx)$

---

①　在此（以及在"对这种语言的罗素主义解释"中）给出的关于命题——这些命题
被存在概括和全称概括所表达——的真值条件，比罗素本人所给出的更详尽，尽管罗
素主义者在精神上也给出了这些真值条件。他们对这些想法的使用，首先由阿尔弗雷
德·塔尔斯基在二十世纪三十年代所发展。一种对上述模式的变体，将 SOME 和 ALL
当作从命题函项到真值的函项，而将 NEG、CONJ 等当作从真值到真值的函项。这种
转变的一项好处是，把被**ꓱx Fx**表达的命题同被**将 F– 性赋予对象的命题函项有时为真**
表达的命题区别开来。

在此，我们用"C"代表是一头奶牛这种性质，而"M"代表是食肉的这种性质。如此一来，被（a）表达的命题就由如下东西构成：ALL 这种属性，加上将这种命题——该命题说 o 要么不是奶牛要么不是食肉的——赋予每个对象 o 的命题函项 g。因此，罗素将（a）当作是说出了某种大致可以在英语中被改写为（b）或（4）的东西。

> （b）将这种命题——要么不是奶牛要么不是食肉的——赋予每个对象 o 的命题函项，总是为真的。
> 4.　所有事物都是这样：要么不是奶牛，要么不是食肉的。

这就是他所认为的更容易被（1）的表达所误导的东西。他相信，一旦我们看到了这点，就不再会试图认为，只有当真的有这样一些被其语法主语指涉、具有不存在性质的对象——食肉的奶牛——时，（1）才会为真。

将这种分析扩展到涉及单称限定摹状词的情况

我们的下一步是将这种分析扩展到其他否定存在句，比如（2）。

> 2.　黑湖怪兽不存在。

（2）和（1）的不同之处在于，它拥有一个单数主语。在考虑罗素会如何处理这个句子时，让我们看一下相应的肯定存在句。

> 5.　那只黑湖怪兽存在。

为了方便起见，我们让"C"代表**是一只怪兽**（*is a creature*），而"B"代表**黑湖**（*is from the black lagoon*）。出于这种考虑，请考虑（6）这种逻辑表述。

6. $\exists x \ (Cx \& Bx)$

在罗素看来，（6）为真，当且仅当被（*Cx and Bx*）表达的命题函项对"x"的至少一个值为真。换言之，（6）为真，当且仅当至少一个对象是黑湖怪兽。但是，应当注意的是，这并不就是（5）所告诉我们的东西。（6）在可能有很多黑湖怪兽的问题上保持开放。然而，在（5）中对定冠词**那只**的使用，似乎暗示应当只存在着一只这种怪兽。①我们需要在罗素的形式化语言中找到一种表达这一点的方法。像我们将会看到的那样，有几种不尽相同但在逻辑上等价的方式来做到这一点。

首先，请考虑式子（7），在其中"x̲"是我的名字——司各特·索姆斯。

7. $\forall y \ ((Cy \& By) \rightarrow y=\underline{x})$

这个句子说，如果一个对象是一只黑湖怪兽，那么它就是我。这与两种不同的可能性相容：（i）没有对象是黑湖怪兽。（ii）准确来说，有一个对象是这种怪兽，那就是我。第一种可能性被（8a）排除了，（8a）与（8b）等价。

8a. $\forall y \ ((Cy \& By) \leftrightarrow y=\underline{x})$

b. $\forall y \ ((Cy \& By) \rightarrow y=\underline{x}) \& \forall y \ (y=\underline{x} \rightarrow (Cy \& By))$

这些句子为真，当且仅当所有对象都满足两个条件：（i）如果它是一只黑湖怪兽，那么它就是我，（ii）如果它是我，那么它就是一只黑湖怪兽。既然我是一个对象且与自己等同，那么只有当我是一只黑湖怪兽时，我才满足第二个条件。因此（8a）和（8b）可以为真，当且仅当我是这样一只怪兽。现在请考虑所有其他对象。除了我以外没有对

---

① 如果我告诉自己的学生**那个**在家庭作业中得了 A 的同学无需参加考试，那么他们自然会假定只有一位同学在这项作业上得了 A（以及将会有一门考试）。

象与我等同。那么，只有当这些对象**不是**黑湖怪兽时，它们才满足第一个条件。因此，（8a）和（8b）为真，当且仅当我——司各特·索姆斯——是一只且是唯一的那只黑湖怪兽。

现在请考虑（9）。

9. $\exists x \forall y ((Cy \& By) \leftrightarrow y=x)$
　　存在一个对象 x，对无论任何对象 y 来说，x 与 y 等同，当且仅当 y 是一只黑湖怪兽。

这个句子为真，当且仅当存在一个对象，它是一只且是唯一的那只黑湖怪兽。（8a）和（9）之间唯一的不同之处是，（8a）告诉我们，准确来说哪个对象满足这种描述——那就是我。（9）则告诉我们，有一个且只有一个这样的对象，但并没有鉴别出它。因为（5）这个英文句子说有这样一个对象，但并没有鉴别出它，所以罗素认为（9）表达了（5）所表达的东西。

此前我曾提到，有几种不尽相同但**在逻辑上等价的**方法，来使用我们的罗素主义语言去表达（5）所表达的东西。（9）是其中一种方法。另两种方法由（10）和（11）给出。

10. $\exists x (Cx \& Bx) \& \forall y \forall z [((Cy \& By) \& (Cz \& Bz)) \rightarrow y=z]$
　　至少有一个事物是黑湖怪兽，而且对每一对对象来说，如果二者都是黑湖怪兽，那么它们就是等同的——换言之，至少有一只黑湖怪兽，而且至多有一只黑湖怪兽。

11. $\exists x [(Cx \& Bx) \& . y ((Cy \& By) \rightarrow y=x)]$
　　至少有一个事物，它既是黑湖怪兽，又与任何是黑湖怪兽的东西等同。

为了罗素的目标，（9）（10）和（11）中的任何一个句子都会作为被（5）表达的命题的表现而起作用。一个问题是，他从未清楚地讲明，（9）（10）和（11）是否都表达了同样的命题，或者它们是否表达了结构上不同但逻辑上等价的命题。一般而言，既然罗素没有鉴别出逻辑上等价的命题，那么他主张（9）（10）和（11）表达了逻辑上等价的不同命题，就是很自然的了。但这样一来人们会问，这其中的哪个命题是（5）在英语中真正表达的呢？

罗素从未回答这个问题，而且我也不会回答。但是，我们可以注意两点：(i) 出于提供一种对否定存在句的分析的目的，我们选择哪一个句子是无所谓的。任何一个句子都允许我们避免（2）这种句子所造成的悖论。(ii) 既然（9）是所使用的最简单的句子，而且罗素经常运用它，那么我们可以认为它与（5）表达了相同的命题。

现在我们有了一种对（5）的罗素主义分析，而这是一种肯定存在句，对相应的否定存在句（2）的分析自然如下。

12．$\sim\exists x\,\forall y\,((Cy\,\&\,By)\leftrightarrow y{=}x)$

这个式子说，**情况不是这样的：准确来说有一个对象是黑湖怪兽，或者用同样的话说，任何一个对象，要么不是黑湖怪兽，要么是众多黑湖怪兽中的一个**。在罗素看来，这就是（2）表达的内容。

英语句子（2）及其罗素主义逻辑形式（12）之间的关系，被认为是像关于食肉奶牛的英语句子（1）及其逻辑形式（4）之间的关系。（1）乍看上去似乎指涉了一些事物并说它们不存在，同样，（2）乍看上去似乎也指涉了一个单独的事物并说它不存在。在这两种情况下，罗素通过这种方式——在其中没有涉及任何关于非存在的所指（reference）或谓词——分析被表达命题的逻辑结构来解决该悖论。

将这种分析扩展到涉及语法专名的句子

接下来要考虑的那一类否定存在句，是像（3）一样的句子，其语法主语是日常专名。

3．圣诞老人不存在。

尽管这个句子为真，但其中包含着与我们之前的例子相同的迷惑。不足为奇的是，罗素对关于（3）这种迷惑的解决，与他对之前情况的解决相似。

在罗素看来，当我们使用一个像**圣诞老人**这样的专名时，我们总是在心中有一些这样的描述：在暗示这个名字应当被如何使用时，我们会准备好提供这些描述。究竟哪种描述给出了这个名称的内容，因人因时而异。但是，无论（3）何时被使用，总是存在某种可以代替它的描述。因此，当我们使用（3）时，总是用它意指某种（3a）这样的东西。

3a．那个生活在北极以及……的老人不存在。

但既然（3a）有这种结构

3b．那个如此这般之物不存在。

罗素就可以用他对限定摹状词的分析来给出被（3）表达的命题的逻辑形式（3c）。

3c．$\sim \exists x \, \forall y \, (y \text{ is so and so} \leftrightarrow y=x)$ ①

结果，根据罗素的分析，（3）的真并不要求任何对象具有不存在这种性质，上述悖论也就得到了解决。

逻辑专名

对（3）分析的关键就是最初的那一步——主张**圣诞老人**只是一个

---

① 译者注："y is so and so" 意为 "y 是如此这般的"。

特定的摹状词短语的缩写，该短语反过来可以被罗素依据量词、逻辑符号和谓词加以分析。根据这种观点，即使日常的专名在逻辑上也并不像名称那样起作用。也就是说，它们的功能并不仅仅在于标记或直接指涉任何事物。但如果情况是这样，那么人们可能想问，名称这个概念是否还在罗素关于逻辑形式的设想中起任何作用。我们可以换一种方式说。在英语中是否存在任何这样的语词，其逻辑功能不是代替摹状词，而只是标记或指涉某个对象？

罗素认为，至少存在一个这样的词——**这个**（*this*）。请考虑如下例子：我举起自己的钱包并说**这个是空的**。在此，语词"这个"的功能仅仅在于标记或指示我在谈论的东西。如果我的钱包不在手上，那么我不会简单地说**这个是空的**，因为我的听众可能不知道我在说什么。在那种情况下，我会使用**我平日里携带的那个钱包**这样一个摹状词来让他们理解我的意图。但是，在钱包在我手上的情形下，我无需这样做，因为他们完全可以看见我在谈论什么。在此，语词"这个"并不作为一个摹状词起作用，而是一个关于我所谈论东西的赤裸的标签。

涉及"这个"的否定存在句在表面上的荒谬性，是支持这种观点的一件事情。

13．这个不存在。

如果我说出（13），并将我的注意力指向某物，或对它做出手势，那么我的评论会很难被理解。我对指示词"这个"的使用，加上我的手势，会暗示我自己在指涉某物。但这样一来我会处于一种奇怪的立场，即意图指涉某个我接下来就说其并不存在的东西。因此，罗素的确认为，（13）是那种匪夷所思的、罕见的否定存在句的情况：诚挚地使用它就假定了它不可能为真。罗素以此来暗示，对（13）的分析与对之前例子的分析**不同**。在（13）这种情况下，句子的语法主语的功能仅仅是命名某物，而不是去描述它。他通过如下说法表达这一点："这个"是一个**逻辑专名**。

我会加入一种迄今并未被引入的复杂化因素。它涉及如下问题：
何种对象可以是逻辑专名的指称？ 到目前为止，在我的谈话中，像我
钱包这样的物理对象好像可以是逻辑专名的指称。事实上，罗素对此
半信半疑，并最终否定了这一点，取而代之的是如下观点：人们可以
命名为逻辑专名的，只能是自己的感觉印象、思想或其他自己以最直
接的方式亲知的东西（比如抽象性质和关系）。因此，当**这个**被用作一
个逻辑专名时，它总是命名了上述那些对象中的一个；任何其他的使
用都只能被当作这样：它像被隐藏起来的摹状词那样起作用。

至少罗素关于这个问题的部分推理可以重构如下：首先，我们来
定义逻辑专名的概念。

定义：逻辑专名

一个逻辑专名是这样一个词项：其意义就是其指称。

为了论证的需要，接下来让我们假定，关于是否用自己的语词意
指某物，人们是不会犯错的。当我使用一个表达式时，似乎经常可以
确定自己用它意指某物，即使我可能并不确定自己用它意指的东西与
别人用它意指的东西是否相同，或者当该表达式在以我赋予其上的意
义被使用时是否真正**指涉**任何事物。在这些情况下，我可以确定自己
用该表达式**意指**某物，即使我并不确定它是否成功地指涉了世界中的
任何东西。例如，我可以确定，当自己使用语词**我在普林斯顿拥有的
那栋房子**时，自己意指某物，即使我并不完全确定该表达式指涉任何
东西，因为，至少可能的是，在我离开自己的房子后它被烧毁了。同
样，罗素会说，就像我在使用日常名称**圣诞老人**——即使它并不指涉
任何事物——时意指某物一样，我也可以确定自己在使用名称**柏拉图**
时意指某物，即使我并不完全确定是否真的存在这样一个人。罗素会
通过如下说法表达这一点：（i）语法专名**圣诞老人**在被我使用时有某种
意义，即使它没有指称，（ii）我可以知道，语法专名**柏拉图**在被我使
用时有某种意义，即使我并不知道它有指称。

现在假设，某个表达式 N 被我用作一个逻辑专名——也即用作一个其意义就是其指称的表达式。这样一来，人们可能会争论说，无论我何时诚挚地用 N 去意指某物时，N 都如我所使用的那样去意指和指涉某物。这是有保障的，因为无论我何时诚挚地用 N 去意指某物时，它都确实意指某物，而且它所意指的东西就是它所指涉的东西。此外，它所意指和指涉的那个东西，就是我用它所要意指和指涉的东西。因此，可以作为逻辑专名指称的对象，只能是这样的对象：无论在我想指涉它们的任何处境下，我都不会在关于它们的存在的问题上出错。物理对象和其他人类存在都不满足这个条件，因此不可能是逻辑专名的指称。唯一一种满足该条件并因此可以是逻辑专名指称的具体对象，是人自己，以及他自己的思想或转瞬即逝的感觉材料。通过这种推理，罗素开始相信，无论我们何时思考或谈论物理对象或他人，我们所使用的词都是在**描述**它们，而非直接**命名**它们。此外，我们所相信的命题，绝不包含物理对象或他人作为其组成部分，而总是完全由如下东西构成：作为我们所使用的描述性词项意义的性质和关系，加上作为逻辑语词意义的抽象概念，以及可以作为逻辑专名指称的、相对较少的具体的殊体。这是罗素 1910 年发表的文章《亲知知识和描述知识》中表达的核心原则之一。①

罗素用于决定包含摹状词句子的逻辑形式的规则

罗素理论的适用范围

至此我们只考虑了一小类句子——否定存在句。现在是时候将罗素的摹状词理论扩展到一类更广阔的情况。请考虑句子 *a is F*，其中 *a*或者是一个"这个"这样的指示词，一个"柏拉图"这样的日常专名，

---

① 参阅 Russel, "Knowledge by Acquaintance and Knowledge by Description," *Proceedingsof the Aristotelian Society* 11（1910—1911）, reprinted in *Propositions and Attitudes*, N. Salmonand S. Soames, eds.（Oxford：Oxford University Press，1988）.

要么是一个**这个 G** 这样的单称限定摹状词。罗素承认，关于 α 和句子 **α is F** 的分析，有两种可能性。[①]

(i) α 是一个逻辑专名，在这种情况下该句子的逻辑形式只是 **Fα**。

(ii) α 是一个限定摹状词或隐藏的限定摹状词，在这种情况下该句子的逻辑形式是 $\exists x \forall y [(Gy \leftrightarrow y=x) \& Fx]$。[②]

为了确定在任一给定的情况下，究竟哪种可能性占上风，罗素使用了两项测试：

T1. 在不知道 α 指涉何物的情况下，你是否可以理解 **α is F** 的意义？如果答案是肯定的，那么 α 就不是一个逻辑专名，而必须被分析为一个摹状词。

T2. 即使 α 没有指称，**α is F** 是否仍然是有意义的？如果答案是肯定的，那么 α 就不是一个逻辑专名，而必须被分析为一个摹状词。

罗素下述引自《数学原理》（*Principia Mathematica*）的段落清楚地陈述了第二项测试：

无论何时，只要一个命题的语法主语可以被设想为不存在，而又不使该命题变得无意义的话，这个语法主语就肯定不是一个 [逻辑] 专名……在所有这种情况下，命题必定可以被这样分析，以至

---

① 我在此只用最简单的句子——由一个主语和一个动词组成——举例说明。罗素会将其扩展到更广阔的范围，包括具有各种不同语法形式的简单句，比如含有及物动词的句子——**α v's β**。但是，我们会排除一些特例，比如**希腊人崇拜宙斯**和**科学家寻求对癌症的治愈**。

② 译者注：原著中使用的 "&" 符号有两种写法，为方便起见，翻译时统一译为 "&"，以下不再一一赘述。

于作为其语法主语的东西会消失。①

当罗素将这些测试用于包含**这个如此这般的**这种单称摹状词短语的句子，就像用于包含**柏拉图**这样的日常专名的句子时，他便得出如下结论：它们一定可以以一种与他的摹状词理论相一致的方式被分析。

歧义和排中律

对他分析的上述扩展，允许他去处理否定存在句问题——这是他的分析的原动力所在——之外很多附加的难题。其中一项难题涉及经典逻辑的法则，即**排中律**。罗素在《论指谓》中说了如下关于该难题的内容。

根据排中律，"A 是 B" 或 "A 不是 B" 必定为真。因此，"当今的法国国王是秃子" 或 "当今的法国国王不是秃子" 必定为真。但如果我们列举出秃顶的东西和不秃顶的东西，我们不会在任何一张列表中发现当今的法国国王。喜欢合题的黑格尔主义者们可能会得出结论说，他戴着假发。②

请考虑这些句子：

14a. 当今的法国国王是秃子。
　b. 当今的法国国王不是秃子。

在这段话中，罗素似乎建议说，（14a）和（14b）都不为真。但这似乎违反了**排中律**——这条一般性的逻辑法则告诉我们，对任意一个

---

① Russell and Alfred North Whitehead, *Principia Mathematica*（Cambridge：Cambridge University Press, 1950）, vol. 1, chapter 3, p. 66.

② Russell, "On Denoting," p. 48.

句子 S 而言，S 或 ~ *S* 为真。既然罗素认为这条法则有效，那么他就需要一种方法来化解这条明显的反例。

做到这一点的关键在于，他关于确定包含限定摹状词句子的逻辑形式的一般规则 R。

$$\text{R}. \ \Psi[\text{the } \boldsymbol{\Phi}] \Rightarrow \exists x \forall y [(\boldsymbol{\Phi}y \leftrightarrow y=x) \ \& \Psi x]$$

这条将一个句子转变为其逻辑形式的规则说，如果一个限定摹状词与一个附加成分 Ψ 一同出现在某个句子中，那么它可以通过如下方式被消解（以此我们将被带得距离该句子的逻辑形式更近）：把该摹状词替换为一个变量，并引入量词加上以上提到的唯一性条款。

在句子（14a）的情况下，Ψ 对应于短语**是秃子**，而摹状词是**当今的法国国王**。把这些代入 R 的左边半部分的形式中，我们得到了（14a'）。

14a'. B [当今的法国国王]

将 R 用于给出逻辑形式（1fa）。

1fa. $\exists x \forall y [(Kyf \leftrightarrow y=x) \ \& \ Bx]$[①]

在给出规则 R 的时候，罗素自己就需要解释限定摹状词对**任何**包含它的句子所做的贡献。由此，R 被意图用于所有句子，无论这些句子有多复杂。出于这种考虑，让我们将它用于稍微复杂一些的例子（14b）。

罗素首先会把该句子表达为一种更方便的形式。

---

① 在此"B"是谓词**是秃子**的缩写，"K"是二元谓词**是……的国王**的缩写，而"f"则命名法国。

14b'. ～B [当今的法国国王]

有两种方法使用 R 的方法，这取决于我们选择（b'）的哪个部分来充当 Ψ 的角色。如果我们认为（14b'）中的 Ψ 就是（14a'）中的，即谓词 *B*，那么我们就把（14b'）视作（14b'1），并在括号内使用 R。

14b'1. ～（B [当今的法国国王]）

这提供给我们

1fb1. ～∃x ∀y [（Kyf↔y=x）& Bx]

另一方面，如果我们用（14b'）中的～*B* 充当 Ψ 的角色，那么就会把（14b'）处理为（14b'2），而此时对 R 的使用会提供给我们（1fb2）。

14b'2.（～B [当今的法国国王]）
1fb2. ∃x ∀y [（Kyf↔y=x）& ～Bx]

因此，罗素关于将英语句子与其逻辑形式关联起来的原则 R，便产生出这样的结论：包含摹状词的否定句是有歧义的。

（14b）的两种解释——（1fb1）和（1fb2）——之间的区别是什么呢？前者可以被改写为：**情况不是这样的，即存在着这么一个人，他既是秃子，又是作为法国国王的唯一一人**；后者则是：**存在着这么一个人，他既不是秃子，又是作为法国国王的唯一一人**。后者在逻辑上蕴涵：存在一个法国国王，但前者则不然。同样请注意，（1fa）与（14b）的两种逻辑形式都不相容——也就是说，（1fa）和（1fb1）不可能同时为真，而（1fa）和（1fb2）也不可能同时为真。然而，（1fa）和（1fb2）却可以同时为假；当不存在唯一一个法国国王时，二者都为假。

这并不违反排中律，因为（1fb2）并非（1fa）在逻辑上的否定。相反，（1fb1）是（1fa）在逻辑上的否定；这二者不可能都不为真。如果其中一方为假，那么另一方必定为真，完全如排中律宣称的那样。

我们现在可以看到摹状词理论是如何解决罗素关于排中律的难题的。该法则适用于逻辑形式。当我们审视（14a）和（14b）的逻辑形式时，它们并没有提供针对该法则的反例。这与如下观察是相容的：有一种理解（14a）和（14b）的方式，在其中两者都不为真。这是因为（14b）是有歧义的。如果将（14b）解释为（14a）在逻辑上的否定，那么当（14a）为假时（14b）总是为真，这条法则也得以维持。如果将（14b）解释为那种（14a）和（14b）可以都为假的情况，那么（14b）就不是（14a）在逻辑上的否定，而我们就没有关于排中律的示例。该难题就这样得到了解决。

摹状词的域

我们关于否定和摹状词相互作用的例子，提供了一种解释罗素某些术语的简便方法。当句子（14b）被分析为（14b'1）并最终拥有逻辑形式（1fb1）时，摹状词**当今的法国国王**被说成是取了**窄的域**（*take narrow scope*），并且在这个句子或命题中**次要出现**（*secondary occurrence*）。当（14b）被分析为（14b'2）并最终拥有逻辑形式（1fb2）时，这个摹状词被说成是取了**宽的域**（*take wide scope*），并且在这个句子或命题中**主要出现**（*primary occurrence*）。

另一个同样的例子由（15）给出，它可以被简便地呈现为15'，其中"F"被用来表达是出名的这种性质。

15．约翰相信坐在那里的那个人是出名的。
15'．约翰相信 F[坐在那里的那个人]。

如同在否定句的情况下那样，罗素的理论预言说，对该句子存在两种解释，它也因此是有歧义的。在一种解释下，摹状词**坐在那里的**

那个人取了窄的域并以次要出现的形式出现。根据这种解释，R 自身在从句之内被使用，并产生出如下这样的逻辑形式

1f1. 约翰相信（∃x ∀y[（坐在那里的（y）↔ y=x）& Fx]）

在这种解释下，（15）告诉我们，约翰相信只有一个人坐在那里，而无论那个人可能是谁，他都是出名的。根据这种解读，（15）可能为真，即使并没有人坐在那里；如果玛丽坐在那里，而约翰并不知道那是她或认为她是出名的，那么该句子也为真——这里所需要的只是，他相信某个名人或其他人独自坐在那儿。

根据（15）的另一种解释，摹状词**坐在那里的那个人**，在句子或命题中作为一个整体，对信念谓词取宽的域，并以主要出现的形式出现。根据这种解读，R 被用于 15″，而下划线所标示的表达式则承担规则中 Ψ 的角色。

15″. 约翰相信 F [坐在那里的那个人]

这导致了如下逻辑形式：

1f2. ∃x ∀y[（坐在那里的（y）↔ y=x）& 约翰相信 Fx]

当（15）被解释成这样时，它告诉我们，有一个且只有一个人坐在那里，并且约翰相信那个人是出名的。为了使得这为真，确实正好必须有一个人坐在那里，而且约翰必须相信那个人是出名的；但是，如下事情却不是必然的：约翰有任何关于那个人在哪里的想法，或相信任何人坐在那里。

域、命题态度句以及关于乔治四世和《威弗利》作者的难题

罗素用摹状词理论去解答的另一个逻辑难题，涉及如下两种东西：

作为**命题态度归属句**（包含**相信、知道、断言、怀疑、期望**等动词的句子，这种句子报告了一个施事者和一个命题之间的关系）而为人所知的那种构造，以及时常作为**同一性替换**（*the substitutivity of identity*）而被提到的逻辑法则。以下是罗素在《论指谓》中对该难题的陈述。

> 如果 a 与 b 等同，那么对其中一方而言为真的东西对另一方都必为真，而且任何一方都可以在任何命题中被替换为另一方，而不改变该命题的真假。现在，乔治四世希望知道司各特是否是《威弗利》的作者，而事实上司各特就**是**《威弗利》的作者。因此我们可以将**《威弗利》的作者**替换为**司各特**，并由此证明乔治四世希望知道司各特是否是司各特。但很难认为欧洲首屈一指的绅士会对同一律感兴趣。①

尽管远非一种清楚的模型——罗素在此前后不一致地来回摇摆于谈论表达式和谈论这些表达式标示的个体之间，就像摇摆于谈论句子和谈论这些句子表达的命题之间——但这段话所展现的问题已足够清楚。以下论证中的句子 P1 和 P2 看上去为真，即使相应的结论 C 看上去为假。

P1. 乔治四世想知道司各特是否是《威弗利》的作者。

P2. 司各特是《威弗利》的作者——司各特＝《威弗利》的作者

C. 乔治四世想知道司各特是否是司各特。

使得这种考察陷入麻烦的，显然是同一性替换律所制造的冲突，该法则可以被陈述如下：

SI. 当 α 和 β 是单称指涉性表达式（singular referring expression），

---

① "On Denoting," pp. 47—48 in Marsh.

且句子 **α=β** 为真，那么 α 和 β 指涉同一事物，而且在任何
为真的句子里，其中一方对另一方的替换都总会产生出一
个真句子。

如果 P1 和 P2 为真，而 C 服从规则 SI，那么 C 一定也为真。但问
题是它似乎并不是这样。

在《论指谓》的稍后部分，罗素主张，他的摹状词理论可以解决
这个问题。

> 关于乔治四世好奇心的难题，现在似乎有一种很简单的解决方
> 法。命题"司各特是《威弗利》的作者"，……（当以一种非缩写
> 的方式写出时）并不包含任何我们可以将之替换为"司各特"的
> 成分"《威弗利》的作者"。这并不妨碍**在语词上**将"《威弗利》的
> 作者"替换为"司各特"所导致的那种推理的正确性，只要"《威
> 弗利》的作者"在我们所考虑的命题中，具有我所说的那种**主要**
> 出现。①

这段话的第二个句子包含着关键的想法。既然"《威弗利》的作
者"是一个单称限定摹状词，那么它在逻辑上就不会是一个单称指涉
性表达式，且因此就不会出现在对规则 SI 的使用中。（在讨论这个例子
时，罗素把**司各特**当作一个逻辑专名对待。）这条规则和所有逻辑规则
一样，只适用于句子的逻辑形式。因此，为了评估上述论证，P1 和 P2
必须被代替为各自的逻辑形式。

既然 P1 是一个包含限定摹状词的复合句，那么它是有歧义的——
在一种解读方式下，该摹状词以主要出现的形式出现，在另一种解读
下，则以次要出现的形式出现。因此，该论证有两种重构——每一种
对应于对 P1 的一种解读。②

---

① "On Denoting" pp. 51—52.

② 在讨论此论证时，我忽略了时态。

论证 1：P1 中摹状词的主要出现

P1$_p$. ∃x∀y[（y 写了《威弗利》↔ y=x）& 乔治四世想知道是否是司各特 =x]

有且只有一个写了《威弗利》的人，而且乔治四世想知道他是不是司各特。

P2. ∃x∀y[（y 写了《威弗利》↔ y=x）& 司各特 =x]

有且只有一个写了《威弗利》的人，而且他是司各特。

C. 乔治四世想知道是否是司各特 = 司各特。

论证 2：P1 中摹状词的次要出现

P1$_s$. 乔治四世想知道是否是 ∃x∀y[（y 写了《威弗利》↔ y=x）& 司各特 =x]

乔治四世想知道是不是（有且只有一个写了《威弗利》的人，而且他是司各特）

P2. ∃x∀y[（y 写了《威弗利》↔ y=x）& 司各特 =x]

有且只有一个写了《威弗利》的人，而且他是司各特。

C.乔治四世想知道是否是司各特 = 司各特。

摹状词以次要出现形式出现于其中的那种解读，被罗素当作是最自然的解读。出于这种考虑，让我们来评估一下论证 2。假设 P1 和 P2 为真。那么乔治想知道一个特定的为真的命题——被 P2 表达的命题——事实上是否为真。但是，既然 P2 不是一个简单的同一性陈述 $\alpha=\beta$，而且在 P1$_s$ 中不存在可以替换为“司各特”的单称指涉性表达式，那么我们不能使用规则 SI 来从 P1$_s$ 和 P2 得出 C。到目前为止一切尚好。

重要的是，注意到这不是事情的全部。因为在引文最后一句话里罗素说到：“这并不妨碍在语词上将‘《威弗利》的作者’替换为‘司各特’所导致的那种推理的正确性，只要‘《威弗利》的作者’在我们所考虑的命题中具有我所说的那种**主要出现**。”他的观点是，当摹状词被解释成以主要出现的形式出现在 P1 中时，前提 P1$_p$ 和 P2 的真**并不担保**结论 C 的真。但根据摹状词理论，SI 在论证 1 和论证 2 中都不适用。因此，人们不能通过注意到如下事情来解释两种论证的不同以及论证 2 的无效：摹状词理论不允许人们通过将"《威弗利》的作者"替换为"司各特"来运用 SI。

为了理解究竟什么应当对这两种论证的不同负责，我们最好从验证这一点开始：论证 1 中从前提到结论的步骤是保留了真理性的。如果 P1$_p$ 为真，那么有且只有一个个体写作了《威弗利》，而且当"x"被当作关于那个个体的逻辑专名时，这个句子——（ⅰ）**乔治四世想知道是否是司各特 =x**——为真。反过来，它恰恰在如下情况下为真：乔治四世想知道一个特定的命题——即被句子（ⅱ）**司各特 =x** 表达的命题——是否为真，此时"x"仍然被当作那个写作了《威弗利》的独一无二的人的逻辑专名。如果 P2 为真，那么这个个体不是别人，就是司各特，在这种情况下"x"和"司各特"都是关于同一个人的逻辑专名。（请回忆一下，在讨论这个例子时，罗素将"司各特"当作一个逻辑专名来那样来对待。）既然它们都是逻辑专名，那么它们具有相同的所指，这一点保证了它们意指相同的事物，因此，在任何句子中将一方替换为另一方，都不会改变被这个句子表达的命题。由此我们得出结论，**司各特 = 司各特**与（ⅱ）**司各特 =x** 表达了同样的命题 p。既然我们已经证明，乔治四世想知道 p 是否为真，那么 C 就也是真的。因此，在论证 1 中，从 P1$_p$ 和 P2 到 C 的推理，就得到了保留真理性的担保。

接下来请考虑论证 2。如果 P1$_s$ 为真，那么乔治四世想知道一个特定的命题 q 是否为真——其中 q 是这样的命题：有一个个人写作了《威弗利》，而且这个人是司各特。如果 P2 为真，那么事实上 q 就为真。但是，这没有告诉我们任何关于乔治四世想知道命题 p——司各特是司各特——是否为真的事情。既然人们显然可以想知道 q 是否为真，而不想知道 p 是否为真，那么论证 2 的前提就可以为真，而与此同时其结论则为假。因此该论证无效。

罗素的认识论与摹状词理论间的冲突

到目前为止，这个故事的寓意是：罗素的摹状词理论确实可以解释，在一种对前提 P1 的自然解释下，关于乔治四世的论证为何变得无效了；作为奖励，他还提供了关于如下问题的进一步解释：如果前提 1 以一种不同的方式被理解，那么上述论证就是有效的。但是，关于该理论在其他方面的成功使用，却仍然有问题。罗素看上去显然会认为，假定任何人会怀疑司各特是司各特这个命题是否为真，这是很荒谬的。[①] 因此，当 P1 被分析为 P1$_p$，而"《威弗利》的作者"以主要出现的形式出现时，他除了认为 P1 为假外别无选择。然而，这是反直觉的，因为这个句子**那个写作了《威弗利》的个体，就是乔治四世想知道其是否是司各特的那个人**似乎很容易为真。从《论指谓》中摘取的如下段落说明，罗素自己似乎也会同意这一点。

> 当我说"乔治四世希望知道司各特是否是《威弗利》的作者"时，我一般的意思是"乔治四世希望知道是否有且只有一个人写了《威弗利》，而且司各特就是那个人"，但我们的意思也**可能**是："一个人且只有一个人写了《威弗利》，而且乔治四世希望知道司各特是否就是那个人"。在后一种情况下，"《威弗利》的作者"以**主要**出现的形式出现；而在前一种情况下则是**次要**出现。后一种情况可以表达为"关于那个事实上写了《威弗利》的人，乔治四世希望知道他是否是司各特"。**这可以是真的，例如，如果乔治四世曾在远处看到过司各特，并问道"那是司各特吗？"**[②]

---

① 关于当代对罗素主义那种允许上述怀疑的修订，请参阅 NathanSalmon, *Frege's Puzzle*（Cambridge MA：MIT Press, 1986）；Scott Soames, *Beyond Rigidity*（New York：Oxford University Press, 2002）；以及下面这本书的导论：Salmon and Scott Soames, eds., *Propositions and Attitudes*（Oxford：Oxford University Press, 1988）。

② "On Denoting," p. 52，着重号为本书作者所加。

这是令人迷惑的。如果乔治四世不想知道司各特是司各特,那么在将 P1 解释为"《威弗利》的作者"以主要出现的形式出现于其中的情况下,P1 如何可以为真?一种自然的回答是,为了在他所描述的那种情形下使这个句子为真,罗素无疑可以将日常专名"司各特"解释为一个隐藏的摹状词(在该句子中以次要出现的形式出现),而非一个逻辑专名。尽管罗素在《论指谓》中并没有强调这种日常名称的地位,但在后来的著作中他明确地坚称,这些名称可以用这种方式被理解。毫无疑问,这种观点可以在上述段落中起作用。

不过,还是有一些重要的问题。第一,这种观点——日常专名可以与摹状词(说话者将日常专名与摹状词结合在一起)意指相同的东西——尽管在罗素的先驱性工作之后又兴盛了几十年,但最终由克里普克在《命名与必然性》①中表明是有严重问题的。我们会在第二卷详细考察对专名的描述性分析;而现在,注意如下这些就够了:对 P1 如何可以在罗素描述的那种情形下——此时"《威弗利》的作者"被当作以主要出现的形式出现——为真的解释,其所依赖的脆弱基础,正是上述那种观点。②第二个问题,涉及罗素对在命题态度归属句中取宽域的摹状词的表述,这个问题避开了关于日常专名分析的争论。例如,请考虑(16)。

16. 玛丽想知道《威弗利》的作者是否写了《威弗利》。

对这个句子最自然解释是,摹状词以主要出现的形式出现——一个人且只有一个人写了《威弗利》,而玛丽想知道是否是那个人写了《威弗利》。一个坚定地说出(16)的说话者——他意图的正是这种解释——可能清楚地知道谁是《威弗利》的作者,且偶然听到③玛丽说

---

① Saul Kripke, *Naming and Necessity* (Cambridge, MA : Harvard University Press, 1980); originally published in *Semantics of Natural Languages*, D. Davidson and G. Harman, eds. (Dordrecht : Reidel, 1972), pp. 253—355。引文出自 1980 年版。

② 请参阅萨蒙(Salmon)和索姆斯对此所做的当代的罗素主义解释。

③ 译者注:原书中误为"overhead",应为"overheard"。

"他写了《威弗利》吗？"，并指向所谈论的那个人。似乎很清楚的是，如果（16）以这种方式被使用，那么它就表达了一条真理。

尽管罗素的摹状词理论似乎完美地捕捉到了这个事实，但在此情况下对该理论的自然运用，却与上一节中谈及逻辑专名的重要的认识论原则相抵触。如先前提到的那样，在他 1910 年发表的文章《亲知知识和描述知识》中，罗素的立场是，能作为逻辑专名指称的对象，只能是这样的对象：关于它们的存在，人们不可能出错。因为物理对象和他人不符合这个条件，所以他坚称，它们不可能是逻辑专名的指称。他似乎没有认识到的是，关于像（16）这样的例子的解释 16_p，这便产生出一种问题，在其中摹状词取宽的域。

16_p. $\exists x \forall y$ [（y 写了《威弗利》$\leftrightarrow$ y=x）& 玛丽想知道 x 是否写了《威弗利》]

如我们所见的那样，在罗素的论述中，它为真，当且仅当：一个人写了《威弗利》，并且在"$\underline{x}$"被处理为一个关于那个人的逻辑专名时，句子**玛丽想知道 x 是否写了《威弗利》**为真。[①] 如果我们现在被告知，不存在关于其他人的逻辑专名，那么这种表述就不够了。

事实上，问题还要更糟。罗素关于逻辑专名可能的指称的严格认识论原则，与一种关于如下命题的同样严格的原则联结在了一起：一个施事者可以考虑、相信、怀疑、断言等等。如罗素所说的那样：

分析包含摹状词命题的基本认识论原则是这样的：**任何我们可以理解的命题，都必定完全由我们所亲知的成分构成。**[②]

---

① 将一个变量处理为关于一个对象 o 的逻辑专名，这可以有两种理解方式：要么是，把该变量替换为一个新的关于 o 的逻辑专名（通过在变量下增加下划线来获得）；要么是，求出如下式子的值：相对于将 o 赋值给该变量而言，该变量在式子中有一种自由出现。

② "Knowledge by Acquaintance and Knowledge by Description," p. 23 in *Propositions and Attitudes*.

　　在罗素看来，既然人们可以亲知的事物只有人自身以及自己瞬间的思想和感觉，加上抽象性质和关系（即共相），那么人们不可能相信或考虑任何包含其他施事者或其他具体对象作为其成分的命题。我们只能在如下意义上相信或考虑一个包含这种对象 o 的命题，即通过相信或考虑这样一个命题，它陈述说某个（独一无二的）对象具有某些性质，而这些性质是 o 事实上具有的。在罗素的术语中，知道某个命题具有与 o 的这种关系，就是**通过描述知道 o**。《亲知知识和描述知识》的一条核心原则就是，我们关于其他人和其他对象的所有知识，都是通过描述而得到的知识。罗素这样概括自己的观点：

　　　　这样来概括我们的整个讨论：我们开始于对两种关于对象的知识的区分，即**亲知**知识和**描述**知识。其中只有前者将对象自身带到我们的心灵之前。我们对感觉材料、很多共相甚或我们自身有亲知，但对物理对象或他人之心则没有。当我们知道正是**这个**对象具有我们所亲知到的某个或某些性质时，我们就拥有了关于它的**描述**知识；也就是说，当我们知道谈及的这个或这些性质只属于一个对象且不属于别的对象时，我们就被说成是通过描述而知道了关于那个对象的知识，无论我们是否亲知了这个对象。我们关于物理对象和他人之心的知识只是描述知识，这些描述经常像感觉材料那样被谈及。所有对我们来说可理解的命题，无论它们从根本上说是否是关于那些我们只能通过描述知道的事物的，都完全由我们所亲知的成分组成，因为一个我们不亲知的成分对我们而言是不可理解的。①

　　因此，罗素开始相信，无论我们何时想到或谈论物理对象或他人，我们所使用的语词都是在描述**他们**，而非直接命名**他们**。此外，我们相信或考虑的名词绝不包含物理对象或他人作为自己的成分，而总是完全由如下东西构成：作为我们所使用的描述性词项意义的性质和关系，加上作为逻辑语词意义的抽象概念，以及可以作为真正的逻

---

① Knowledge by Acquaintance and Knowledge by Description., p. 31.

辑专名指称的相对较少的具体的殊体。无论这条原则里可能有其他什么正确的东西，在将罗素的摹状词理论用于命题态度归属句（17a）和（17b）时，都具有灾难性后果（这从未被罗素直截了当地处理过）；在这些句子中，v是一个像**相信**、**怀疑**、**断言**或**想知道**这样的动词，它们将施事者与一个命题联系起来，而且补语从句S包含这样一个摹状词**这个 D**，它可以被解释成在这个句子里作为一个整体以主要出现的方式出现。

17a. Av's S（那个 D）

　b. Av's 是否是 S（那个 D）

当这些句子以上述方式被解释时，罗素的摹状词理论告诉我们，（17a）为真当且仅当（$17a_p$）为真，而（17b）为真当且仅当（$17b_p$）为真。

$17a_p$. $\exists x \forall y [(Dy \leftrightarrow y=x)$ &Av's S（那个 D）]

$17b_p$. $\exists x \forall y [(Dy \leftrightarrow y=x)$ &Av's 是否是 S（那个 D）]

反过来，只有当施事者与被 S（<u>x</u>）表达的命题，具有那种被 v 表达的关系（相信、怀疑、断言或想 - 知道 - 某某的 - 真）时，（$17a_p$）和（$17b_p$）才为真，此时"<u>x</u>"被当作关于一个且只关于那个对象的逻辑专名，该对象具有被 D 表达的性质。《亲知知识和描述知识》的核心认识论原则是，当谈及的对象是一个物理对象或另一个人类时，施事者与该命题**不可能**具有任何认知关系。因此，这条原则具有如下结果：所有具有（$17a_p$）和（$17b_p$）这种形式的、涉及上述那种对象的例子，都为假。这样一来，罗素在《亲知知识和描述知识》中的主要认识论原则，便威胁到他摹状词理论一项最令人印象深刻的运用，包括他在《论指谓》中对关键性的、具有激发性的例子——乔治四世对司各特和《威弗利》作者的好奇心——的著名处理。尽管这种冲突暗示，罗素的总体观点显然有某种错误，但他从未解决这个问题，或以一种系统的方式处理它。

语言分析和形而上学实践

不过，当与摩尔的如下坚持相结合的时候，对语言的罗素主义逻辑分析就是一种巨大的成功：常识，是在哲学中创造一种被证明是具有令人印象深刻效力的哲学分析风格的起点。这可以通过如下方式来加以阐明：将它用于摩尔和罗素的绝对唯心论先驱们的一条原则。如我在本章开始处提到的那样，这些哲学家坚称，所有实在都是精神性的，而且实在的全体是一个单一且统一的对象——要么是一个神性的心灵，要么（根据唯心论者）是一个由相互依赖的诸多心灵构成的整体系统。如后来提到的那样，导致了该图景的一条想法，是一种扩张性版本的**内在关系的实在性原则**。简言之，这种版本的原则认为，每个对象的本质和存在都依赖于任何其他对象，这样一来，只要任何实体缺失了哪怕它实际所具有的任何一个性质，那么无论宇宙自身还是其中的任何一个部分，就都不会存在了。

这种令人印象深刻的反直觉主张，是两种更基本的想法的产物。一是，在任何一个对象的性质之中，有着与其他对象有关系的性质，而这些性质又继续具有这种性质。例如，我具有居住在哈里森大街和普林斯顿之间这种性质。因此，你就具有这种属性：阅读了某个居住在哈里森大街和普林斯顿之间的人所写的东西。显然，这种例子可以无限叠加下去。我们可以如此来概括这种观点：对任何一个对象 o 和 o 所具有的性质 P 而言，都存在一些关系性质 PS——在具有 P 这一点上与 o 相似——和 PD——在不具有 P 这一点上与 o 不同。既然 o 本身具有 P，那么所有其他具有 P 的对象都具有 PS，而不具有 P 的则具有 PD。除此之外，如果 o 开始不再具有 P，那么所有现在具有 PS 的对象就会不再具有 PS，而所有现在具有 PD 的对象就不会再具有 PD。因此，一个对象中发生的任何在性质上的改变，都涉及所有对象性质上

方式 w）和无论任何对象 o 来说，如果 o 不具有 P 且世界
处于状态 w 中，那么 o 就不会是 a。

S6. 既然 a 总会是 a，无论世界可能处于何种可能状态（假设
a 在世界可能所处的那种状态中继续存在），都不存在这样
一种可能的状态 w：在世界处于 w 中时，a 会在不具有 P
的状态下继续存在。

S7. 既然世界不可能是这样的，即在那种可能的方式中 a 会在
不具有 P 的状态下继续存在，那么 a 不会在不具有 P 的状
态下继续存在。

S8. 既然同样的论证适用于任何对象的任何性质，那么一个对
象的每个性质在这种意义上都是该对象的本质属性——在
不具有那种性质的情况下该对象不会继续存在。

这种论证的第一条前提显然为真，而每个步骤都散发着似乎合
理的气息；但其结论却是令人难以置信的。怎么会这样呢？我们如
下的常识信念如此地令人迷惑和不可靠，而就被这样一个小小的论
证驳倒了吗：我们自身和周围的事物，可以具有至少一点点不同的历
史？当然不是。混淆之处在于这个论证本身，而且这可以被逻辑分析
揭示。

如上所述，S1 以及从 S4 到 S8 的过程都是好的。问题在于，某些
包含了语词**这是必然的**的句子是模棱两可的，这些句子影响了到步骤
S2、S3、S4 的推理。这种论证可以按照如下方式理解：所有该语词的
出现，都表达了必然为真这个性质。因此，S1 可以被理解为具有 LS1
这种逻辑形式：

LS1. 这是必然为真的：[如果 a=b，那么 a 的每个性质都是 b
的一个性质]

在此，必然为真这个性质被归属于被括号中的句子所表达的命

题——即这样一个命题：如果 a 与 b 相等同，那么 a 的每个性质都是 b 的一个性质。相比之下，S2 是有歧义的，因为必然性算子可以取不同可能的域。在此我们有一个英语中无处不在的、有歧义的域的例子；一些包含摹状词的句子，由于摹状词可以取不同的域，因而是有歧义的；同样，由于必然性算子的不同可能的域，一些句子也是有歧义的。

根据一种解释，S2 的逻辑形式是 LS2a，而根据另一种解释则是 LS2b。

> LS2a. 这是必然为真的：[如果 a 具有性质 P，那么（如果 b 不具有性质 P，那么 b ≠ a)]
>
> LS2b. 如果 a 具有性质 P，那么这是必然为真的：[如果 b 不具有性质 P，那么 b ≠ a]

LS2a 得自 LS1。由于 LS2a 括号中的句子是 LS1 括号中的句子的一个逻辑后承，因此如果其中一方表达了一条必然真理，那么另一方一定也是如此。但是，LS2b 在逻辑上**并不**得自 LS1。LS1 告诉我们，不可能有这样一种可能状态 w，即如果世界处于 w 之中，则 a 会是与 b 完全相同的对象，而并不具有与 b 相同的性质。LS2 则告诉我们某些完全不同的东西：如果世界**实际上**处于这样一种状态——a 具有一种特定的性质 P——之中，那么**不可能**有这样一种状态——如果世界处于这种状态中，那么一个不具有 P 的对象 b 会是与 a 相同的对象。为了在 LS1 的基础上得出这个结论，人们会需要加上一条进一步的假设，即如果世界实际上处于 a 具有 P 的状态中，那么不可能存在这样的状态 w——如果世界处于 w 中，则 a 会不具有 P。但是，既然上述论证旨在**证明**这一点，那么将它作为一条假设引入，就会使该论证变为循环论证。因此，如果上述论证有任何机会达到自己的目的，那么 S2 必须被解释为具有逻辑形式 LS2a。

同样的推理证明，如果 S3 得自 LS2a，那么它必须具有逻辑形式

LS3a。

> LS3a. 这是必然为真的：[对任何一个对象 o 而言，如果 a 具
> 有性质 P，那么（如果 o 不具有性质 P，则 o ≠ a）]

然而，现在没有方法得到 S4，S4 的逻辑形式是 LS4，是有歧义的。

> LS4. 如果 a 具有 P，那么这是必然为真的：[对任何一个对象
> o 而言，如果 o 不具有性质 P，则 o ≠ a]

和之前一样，无法有效地从 LS3a 中推导出 LS4，因为缺少那种需要被证明的假定。当然，既然 S3 是有歧义的，那么它就有另一种解释，在这种解释中 S4 确实得自 S3，而 S3 在这种解释中具有与 S4 相同的逻辑形式。但是，根据那种解释，S3 并不得自 LS2a。

总而言之，对疯长的本质论的逻辑分析揭示出，这种本质论依赖于一种隐藏的歧义性。论证中某些特定的关键句子，具有不止一种逻辑形式。这种事实——每个步骤都有这样一种解释，根据该解释，这个步骤都在逻辑上非循环地得自之前的诸步骤——为该论证营造了似乎合理的气氛。但是，不存在一种一致的方式来解释那些有歧义的句子，以使得每个步骤都在逻辑上非循环地得自之前的诸步骤。由于这一点，该论证丝毫没有驳回这种日常信念：我们自身和周围的事物可以具有至少一点点不同的历史。简言之，唯心论者丝毫没有驳回支持该信念的合理假设，也丝毫没有确立他们宏大的形而上学主题。对我们来说，这种结果非常有用地阐明了，在哲学论证中产生自摩尔和罗素早期著作的、关于分析的设想的力量。

第六章

逻辑和数学：逻辑主义还原

本章概要

1. 逻辑主义计划导论

古典逻辑主义的目标和动机

2. 算术系统

初始项（Primitive terms）和公理

3. 罗素的逻辑系统

内涵公理模式（the axiom schema of comprehension），以及关于外延和无限的公理

4. 将算术还原为逻辑

算术初始项（primitives）的定义，以及从罗素逻辑系统中对算术公理的推导

5. 罗素悖论和类型理论

罗素的逻辑系统何以必须被修正以避免矛盾；这些修正对逻辑主义计划成功的影响

6. 逻辑主义的哲学重要性

逻辑主义计划导论

在发展自己摹状词理论的时候，罗素将逻辑形式与语法形式区别开来，并使用该区分解决了哲学难题，这些难题产生自关于意义的成问题的观点。他的摹状词理论被当作分析的典范，而该理论的成功极大地推动了如下观点：逻辑和概念分析在哲学中是通向进步的道路。这种观点得到了他下一项主要成就额外的有力支持——将数学还原为逻辑的逻辑主义工程的竣工，这呈现在他的伟大著作《数学原理》中，该著作系与阿尔弗雷德·诺斯·怀特海合写，出版于 1910 年。[①] 这种逻辑主义工程可以被分为两个部分——将高等数学还原为算术，以及将算术还原为逻辑。罗素的主要贡献是第一种还原。当两种还原都完成时，最终的结果大致是，将所有初等和高等数学的经典理论还原为这样一个系统，该系统可以被多数人当作一套纯逻辑的理论。

为了理解这项工程，必须理解什么是数学或逻辑理论，以及将这样一种理论还原为另一种意味着什么。人们可能认为，一种**理论**就是一组句子的集合，其中每个句子都是某个特定的**公理**集合的逻辑后承。这些公理表达如下命题：它们为支持该理论的人所假定，且无需证明就被接受。理论中的**定理**，构成可以从公理中得到证明的全体陈述。既然它们都在逻辑上得自公理，那么如果公理为真，则它们也必定为真。

公理包含该理论的**初始词汇**（*primitive vocabulary*）。它们是这样的语词或符号：这些语词或符号，表达那些无需定义就为我们所熟悉的概念。公理自身是该理论中无需证明就被接受的初始句子，同样，在公理中被使用的词汇，也是那些我们无需定义就知道其意义的初始符号。除了一个理论中的公理之外，我们有时还有一类被称作该理论中

---

① 《数学原理》第一卷出版于 1910 年，第二卷则是 1912 年，第三卷是 1913 年，均由剑桥大学出版社出版。罗素关于逻辑主义的著作以伟大的哲学家和数学家戈特洛布·弗雷格的先驱性著作为先导，并受到其巨大影响；弗雷格的开创性作品《算术基础》（*Grundgesetze der Arithmetik*）的第一卷出版于 1893 年，第二卷是 1903 年。

定义的句子。它们定义了新的术语，这些术语并不借助那些出现在公理中的初始符号而出现在公理之中。

例如，在很多理论中并没有关于定冠词**这个**的初始符号，它被用于形式化地表述单称限定摹状词。不过，在使用相应的理论进行工作时，拥有这种使摹状词形式化的能力是很方便的，这时常可以作为避免该理论的句子过长或是在心理上难以处理的手段。因此，摹状词算子有时通过如下定义被引入：

在 Ψ 是任何（简单的）原子谓词以及 Φ 是任何式子的地方，

$$\Psi \text{ the } x : \Phi x \equiv \exists x \forall y[\ (\Phi y \leftrightarrow y=x)\ \&\ \Psi x]$$

当限定摹状词算子以这种方式被引入后，其结果是，即使公理中不包含限定摹状词，该理论的一些定理中也会包含它们。在这种情况下，该理论的定理被认为是：公理的逻辑后承**加上**该理论中的这些定义。一般而言，我们会认为，一种理论涉及一组无需证明即被接受的公理，在某些情况下加上一组规定性的定义，这些定义依据理论中的初始词汇确定新的术语。定理就是公理的逻辑后承加上这些定义。

我们现在转向理论还原的概念。假设我们有两种理论 T1 和 T2。将 T2 还原为 T1，就是要做两件事情。第一，将一组规定性定义形式化地表述出来，这些规定性定义依据 T1 中的词汇将 T2 中的初始词汇加以定义。换句话说，人们拿过出现在 T2 公理中的那些词项——它们的意义仅仅是从 T2 的视角被设想的或想当然地当作那样的——并通过 T1 的词汇来为那些词项提供定义。第二，人们展示 T2 的公理如何可以从 T1 的公理加上被采纳的规定性定义而得到证明。最终的结果是，T2 的概念依据 T1 的概念而被加以分析，而那些未加证明就被接受的公理，现在通过从更为基础的假定证明自己，进而获得了严密的辩护。实际上，T2 开始被视作已经在 T1 中清楚呈现的东西的一种细化。

出于这种考虑，我们可以获得一些对罗素从事事业的范围的评价。在罗素之前，有两项重要成就与他的计划直接相关。第一，关于自然数的算术理论获得了形式化表述。通过三个初始的算术概念零、后继和自然数，一组公理得到了形式化表述；一组进一步的定义被采纳了，这些定义依据上述初始概念，规定了在数学上相加或相乘的运算；而经典算术之前所有已建立的结论，都已被表明可以从这些公理和定义得出。第二，在罗素之前已经证实，高等数学中的理论，可以在上述已经解释过的意义上被还原为算术。为了我们的目的，我们可以认为数学的所有传统结论都可以被这样还原。

这意味着，算术可以被视作所有数学知识的基础。面对高等数学的某个分支，以及它自己的公理和初始概念，人们总是可以依据算术概念来对这些概念的定义加以形式化表述，并依据算术公理加上为了还原所采取的规定性定义，来证明这些高等分支中的公理。通常来说，这些证明和定义最终都是冗长和复杂的。因此，从事高等数学的人，当然不想通过将所有东西重写为算术词项来进行自己的研究；这种转换通常会如此笨重和难以操作，以至于走这条路会妨碍——如果不是中止的话——数学进步。不过，这些还原在如下意义上在理论上被认为是很重要的：它们表明，数学在认识论上的全部分量，可以被认为是依赖于算术的。如果任何人想依据某种更基本的东西来**辩护**高等数学的结论，那么算术总是会参与这项工作。由此，如果一个人可以表明，算术应当被接受，那么其他东西的被接受性就随之而来了。

但算术又如何呢？人们是否可以从更基本的东西定义其初始概念并证明其公理？这是罗素和他之前的德国哲学家戈特洛布·弗雷格关心的首要问题。他们的任务是表明算术可以被还原为纯粹的逻辑，因此，一般而言，数学不过是逻辑的细化。这种任务的一部分动机，直接就是数学上的。确定这种已经被用于其他情况的还原是否可用在这里，这是一个重要的数学问题。然而，这项工程同样引起了哲学上的兴趣。

哲学逻辑主义者试图表明，算术，因而一般而言的数学可以还原为逻辑，这主要有三重动机。在讨论这些的时候，我会讨论这些动机的纯粹的或通行的版本，而不会进入这些动机的不同变体所引起的疑难杂症，以及不同逻辑学家所青睐的不同重点。即使罗素自己也在不同时期对逻辑主义还原的哲学重要性持不同的看法，而且他绝没有一直赞同我将要概述的那种经典的、通常的动机。将上述问题一并考虑，我们可以说，这些动机刻画了一个混合的、设想出来的哲学家——经典逻辑主义者——而非任何个人的观点。

逻辑主义还原的第一重和最明显的动机，涉及辩护的认识论目的。在经验论理论的情况下，我们把假设形式化，并用实验数据来测试它们。在这些假设所做的预言被观察性的测试确证出来的范围内，它们得到了证实。在相反的情况下，它们则被证伪。相比之下，在数学中并没有试验或观测。定理通常在这样的基础上被接受：它们得自公理。但这些公理自身如何被辩护呢？一种吸引人的想法是，通过表明数学可以还原为逻辑，人们可以辩护：数学公理不过就是纯粹逻辑原则的逻辑后承。既然大概每个人都接受逻辑，那么辩护的问题也就会得以解决。①

这与经典逻辑主义者的第二重哲学动机密切相关。数学真理似乎是先天可知的，独立于经验。这种知识是如何可能的？一方面，认为我们的所有知识都以某种方式得自感觉经验，这是很自然的。另一方面，很难看出，感觉感知如何可以为我们关于必然数学真理的先天知识提供基础和辩护；毕竟，我们无需外出并进行观测，以确证那些算术方程式。不同哲学家对此问题有不同的反应。一些人假定天赋观念是这种知识的来源；一些人主张，存在一个关于真正数学对象的抽象而真实的域，它通过理智直观的一种特殊的类 - 感知能力被揭示给我们；还有人主张，数学的必然性和先天特征，以某种方式得自我们的心灵加在经验之上的运作和范畴。逻辑主义者对这些答案都不满意。

逻辑主义思潮在历史上一个重要的分支，看到了一种不同答案的可能性。根据这种看法，数学可以被还原为逻辑，而逻辑自身则有着

---

① 关于他的计划与辩护问题间关联的逻辑主义观点，这是一种高度简化和初步的概述。到罗素清楚地看到逻辑主义还原将如何进展时，他关于辩护的观点就复杂和细致得多了。请参阅他 1907 年的文章 "The Regressive Method of Discovering the Principles of Mathematics", reprinted in Bertrand Russell, *Essays in Analysis*, edited by Douglas Lackey（New York : George Braziller, 1973）。

语言上的基础。逻辑原则被认为仅仅由于它们包含的逻辑语词——比如**所有、一些、并且、或者**和非——的意义而为真。因此，关于我们如何可以拥有关于数学的先天知识的解释，被看作类似于关于我们如何可以拥有单身汉是未婚的这种先天知识的解释。我们如何知道这条关于单身汉的微不足道的真理？我们仅仅**决定**，以一种独特的方式和意义，来使用语词**单身汉**和**未婚的**。像单身汉是未婚的这种句子的真，应当以某种方式得自这些决定。问题是，我们可以仅仅通过知道我们如何决定使用特定的语词，来知道特定的句子以及它们表达的命题为真。因此，根据逻辑主义的一种重要版本，将数学还原为逻辑被用来表明：数学真理是分析的，并因此是可知的，其方式与微不足道的真理——比如我们关于单身汉（据说是）被知道的例子——相同。①

我们发现，逻辑主义者在将数学还原为逻辑中的第三重重要的哲学动机，是本体论上的。如果我们考虑一下数学中各个部分的本体论，那么我们似乎不得不设定各种不同东西的存在——自然数、负数、有理数、无理数等。但为了接受数学的结论，我们真的需要设定这么多不同的数学对象的存在吗？将高等数学还原为算术，被认为预示了我们不用这样做。不同类型的数字可以被还原为自然数的不同构造。将算术还原为逻辑则表明，自然数自身可以被还原为特定类型的集合。因此，我们拥有了一种可以被看作使哲学共相剧减的东西。这项始于罗素使用摹状词理论以消除思想的非存在对象（比如食肉奶牛和圆的方）的进程，现在被扩展到自然数和其他数学对象那里。

算术系统

我们现在已经准备好去看看，罗素将算术还原为逻辑中的一些细

---

① 对这种版本的逻辑主义的极好的阐发，可以在卡尔·亨普尔（Carl Hempel）的 "On the Nature of Mathematical Truth" 一文中找到，*American Mathematical Monthly*, 52（1945）：543—556；reprinted in *The Philosophy of Mathematics*, 2nd edition, P. Benacerraf and H. Putnam, eds.（Cambridge：Cambridge University Press, 1983）。

节。我们从对他算术理论的详述开始。有三个初始词项在该理论中被使用："N"，被我们用来代表自然数的集合；"0"代表自然数序列中的第一个数字；还有撇号——'——代表后继函数——也即这样一种函数，当被用于任何自然数时，它提供给我们序列中的下一个数字。这三个词项出现在算术公理中，并被认为是无需定义就已经被理解了的。实际上，在给出算术理论时，我们假定自己已经知道了什么是自然数，已经知道了什么是零，并且已经知道了什么叫从一个数字到下一个数字。

在这些算术初始项之外，公理还包含为所有理论共同所有的逻辑词汇——量词、变量和真值函项连接词。还有两个更进一步的符号需要注意——"="和"∈"。前者是同一性谓词，存在于一个对象及其自身之间。后者代表集合成员关系——一种存在于一个集合中的成员和它们所属于的集合之间的关系。罗素把它们当作逻辑初始项，因此，它们对算术来说并不是独特的。

我们现在已经准备好去陈述算术公理。对每一条公理，我将首先给出形式陈述，然后用英语详述公理所说的内容。

A1. $0 \in N$

零是一个自然数。

A2. $\forall x \, (x \in N \to x' \in N)$

任何自然数的后继都是一个自然数。

A3. $\sim \exists x \, (0 = x')$

0 不是任何东西的后继。

A4. $\forall x \forall y \, [\, (x \in N \& y \in N \& x' = y') \to x = y]$

没有两个（不同的）自然数拥有相同的后继。

除了这四条公理外，我们还有一条公理模式 A5，代表可以通过如下方式从方案 A5 中得到的公理的无限集合：将 F 替换为任何包含变量 x 且只包含变量 x 的自由出现的算术语言中的式子。

A5. [F (0) &∀x (x∈N → (Fx → Fx'))] → ∀x (x∈N → Fx)

在此，$F (0)$ 是这样做的结果：将所有代替"F"的式子中的"x"的自由出现，替换为"0"的出现。通俗地讲，$F (0)$ 说零"是F"。因此，每一个 A5 的示例都说，如果零"是F"，且如果无论何时当一个自然数"是F"则它的后继也"是F"，那么所有自然数都"是F"。A5 的示例通常被称作**归纳公理**（*induction axioms*）。

接下来我们有一对定义，以依据算术初始项来规定相加和相乘的概念。首先是"+"的定义。

D1. ∀x ∀y [(x ∈ N) &y ∈ N] → ((x+0) =x& (x+y') = (x+y)')]

对任何自然数 x 和 y 而言，将 0 与 x 相加的结果是 x，而将 y 的后继与 x 相加的结果是将 y 与 x 相加的结果的后继。

在使用这条定义时，我首先注意到的是，什么叫做把 0 与 x 相加。接下来，我们使用相应的结果，加上该定义后件的第二合取支，来算出什么是将 0 的后继 1 与 x 相加；这条定义告诉我们，x 与 1 的和是 x+0 的后继，也是 x 的后继，被称作 x'。接下来我们再次将此定义用于确定 x 与 2 的和是 x''。这个过程可以被重复，以确定对任何一个数字 y 来说，将 y 与 x 相加的结果是什么。既然 x 可以是任何数字，那么 D1 就完全确定了任何一对数字的和，即使它并不具备一个清晰的定义所具备的那种为人熟知的形式。

下述例子说明了这点。

说明：3+2=5

(i) (0'''+0'') = (0'''+0')'   从 D1 加上 A1 和 A2 得
                                   出，它们担保了 0''' 和

　　　　　　　　　　　　　　　　　　0''是自然数

(ii) $(0'''+0') = (0''' + 0)'$　　从 D1、A1 和 A2 得出

(iii) $(0'''+0'') = (0''' + 0)''$　　从在（ii）的基础上在（i）

　　　　　　　　　　　　　　　　　中进行等式替换得出

(iv) $(0'''+0) = 0'''$　　　　　　D1

(v) $(0'''+0'') = 0'''''$　　　　从在（iv）的基础上在

　　　　　　　　　　　　　　　　　(iii) 中进行替换得出

最后，我们依据相加来定义相乘，（我们用"*"作为相乘的符号。）

　　D2.　$\forall x \forall y [(x \in N \& y \in N) \rightarrow ((x*0) = 0 \& (x*y') = (x*y) + x)]$

　　　　对任何自然数 x 和 y 来说，将 x 与 0 相乘的结果是 0，而将 x 与 y 的后继相乘的结果，是 x 和 y 相乘的结果与 x 的和。

　　D2 以与 D1 相同的方式起作用。因此，相乘可以依据反复的相加而得以定义，相加又可以依据后继函数的反复运用而得以定义。如同你可以想象的那样，关于相乘的基本事实的证明会非常冗长。但是，通常的结论都可以在包含 A1—A5 加上 D1 和 D2 的算术系统内得到证明。数学的高等分支就可以被还原为这种理论，而且罗素又可以将这种理论还原为他的逻辑系统。

罗素的逻辑系统

　　接下来我们转向罗素将算术系统还原为的那种系统。我不会详述一般的逻辑原则，它们允许人们直截了当地证明像 $Pv \sim P$、$\forall x (Fx \rightarrow Fa)$、$\forall x \forall y (x=y \rightarrow (Fx \leftrightarrow Fy))$ 等等这样的逻辑真理。我们只把如下事情当作理所当然的：罗素的系统包含的逻辑设备，对这项任务而言已经足够了。但是，我们还会留心罗素逻辑的独特特征，这些特征出现在

他这种还原的显著之处。特征之一是一个新的初始符号"∈",代表集合成员关系(即代表这种关系:当 y 是一个集合,并且我们说 x 是 y 的一个成员时,我们将此关系归属给 x 和 y)。另一个独特特征包括:支配该初始项使用的诸公理,加上一条担保了足够数量的逻辑对象存在的公理。

第一组支配关于集合成员关系符号使用的新公理,由 L_1 的所有示例组成,L_1 被称作**内涵公理模式**。[①]

> L_1. $\exists y \forall x (Fx \leftrightarrow x \in y)$
> 在此,变量"y"取值范围是集合,并且 *Fx* 可以被任何包含变量"x"自由出现(且没有任何其他变量的自由出现)的式子代替。选择不同的式子来承担 *Fx* 的角色,会导致该方案的不同示例。每个这种示例都断言,一个包含所有且只包含那些满足该式子(具有被该式子表达的性质)的东西的集合存在。

此公理模式背后的想法是,对于语言中任何包含一个自由变量的开放性的式子而言——从直觉上说,对语言中表达了诸对象的一种性质的每个式子而言——都存在这样一个恰恰由符合此式子(具有被表达的那种性质)的那些事物组成的集合。认为这是一条逻辑规则,实际上就是认为:谈论一个个体 x 的如此这般的存在,与谈论 x 在一个如此这般的事物的集合中,是可以互换的。

被 L_1 的示例断言为存在的集合的例子如下:

(i) 在代替 *Fx* 的式子是任何一个具有**是一个 < 29 的自然数**这种意义的式子的地方,比 29 小的自然数组成的集合的存在被断言了。

---

① 译者注:此概念相应的英文为"the axiom schema of comprehension",也被称为"分类公理模式"(axiom schema of specification)、"分离公理模式"(axiom schema of separation)或"子集公理模式"(axiom schema of subset)等。

(ii) 在式子 $x \in N \& x=x$ 代替 Fx 的地方，所有自然数组成的集合的存在被断言了。

(iii) 在式子 $x \neq x$ 代替 Fx 的地方，空集——即不包含任何成员的集合——的存在被断言了。

(iv) 在式子 $\forall z\ (z \in x \leftrightarrow z \neq z)$ 代替 Fx 的地方，其唯一的成员是空集的集合的存在被断言了。（在此"x"取值范围是集合。）

根据内涵公理模式，对每个式子 $\boldsymbol{\varPhi}\ (x)$ 而言，都存在一个包含所有且只包含那些满足 $\boldsymbol{\varPhi}\ (x)$ 东西的集合。

下一条支配罗素关于集合成员关系的初始项"$\in$"的公理是 L_2，它被称作**外延公理**（the axiom of extensionality）。

L_2. $\forall a \forall b[\ \forall x\ (x \in a \leftrightarrow x \in b)\ \rightarrow a=b]$
如果 a 和 b 是拥有相同成员的集合，那么 a=b——也就是说，没有两个集合拥有相同的成员。（"a"和"b"是取值范围为集合的变量。）

最后的公理 L_3 是罗素的逻辑系统所特有的，被称作**无穷公理**（the axiom of infinity）。此公理的目的是，确保将算术还原为逻辑所需要的无穷多的逻辑对象的存在。需要这条公理的理由，以及为何它以一种古怪的方式被陈述的理由，只有在我们找到了通向这种还原自身的合适途径之后，才会变得清楚。

L_3. $\varnothing \notin N$
空集不是自然数集合的一个成员。

在转向这种还原前，既然我已经描述了罗素的逻辑系统，那么我需要谈一谈它。我已描述的系统，接近于罗素在给出该还原时实际使用的系统。但是，这两者在某些方面有所不同。最重要的区别涉及内涵公理模式。我以一种完全一般化和不受限制的方式，陈述了这种方案。罗素的发现之一是，当该公理模式以这种方式被陈述时，会导致一种现在被称为**罗素悖论**的矛盾，我们会在适当的时候讨论它。该悖论表明，L_1 不能以现在所陈述的样子被接受。但幸运的是，到头来有一些限制它的方法，以避开上述矛盾，而与此同时依然差不多允许我们将数学还原为逻辑。我们的策略将是，用我现在陈述的系统来概述这种还原。一旦主要的想法变得清晰，我就会呈现罗素悖论，并简要解释他如何用自己的类型理论来处理它，同时又基本完整地保留这种还原。一旦完成了所有这些，我们就会讨论罗素还原的哲学重要性。

最后一项准备工作：我们会将特定的、已经被定义的词项引入罗素的逻辑系统。它们会作为我们将在还原中使用的各种概念的方便的缩写。

方便的缩写

（下文中，"x""y" 和 "s" 取值范围为集合）

(i) 限定摹状词

Ψ 这个 z：$\Phi z \ \exists z \forall w \ [\ (\Phi w \leftrightarrow w=z) \ \& \Psi z]$

(ii) 空集

$\varnothing$：这个 x：$(\forall z \ (z \notin x))$

(iii) 只包含一个成员 w 的集合

{w}：这个 x：$[\forall z \ (z \in x \leftrightarrow z=w)]$

(iv) 包含所有且只包含"是 F"（拥有被 F 表达的性质）的事物的集合

$\uparrow z Fz$：这个 y：$[\forall z \ (Fz \leftrightarrow z \in y)]$

(v) x 和 y 的交集——即同为二者成员的事物的集合

$x \cap y$：这个 s：$[\forall w \ (w \in s \leftrightarrow (w \in x \ \& \ w \in y))]$

(vi) x 和 y 的并集——即或者是 x 或者是 y 的成员的事物的集合（x 和 y 放在一起的总含量）

$x \cup y$：这个 s：$[\forall w (w \in s \leftrightarrow (w \in x \vee w \in y))]$

(vii) x 的补集——所有不在 x 中事物的集合

Comp（x）：这个 y：$[\forall z (z \in y \leftrightarrow z \notin x)]$

将算术还原为逻辑

为了将我们的算术系统还原为罗素的逻辑系统，必须首先使用罗素逻辑系统的词项来定义算术初始项，然后从这些定义加上罗素的逻辑公理，导出算术系统的所有公理。通过这种方法，所有的算术定理都成为了逻辑系统的定理。如人们可能想象的那样，其中的窍门在于提出正确的定义。

算术初始项的定义

我们从三个算术初始项的定义开始——零、后继和自然数。前两者的定义如下。[①]

零的定义

$0 = \{\varnothing\}$

0 是只有一个空集作为其成员的集合。

后继的定义

一个集合 x 的后继是，所有包含这样一个成员 z 的集合 y 的集合：当 z 从 y 中被消除时，留下的东西仍然是 x 的一个成员。

$x' = \uparrow y [\exists z (z \in y \& [(y \cap \text{Comp}(\{z\})) \in x])]$

---

① 那些已经知道罗素悖论的人，或许想了解在此给出的关于后继的定义，该定义假定了一个包含除了 z 之外所有东西的集合。罗素悖论的教训之一就是，如果人们通过所有东西意指宇宙中完全的**所有东西**、包括所有集合的话，则不存在这样一个集合。不必担心。一旦类型理论被引入，在**后继**定义中的 *Comp*（{z}）就会被理解为是，指称了在 z 层次上除 z 以外的所有东西且只有这些东西的那个集合（即除了 z 之外的所有个体的集合）——而且总是会存在这样一个集合。

集合 x 的后继 = 所有包含这样一个成员 z 的集合 y 的集合 : y 与只包含一个成员 z 的集合的补集的交集——即与包含除 z 之外所有东西的集合的交集——是 x 的一个成员

这些定义以如下方式相互影响 :

$$0' = \uparrow y [\exists z (z \in y \& [(y \cap Comp (\{z\})) \in \{ \varnothing \}])]$$

零的后继 [即数字 1] 是所有包含这样一个成员 z 的集合 y 的集合 : 当 z 从 y 中被消除时 , 剩下的是空集——空集没有任何成员。换言之 , 零的后继是所有包含一个成员的集合的集合 , 零的后继的后继（即数字 2）是所有包含两个成员的集合的集合 , 以此类推。

关于这个过程有三点需要注意。第一 , 这**不是**一种循环。结果数字 2 是所有有两个成员的集合的集合。但是 , 我们并没有使用**有两个成员的集合**（或包含两个成员的集合）的概念来**定义**数字 2。相反 , 我们可以将数字 2 定义为 1 的后继 , 而 1 又可以被定义为零的后继。在此 , 最基本的概念——即**零**和**后继**——其自身是在没有任何算术概念的情况下得以定义的。因此 , 这里没有循环。

第二 , 你应当可以从我们的这种过程中看出 , 从直觉上讲 , 没有两个自然数 m 和 n——通过这种后继的链条所得——可以拥有相同的成员。如果 n 由所有且只由有 n 个成员的集合组成 , 而 m 由所有且只由有 m 个成员的集合组成 , 假定 m 和 n 是不同数字的话 , 那么没有一个集合可以既是 m 的成员又是 n 的成员。另一种表达这一点的方式是 , 如果根据罗素主义的定义 n 和 m 是自然数 , 并且如果它们拥有相同的成员 , 那么 n 和 m 必定是同样的数字。尽管我们在此没有给出关于这一点的证明 , 但它在形式上可以从罗素的逻辑系统公理中得到证明。我们将在随后的还原中回到这一点 , 因为它在其中一条算术公理的证明中起了作用。

关于定义个体数字的过程，你应当重视的第三样东西是：它是何其的自然。罗素在《数理哲学导论》第二章开头处谈到了这一点。

在找寻数字的定义时，第一件需要弄清楚的事情，是我们可以称之为询问的语法的东西。很多哲学家在尝试定义数字时，实际是在着手于定义杂多（plurality），而这是一种与数字非常不同的东西。**数字**是诸多数字的特征，正如**人**是诸多人的特征。而一种杂多则不是数字的一个示例，而是某个独特的数字的示例。例如，一个三人组是数字 3 的示例，而数字 3 是数字的示例；但三人组并不是数字的示例。这一点似乎是很初步的而且几乎不值得注意；但事实证明，除了少数例外，这一点对哲学家来说过于微妙了。

一个特殊的数字不与任何包含那个数字的项的合集等同：数字 3 不同于由布朗、琼斯和罗宾逊组成的三人组。数字 3 是某种为所有三人组所共有的东西，也是将它们与其他合集区别开来的东西。一个数字是某种刻画了特定合集——即那些包含那么多数目的合集——特征的东西。①

我们可以通过指出如下东西来阐明罗素的观点："是红的"这种性质与任何红色的事物都不同。相反，它是某种为所有红色的事物所共有的东西。同样，数字 3 与任何三个事物的集合都不同；相反，它是某种为所有三个事物的集合所共有的东西。我们可以说，数字 3 是这样一种属性：是包含三个成员的集合。然而，在罗素的系统中，关于性质的谈论，被关于集合的谈论所取代。因此，对他而言，数字 3 变成了这样一个集合：它包含所有具有三个成员的集合。所有三人组的共同之处是什么？成员数量是数字 3。

我们现在已准备好定义最后一个算术初始项——N——我们用其代表自然数的集合。既然已经有了零和后继，我们似乎就可以将自然数的类定义为这样一类集合：它们可以通过从零开始并有限多次地运用

① Bertrand Russell, *Introduction to Mathematical Philosophy*, 2nd edition, 1920 (London: Allen and Unwin; New York: Macmillan); reprinted in 1993 (New York: Dover), pp. 11—12.

后继的方法而得到。但是，这预设了**有限数目**（finite number）的概念作为我们的逻辑初始项，而它实际上并不是。相反，它是一个需要定义的数学概念。事实上，在被用于上述定义时，它正是我们试图定义的概念，因为，对某个自然数 n 来说，将后继使用有限多次，正是将其使用 n 次。所以我们得再想想。

假设我们进行这种尝试：

> N＝那个包含零的、在进行后继运算后是闭合的集合——也就是说，包含其每个成员的后继的集合。

初看上去，我们想称之为自然数的所有东西都会被归入这个定义。但这只是幻觉。该定义是不可接受的，因为不存在符合上述条件的**那种集合**。例如，下述每个集合都符合条件：**该集合包含零，且在进行后继运算后是闭合的。**

> Set 1{0, 0', 0'', 0''', ……}
>
> Set 2{0, 0', 0'', 0''', ……{{ 比尔 }}，所有包含比尔加上其他某物的集合，……}
>
> Set 3 {0, 0', 0'', 0''', ……{{ 比尔 }，{ 玛丽，罗恩 }}，{{ 比尔 }} 的后继和所有包含玛丽与罗恩的三元组的集合的并集，……}

有了这个结果，我们就需要某种方法来丰富被用于定义"N"的条件，以排除了 set 1 之外的集合。我们可以这样来做：

自然数的定义

> 自然数的集合＝包含零的并且在进行后继运算后是闭合的最小集合
>
> N＝↑ x [∀y ((0 ∈ y & ∀z (z ∈ y → z' ∈ y)) → x ∈ y)]
>
> （"x"和"y"取值范围为集合）

自然数的集合，是包含所有且只包含这些集合 x 的集合，x 是任何这样的集合 y 的成员：它包含零并且在进行后继运算后是闭合的。

这样，依据罗素逻辑系统中的概念，就得出了关于算术概念定义的结论。在将算术还原为逻辑中，所有仍需完成的是，表明算术公理可以在这些定义的帮助下从罗素的逻辑公理得到证明。

算术公理的证明

首先的两条公理显而易见地得自我们已经采纳的定义。

A1.　$0 \in N$
　　　0 是一个自然数。

使用"N"的定义，我们看到，这意味着零是包含零且在进行后继运算后是闭合的最小集合的成员。因此，它是一条微不足道的真理。

A2.　$\forall x \, (x \in N \rightarrow x' \in N)$
　　　任何自然数的后继仍然是自然数。

再次使用"N"的定义，我们看到，这意味着，**如果 x 是包含零且在进行后继运算后是闭合的最小集合的成员，那么 x 的后继也是这样一个集合的成员**。这仍然是微不足道的——它得自一个集合**在进行后继运算后是闭合的**意味着什么。

接下来请考虑 A3，它说零不是任何东西的后继。

A3.　$\sim \exists x \, (0 = x')$

这可以通过**归谬法**得到证明：

(i) 假设对某个 x 来说，零是 x 的后继。

(ii) 通过零的定义可知，这意味着 $\{\varnothing\}=x'$。

(iii) 通过后继的定义我们得到：对 $\{\varnothing\}$ 的任何一个成员 y 来说，都存在一个 y 的成员 z，如果将 z 从 y 中排除，那么会剩下 x 的一个成员。

(iv) 由此得出，存在一个 $\varnothing$ 的成员 z。

(v) 但这是不可能的，因为 $\varnothing$ 没有任何成员。

(vi) 因此，(i) 为假；零不是任何东西的后继。这证明了 A3。

我们现在跳转到公理模式 A5。

A5. $[F\,(0)\,\&\,\forall x\,(x \in N \to (Fx \to Fx'))\,]\to\forall x\,(x \in N \to Fx)$
在此 $F\,(0)$ 是这样做的结果：将所有代替 "F" 的式子中的 "x" 的自由出现，替换为 "0" 的出现。通俗地讲，$F(0)$ 说零 "是 F"。因此，每一个 A5 的示例都说，如果零 "是 F"，且如果无论何时当一个自然数 "是 F" 则它的后继也 "是 F"，那么所有自然数都 "是 F"。

我们将证明此方案的一个任意的示例。为了证明此示例，我们将假定其前件，并尝试证明其后件。前件说：(i) 零是 F；(ii) 无论何时，只要当一个自然数是 F，那么它的后继就也是 F。我们必须表明，如果这为真，那么其后件也必定为真——也就是说，(iii) 所有自然数都是 F，这必定为真。我们从考虑**这样一个类**开始：**它由所有且只由那些是 F 的自然数组成**。内涵公理模式 L_1 保证了存在这样一个集合。前件的两个条款 (i) 和 (ii) 告诉我们，该集合包含零，并且在进行后继运算后是闭合的。回忆一下我们对自然数的定义——那些是**每个**这样集合的成员：这种集合包含零并且在进行后继运算后是闭合的。既然我们已经看到，**那些是 F 的自然数的类**是其中一个集合，那么我们就知道，每个自然数都必定是它的一个成员。因此 (iii) 为真——每个自然数都是 F。通过这种方法，我们可以证明公理模式 A5 的任何示例。

为了完成上述那种还原，所有还需要证明的就是 A4。

A4. $\forall x \forall y [(x \in N \& y \in N \& x'=y') \rightarrow x=y]$
　　没有两个（不同的）自然数有同样的后继。

为了证明这一点，我们假定

(i) x 和 y 是自然数；
(ii) x'=y'

然后表明（iii）得自它们。

(iii) x=y

为了表明（iii）得自它们，我们会考虑两种可能性，它们最初似乎有些奇怪，但随着证明的推进就会变得清晰起来。

可能性 1
x'=y' $\neq \varnothing$（即 x'、y' 是包含成员的集合）
可能性 2
x'=y' $= \varnothing$

首先请考虑可能性 1。（a）对 x' 的（即 y' 的）任何成员 w 来说，消除它的一个成员 z 会提供给我们 x 的一个成员 s（得自后继的定义）。（b）同样，对 y' 的（即 x' 的）任何成员 w 来说，消除它的一个成员 z* 会提供给我们 y 的一个成员 s*（得自后继的定义）。（c）既然 x'（y'）是一个数字，那么 s 就是 x 和 y 的一个成员，s* 也是如此。（得自如下事实：当 n' 是一个数字时，无论 n' 的成员 w 的哪个成员被消除；得到的结果总是 n 的一个成员。因此，无论 x'（即 y'）的成员的哪个成员（z 或 z*）被消除，最后得到的集合一定既是 x 的成员又是 y 的成员）①。（d）② 因此，x 和 y 是拥有同样成员的数字。从我们对数字的构造中可以看出，这担保了 x=y。③ 假设我们可以排除可能性 2，以上足以证明 A4。

现在是时候转向那种可能性了。∅ 如何可能是任何东西的后继？好吧，设想只有 10 个存在的对象可以被用于对数字的构造。根据罗素的定义，10= 所有有 10 个成员的集合的集合。现在请考虑 10 的后继。根据定义，它是所有那种集合 y 的集合：y 包含一个成员 z，当 z 从 y 中被消除时，会留下一个有 10 个成员的集合。换言之，10'= 所有有 11 个成员的集合。但如果在宇宙中只有 10 个事物被用于构造数字，那么就不会存在有 11 个成员的集合。在那种情况下，所有有 11 个成员的集合的集合就会是空集∅。万一这样，10 的后继 10' 就会是空集∅。

接下来请考虑 10' 的后继——即 10''。根据定义，它是所有那种集合 y 的集合：y 包含一个成员 z，当 z 从 y 中被消除时，留下的东西会是∅的一个成员。既然∅没有成员，也就没有这样的 y：将它的一个成员消除后，留下的东西会是∅的一个成员。因此，在我们所考虑的这个离奇的场景中，10''= ∅。这意味着我们得出 10'= ∅ =11'（即 10''）。但 10 ≠ 11，因为 11= ∅，而 10= 所有有 10 个成员的集合的

---

① 这个论点稍微有些棘手。当被用于一个**任意的**集合 x 时，后继的定义并**没有说**，无论 x' 的成员 w 的哪个成员 z 被从 w 中消除，人们得到的总会是 x 的一个成员。它只说，对 x' 的每个成员 w 来说，都至少存在一个要素 z，它可以被从 w 中移除而留下的仍是 x 的一个成员。因此，如果我们将后继的定义用于**任意的**集合 x' 和 y'，而 x'=y'，那么该定义会排除如下可能性：（i）将一个特定的 z 从 x'（y'）的成员 w 中消除，可能提供给我们一个属于 x 但不属于 y 的成员；（ii）将一个不同的 z* 从 w 中消除，可能会提供给我们一个属于 y 但不属于 x 的成员。当 x'（也即 y'）是一个自然数时，这种可能性**被**排除了，就像在 A4 中所假定的那样。尽管从直觉上很容易看出这点，但在一种充分严格和形式化的证明中，我们还需要证明这一点。尽管这是可能的，但我们在此不会深究其细节。

② 译者注：原作中编号误为（iv）。

③ 尽管这是可以在形式上加以证明的，但我们仍然不会深究其细节。

集合，而根据假定这并不是空集。但这会符合 A4——因为我们会得出 x'=y'，而不是 x=y。因此，如果宇宙中只有十个对象——或它确实只有有限多个对象——被用于构造罗素主义的数字，那么 A4 就会为假。

正是避免这种结果的需求，促使罗素设定了无穷公理，一条初看上去有些奇怪的式子

$$L_3. \quad \emptyset \notin N$$

作为他逻辑系统的一项公设。请注意，在罗素系统的语境中，这条公理有如下作用：担保无限多对象的存在，而无需使用**有限多**或**无限多**这样的概念作为初始项。有了 L_3 在恰当的地方起作用，可能性 2 就被刻画为是不可能的，而 A4 就可以从逻辑系统中得到证明。还原便这样完成了。

罗素悖论和类型理论

看过罗素如何将算术还原为逻辑后，我们现在已经准备好仔细查看他逻辑系统中两条特殊的公理——不受限制的内涵公理模式（the unrestricted axiom schema of comprehension）

$$\exists y \forall x \, (Fx \leftrightarrow x \in y)$$

和无穷公理

$$\emptyset \notin N$$

在无穷公理的情况下，人们可能怀疑，关于有多少对象存在的问题，实际上仅仅是一件关于逻辑的事情，而因此人们可能怀疑，无穷公理应当被当作一条真正的**逻辑**公理。罗素考虑过这些，并至少在最

初相信这种忧虑可以被摒除。例如，如果集合被当作对象，那么人们似乎可以将它们不受限定地制造出来——∅，{∅}，{{∅}}，等等。这似乎并不困扰人们去设想存在无限多的事物，如果这样的纯粹集合被算作事物的话。或者，为了该论证，让我们设想只存在有限多的具体的殊体。假定 n 是这种殊体的数量。那么就存在 2n 个这种殊体的集合，2 到 2n 个这种集合的集合，等等。继续这个不受限定的过程，并将所有这些放在一个单独的集合里，我们显然会得到一个无限的集合。再说一次，如果该集合的所有成员都被算作对象，那么无穷公理似乎就不再是问题了。

尽管罗素最初相信这些论证，但除了其他方面外，他很快发现一个严重的问题，这阻止人们说服自己去相信：无穷公理不足为虑。[①]这个问题就是罗素悖论，而他解决此问题的方法就是**类型理论**。该悖论产生自不受限制的内涵公理模式。

$$\exists y \forall x \ (Fx \leftrightarrow x \in y)$$

此公理模式的示例，产生自将 *Fx* 替换为逻辑语言中任何只包含自由变量 "x" 的式子。问题是，无论代替 *Fx* 的式子究竟是什么，都必定存在这样一个集合：它包含所有且只包含那些符合该式子的事物——"是 F" 的事物的集合。在有些情况下，这可能是一个空集。但这也没问题；空集也是一个集合。

但是，假设我们将 *Fx* 替换为式子

$$\sim x \in x$$

这样做我们会得到作为罗素逻辑系统公理的（1）。

---

① 参阅 *Introduction to Mathematical philosophy* 第 13 章，pp.134—143。

1. $\exists y \forall x\ (\sim x \in x \leftrightarrow x \in y)$

   存在一个包含所有且只包含那些不是其自身成员的事物的集合。让我们引入一个新的符号"$\underline{y}$"作为这种假定集合的名称。有了"$\underline{y}$"的这种定义，如果（1）为真，则（2）一定为真。

2. $\forall x\ (\sim x \in x \leftrightarrow x \in \underline{y})$

   所有事物都是这样：它是 $\underline{y}$ 的一个成员，当且仅当它不是自身的一个成员。

但现在，既然所有事物包含**每个**单独的事物，那么（2）做出的主张必须包含 $\underline{y}$ 自身。因此，如果（2）为真则（3）必定为真。

3. $(\sim \underline{y} \in \underline{y} \leftrightarrow \underline{y} \in \underline{y})$

   $\underline{y}$ 是其自身的一个成员，当且仅当它不是自身的一个成员。

但（3）是一条矛盾式，并因此不可能为真。既然（3）是（1）的一项逻辑后承，而（1）又是内涵公理模式的一个示例，这意味着，罗素的逻辑系统是自相矛盾的。这就是罗素悖论。

该悖论的存在，要求罗素修正自己的系统，以使得它不会再产生出这条矛盾。这样的修正，从关于此问题是如何产生的的诊断发展而来。该问题产生自内涵公理模式的两个方面：（i）将方案中的 Fx 替换为逻辑语言中**任何式子**的能力，以及（ii）将全称量词 $\forall x$ 解释成可以取值为**任何事物**。既然公理模式的这两个方面结合在一起产生了矛盾的结果，那么要避免这种结果，就要求改变二者中的一个或两个。罗素的类型理论就是一种同时改变两个方面的方法。

现在我将给出此理论一种非常概要和简单的概述。我们从一种关于宇宙的等级观开始。在原初最基本的层次上，我们有个体——即各种具体的殊体——包括人、物理对象等等。在下一个层次上，我们有所有可以通过使用之前层次上的个体作为其成员而形成的集合。在接下来的层次上，这个过程被重复，我们以此得到那些以个体的集合作为其成员的集合。这套等级会继续下去，每个层次都被一个囊括了之前层次上事物的所有集合的层次所跟随。（你可能注意到，根据这种做法，我们从未得到这样的集合：其成员来自不同的层次——这是一条可以被超越的限制。但是，既然我们在对数字的构造中从不需要这样的集合，我们将继续遵循这种简单的方案。）

与这种等级宇宙相应的，是一种有等级的逻辑语言。这种语言，是我们原初的逻辑语言加上如下两条修订。（i）变量和名称在被写上下标时，表示它们所命名的事物的层次，或它们的取值范围是哪个层次上的事物。比如，我们有 x_i，x_{ii}，x_{iii}，……，在名称的情况下也是如此。（ii）这些下标被用于限制哪些式子是有意义的而哪些没有。我们对这种限制的旨趣，可以通过式子 $x_n \in y_{ni}$ 和 $x_n = y_n$ 加以阐明。[①] 在包含二元谓词 $\in$ 的原子式的情况下，该限制要求，出现在谓词右侧的单称词项，被指示为在直接出现在如下层次之上的那个层次上，即出现在谓词左侧的单称词项被指示为所在的那个层次。而在包含同一性谓词"="的原子式的情况下，在谓词两侧的单称词项要求被指示为在同一层次上。违反了这些限制的式子——例如 $x_n \in y_n$ 和 $x_{ni} = y_n$，都被声称是无意义的。

增加这些限制的原因是，它们允许我们以一种阻止上述矛盾的方式，重述内涵公理模式。

$$\exists y_{ni} \forall x_n \left(Fx_n \leftrightarrow x_n \in y_{ni} \right)$$

其示例得自：将 Fx_n 替换为任何在 n 层次上的式子，而式子中唯一自由出现的变量是 x_n。（一个在 n 层次上的式子，是一个包含 n 层次下标，而不包含其他更高层次下标词项的式子。）

从直觉上说，这条公理模式告诉我们，对所陈述的任何情况——该情况是关于任意层次 n 上的事物——而言，在随后一个层次上都存在这

① 我用 x_n 作为 x 拥有 n 个下标"i"的方便的缩写。

样一个集合：它包含所有且只包含那些在层次 n 上符合此条件的事物。请注意，式子 $\sim x \in x$ 和 $\sim x_n \in x_n$ **不能**被用来替换 Fx_n，而应被当作是无意义的。式子 $\sim x_n \in y_{ni}$ 也不能用来替换 Fx_n。尽管这个式子是有意义的，但它却不是一个在层次 n 上的式子，而且除此之外，它包含的自由变量不止 x_n。因此，它不能被替换进此方案中以得到一个示例。为了得到那样一个示例，人们必须使用一个陈述关于一个层次或类型上，且无关更高层次上事物的情况的式子。另外，无论我们用层次 n 上的哪个式子代替 Fx_n，都不会获得如下这样的示例：在其中，任何在接下来一个层次上的集合，会进入到量词的值域范围内。

如果我们拥有了此方案的一个真正的示例，那么它就断言了，在 n 之上那个层次上有一个这样集合存在：它包括所有且只包括那些在层次 n 上满足某特定条件的事物。让我们将这个集合称为 $\underline{y_{ni}}$。有了任何一个这样的示例，我们都知道了具有如下形式的事情

$$\forall\, x_n \ (Fx_n \leftrightarrow x_n \in \underline{y_{ni}})$$

为真。当我们去除全称量词，并将变量 xn 的出现替换为层次 n 上任意对象的名称，进而得出结论时，我们就被禁止在接下来的层次上使用任何对象的名称；因而我们不能选择 $\underline{y_{ni}}$。所以，最初得自不受限制的内涵公理模式的那种矛盾，无法在新的逻辑类型系统中被推导出来。这是新系统的一个重要长处。

该系统的另外一项值得一提之处是，它具有一定程度上的自然性。有人可能认为，当我们想到一个集合时，我们首先想到它的成员，然后把这个集合当作一种这些成员在一起的聚集物。在某种意义上，这些成员好像在概念上先于集合。如果我们真的是这样思考集合的话，那么说一个集合可以是其自身的一个成员就是荒诞的。而如果这是荒诞的，那么人们会把它当作是无意义的，这也就无可厚非了。

当然，以上是对罗素类型理论一种非常简单和概要的导论，而这种理论自身是一个极为复杂的主题。幸运的是，我们可以忽略大部分

的复杂之处。为了我们的目的，有三个基本点需要强调。第一点涉及语言和实在间被假定的平行关系。就像一个集合不可能是其自身的一个成员一样，罗素认为，说一个集合是其自身的成员不仅是错误的，而且是**无意义的**。正如等级中一个层次上的某个成分不可能与另一个层次上的成分相等同一样，说一个层次上的某物与另一个层次上的某物等同或不等同，在罗素看来也是**无意义的**。你既可以把这一点看作是世界结构对语言中什么是有意义的所加的限制，也可以看作语言中可能的意义的范围对我们关于世界的观念的限制。或许，将世界或语言中的任何一方置于在先的地位，都是误导人的。根据罗素的看法，最准确的说法可能仅仅是，存在那种平行关系，而试图说出任何更多的关于什么应当对此负责的内容，都是竹篮打水一场空。如我们随后将看到的那样，关于语言和世界间存在一种重要的平行关系的想法，在罗素和维特根斯坦随后的著作中、在他们的逻辑原子主义系统中，得到了进一步的发展和清晰的表达。

关于类型理论需要注意的第二点是，它是何其地具有限制性。在对其所做的非正式的呈现中，我曾数次说过或试图说这样的事：**没有一个层次上的成分与任何其他层次上的成分相等同，以及没有集合是其自身的一个成员**，还有一个集合不可能是其自身的一个成员。但如果类型理论是正确的，那么所有这些陈述都是无意义的。说没有集合与它的任何成员相等同，这似乎**为真**。但是，如果罗素的类型理论为真，那么我们不可能有意义地说出这点。一般而言，当解释类型理论时，人们发现，实际上自己会不可抗拒地去说如下这样的事：一旦人们拥有了类型理论，这些事就都被声称是无意义的。

对这种纷扰的一种回应可能是，主张类型理论中采用的下标系统以某种方式**表达**或**显示**了，当人们说出语词**没有集合与其任何成员相等**的同时所白费力气地试图**说出**或**断言**的东西。这种下标系统显示出这些，仅仅因为形成"="的规则要求等同的下标，而形成"$\in$"的规则却禁止那样的下标。如我们将会看到的那样，关于一个符号系统可能显示某种不能被有意义地说出的东西的想法，实际上是随后将被采用的另一种想法——特别是被维特根斯坦所采用（尽管与类型理论无关）。

关于类型理论需要注意的第三点，也是本章最重要的任务是，它如何影响将算术还原为逻辑。如果将这种理论置于合适的地位，那么这种还原就在此等级中的四个层次上得出。尽管任何四个随后的层次都可以参与这种还原，但最直观的还是最初的那四个层次。

将算术还原为逻辑所涉及的逻辑类型

类型 i（具体的）个体

类型 ii 个体的集合

类型 iii 个体集合的集合（数字在这个层次上。）

类型 iv（个体集合的集合）的集合（自然数的集合出现在这里。）

关于零、后继和自然数的定义现在可以被这样重述：

零的定义

$$0_{iii} = \{ \varnothing_{ii} \}$$

零是 iii-层次上的集合，其唯一成员是 ii-层次上没有成员的集合。

后继的定义

一个 iii-层次上的集合 x_{iii} 的后继，是所有 ii-层次上包含一个个体 z_i——当 z_i 从 y_{ii} 中被消除时，留下的东西仍然是 x_{iii} 中的一个成员——的诸集合 y_{ii} 的集合。

$$x_{iii}' = \uparrow y_{ii}[\exists z_i \ (z_i \in y_{ii} \& [y_{ii} \cap \mathrm{Comp} \ (\{z_i\}) \in x_{iii}])]$$

一个 iii-集合 x_{iii} 的后继 = 所有 ii-集合 y_{ii} 的集合，其中 y_{ii} 包含那样一个个体 z_i，而 y_{ii} 与 ii-层次上只包含一个对象 z_i 的集合的补集——即与 ii-层次包含除 z_i 之外每个个体的集合——的交集是 x_{iii} 的一个成员。

自然数的定义

自然数的集合 =iiii- 层次上包含零（即 iii- 层次上其唯一成员是 ii- 层次上空集的集合）的最小的集合，且此集合在进行后继运算后是闭合的。

$$N_{iiii} = \uparrow x_{iii}[\forall y_{iiii} \ ((0_{iii} \in y_{iiii} \ \& \ \forall z_{iii} \ (z_{iii} \in y_{iiii} \rightarrow z_{iii}{}' \in y_{iiii})) \rightarrow x_{iii} \in y_{iiii}) \ ]^{①}$$

自然数的集合是 iiii- 层次上的集合，它包含所有且只包含那些 iii- 层次上的集合：这些集合是每个 iiii- 层次上集合——这种集合包含 iii- 层次上的集合零，并且在进行后继运算后是闭合的——的成员。

出于这种考虑，让我们重访一下无穷公理在证明算术系统中的 A4 时所起的作用。A4 陈述说，没有两个不同的自然数拥有相同的后继。为了证明这一点，我们需要假定 iii- 层次上没有成员的集合不是任何自然数的后继。现在被陈述为如下样子的无穷公理担保了这一点：

$$\sim (\varnothing_{iii} \in N_{iiii})$$

设定这一点，就是假定总是会存在足够多的 i- 层次上的事物——即具体殊体——以制造 ii- 层次上任何具有有限大小的集合。因为否则的话就意味着，如果在 i 层次上只存在 10 个个体，那么数字 10 就会成为 iii- 层次上这样的一个集合：其唯一成员是 ii- 层次上包含所有 10 个 i- 层次上个体的集合。如果将后继的定义用在这里，我们会发现，没有一个 ii- 层次上的集合包含这样一个个体：当你把它移除时，还剩下一个包含所有 10 个 i- 层次上个体的集合。这将意味着，10 的后继是 iii- 层次上的空集。无穷公理排除了这一点。以类似的方式，它排除了如下可能性：我们会耗尽被用于构造数字的 i- 层次个体。因此，在假定无穷公理的时候，我们就假定了无穷多个具体殊体的存在——即无穷多个**不是**集合的事物的存在。

---

① 译者注：原作中 "N_{iiii}" 误为 "N_{iii}"。

如果在等级中上升得更高，并在更高的层次上将算术还原为逻辑，是不是对我们更有帮助呢？并非如此。如果只有有限多个 i- 层次个体，那么将只会存在有限多个 ii- 层次的个体的集合，只存在有限多个 iii-层次的 ii- 层次上集合的集合，对等级中每个层次来说都是如此。既然我们在罗素主义的还原中总是会需要一条无穷公理，那么我们就总是需要假定有无穷多个非集合的东西。这条假定合理吗？好吧，或许合理。也许材料和 / 或空间的区域是无限可分的，因此提供了无穷多的非集合的东西。但是，情况究竟是否如此，还完全不清楚。当然，很难看出无限多这样东西的存在，如何可以成为某种仅仅关于逻辑的事情。

我要说，有各种方法将算术还原为关于如下集合的断言：它们不要求针对具体个体——或一般而言，针对非集合的东西——的无穷公理。但是，这些进行还原的方法时常会摒除掉罗素的类型理论，并用这种办法——完全放弃内涵公理模式、代之以一些非常不同的公理——来处理罗素悖论。当你用其中一种方法来做事情时，仍然可以将算术还原为你自己的集合论系统。但这些集合论系统，似乎更像是将数学理论从它们自己的主题中分离出来，而非从纯粹的逻辑系统中分离出来。

这清楚地表明，罗素将算术还原为逻辑的一种方法是不成功的。人们可以将算术还原为集合论的形式化系统，如罗素所说的那样，这个系统可能在某种意义上是更为基本的。但是，人们似乎**不能**将算术还原为任何配得上**纯粹逻辑**这个名称的东西。如果这是正确的，那么最初将数学还原为逻辑的宏大哲学计划，就必须被认为是失败的。

盖棺以定论，决定成败的最后的致命一击，在《数学原理》之后二十年，以库尔特·哥德尔关于算术不完全性证明的形式出现。概言之，哥德尔证明了：任何一致的一阶算数理论（像我们在讨论罗素的还原中所利用的那个理论）必定会留下一些不可证的算术真理。充其量，任何形式化的算术理论——它允许从一个算术公理的定集合证明算术定理——都将会有这样的结果，即任何可证的定理都为真；但是，任何系统都不可能证明所有且只证明这些算术真理。简言之，算术真理自身不能被完全形式化。既然哥德尔的结论暗含说，没有一种公理的集合足以得出所有且只得出这些算术真理，那么毋庸置疑，它表明没有一种逻辑公理的集合——无论纯粹与否——可以做到这点。

逻辑主义的哲学重要性

　　检验了罗素将算术还原为自己逻辑系统的工作后，让我们转向与这种逻辑主义工程相关联的哲学动机。罗素的技术成就在怎样的程度上没有辜负这些动机？回忆一下，经典逻辑主义者的动机之一是，用逻辑来**辩护**算术，并由此辩护所有经典数学。一个相关联的动机是，**解释**关于数学的先天知识是如何可能的。经典逻辑主义者通过如下方法将这些捆绑在一起：将从数学到算术，再从算术到逻辑的双重还原，视作表明了这样一点，即经典数学的所有结论都是分析的。

　　这种立场的一种清晰的表述，由卡尔·亨佩尔（Carl Hempel）在写于 1945 年的《论数学真理的本质》（On the Nature of Mathematical Truth）① 中给出。谈及辩护的问题，亨佩尔写到：

> 　　如果因此数学应当是在数学概念所意图的意义上的、关于数学概念的正确理论，那么它的确证就不足以充分地表明，整个系统可以从皮亚诺公理（Peano postulates）[即在罗素的还原中被使用的形式化的算术系统] 加上适当的定义得出；**相反，我们需要进一步询问**，当这些前提在它们的通常意义上被理解时，**皮亚诺公理实际上是否为真**。当然，只有在词项"0""自然数"和"后继"的通常意义被清晰地定义之后，这个问题才能得到回答。②

---

　　① Carl Hempel, "On the Nature of Mathematical Truth", *American Mathematical Monthly* 52（1945）：543—556；reprinted in *The Philosophy of Mathematics*, Benacerraf and Putnam, eds.。引文出自后者。

　　② 同上，第 374 页，着重号为本书作者所加。

在这段话中亨佩尔指出，他认为，辩护或确证数学公理的问题，要求定义出现在它们中的算术初始项。在说了这些之后，他立即转向逻辑主义——实际上就是罗素主义——的定义，他认为，这些定义给出了词项"0""自然数"和"后继"的"通常意义"，他还强调了如下事实：使用这些定义加上罗素逻辑系统中的公设，人们可以**证明**这些算术公理为真。[①] 在亨佩尔看来，这解决了辩护问题。

在概括经典逻辑主义的立场时，他说道：

> 数学是逻辑的一个分支。在如下意义上，它可以从逻辑中得出：
>
> a．所有的数学概念，即所有的算术、代数和分析概念，都可以依据四个纯粹的逻辑概念加以定义。
>
> b．所有数学公理都可以通过逻辑原则从那些定义中推导出来（包括无穷公理和选择公理）。
>
> 在此意义上可以说，这里所界定的数学系统中的命题，由于所涉及的数学概念的定义而为真；或者，这些命题澄清了我们通过定义而赐予算术概念的特征。**因此，数学命题具有同样无可置疑的确定性，这种确定性是"所有单身汉都是未婚的"这样命题的特征，**但它们同样完全缺失与那种确定性相关联的经验内容：数学命题缺乏所有的实际内容；它们没有传递任何关于经验性主题的信息。[②]

不仅数学命题应当具有"无可置疑的确定性"这种属性——因为它们是分析的——而且关于它们如何可以被先天知道为真的解释，也应当在本质上与关于我们如何可以知道琐事**所有单身汉都是未婚的**为真的解释相同。我们可以知道它们为真，因为它们由于意义而为真，而且我们可以知道它们的意义是什么。简言之，根据经典逻辑主义者

---

①　在《论数学真正的本质》第375页的脚注9中，亨普尔暗示说，关于上述相关词项的"通常意义"，他所想到的是所谓"'意义（meaning）'的逻辑含义（sense）"，而非"心理学含义"。这个区分所产生的问题，只被亨普尔简要地概述，我们将在随后对此加以讨论。

②　《论数学真正的本质》第378页，着重号为本书作者所加。

的看法，传统数学的真理是分析的，因为逻辑主义还原已经表明了它们在本质上是逻辑真理，而逻辑真理自身是分析的或由于意义而为真。

值得注意的是，罗素自己并未完全或明确地接受这幅图景。最初，他似乎确实认为，逻辑主义还原要潜在地回应对算术公理进行辩护的要求。但是，他很早便开始认识到该观点的一个重要问题。在算术公理的情况下，在前理论的意义上讲，我们对算术公理比对任何被称作逻辑系统的公理都更为确定，而算术公理可能被还原为那种逻辑系统的公理。例如，似乎很清楚的是，罗素关于内涵和无穷的公理——如同被他的逻辑类型理论所修订的那样——与逻辑主义者用它们所得出的算术公理系统相比，引起了多得多的问题，而且受到更大程度上的合理怀疑。我们可以通过如下说法来表明这一点：罗素的逻辑公理自身，比算术公理——他将这些算术公理还原为逻辑公理——更需要辩护。既然如此，如果从一开始就真的存在对算术公理的辩护问题，那么它**并没有**通过将算术公理还原为一个更有问题的公理系统——无论人们是否将**逻辑**这个词与该系统联系起来——而得以解决。

确实，罗素开始相信，为他的逻辑前提进行辩护的一个实质性部分在于如下事实，即它们可以被用于得出从本质上说更自明的算术公理。① 在一个特定的范围内，他开始把辩护的方向看作是反转过来的了。他还认为，这种还原在理论上是重要的，这有如下三条理由。第一，这表明，算术公理，以及借助于它们的经典数学的其他定理，可以从一个逻辑系统中得出，这说明我们关于数学知识的体系是如何被组织起来的，以及该体系的不同部分间是如何彼此相关的。第二，这表明，遵循基础性的逻辑和集合论原则的日常算术，可以导致对数学知识有用的扩展和统合，比如将关于自然数的算术扩展为超限算术理论（the theory of transfinite arithmetic）。第三，罗素主张，通过阐明数学的逻辑本质，人们可以清楚地了解这样的哲学问题：数学知识等于

---

① 参阅 "The Regressive Method of Discovering the Premises of Mathematics", 1905, in Bertrand Russell, *Essays in Analysis*, Douglas Lackey, ed.（New York : George Braziller, 1973）。

什么，以及它如何被获得。①

关于最后一点，我并不完全确定他想的是什么。然而，在指出了逻辑主义并**没有**解决辩护算术的问题后，我们还有这样的任务，即评价逻辑主义在解释我们的数学知识是如何可能问题上的贡献。让我们暂时将数学真理是否被辩护的问题搁置。同样搁置任何关于我们是否知道它们为真的问题。它们当然得到了辩护，而且我们当然知道它们为真。不管怎样，我们知道非常多的算术真理。此外，我们似乎不是通过观察和经验，而是先天地知道它们。亟待解决的问题是，将算术还原为逻辑的逻辑主义还原，是否提供了关于那些我们先天地知道为真的算术陈述的分析，这种分析揭示了上述知识是如何可能的。

这与摩尔对极端怀疑论的回应有一种相似之处。面临怀疑论的挑战，摩尔当然会坚称，我们知道在自己心灵之外存在着事物。这无需进一步的辩护。哲学分析的基本任务是，清楚地说出一种关于知识的观念，以及当人们知道某个外部对象存在时清楚地说出一种关于我们知道什么的观念，该观念会允许我们解释自己如何知道那些最显而易见地知道的东西。我们现在所探寻的、关于数学先天知识内容的问题，类似于摩尔所问的关于外部世界知识内容的问题。

逻辑主义还原是否提供了一种对我们先天知道为真的算术断言内容的分析——这种分析解释了那种知识是如何可能的？在尝试回答这个问题时，为了进行论证，让我们假定一种可能看上去有问题的论点。让我们假定，我们先天地知道罗素逻辑系统的基本原则，而那种知识自身是很容易得到解释的。有了这些，我们知道，如果算术句子真的与逻辑句子——罗素在进行还原时将算术句子翻译为这些逻辑句子——意味相同的事情，那么我们获得这种知识——关于被那些算术句子表达的命题为真的知识——的能力就很容得到解释。

但算术句子与逻辑句子——罗素将算术句子翻译成这些逻辑句子——真的表达同样的命题吗？这看上去似乎是个奇怪的问题。难道罗素不是仅仅依据逻辑概念来**定义**算术概念吗？没错，他是这样做的。

① Ibid., pp. 282—283.

但如此一来，根据这些定义，算术句子难道不是显然必定与逻辑句子表达同样的命题吗？好吧，既是又不是。

是的，如果你喜欢的话，可以简单地**规定**，你通过各种数学符号想意指的东西，就是由它们在罗素主义逻辑系统中的逻辑译文所表达的东西。如果你做出这种规定，那么对你来说，算术句子就会表达与逻辑句子相同的命题。但是，假设我们来问另一个问题。在罗素想出他的还原之前，算术句子表达了怎样的命题？在罗素之前，数学家、哲学家和普通人都熟悉算术。他们使用算术句子，并进行算术运算。想必他们所使用的算术句子有意义，并表达了很多人知道为真的命题。即使在罗素的发现之后，很多人也从未听说过他或任何其他人将算术还原为逻辑的尝试。尽管如此，这些人还是知道大量的算术。那么，当他们知道"（3 乘以 3）加上（4 乘以 4）＝（5 乘以 5）"时，他们知道的是什么？他们所知道的命题，与极其复杂的逻辑句子——罗素会把那个简单的算术句子翻译成这个逻辑句子——所表达的命题一样吗？

有两种指向否定结论的论证。（ⅰ）罗素的命题过于复杂和陌生，以至于无法将关于它的知识，归属给所有我们这些通常知道"（3 乘以 3）加上（4 乘以 4）＝（5 乘以 5）"的人。很多知道一条算术真理的人，并不理解对它的罗素主义的翻译，即使人们把这解释给他听。这使得如下说法变得令人难以置信：他们已经知道的东西，一向就是那种需要罗素（或弗雷格）那样的天才去发现的东西。（ⅱ）在罗素完成他的还原后，显然有多种不同方法来获得差不多同样的结果。人们不需要把零当作只有一个空集作为成员的集合，也无需将后继完全定义为罗素所定义的样子。有各种在实质上的不同方法，依据逻辑或集合论的概念来定义算术概念。有了两种这样的方法，就有两种实质上不同的方法来翻译像（3 乘以 3）加上（4 乘以 4）＝（5 乘以 5）这样的算术句子。当澄清细节后，这两种可替换的逻辑翻译就很可能表达了不同的命题。因此，它们不可能都表达了（3 乘以 3）加上（4 乘以 4）＝（5 乘以 5）这个命题。但与其中一方相比，似乎并没有更多理由说，另一方表达了上述命题。相反，最合理的说法可能是，二者都没有表达与算术句子完全一样的命题，尽管二者分别都在某种意义上表达了与那个命题相等价的命题。

但是，如果我们这样说，那么就必定面临一种困难。设想某个前罗素主义的数学家，或某个聪明的四年级生，或某个这样的人：他没有听说过罗素或将算术还原为逻辑，但却知道（3乘以3）加上（4乘以4）＝（5乘以5）。如果这个人所知道的那个命题，与罗素还原中相应的逻辑命题并不完全是同一个命题，那么罗素的命题如何可以被说成是对（3乘以3）加上（4乘以4）＝（5乘以5）这个命题的**分析**？进一步说，也是最关键的地方是，一种关于罗素的命题如何是先天可知的解释，如何可以提供任何一种关于普通人的命题——（3乘以3）加上（4乘以4）＝（5乘以5）——是如何被先天知道或先天可知的解释？如果它们不是同样的命题，那么对其中一方如何被或可以被知道的解释，似乎就与另一方如何被或可以被知道的解释非常不同。

我们在此面对的问题是反复出现的问题（recurring problem）的一个示例，是一种悖论，当哲学家试图通过提供一种令人惊奇和意义深远的、关于在陈述此问题时涉及的诸多概念的分析，来解决真正实质性的哲学问题时，该问题可能会突然出现。人们从某些关于特定常识命题——比如**我知道存在物理对象，我知道我有一只手，或我知道（3乘以3）加上（4乘以4）＝（5乘以5）**这样的命题——的在哲学上令人困扰的问题出发。人们可能像摩尔和罗素那样感觉到，自己确实真的知道这些事情。但作为一个哲学家，人们想理解这种知识是如何可能的。在物理对象陈述的情形下，人们可能想知道，关于自己感觉——这些感觉构成自己的基本材料——的知识如何可能引起关于物理对象的知识——这种知识远远超出了自己的感觉材料。在数学的情形下，人们可能想知道，自己如何可以拥有关于数学命题的**先天**知识——这种知识独立于经验。

摩尔和罗素所追求的方法，是将人们所知的常识命题，分析为它们应当具有的更基本的成分，由此达到在哲学上引起更少困惑的结论。

但这恰恰是出问题的地方。如果人们想出一种强到足以回答那些唤起人们询问的最初的哲学问题的分析，那么这种分析似乎复杂和遥远到足够从我们对被分析句子的日常理解中被移除的程度，这样一来，对如下主张的辩护会变得很困难：人们正在做的，就是按照那些句子一直以来被理解的样子来揭示这些句子的内容。另一方面，如果人们的分析紧跟着人们日常的、前哲学的理解，那么这似乎并没有造就任何在本质上足以解决人们最初哲学忧虑的东西。简言之，要么是，人们的分析不会超出自己正在分析的东西，在这种情况下这些忧虑不会消除；要么是，人们的分析将表明，他们可以怎样来解决自己的哲学忧虑，但这只是通过将那种忧虑**替换**为自己正在分析的新的忧虑。

一般来说，摩尔－罗素分析方法的拥趸们，追随着处理上述问题的两种策略中的一种。策略一涉及对这样论证的尝试，即复杂的、在哲学上有启示性的分析确实给出了如下命题的内容：这些命题一直以来被常识句子表达并为普通人所知——尽管这种分析不为人熟知。某个采取了这种策略的人，以及某个将罗素还原视作提供了一种对算术表达式的真正分析的人，他会坚称，任何知道（3乘以3）加上（4乘以4）=（5乘以5）的人，都已经知道在罗素还原中与这个句子联系在一起的那个命题。根据这种观点，解释关于罗素主义命题的知识是如何可能的，**就是**解释关于日常算数真理的知识是如何可能的。

策略二是论证，**严格来说**，普通人不知道，而且从来不知道（3乘以3）加上（4乘以4）=（5乘以5）——而我们现在根据罗素的还原而开始理解这个命题。无可否认，普通人含混和不严密地触及到——或接近——某个可知的，而且实际上是先天可知的东西——即罗素的命题。但是，既然普通人并没有想到那个命题，那么严格来说，我们不能说他或她知道任何先天的东西。这种看待事物方法的支持者们，有时会将他们的分析作为**阐释**而提及。这种阐释的要点是，提供在哲学上没有争议的的概念，来**取代**潜在的、有问题的日常概念。在罗素还原的情况下，一个遵循此策略的人会指出，任何可以通过在日常意义上使用数字而完成的理智上的任务，原则上说都可以通过使用罗素的集合论构造来完成；人们不是既需要集合**也**需要数字。因此，我们通过放弃旧意义上的数字并代之以集合，来简化我们关于共相的概念——由此希望在哲学上获得某种东西。

通常来讲，摩尔－罗素分析方法的拥趸们并不真正清楚地知道，如果要做出一个选择的话，他们希望采取哪种选择。他们知道有一种**分析悖论**（paradox of analysis），而且他们感到，一定可以对之给出某种解答。但是，他们似乎经常不完全确定这种解答是什么。然而，他们并没有让自己在这一点上的不确定性延缓自己对分析的找寻，或破坏自己对如下事情的信心：这种分析的过程会以某种方式，提供针对他们哲学问题的答案。

第七章

逻辑构造和外部世界

本章概要

1. 逻辑构造
A's 得自 B's 的逻辑构造是什么意思

2. 物理对象和感觉材料
罗素关于物理对象得自感觉材料的逻辑构造的论证；对该论证的批评

3. 关于他人之心的知识所提出的问题
这种知识何以破坏了罗素的观点，即物理对象得自感觉材料的逻辑构造

逻辑构造

在我们关于罗素的讨论中，到目前为止已经考察了关于逻辑和语言分析的两种非常不同的例子——摹状词理论和将算术还原为逻辑。这二者主要的动机都是一种哲学上的考虑。摹状词理论使得罗素可以从自己之前对假定真实却并不存在的对象——比如圣诞老人和圆的方——的承诺中摆脱出来。将算术还原为逻辑则被看作是表明了如下事情：在集合之外，人们不需要设定任何柏拉图式的数学对象，以及我们的数学知识是如何可以被辩护和解释的。

罗素的想法是，将哲学作为逻辑和语言分析，而这种想法的下一

步发展，涉及将他的方法用于摩尔关于外部世界的问题。在摩尔看来，我们知道存在物理对象，而这种知识所依赖的证据得自感知。但是摩尔发现，在这种证据和从中得出的知识之间存在着断裂。在可以被不同的人感知的意义上，我们所了解的物理对象是公共性的，在不被感知时可能仍然存在的意义上，它们是独立于我们的。而另一方面，摩尔认为，我们的感觉印象在概念上对我们而言是私人性的，而且只有在被感知时才存在。问题就在于解释怎样来填补这种断裂。

在《我们关于外部世界的知识》①中，罗素对这种工作提出了建议。他的主要想法可以被概括为这条口号：**物理对象是感觉材料的逻辑构造**。尽管这听上去像是一条关于物理对象如何被构造或构成的原则，但实则不然。相反，这是一条关于某种特定句子意义的语言原则。根据这条原则，那些好像是关于物理对象的句子实际上是关于感觉材料的，而且除此之外与其他东西都无关。

在我们尝试阐明其中的意义前，最好先来看一些罗素心中所想的、关于这类分析的更为简单的典型情况。其中最简单的情形是关于"平均孩子"（the average child）的陈述。例如，请考虑句子（1）。

1. 平均 6 到 18 岁的孩子有 4.7 个龋洞（The average child between the ages of 6 and 18 has had 4.7cavities.）。②

请只看该句子的语法结构，它似乎是关于某个人——平均 6 到 18 岁的孩子——的，而且它似乎说，这个孩子有 4.7 个龋洞。然而，我们都知道这不是该句子的真正含义。相反，它的意思大致是（2）这种样子。

---

① 最初由 Allen and Unwin 出版社出版于 1914 年；2000 年再版（New York and London：Routledge）。

② 译者注：此句的英语语法结构与汉语不同，很难直接将 "the average child" 的语法功能直接翻译出来。译为 "（每个）6 到 18 岁的孩子平均有 4.7 个龋洞" 更符合汉语语法。

2. 6 到 18 岁孩子的数量乘以 4.7，等于他们所拥有的龋洞的
数量。

句子（2）谈论的是个别孩子的龋洞，但并没有将他们中的任何一人拿出来作为（6 到 18 岁的）平均孩子，并将拥有 4.7 个龋洞这种属性归属给他。我们正在研究的那个时代的哲学家如此来表达这一点：平均孩子是个别孩子的**逻辑构造**。这其中的意思是，那些基于其语法结构而显得像是关于平均孩子的陈述，实际上是具有更复杂逻辑形式的、关于个别孩子的陈述。因此，如果我们将宇宙中所有的事物进行计数，那么就会数到每一个个别的孩子。而一旦我们数完了他们，也不会有另一个"平均孩子"仍然等待着被计数。

另一个被哲学家用于同样事情的不太显眼的例子，可以在关于民族国家的陈述里得到。

3. 墨西哥使比索贬值。

根据其语法形式，在此我们拥有一个似乎是关于某个特定民族国家"墨西哥"的句子。但现在人们可以问，一个民族国家究竟是什么？可能的回答是，一个民族国家由一群生活在特定地域、以某种特定的方式思维和行动的人组成，其中一些方式涉及对一组特定法律的遵循，包括那些组成了一个货币体系的法律。对一个民族国家来说，除此之外还有什么吗？如果人们去计数宇宙中的实体，那么可能会数到人群、地域、物理对象，甚至思想、行为和法律。可是当历数了这些后，是否还有更多的实体——民族国家——有待于计数？有些哲学家可能说**不**；而其中的一些哲学家会进一步说，当我们谈论民族国家时，我们真正在谈论的只是人民、地域、物理对象，以及他们所思维和行动的各种复杂方式。例如，这些哲学家可能说，那些看似关于墨西哥的陈述，实则只是做出关于这组人群——他们生活在中美洲以北和格兰德河以南——的思想和行为的陈述的粗略和速记的方式。根据这种观点，

每个在表面上是关于"墨西哥这个国家"的句子，实则都得自一组更复杂的、关于生活在某个特定地域人民的句子。采取这种立场的哲学家会说，民族国家就是人民和地域的逻辑构造。

当然，在那些"关于平均孩子的"句子和"关于民族国家"的句子之间有着重要的区别。因为通常来说，一条关于平均孩子的陈述是对哪个或哪些关于个别孩子的陈述的速记，这是相对比较明显的，而这些陈述也多少具有明晰的分析。而对关于民族国家的陈述则显然不是这样。例如，没有人准备好去仅仅依据人民和地域，来提供一种对（3）和（4）这种句子应当具有的含义的精确分析。

4．墨西哥希望在拉丁美洲扮演领导角色。

依据关于人民和地点的陈述来分析关于民族国家的陈述，其含义远不是清楚的，尽管有这种事实，但很多哲学家一度还是觉得，民族国家必定是人民和地域的逻辑构造，因为除了人民和地域外，关于民族国家的陈述不可能是关于其他东西的。

物理对象和感觉材料

记住了这点，我们现在转向罗素的原则："关于物理对象"的陈述实质上是关于感觉材料的陈述，而且除此之外与其他东西都无关。根据他在《我们关于外部世界的知识》中所提倡的这种观点，物理对象是感觉材料的逻辑构造。因此，如果我们计数世界中的实体，那么会数到每一项个别的感觉材料和每一个感知者。但是，在数过这些之后，并不存在仍然有待计数的物理对象。这并不意味着，当我们使用一条物理对象陈述时，或者说"谈论物理对象"时，总是在说某种错误的东西。相反，这意味着，那些似乎被我们断言为是关于物理对象的真理，实质上是只不过是关于感觉材料的真理。

例如，假设我一边绕着一张桌子踱步一边说："这里有一张桌子，它依据我所站位置的不同而呈现出略微不同的样子。"在罗素看来，我的陈述的真实意义或内容是什么呢？

从一个地方看去的桌子，与从另一个地方看去的桌子呈现出不同的样子。这是常识的语言，但这种语言已经假定了存在着一张被我们看见其表象的真实的桌子。让我们尝试仅仅依据可感对象来陈述所知的东西，而不夹杂任何的假设因素。我们发现，当我们绕着桌子踱步时，我们感知到一系列的逐步变化的可感对象。但是在说"绕着桌子踱步"时，我们仍然保留着这种假设：有一张与所有这些表象相关联的单独的桌子存在。我们应当说的是，当我们拥有那些使我们说自己在踱步的肌肉的和其他的感觉时，我们的视觉感觉在以一种连续的方式改变，以至于比如一块夺目的颜色斑点没有突然被某种完全不同的东西取代，而是被一种在颜色和形状上略微不同的、不知不觉中的渐变所取代。当我们将自己的心灵从具有不断变化表象的、永久存在的"事物"的假设中解放出来时，这就是我们通过经验而真正知道的东西。真正为人所知的是肌肉和其他身体感觉与视觉感觉变化之间的相互关联。①

在这段引文中，罗素奠定了那条引人注目原则的基础，但其方式却是模棱两可的。那条引人注目的原则是，物理对象是感觉经验的逻辑构造——也就是说，那些似乎是关于某物的陈述，应当被理解为完全是关于另一物的陈述。该原则的基础在于（ⅰ）对我们确实知道在感知的基础上"物理对象陈述"为真的确信，以及（ⅱ）罗素之前概述过的观点，即我们在感知基础上知道，某种特定的感觉材料与其他种感觉材料之间是相互关联的。其中的模棱两可之处在于，关于物理对象是感觉材料逻辑构造的原则，是否应当是对在日常语言中关于物理对象的陈述真正意思的准确反映，或者这是否是作为哲学家的我们用这些陈述所应当意味的东西。罗素无可厚非地对做出关于日常意义如此

① Bertrand Russell, *Our Knowledge of the External World*, pp. 84—85.

强的和无限制的主张持谨慎态度。然而，他已经准备好去承认，在关于物理对象的日常句子制造出可以被我们**知道**为真的陈述的范围内而言，它们所制造出的不过就是关于感觉材料的陈述——而这已经足够引人注目了。

那么，当我说自己知道（5）时，什么是关于我所知道的东西的分析呢？

    5. 我看见一张桌子。

这种分析的一部分当然是某种被（5a）所暗示的东西：

    5a. 我看见某种特定的"像－桌子"（table-like）的感觉材料
        （具有如此这般的形状和结构）。

显然，这过于模糊了。一种被视作"像－桌子"的视觉感觉材料应当是什么样子呢？然而，即使不说这种模糊性，（5a）也不能算是分析的全部。毕竟，我们必须区分梦见或想象一个人看见一张桌子或仅仅看见一张桌子的图像，与看见一张桌子。如果（5a）是（5）的全部意义，那么我们不可能可以做出这些区分。因此，对（5）的分析必须同样包括（5b）和（5c）所暗示的那些条款。

    5b. 如果我将要拥有那种被称作"走向这张桌子"的感觉——
        也就是说，如果我将要拥有那种被称作"走向"的"肌
        肉"感觉，而与此同时我具有一系列逐步变化和平稳增大
        的"像－桌子"的视觉感觉材料——那么，我最终将经验
        到那些关于压力和硬度的触觉感觉。
    5c. 如果我将要拥有那种被称作"绕着这张桌子踱步"的感
        觉，那么我的视觉感觉材料会以某种特定的连续方式逐步
        改变……

这还不是全部。笼统地讲，对每一种有助于证实（5）的感觉经验来说，罗素都会将一项表现可能经验的条款包括到对（5）的分析中去。因此，根据这种分析，在表面上看上去像是一条非常简单的、没有问题的关于英国人的陈述，会被处理为一种极为冗长和复杂的分析。

在进一步前进之前，让我们对我关于罗素看法——将（5）作为对物理对象陈述的分析——的阐述做一些评论。在给出我所做的分析时，我使用的东西被称作**反事实条件句——即如果如此这般的事情发生，那么如此那般的事情就会发生**这类的陈述。（5b）和（5c）是关于感觉材料的反事实陈述。在给出自己的分析时，罗素有时会使用在本质上与此相同的反事实句子。① 然而，另一些时候他则谈论一种关于私人视角或观点的系统。每一个这种视角，都由一组表象或感觉材料组成——从本质上说，如果一个观察者采取了那种视角，那么他就**会**经验到那些表象。（注意反事实条件出现的位置。）因此，物理对象被说成是在不同视角下某些相似或相关的表象（感觉材料）的**逻辑构造**。② 为了我们的目的考虑，这种构造的细节并不重要。重要的是，我依据关于（5a）这样的定言陈述（categorical statements），加上（5b）和（5c）这样的关于感觉材料的反事实陈述而给出的关于物理对象陈述的分析，与如下关于物理对象陈述的分析，在所有本质的方面都是等同的：这种分析是依据在实际观察者们采取的视角下所发现的关于感觉材料的陈述，加上在没有人实际上采取（至少在那个时刻）——但在某些特定条件被满足时，这些视角则**可以**被采取——的视角下所发现的关于感觉材料的陈述而给出的。既然这两种风格的分析是等同的，那么我会继续紧跟像（5a–5c）那样用明确的反事实语言所表述的分析。

应当强调的是，罗素从不认为他已经达到了对任何一条独特的物

① 例如，请参阅 *Our knowledge of the External World* 第 88 页关于蓝色镜片（blue spectacles）的讨论，"如果我们现在发现了一块蓝色斑点在视觉空间中以这种方式移动，那么当我们没有关于一个介于其间的有形物体的感觉经验时，我们仍然推断出，如果我们将自己的手放在触觉空间中某个特定的地方时，我们**会**经验到一种特定的触觉感觉"，着重号为本书作者所加。

② 尤其请参阅 *Our knowledge of the External World* 第 94—100 页。

理对象陈述的完全的分析。他知道，无论可以指定多少项像（5a）（5b）和（5c）这样的条款，都仍然有更多的条款可以同样声称是对这些物理对象陈述的完全的分析。他同样知道，像（5a–5c）这样的条款，其自身是粗略和不详尽的。这些条款仍然在谈论"某种特定"的感觉材料，而没有澄清这些不同的种类究竟是什么。但是，这并没有阻止罗素或后来受他影响的哲学家。他们对物理对象陈述，采取了一种比我之前提到的关于民族国家的陈述极端得多的态度。在关于民族国家陈述的情况下，我们注意到，关于怎样将它们精确地转换为等同的、关于人民和地域的陈述，这是完全不清楚的。然而，一些哲学家感到，对民族国家的谈论一定可以以某种方式被还原为关于人民和地域的谈论，因为民族国家陈述不涉及任何其他的实体。在物理对象陈述的情况下也是如此。实际上，哪怕近似地将物理对象陈述转换为关于感觉材料的等同陈述，都是不可能的。不过，罗素却感觉到，关于物理对象的谈论一定可以还原为关于感觉材料的谈论。我们要理解其中的缘由。

以下段落对他进行这种分析的动力给出了很好的说明。

> 我认为可以做出这样一般性的规定：**在**物理学或常识可以证实**的范围内而言**，它们一定可以仅仅依据实际的感觉材料来加以解释。其中的原因很简单。证实总是在于一种人们所期待的感觉材料的出现……现在，如果一个人们所期待的感觉材料构成了一种证实，那么由此做出的断言一定是关于感觉材料的；或者，无论如何，如果由此做出的断言的一部分不是关于感觉材料的，那么只有其余的部分得到了证实。①

如果我们暂时忽略罗素最后做出的限制（他并未严肃地使用它），那么这段引文的内容可以被表述为如下原则。

---

① *Our Knowledge of the External World*, pp. 88—89。

6. 证实总是在于感觉材料的出现。

7. 如果感觉材料的出现构成了对一个陈述 S 的证实，那么 S 一定是关于感觉材料的。

（6）和（7）一起构成了一条著名哲学原则在历史上的先驱——"意义的可证实性标准（Verifiability Criterion of Meaning）"——我们会在随后关于逻辑实证主义的研究中详加讨论。而现在，我们只关注罗素对这些想法的使用。

我认为，罗素的推理差不多可以被重构如下：从（6）和（7）可以得出，在关于常识以及物理学的一般陈述是可证实的范围内而言，它们一定是关于感觉材料的。既然我们知道这些陈述为真，那么它们一定是可证实的；确实，我们通过对它们的证实而知道了它们。因此，关于物理学和常识的陈述一定是关于感觉材料的。

我想，罗素就是这样达到他的结论的。但他的推理有说服力吗？首先值得注意的是，至少他的一个前提——即（7）——并不是显然正确的。为了看清这点，请考虑一条只比（7）更为一般化一点的前提。

8. 如果 x 的出现证实了一条陈述 S，那么 S 一定是关于属于 x 的东西的（S must be about x's）。

请暂时忘掉罗素的哲学，并转而考虑可以被用于测试（8）的特定事例。一种事例涉及物理学中的理论化陈述——比如，关于质子和电子这样的次原子粒子（subatomic particle）的陈述。我们并不直接观察到这些东西。相反，我们假定它们存在，因为它们允许我们解释自己观察到的多种多样的现象。我们所感兴趣的很多观察都被各种复杂的观测仪器记录下来。因此，对一些关于电子和质子的陈述来说，我们证实它们的方法就是从复杂的仪器中读取数据。但请注意这意味着什么。如果我们接受（8），那么就必定会得出如下结论：当我们做出关于像质子和电子这样的次原子粒子的陈述时，我们实际上是在谈论仪器读数。但这似乎并不是我们在谈论的东西，这项事实构成了反对（8）的初步证据。

或者请考虑另一个例子。假设我们试图弄清楚，在遥远的过去是否有某个特定的人 x 谋杀了另一个人 y。假定 x 和 y 现在都已过世，而为了证实 x 谋杀了 y 这个假设，我们所能做的就是查阅现存的历史记录。如果（8）是正确的，那就意味着，x 谋杀了 y 这个断言本身是一条关于对这些历史记录所做观察的断言。但这似乎并不正确。上述假设似乎是关于 x 和 y 自身的；他们现在已经远去且无法出现在我们面前这一事实，似乎与此无关。

这些考量会诱导人们去怀疑甚至拒斥原则（8），并转而认为，**一个陈述是关于什么的，与人们在尝试证实它时所做的观察并不必然相同**。但如果人们拒斥或怀疑（8），那么就也会拒斥或至少怀疑（7），因为（7）只不过是（8）的一种特例。既然（7）对罗素的论证至关重要，那么人们可能会开始怀疑它的可靠性，在这种情况下，罗素的如下结论就会受到威胁：物理对象陈述，其实只不过是复杂的感觉材料陈述的缩写。

当然，像哲学中经常出现的情况那样，这种论证可以朝另一方向运行。如果你像罗素那样确信（7）是正确的，那么你就同样会接受（8），以及如下两条必然推论：关于次原子粒子的陈述实际上是关于仪器读数和其他观察的复杂陈述的缩写，而关于过去的陈述实际上是关于我们对现存历史记录所做观察的陈述的缩写。我现在试图阐明的论点**并非**是：（7）是决然错误的（尽管我相信它肯定错了），而只是：这并非一条显而易见或自明的原则。因此，罗素不能合理地期待这样一种论证——对它的诉诸是令人信服的——除非他给出一个接受该论证的合适理由。

那么，罗素为何要接受这条前提呢？尽管他没有言明，但这可能与他关于知识如何出现的一般设想有关。这幅图景似乎包括如下内容：

　　（i）所有经验知识（即关于世界的知识）的基础在于感觉材料

陈述——比如**我现在看见一块圆形的红色斑点**。这些是我们可以最确信的知识。假如我们拥有诸种正确的经验，那么对这些陈述的真理性的怀疑，是病态的。

(ii) 所有其他的经验知识都是以某种特定的方式、通过这些基本陈述而被构建起来并得到辩护的。两种主要的方式是演绎（deduction）和简单的枚举归纳（enumerative induction）（**这个 A 是 B，那个 A 是 B，……所有的 A 都是 B**）。

请注意，从感觉材料陈述进行的归纳和演绎，会给人们留下的总是感觉材料陈述；因此，感觉材料陈述加上演绎、枚举归纳，对于传递出物理对象陈述而言，总是不够的。此外，我想罗素会承认，有构建经验知识的第三种方式——某种可以被我们称作**假设方法**（the method of hypothesis）的东西。这种方法由表述一条假设和从中（或许与进一步的观察性陈述一道）推导出结论构成。如果人们从中得出的观察性结论在足够多的情况下为真，那么我们会说，这条假设已经被确证。如果这种确证足够强和足够系统化，我们或许会以上述方式知道这条假设为真。

这种达到知识的方法为科学所熟知。但是，罗素暗中为它加上一条限制以约束其力量。他似乎已经想到，如果人们从这些假设中（或许与进一步的、独立的观察性断言一道）得出的观察性结论是感觉材料陈述，那么这条假设自身必定是一条感觉材料陈述。实际上，在此有两种可能性。要么是，这条假设仅仅是关于感觉材料的，在这种情况下罗素会说它是可证实的，并因此是知识的一个可能的对象；要么是，这条假设部分是关于感觉材料的，部分是关于其他东西的，在这种情况下罗素会坚称，这个关于其他东西的部分一定是不可证实和不可知的。

有了这条罗素主义的限制，很显然，假设方法可以提供的唯一知识，就是关于感觉材料的知识。既然罗素可能承认的这另一种获得经验知识的方式，只不过得自感觉材料陈述的归纳和演绎，那么他所承认的我们可以拥有的关于世界的知识，只能是关于感觉材料的知识。

既然他同意摩尔的说法，即我们确实知道各种为真的物理对象陈述，那么他认为，物理对象陈述确实**一定**可以被分析为感觉材料陈述；而物理对象一定是感觉材料的逻辑构造。

这种推理的一个方面的问题在于如下断言：如果人们可以从一个假设 H 中**推导**①出关于可观察对象的观察性结论，那么 H 一定是关于这些可观察对象的。那么，什么样的推导观念可以辩护这种断言呢？好吧，人们可能想到一种作为符号逻辑的、纯粹形式系统中**逻辑演绎**的推导。根据这种推导观，如果 P 是一个包含某些非逻辑词汇的实质的、不矛盾的前提，而 Q 是一个只包含没有出现在 P 中的非逻辑词汇的实质的、不矛盾的结论——例如，如果 Q 由如下这种观察性谓词构成：这些谓词被用于日常感知经验基础上的可观察的对象，而 P 不包含任何这种谓词——那么如果不诉诸至少一些依据 Q 中的词汇对 P 中的词汇所下的定义的话，Q 就**不会**是从 P 中推导而来的。

在此请考虑罗素的数学模型。我们可以从关于数字的断言中推导出关于集合的断言，因为数字可以依据集合而被定义。记住这种模型，人们可以认为，一个可以从中推导出观察性断言（$O_1 \supset O_2$）的假设 H，其自身必定要么包含 O_1 和 O_2 中的观察性词汇，要么包含可以依据这些观察性词汇而得到定义的词汇。无论是哪种情况，如果诚然如此，那么 H 可以真正地被说成是关于观察性对象的。

问题在于，这种推导观是非常狭隘的。摩尔在尝试建立他关于善的惊人断言时，错误地使用了**分析性**（*analyticity*）、**蕴涵**（*entailment*）和**逻辑后承**等概念；如我们在对这些问题的讨论中所看到的那样，在这些概念间可能有一种概念上的关系，即使它们不能依据彼此而被定义。②由于这点，在如下意义上存在 Q 可以从 P 中推导出来的情况：

---

①　译者注：在此"推导"和"演绎"实际上是同一个词，用作动词时译为"推导"，用作名词时一般译作"演绎"，有时为了通顺也译为"推导"。

②　前文所暗指到的这种推导观，本质上是狭义上的、与摩尔联系在一起讨论的**分析性后承**（*analytic consequence*）——Q 是 P 的一个分析性后承，当且仅当 Q' 是 P' 的一个严密的逻辑后承，在此 P' 和 Q' 与 P 和 Q 至多只在同义词的替换上（以及在被用于提供同义词的定义中）有所不同。

如果 P 为真，那么 Q 必定为真，这是先天可知和显而易见的，即使 P
是非矛盾的、Q 是偶然的、Q 中的非逻辑词汇与 P 中的完全不同且 P
和 Q 没有被任何定义联系在一起。在这种推导观下，一个人们可以从
中推导出观察性后承的假设 H 自身为什么必须包含观察性词汇？或必
须在任何直接的意义上是关于可观察对象的？这些疑问都是没道理的。

　　在这一点之外，在罗素将可证实性的陈述限制为那些仅仅关于感
觉材料的陈述背后的推理中，还有进一步的问题。一条假设，可能由
一个陈述加上很多从句，甚至一组陈述构成。在这些情况下，可从该
假设中推导出的观察性结论，经常可以仅仅通过诉诸该假设的很多甚
至所有部分而得出，无论这些部分是从句还是独立的陈述。在这些情
况下——可以说，当使用该假设的很多或所有部分来一起工作以蕴涵
特定的观察性预言时——可能无法划分那些预言，并将每条预言分配
到该假设中与其他部分相对的某个部分中去。在此种情况下，既然需
要该假设的很多或所有部分来蕴涵那些预言，那么如果那些预言通过
观察被发现为真，它们就可以被用作去确证或证实**整个**假设——或者
至少，确证或证实所有共同导致了那些预言的观察性和非观察性的部
分。因此，罗素的如下限制不能被支持：这种限制暗中假定，一条假
设的观察性预言总是可以仅仅被追溯到它的观察性部分。以上两个
问题破坏了他的如下论证：物理对象陈述——在它们可知的范围内而
言——一定可以被分析为感觉材料陈述。

关于他人之心的知识所提出的问题

　　在写作《我们关于外部世界的知识》的时代，在罗素看来，物理
对象是感觉材料的逻辑构造的观点，为如下问题提供了一种，甚至是
唯一一种可能的答案：**假定我们知道存在着物理对象，可这种知识是
如何可能的？**如果物理对象只是感觉材料的逻辑构造，那么关于物理
对象的知识就只不过是关于感觉材料的定言和假言陈述的知识。因为
这种知识相对而言似乎没有什么问题，所以罗素将他的观点视作一种

对关涉到外部世界知识的哲学问题的解答。

　　然而，这种基本策略还面临一种罗素已经完全意识到的严重困难。我们关于外部世界的知识不仅包括关于物理对象的知识，还包括关于他人的知识。但罗素**并不**希望说，他人仅仅是感觉材料的逻辑构造。这样的说法将会断言，当我说你存在的时候，我真正所说的是某种关于我自己感觉材料的东西。值得称赞的是，足够明智的罗素并没有接受这种说法。

　　　　当我们看见自己的朋友搬起石头砸了自己的脚，并听见他说话——我们在类似情况下也会这样说话，这种现象无疑**可以**在不假定如下情况下得到解释：他绝对不是被我看到的一系列形状和听到的一系列声音，但实际上说，没有人如此受到这种哲学的影响，以至于不太确定他的朋友感受到的疼痛与他自己会感受到的疼痛是否是同样的。①

　　在此，罗素表明，他不会试图依据关于他自己感觉材料的陈述来分析关于他人的陈述。但这样一来，他如何可以解释我们关于他人的知识？显而易见，关于物理对象的问题的答案在此并不适用。

　　罗素简要地考虑到一种传统的哲学论证——类比论证（the argument from analogy）。这种论证大致如下：（i）我注意到，在发生于我身上的事情和我所具有的经验之间，有一种相关性。例如，如果我用针刺自己的手指，就会感到疼痛。（ii）接下来我注意到，有其他一些与我身体类似的身体，而且一些发生于我身上的事情同样发生于其他那些身体上。（iii）当其他身体上的一根手指被针刺的时候，我没有感到疼痛。但既然我观察到我的身体和经验之间的相关性，我假定同样的相关性也适用于其他身体。（iv）由此我得出结论：当另一个身体上的手指被针刺时，这个事件伴随着其他人的一种疼痛的经验。但是，说其他人

---

① *Our Knowledge of the External World*, p. 90.

具有这种经验，就是说其他人或其他心灵①——正如我们可能说的那样——存在。（v）此外，我知道其他心灵存在，因为：我知道身体事件和心灵事件之间的相关性在关于我自身的情况下存有，而且我知道，在这种类比论证的基础上，这种相关性在其他人那里同样存有。

尽管罗素考虑了这种论证，但对它并不满意，而且他认为人们不应对它太重视。在此有两点困难之处值得注意。第一，这种论证至多是一种从单个案例中得出的归纳。人们发现一种相关性——涉及人身体的事件和人对疼痛感觉的事件之间的相关性——的示例。然后观察到成千上万个其他身体，并基于观察到的相关性而假定：同样的相关性适用于关于所有其他身体的情形。但这为什么比如下想法更合理呢：要么是，既然人们在涉及其他身体的情况下自己并没有感到疼痛，那么在那些情况下其实并不存在疼痛；要么是，既然人们无法知道在那些情况下是否存在着感觉到疼痛的其他心灵，那么人们根本没有基础去断定，那种相关性是否适用于那些情况？类比论证中没有任何东西对上述问题做出回答。原初的难点是：**人们如何知道存在着其他人？**②既然上述问题只是该难点的另一种表达，那么这种论证也很难被认为是成功的。

在罗素计划的语境下，对该论证的第二条反驳是，在这种论证的一般形式下，它想当然地认为确实存在着物理对象——尤其是人类身体。但如果人们认为身体是感觉材料的逻辑构造，那么类比论证就发生了匪夷所思的转变。我差不多可以理解这会是什么意思：在**其他身体**和他人的经验之间存在的相关性，与**我的身体**和**我的经验**之间存在的相关性是一样的——假定身体被认为是**理所当然的，而且不会被分析掉**。但如果它们不被认为是理所当然的，而是依据感觉材料而被加以分析的，那么这种论证就变得成问题了。如果所有身体都是感觉材料的逻辑构造，那么它们一定是**某个人**的感觉材料的逻辑构造。既然

---

① 译者注："其他心灵"与"他人之心"为同一英文语词，视语境不同而译为二者中的一项。

② 译者注：黑体字粗体字＋着重号表示双重强调。以下不再赘述。

在这个阶段的论证中，罗素试图证明其他心灵的存在，那么他就不能在对物理对象的分析中假定其他心灵。出于这种考虑，请想象我自己正在尝试使用罗素的论证。我们仅有的资源似乎就是将物理对象视作**我的**感觉材料的逻辑构造。但如此一来，类比论证就会要我说：存在于**我的经验**和**我的**特定感觉材料（即那些被用于分析关于我身体的陈述的感觉材料）之间的相关性，同样存在于**其他心灵**的经验和**我的**其他一些特定的感觉材料之间（即**我**用于分析关于其他身体的陈述的感觉材料）。这是很奇怪的。人们如何可能真正假定，我与我的感觉经验的联系在一起的方式，同其他心灵与**我的**感觉经验联系在一起的方式，是一样的？简言之，如果我将这条假定——确实存在着其他身体——从类比论证中排除，并试图使用这种原则——物理对象是感觉材料的逻辑构造——来陈述它，那么该论证就比以前变得更加不可理喻了。

不管怎样，罗素并没有十分信任这条假定。

我认为，这条假定——其他人具有心灵——一定允许我们不从类比论证中得到任何有力的支持。同时，这条假设使大量事实系统化，且从未导致任何有理由被认为是错的结论。因此，没有什么说法可以反对它的真，而且有很好的理由把它当作一种有用的假设使用。一旦这一点被承认，我们就可以扩展通过证言得到的关于可感世界的知识，并被导向我们在自己假定的构造中设想的那种私人世界的体系。事实上，作为哲学家的我们无论试图怎么想，都不会不相信其他人的心灵，因此，关于我们的信念是否被辩护这个问题，只有思辨上的兴趣。而如果它得到了辩护，那么我们的知识大大超出我们在科学和常识中发现的私人材料，这一点就不存在进一步的原则性问题了。①

在这段话里罗素指出，我们需要接受如下主张：存在着作为"有用的假设"的他人。他的思考似乎沿着如下思路展开：我们开始于这

① *Our knowledge of the External World.*, pp. 103—104.

个问题，即解释我们如何知道存在着物理对象和其他人。他承认，自己不能令人满意地解释或辩护我们关于他人的知识。但他似乎假定，如果我们承认其他人存在，那么我们就可以解释和辩护自己关于物理对象的知识；罗素的解释是，我们可以知道存在着物理对象，因为它们是感觉材料的逻辑构造，而我们又可以了解感觉材料。罗素大概会说，这表现出进步。这种进步之处在于，我们已经解决了自己关于外部世界知识问题的一半——换言之，关于解释我们如何知晓物理对象的问题。尽管我们关于他人的知识没有被证明是位于坚固基础之上的，但解释一些拥有坚固基础的知识总比什么都解释不了要好。

　　这就是罗素看上去的想法。然而，这种立场不可能是正确的。相反，罗素在解释关于他人知识上的无力，破坏了他对物理对象的分析。我们可以通过考虑对一个简单的物理对象陈述的分析，来看到其中的缘由。

　　　　9．在教室里有一张桌子。

　　对该陈述的分析，不大可能仅仅依据我的感觉材料而给出。这可以通过如下事实表现出来：如果我断然地说出了（9），而你在此时此刻断然地说出了（10），

　　　　10．在教室里没有桌子。

那么你所说的与我所说的在逻辑上是不相容的；我所说的和你所说的共同为真，这在逻辑上是不可能的。但是，如果你做出的陈述仅仅是关于你的感觉材料的，那么这种陈述与任何仅仅关于我感觉材料的陈述在逻辑上都不会是不相容的。因此，当我们说出（9）和（10）这样的句子时各自所做的陈述，不能都被分析为仅仅是关于我们自己私人感觉经验的陈述。而如果它们不能都以这种方式进行分析，那么当然就都不能被这样分析。

　　我认为，罗素在暗中认识到了这点。然而，他是否认识到这对他

立场的影响，却并不清楚。我们所看到的是，如果物理对象是感觉材料的逻辑构造，那么它们一定是每个人的感觉材料的逻辑构造。根据这种观点，（9）可以被分析为一系列由（9a）和（9b）所表明的那种陈述。

> 9a. 任何"在这间教室里"并（在此时）"站在正确的地方"观看的人，都会具有如此这般种类的视觉感觉材料。
>
> 9b. 任何"走进这间教室"并"沿着一个特定的方向"前进的人，最终都会具有关于硬度和压力的触觉感觉。

但无可置疑的是，如果罗素不能解释我们如何知道其他人的存在，那么他就不能解释，我们如何应当知道，在所有可想象的偶然事件中，所有其他人的感觉经验会是什么样子。因此，将物理对象分析为每个人感觉材料的逻辑构造，并不会解决人们计划用它去解决的问题。这不会解释我们关于物理对象的知识。

如果有可能的话，这种分析使问题变得更糟。至少我可以确定，在哲学之外的日常生活中，我确实知道有物理对象存在。但我完全没有对如下事情感到确定：我知道在所有可想象的情况下，其他所有人的私人感觉经验会是什么样子。尝试依据关于他人感觉经验的被断言的知识，来分析关于物理对象的知识，这并不是将一种复杂的知识还原为某种更简单、更易解释的知识。相反，这是将一个哲学问题替换为一个更复杂的哲学问题。既然这不是一种有希望的策略，那么最合理的选择是：拒绝将物理对象分析为感觉材料的逻辑构造。

这至少是我的看法。罗素和他的一些后继者并不这样看待这件事。尽管物理对象是感觉材料逻辑构造的观点包含严重的困难，它还是在二十年甚至更长的时间里极大地影响了哲学家们。当我们讨论逻辑实证主义时，会看到这方面很好的例证。但现在，我们将离开这个话题，并将我们的注意力转向另一个主题——被称作**逻辑原子主义**的哲学体系，在罗素于1914年3月在哈佛做了《我们关于外部世界的知识》的演讲之后的四年中，这个体系在罗素和维特根斯坦那里得到了发展。

第八章

罗素的逻辑原子主义

本章概要

1. 构造一种广泛的哲学体系的目的

2. 理想语言，以及语言和世界间的平行关系

语言简单物和形而上学简单物

罗素关于设定在逻辑专名和形而上学简单物之间有一种平行关系的
基础是有问题的

原子句和分子句，以及对应于它们的事实

一般句和一般事实

非外延句（Nonextensional sentences）和事实

3. 罗素所想象的体系

构造一种广泛的哲学体系的目的

到目前为止，我们已经谈论了罗素哲学中的三个主要因素——他
的摹状词理论、将算术还原为逻辑和他的逻辑构造原则。在最后一个
因素中，他的还原主义技术被扩展到关于外部世界知识的问题。在
1918 年，他在对一种广泛的哲学体系的概述中将这些因素归拢在了
一起。他在伦敦所做的八场系列讲座中呈现了这套体系，这些讲座后
来以《逻辑原子主义哲学》[①] 为题出版。与我们已经考察过的早期著

---

① Bertrand Russell, *The Philosophy of Logical Atomism* (La Salle, IL: Open Court, 1985); originally published in The Monist, 1918.

作——这些著作旨在解决某些特定的哲学问题（本体论承诺和否定存在句问题，对数学的辩护和对我们数学知识的解释，以及我们关于外部世界知识所引起的问题）——不同，《逻辑原子主义哲学》没有攻击和试图解决任何特定的、为人熟知的哲学问题或问题簇。相反，它描绘了这样一种野心勃勃的哲学体系的轮廓：该体系在语言和世界间设定了一种完全的平行关系，这种平行关系允许我们使用语言和逻辑分析的技巧，来揭示实在的终极结构。在此之前，罗素已经提供了一种以零散方式出现的逻辑和语言分析——以在不同的哲学问题出现时，提供解决它们的方法。现在，他试图发展出一个体系性的框架，以进行一般性的哲学研究。在这种体系里，哲学仅仅是逻辑和语言分析。该体系和核心，是一种关于语言以及语言和世界之间关系的理论。

罗素的学生路德维希·维特根斯坦在同时做了关于类似体系的工作。尽管维氏和罗素的工作大多是相互独立的（至少在维氏结束自己1912 和 1913 年在剑桥的五个学期之后），但他们确实在很大程度上影响了对方。罗素——以他特有的才智上的大方和感谢其他人贡献的热情——在《逻辑原子主义哲学》开篇处说，他受到维氏观点的极大影响。他补充道（那是在 1918 年），自 1914 年 8 月起他就没有机会与维氏交流，所以他对维氏一些观点的发展是独立进行的。（维氏在奥匈帝国军队中度过了一战岁月。）我的计划是，在本章中概述罗素的体系，然后在第三部分转向维氏在《逻辑哲学论》——该书最早于 1921 年以德文出版，在下一年被译为英文①——中所呈现的、逻辑原子主义伟大的经典体系。在那里，我将以比较罗素的原子主义版本与《逻辑哲学论》所发展的那个体系为开始，并介绍罗素所做的、将我们带得距离维氏观点更接近的那些修订。这种呈现事物的方法，并不声称忠于两个体系自身如何发展的历史。至少从 1914 年以后，维氏的工作就是独立的。尽管他当然以各种方式受到罗素早期著作的影响，但他并没

① Ludwig Wittgenstein, *Tractatus Logico-Philosophicus*, translated by C. K. Ogden (Mineola, NY : Dover, 1999）; originally published in English in 1922 by Routledge. 另一个有用的译本来自 Pears 和 McGuinness（London : Routledge, 1974）。

有通过如下方法来达到自己的体系：与罗素的体系一同开始，然后修改某些特定的基本原则。但是，我们推进的方式有着自身的好处。除了突出两种观点的异同之处，这条途径还有如下好处：它以一种相对容易理解的立场——罗素的立场——为起点，并按照可理解的步骤走向维氏的立场——这种立场可远不是那么容易理解的。

罗素的逻辑原子主义版本，始于一种**逻辑上完美的语言**的构想，这种构想将会是描绘实在的理想工具。有了这种语言，哲学家的核心工作就将以如下方式来处理哲学问题：将表达了哲学问题的自然语言句子，转变成逻辑上完美的语言中的句子，在这些句子中，哲学问题要么被解决，要么被消解掉并被表明是伪问题。然而，在这些可以完成之前，我们必须首先理解这种逻辑语言。这种逻辑上完美的语言是什么？从本质上说，到目前为止，我们就是用这种语言来呈现罗素的摹状词理论和将算术还原为逻辑。但是，有一些新的调节和补充，以避免妨害我们对这种语言的检查。

理想语言，以及语言和世界间的平行关系

语言简单物和形而上学简单物

这种语言中最简单的句子被称作**原子句**。每个这样的句子，都由一个跟随着一个或更多逻辑专名的谓词构成——例如，*Ra*（a 是红的），或 *Lab*（a 在 b 的左边）。这些谓词应该代表共相——即抽象性质和关系。这些名称应当代表组成宇宙的基本原子或形而上学简单对象。请注意其中的平行关系。语言上的简单因素——谓词和逻辑专名——被认为代表了实在的最基本的成分——共相和形而上学简单对象。为什么这种平行关系应当存在，是什么辩护了我们对它存在的信念？对这些基本问题，罗素只能给出并不十分具有说服力的部分回答。

当然，即使不是不可避免的，像罗素那样假定存在着语言的简单要素——即这样的表达式：它们的意义只在于它们所代表的东西，而

与其他表达式的意义无关——也是很自然的。但即使承认这一点，为
什么人们必须假定如下内容呢：（a）所有对象都可以分解为形而上学简
单物——即不能被拆解为更简单成分的基本殊体；或者（b）如果存在
这样的简单物，那么它们且只有它们可以被逻辑专名命名？当然，罗
素可以依靠《亲知知识和描述知识》中的认识论原则。根据这种原则，
只有我们可以考虑的命题，以及由此只有我们可以拥有的思想，才是
我们以一种排除了重要错误的方式、直接亲知到的东西的成分。这条
原则的一个推论是，关于如下二者我们是不会出错的：我们用一项表
达式意指什么，或我们由此用一个真正的逻辑专名意指什么。如我们
在第五章中看到的那样，这种观点与罗素的如下规定——逻辑专名的
意义是它的指称——一同导向如下结论：在一个人的语言中被逻辑专
名命名的对象，只有他自己的感觉材料、他自己的观念和他自己。尽
管不是不可避免的，但罗素如何可以将这些事物当作在形而上学意义
上是简单的，这或许是可以理解的。

不过，我们已经遇到了麻烦。第一，如我们在第五章结尾处看到
的那样，这些认识论结论威胁到罗素的摹状词理论在某些核心情况下
的运用，比如乔治四世关于司各特是否是《威弗利》作者的询问。这
其中的言下之意是，如果摹状词理论可以完成罗素预想用它所做的所
有工作，那么《亲知知识和描述知识》中的认识论原则可能就需要修
改。第二，罗素的认识论限制自身并没有排除如下的可能性：可能存
在很多我们不能通过领会适用于它们的描述而思考它们的对象，即使
它们不能是我们思想的成分或逻辑专名的指称，因为在罗素认识论特
许的意义上，我们并不直接亲知到它们。因此，如下可能性仍然保持
着开放性：实在可能含有这样一个领域内的对象，它们与被逻辑专名
命名的形而上学简单物无关，其自身在形而上学意义上并不是简单的，
而且在我们所知的范围内，它们可能并不由形而上学简单物组成。

真正的物理对象恰恰就属于这种情况。当然，人们可能想知道，
从罗素主义的视角看，人们如何可以了解或有理由相信这种对象的存
在。如我们在第七章中看到的那样，罗素试图通过维护这条原则——

物理对象是感觉材料的逻辑构造——来回避上述问题。如果他的维护成功，那么物理对象从本质上说就会被消除并被感觉材料代替。这种结果会通过将这样一类对象——它们既不是自身在形而上学意义上是简单的，又不可以先天地被知道是由形而上学简单物组成的——排除在考虑之外，来增加他新兴的逻辑原子主义哲学的融贯性和合理性。但是，像我们所见的那样，罗素对自己逻辑构造原则的维护并不成功，而且这条原则自身是站不住脚的。结果，逻辑原子主义的核心信条，即在语言中的简单表达式——逻辑专名——和形而上学简单对象之间设定一种系统的平行关系，只能被当作一种未经证实的、令人难以置信的假设。

　　事后看来，这就是它呈献给我们的样子。对罗素和他的同侪来说，却不是这样。既然假定了自己的早期观点在本质上的正确性，他理所当然地把自己逻辑原子主义哲学所设定的语言和世界之间的基本的平行关系，自然而然地当作一幅融贯和一致图景下的进化的下一步。这是自然的一步；但它脱身而出的基础却已经出纰漏了。

原子和分子句，以及对应于它们的事实

　　不过，在这个体系中还是有很多有趣的、在历史上富于启发性的地方。追寻着语言和世界间的平行关系，我们从语言上的简单表达式和实在中形而上学简单成分之间的相关性，走向简单句——或曰"原子句"——和其对应的事实之间的平行关系。如同已经指出的那样，一个原子句由一个跟随着一个或更多逻辑专名的谓词构成；谓词代表共相——一种抽象性质或关系——名称则代表形而上学简单物。这种句子应当只在如下情况下为真：它与一个原子事实对应，该原子事实被罗素认为是一种复合实体，由被谓词标示的共相和被专名命名的对象构成。例如，句子 Ra 应当只在如下情况下为真：在世界中有一个实际存在的事实，该事实由对象 a 的之为红色（the object a's being red）构成，而句子 Lab 应当只在如下情况下为真：在世界中有一个实际存在的事实，该事实由对象 a 之具有在对象 b 之左侧这种关系（the object a's bearing the relation to-the-left-of to the object b）构成。

这种理想语言也包含这样的句子：它们通过将真值函项算子运用于更简单的句子之上而得出。例如，如果 S 是该语言中的一个句子，那么 S 的否定 ~ S 就也是其中的一个句子；如果 S 和 R 是该语言中的句子，那么它们的合取式（*S&R*）①、析取式（*S v R*）、以 S 为前件以 R 为后件的条件式（*S→R*）以及充分必要条件式（*S↔R*），就都是其中的句子。罗素把它们称作**分子句**。关于这些陈述与事实之间的关系，我们可以说些什么呢？在原子句的情况下，罗素接受如下版本的符合论真理观（correspondence theory of truth）：一个为真的原子句对应于一个原子事实。那么，我们现在必须问，世界中是否存在与为真的合取句相对应的合取事实，与为真的析取句对应的析取事实，与为真的否定句对应的否定事实，等等？合取、析取和否定以某种方式在"世界之中"吗？

与人们最初可能想象的相比，罗素对此问题的回答要更复杂一些。在合取的情况下他坚称，（*S&R*）只在如下情况下为真：它既对应于使得 S 为真的事实，也对应于使得 R 为真的事实。在此，我们无需任何复杂的合取事实，因为与两个构成性事实的相符，已经足以解释合取式的真。因此，"&"并不代表世界中的任何东西。类似的观点也适用于析取。（*R v S*）只在如下情况下为真：存在一个使得 R 为真的事实，或者存在一个使得 S 为真的事实。我们无需任何对应于为真的析取式的析取事实，因为任何析取式的真，都可以被看作是它与相关的一个或两个构成性事实相符合的结果。像"&""v"这样的东西都不代表世界中的任何东西。

但是，罗素认为，否定则是另一回事。一条似乎被他当作是显而易见的原则是这样的：

符合论原则（the correspondence principle）

对任何一个为真的句子 S 来说，都存在一个这样的事实的集合

---

① 译者注：原作中该式子由两个逗号隔开，没有使用括号，为了翻译的方便和一致而在译文中直接改为括号。

F：S 与该集合中一个或更多成员的符合，对 S 的真负责。

尽管这条原则与合取、析取事实的缺失相容，但可以论证，它需要否定事实。假定～S 为真。那么它的真不可能是由于与一个使得 S 为真的事实的相符，因为不存在这样一个事实。那么它可以对应于其他什么事实呢？除了承认否定事实外，罗素看不到其他合理的选择了。～S 为真，是因为它对应于这样一个事实：在其中一种被"～"所标示的抽象成分，和一个被句子 S 所表现的非语言复合物结合在一起。这样一来，我们就被导向如下一条惊人的结论：否定符号代表世界中的某物。

罗素意识到，这听上去似乎是很奇怪的。在《逻辑原子主义哲学》第三讲关于否定事实的讨论中，他说道：

> 当我在哈佛就这个主题做演讲时，我论证说存在着否定事实，而这几乎引起骚乱；听众们完全不会允许否定事实的存在。但我仍然倾向于认为它们存在。①

他这样想的理由似乎在于他对符合论原则的承诺。如果这条原则被接受，那么他的论证——除了承认存在否定事实之外没有其他很好的选择了——就很有说服力了。同样具有说服力的是他如下的论证：在逻辑上完美的语言中，没有其他为真的分子句再需要分子事实了。

一般句和一般事实

这把我们带向这种一般句或含量词的句子，即**至少有一个 A 是 B** 和**所有 A 都是 B**——也就是说，$\exists x\,(Ax\ \&\ Bx)$，$\forall x\,(Ax \to Bx)$。罗素认为，必须存在着与这种真句子相对应的一般事实。他在如下段落中给出了自己这样想的理由：

> 我们有这种命题：**所有人都是有死的**和**一些人是希腊人**。但你

① P. 74。

不仅拥有这些**命题**，还有这些**事实**，而当然，这些事实正是你返回关于世界的清单时所到达的地方：除了我已经在先前的讲座中讨论过的特殊事实之外，还存在着一般事实和存在事实，也就是说，不仅有那种**命题**，而且还有那种**事实**。这是一种需要认清的重要观点。你不能通过从特殊事实进行推导而达到一般事实，无论特殊事实有多少……例如，请设想你希望通过这种方式证明**所有人都是有死的**，那么你应当通过完全归纳来进行，并说出 **A 是一个有死的人、B 是一个有死的人、C 是一个有死的人**，等等，直到结束。你不可能通过这种方式达到**所有人都是有死的**这个命题，除非你知道自己应当在哪里结束。也就是说，为了通过这条途径达到**所有人都是有死的**这个一般命题，你必须已经拥有了**所有人都已经被我枚举过了**这个一般性命题。你不能仅仅通过从特殊命题进行推导而达到一个一般命题。你的前提总是至少会包含一个一般命题。①

这段话暗示了几个要点。在上述引文之后紧接着进行的讨论中，罗素得出了关于知识的结论。将我们确实知道一些一般性的真理视作理所当然的，由此，他得出结论说：必定存在着关于一般命题的知识，这种知识的基础不是出自非一般性命题的逻辑的、演绎的推理。这条结论反过来依赖于如下基本的逻辑观点：没有一种全称概括 $\forall x$（$Ax \to Bx$）是任何句子集合 I 的逻辑后承，其中这些句子——$\underline{x}$ 是一个是 B 的 A，y 是一个是 B 的 A，$\underline{z}$ 是一个是 B 的 A……——是这种概括的示例。无论这个集合 I 可以有多么大——即使对每一个 A 所真正符合的实际事物 x 而言（而且除此之外不涉及其他事物），恰好都包含这样一个句子，n 是一个是 B 的 A，其中 n 指涉 x——存在更多为 A 所符合的东西，**在逻辑上还是可能的**。既然 B 或许不符合其中的某些事物这一点在逻辑上是可能的，那么在全称概括 $\forall x$（$Ax \supset Bx$）为假的同时，I 中的所有句子都为真，在逻辑上就是可能的。因此，这种全称概括**不**是单独句子组成的集合 I 的逻辑后承。

---

①　P. 101。

　　与这种逻辑观点相应的是一种形而上学或本体论观点。假设对每一个 A 所实际符合的事物 x 而言（而且除此之外不涉及其他事物），在 I 中都存在一个句子，***n 是一个也是 B 的 A***，其中 n 指涉 x。进一步假设所有这些句子都为真，而且与它们相应的是一个由事实组成的集合 F_I。如我们所见的那样，如果存在更多为 A 所符合的东西**在逻辑上是可能的**，那么认为**可以存在**比实际上更多的 A 符合的东西，就是很自然的了。假设 B 可以不适合其中的某些事物，那么我们可以得出结论：存在这样一种世界的可能状态——一种宇宙可以是如此这般的方式——在其中 F_I 中的所有事实都仍然存在和通行，而**所有的 A 都是 B**非真，且无法对应于任何事实。

　　罗素用这种可能性表明，一定存在着不可被还原为诸特殊事实的一般事实。假如我们把下面这条推论加到他的符合论原则上的话，这个结论就说得通了。

符合论原则的推论

　　　　只有当 F 中的成员在没有 S 为真的情况下不可能存在时，与 F 中成员的符合才对 S 的真负责。

　　有了所有这些，人们就不得不同原子和否定事实一道，设定一般事实。①

---

　　①　尽管罗素对此没有给出清晰的论证，但他还是主张，存在着与 $\exists x\,(Ax\ \&\ Bx)$ 这样的存在概括（existential generalizations）相对应的存在事实（existence facts）。人们可能通过如下步骤论证这一点（将符合论原则及其推论当作是理所当然的），首先，为与 $\sim\exists x\,(Cx\ \&\ Dx)$ 这样的真句子相应的否定事实的存在提供论证。（对这一点的论证，与对相应于为真的全称概括的事实的论证相并列。）接下来，人们可能注意到，这些事实一定由"$\sim$"所标示的东西加上被 $\exists x\,(Cx\ \&\ Dx)$ 所呈现的某些非语言的复合物组成。但这样一来，人们可能会坚称，如果这些复合物无论如何必定存在，那么它们或许可以算作 $\exists x\,(Cx\ \&\ Dx)$ 为真的情况下的那些事实。无需多言，这种论证是非常成问题的，而且不清楚罗素是否会，或可以，接受它。因此，他关于存在着存在事实的断言的基础究竟何在，这是不清楚的。当然，他可以简单地将 $\exists x\,(Cx\ \&\ Dx)$ 定义为 $\sim\exists x\sim(Cx\ \&\ Dx)$，并把"存在事实"确定为与前者相对应，而将"否定事实"确定为与后者相对应。

非外延句和事实

还有另一种罗素所需要的事实——非外延，或像它们有时被称作的那样，**内涵**事实（*intensional* facts）。就这一点，我们会提及两种句子——命题态度归属句和反事实条件句。

命题态度归属句

<u>x</u> 相信 / 知道 / 期待 / 希望 S……

反事实条件句

如果情况是 S 的话，那么情况就会是 R（If it were the case that S，then it would be the case that R.）。

这些句子与我们早先看过的真值函项复合句有一些共同之处。像那些句子一样，它们包含完整的句子作为自己的成分。但是，它们与真值函项句有如下不同：这些句子的真或假，不由它们句子性成分的真值决定。

我们可以通过注意涉及替换的特定的基本结论来看看这一点。如果我们从一个像（*A v B*）这样的真值函项句开始，并将 A 替换为任意一个与 A 具有相同真值的句子 C——也就是任意一个在 A 为真的时候为真、在 A 为假的时候为假的句子——然后得出的句子（*C v B*）总是与原初句子的真值相一致——也就是说，在（*A v B*）为真的情况下它恰好为真，而在（*A v B*）为假的情况下它恰好为假。非外延（即内涵）句则不符合这种情况。例如，如果（1a）为真，并且我们将 *2+2=4* 替换为任意一个真句子 S，那么（1b）并不一定为真。

　　1a. 约翰相信 *2+2=4*。

　　 b. 约翰相信 S。

相信其中某个句子为真的人并不必然相信其全部为真；一个人是否相信某事，并不依赖于该事物的真值。因此，信念句**不**是其补语从句的真值函项，也不要指望依据与这些从句相应的事实来解释它们的真。出于这种理由，罗素需要一种新的事实的范畴，它一般性地对应于为真的信念句和为真的命题态度归属句。我不会呈现罗素对这些句子的分析，以及与它们相应的事实。这尽管是很有意思的，但也是很复杂的。罗素自己曾对它持怀疑态度，而且从未真正完成他的思路。出于我们的目的考虑，注意到这些句子需要的某种特殊的记述，这就足够了。

罗素的理想语言中所需要的另一种内涵句，是像（2）这样的反事实条件句。

2. 如果情况是**我扔掉这根粉笔**的话，那么情况就会是**这根粉笔掉在了地板上**。

巧合的是，（2）中用斜体①标示的从句都是假的——我并没有扔掉粉笔，而它也没有掉到地板上。不过，整个反事实条件句则是真的。但请注意，如果将**我扔掉这根粉笔**替换为另一个假句子，那么整个复合句就可能变成假的，就像（3）中的情况那样。

3. 如果情况是**我把这根粉笔放在自己的口袋里**的话，那么情况就会是**这根粉笔掉在了地板上**。

因此，反事实条件句**不**是一种真值函项。由此，罗素有理由把某些对应于反事实条件句的独特的内涵事实包括进来。

这是我的主张，尽管他并没有在《逻辑原子主义哲学》中提及反事实条件句或事实。相反，在这些讲座里的某处，他已经贬低了对一些相近概念所做的评论——必然性、可能性和不可能性——这表明他

①　译者注：原文为斜体标示。

可能根本不想在他的逻辑上完美的语言中赞同反事实条件句。① 不过，我在我们关于罗素主义理想语言的图景中将其囊括进来，其中的原因很简单：我没有看出，在没有这些句子的情况下，罗素如何可能坚持自己关于物理对象是感觉材料的逻辑构造的原则。如我们在第八章看到的那样，根据此原则，像**我看见一张桌子**这样的陈述，要被分析为一组关于感觉材料的定言和假言陈述。既然这些假言陈述应当告诉我们，如果要满足各种条件，我们**会**需要怎样的感觉材料，那么它们一定是反事实条件句。因此，只要罗素想坚持他关于物理对象是感觉材料的逻辑构造的原则，他就需要这类句子和与它们相应的事实。

罗素所想象的体系

这就完成了我们对罗素的讨论。显然，他对逻辑原子主义基本原则的概述，只不过是一种想象的哲学体系的未加渲染的轮廓。在他所预想的这种体系中，一种逻辑上完美语言的发展，会为哲学家提供一种描画实在的理想工具。使用了这种工具，哲学家的工作就是：依据这种理想语言来解释自然语言里那些在哲学上重要的部分，以此来解决或消解哲学问题。实际上，哲学家会向我们展示如何将自然语言转变成理想语言。

---

① 第 96—97 页。罗素关于这种观点的所谓的怀疑论，对于一个所读的教科书中掺杂着关于何谓可能何谓不可能、何谓可以何谓不可以的主张的人而言，是非常不同寻常的。在第 96 页他主张，必然性是如他所说的"总是为真"的命题函项所具有的性质，偶然性是"有时为真"的命题函项具有的性质，而不可能性则是"从不为真"的命题函项具有的性质。他接着说："很多错误的哲学都产生自对命题函项和命题的混淆。一般的传统哲学中有大量这类的错误，这种哲学的问题只是在于，将仅仅适用于命题函项的谓词归属于命题之上，甚至更糟的是，有时将仅仅适用于命题函项的谓词归属于个体之上。**必然**、**可能**和**不可能**的事例就属于这种情况。在所有传统哲学中这形成了一种'模态'的趋势，将**必然**、**可能**和**不可能**作为命题的属性进行讨论，而实际上它们是命题函项的属性。命题只能为真或为假。"其实，如果一个人读读罗素文本的话就会发现，他不断地在这些模态概念大致传统的意义上使用它们，而与他在此正式赋予它们的意义不同。

罗素自己并未更近一步地采取这个版本。他从未在自己所概述框架的严格的限定下系统地工作过；而且人们猜想，他也不可能这样工作。那颗提供给我们这些东西——摹状词理论，逻辑和语法形式的区分，从算术到逻辑的逻辑主义还原，以及类型理论——的有力的、富于创造性而又焦躁不安的心灵，并不十分适合辩护任何受到限制的、哲学上的正统观念——甚至是他自己制造的观念。但是，他粗略概述的逻辑原子主义的这种版本，注定要由他以前的学生路德维希·维特根斯坦来给出一种更宏大、更引人入胜和更有力的细化——维氏的《逻辑哲学论》呈现了二十世纪最一致、最富于雄心壮志和最令人着迷的哲学体系。我们在第三部分将转向这种体系。[①]

关于第二部分的拓展阅读

讨论的主要一手文献

Russell, Bertrand. *Introduction to Mathematical Philosophy*. London: Allen & Unwin, and New York: Macmillan, 1919; reprinted New York: Dover, 1993.

——. "Knowledge by Acquaintance and Knowledge by Description." *Proceedings of the Aristotelian Society* 11 (1910—1911); reprinted in N.Salmon and S. Soames, eds., *Propositions and Attitudes* (Oxford:Oxford University Press, 1988).

——. "On Denoting." *Mind* 14 (1905); reprinted in R. C. Marsh, ed., *Logic and Knowledge* (New York: Capricorn Books, 1956).

——. *Our Knowledge of the External World*. London: Allen and Unwin, 1914; reprinted London and New York: Routledge, 2000.

——. *The Philosophy of Logical Atomism*. La Salle, IL: Open Court,

---

[①]　杰夫·斯皮克斯对本章以及其后章节的谋篇布局和所涵盖的一些主题提出了很有价值的建议，我向他表示感谢。

1985; originally published in The Monist, 1918.

补充性的一手文献

Hempel, Carl. "On the Nature of Mathematical Truth." *American Mathematical Monthly* 52 (1945): 543—556; reprinted in P. Benacerraf and H. Putnam, eds., *The Philosophy of Mathematics*, 2nd edition (Cambridge: Cambridge University Press, 1983).

Moore, G. E. "External and Internal Relations." *Proceedings of the Aristotelian Society*, 1919—1920, reprinted in G. E. Moore, *Philosophical Studies* (Totowa, NJ: Littlefield and Adams, 1968).

Russell, Bertrand. "The Regressive Method of Discovering the Premises of Mathematics," 1905. In Russell，*Essays in Analysis*, edited by Douglas Lackey (New York: George Braziller, 1973).

进一步阅读的材料

Nathan Salmon, "Existence." In J. Tomberlin, ed., *Philosophical Perspectives*, vol. 1: *Metaphysics* (Atascadero, CA: Ridgeview, 1987).

——. "Nonexistence." *Noûs* 32 (1998).

第三部分

路德维希·维特根斯坦的
《逻辑哲学论》
LUDWIG WITTGENSTEIN'S
TRACTATUS

第九章

《逻辑哲学论》的形而上学

本章概要

1. 与罗素的对比

两人原子主义体系在结构上的相似与差异

关于形而上学简单物的不同哲学动机和不同构想

维特根斯坦在尝试阐明必然存在形而上学简单对象上的失败

2. 维特根斯坦的逻辑化版本的形而上学原子论

与传统（物理的）原子论的类比

作为所有变化和所有可能性之根源的形而上学简单物的组合与重组

3. 形而上学简单物的隐藏性

对象没有性质，它们制造性质

4. 原子句和原子事实的逻辑独立性

对形而上学简单物隐藏性的影响

与罗素的对比

现在我们转向维特根斯坦对逻辑原子主义令人称道的发展。一般而言，所有的原子主义观点都可以被视作具有一种双重结构。第一重结构，或曰原子层面，由关于原子事实和组成这些事实的形而上学简单物的诸种原则组成；此外还包括关于实在的简单成分和语言的基本要素——原子句以及那些组成原子句的语言上的简单表达式——之间关系的诸种理论。第二重结构则由如下一些原则组成：它们是关于非原子句的，也关涉这些句子与原子句以及非语言上的实在之间的关系。

我们看到，对罗素而言，构成实在的基本的形而上学简单物的是心灵和感觉材料，再加上这些要素的性质及其相互之间的关系。我们可以把罗素的观点用图示表达如下：

	语言	实在
原子层面	逻辑专名	心灵和感觉材料（殊体）
	谓词	性质和关系（共相）
	原子句	原子事实
	Pa...n	殊体和共相的组合
第二重层面	真值函项复合句 ~ S （S&R） （SvR）	否定事实 —— ——
	表达一般性的句子 ∀xFx ∃xFx	一般事实 存在事实
	非外延句	非外延（或内涵）事实
	命题态度归属句（信念）	关于态度的事实
	反事实条件句	未加说明的内涵事实

罗素的逻辑原子主义的精要在于，所有的经验性实在和所有能够被有意义地说出的东西，都可以被整合在这个框架之下。

维特根斯坦的逻辑原子主义版本具有同样的双重结构，而且同样强调语言和世界之间的平行关系。然而，他体系的内容最终还是与罗素的非常不同。尽管罗素认为感觉材料和心灵是基本的形而上学简单物（被逻辑专名所命名），维氏却并没有做出这种断言，而且他似乎认为真正的形而上学简单物是一种与之非常不同的对象。尽管罗素认为，存在着与特定的逻辑上复杂的复合句相应的否定事实和一般事实，维氏却不这么想。相反，他认为所有复合句的真或假，可以仅仅依据关于原子事实的情况而加以解释。尽管罗素似乎要求非外延句和非外延事实的存在，维氏却认为所有有意义的句子都是原子句的真值函项复合句，并且所有的事实都是原子事实。

罗素和维氏的另一点基本不同，涉及激发两人体系的相异的哲学视野。对罗素来说，基本的形而上学简单物是心灵、感觉材料和柏拉图式的共相。他把这些东西当作基本的，这主要出自认识论上的动机。他认为，如果这些是实在的基本要素，那么我们就很有机会能够解释关于世界的知识是如何可能的。维氏则不认同罗素的经验主义的认识论动机；实际上，关于我们最后如何知道作为其系统其他部分之根基的基本原子陈述的真假，他所言甚少。他一度确实试图辩护自己对如下主张的承诺：必定存在着某种形而上学简单物，而它们被他假定为逻辑专名的指称。但这种辩护与罗素可能提出的辩护非常不同；维氏没有把自己的原子论建立在一种明确的认识论上的考量的基础上，而是似乎认为，那些原子主义论题产生自如下事实，即我们能够在语言中表现世界。但是，正如我们将要看到的那样，他所概述的动机是缺乏说服力的，而且，这最终无助于辩护他对原子主义形而上学（atomist metaphysics）的基本承诺。

《逻辑哲学论》中的相关段落如下 [①]：

2.02　　　对象是简单的。

2.0201　　每一个关于某些复合物的陈述都可以分析为一个关于其构成成分的陈述和那些完全地描述了这些复合物的陈述。

2.021　　诸对象构成了世界的实体。正因如此，它们不能是复合而成的。

2.0211　　如果世界没有实体，那么任何一个命题是否有意义就

---

① Ludwig Wittgenstein, *Tractatus Logico-Philosophicus*, translated by C. K. Ogden (Mineola, NY: Dover, 1999); originally published in English in 1922 by Routledge.

要取决于某个其他命题是否是真的。

2.0212　这时，我们就不能（以真或假的方式）勾画关于世界的图像了。①

2.02 告诉我们，存在着形而上学简单对象（维氏认为它们是逻辑专名的指称）。2.0201 则是他对语言与世界间根本性的平行关系所做承诺的精炼陈述。既然简单句由谓词和逻辑专名组成，那么它们就报告了形而上学简单物之间所承载的关系；因此，那些谈论复合对象的句子自身也一定是复合的。既然所有的复合句最终说来要依据它们在逻辑上所依赖的原子句来加以解释，那么复合对象最终说来要依据那些关于组成它们的简单对象的句子来加以分析。2.021 提示我们，这种分析的过程，从较多的复合性到较少的复合性的转变过程，必须要有一个终点——这个终点在形而上学简单对象中，在世界这一侧（同样也在逻辑专名和由逻辑专名组成的原子句中，在语言这一侧）。

目前为止，这些原则都只是未加论证地被断言出来。2.0211 和 2.0212 则意图为最后一项主张提供论证——也就是下述这个主张：所有分解和分析的过程必须终结在形而上学简单物之中。准确地说，这个论证应当是什么样子，这一点并不清楚。然而，考虑到《逻辑哲学论》中的其他假设，人们可以做出有根据的猜想。依我所见，最可能的论证是这样的：（i）假设不存在形而上学简单物；（ii）那么语言中的简单要素——逻辑专名——就会指称复合对象；例如，逻辑专名 n 可能指称对象 o，该对象由 a、b、c 以某种特定方式组成；（iii）在这种情况下，o 是否存在，以及 n 是否指称某物，这些都依赖于 a、b 和 c 以必需的方式组合在一起这一点是否为真；（iv）因为 n 的意义不过就是它的指称，这就意味着，n 是否有某种意义以及包含 n 的原子句是否

---

① 译者注：本书中，所有原作者未加括号的《逻辑哲学论》引文，无论其英译本引自奥格登还是佩尔斯、麦吉尼斯译本，其中文译文均引自韩林合译《逻辑哲学论》，商务印书馆 2013 年版；括号中的引文则由译者译出。以下不再一一赘述。参阅原作者在本章中 228 页的脚注①。

具有某种意义，都将依赖于如下命题的真假：a、b和c以必需的方式组合在一起；（v）此外，如果不存在形而上学简单物，那么对于a、b、c来说，这个过程将重复下去——也就是说，a、b和c以所需的方式关联在一起是否有意义这一点，将依赖于更进一层命题的真假——如此以至无穷；（vi）对每一个名称和每一个原子句来说，这个过程都会重复；（vii）最终，这种结果会扩展到所有的逻辑复合句，因为（如我们将看到的那样）《逻辑哲学论》有这样的核心原则，即所有复合句的意义均依赖于原子句的意义；（viii）因此，如果没有形而上学简单对象，那么无论什么句子是否有意义这一点，都依赖于更进一层陈述的真值和有意义性，以此类推。既然维氏认为这种剧情是荒谬的，他便得出结论：形而上学简单对象确实必定存在。

上述论证中有两点值得注意。第一，其中充斥着关于语言的假设——也就是说，关于逻辑专名、原子句以及原子和非原子句之间的关系的假设。尽管维氏在《逻辑哲学论》随后的部分引入了这些假设，但它们本身既不是自明的，也未得到有说服力的独立辩护。因此，根据上述解释，这种对形而上学简单物的辩护依托于一种自身漏洞百出的语言学基础。第二，即使一个人信赖维氏的语言学假设，他也必须做更多工作来表明，由这些假设所产生的归谬法确实揭示了某种荒谬性——就像维氏想用它做的那样。有些或所有句子的意义需要依赖于更进一层命题（句子）[①]的真，这为何是荒谬的？

在对这个问题的回答中，至关重要之处是，澄清当一个人说句子P的意义依赖于另一个句子或命题Q的真时，他的意思究竟是什么。假设他的意思是，为了确定或知道P是有意义的，人们必须**首先**确定或知道Q是真的。根据这种解释，上述论证所说的就是，为了确定或知道一个句子是否有意义，人们必须**首先**确定或知道另一个句子是否既是真的又是有意义的，由此以至无穷。这确实是荒谬的，因为它导致

---

① 这种论证的其中一个问题在于，它利用了某种在句子和命题之间区分上的草率。既然对于维氏来说这是一项棘手的话题，而且这种论证可以在不讨论上述区分的情况下被解开，我在此便不涉足此问题。

如下的结论，即我们绝不会确定或知道任何一个句子是否有某种意义。

但这个论证并未证实这样的观点，即这种荒谬性（在维氏其他关于语言的假设面前）得自如下假定：不存在形而上学简单物；因为根据那种解释，步骤（iii）和（iv）并非得自步骤（ii）。为了看清这一点，请设想我使用语词**这个**（*this*）作为指涉我此刻坐着的椅子的逻辑专名。为了使得对该词的独特使用具有某种意义，我意图用它所指涉的那把椅子必须存在。现在设想我的椅子由这样一大群分子组成：它们以某种方式排布。既然我的椅子由如此排布的分子组成，那么为了我椅子的存在，以及为了我对**这个**一词的使用在此时此刻同时具备指称和某种意义，这些分子以正确的方式排布就是必要的。但为了知道这把椅子的存在，或者知道我的言说的意思是我所意图用它表示的意思，我**并不**需要知道上述这些事。

我们甚至可以设想一群根本没有任何关于分子结构观念的人，他们说着一种恰好具有维氏所设想的逻辑结构的语言 L，在其中逻辑专名被限于指涉人群和他们所熟知的中等大小的对象。即使情况是这样的，即如果不是因为特定分子排布的存在这个事实，语言 L 中所有的名词、原子句和非原子句均不具有意义，说 L 语言的人也无需知道上述事宜，就可以知道他们的语词具有它们所应当具有的意义。《逻辑哲学论》式的对形而上学简单物的论证存在这样的缺陷，即没有排除如下可能性：我们的语言或许像语言 L 那样从未指涉任何形而上学简单物。因而它并未证明形而上学简单物的存在。

当然，人们可以修补上述论证，使得步骤（iii）和（iv）确实得自步骤（ii）。但是为了做到这点，人们将不得不规定，一个句子 S 的有意义性**依赖**于一个关于如此这般的事情的主张的真，这不过就是说情况是这样的：如果那个如此这般的事情不是事实，则 S 就不会是有意义的。但是，依据这种对依赖性的解释，我们从不存在形而上学简单物这个假设中所得出的结论就不再是荒谬的了。为什么情况不会是这样呢：对于任何一个句子 S 来说，如果事实不是如此这般，那么 S 就不会有意义；而如果另一个事实不是如此这般，那么这个事实就不会是这个事实，如此以至无穷？或许有某种合适的理由去认为这确实是不可能的，或荒谬的。但即便如此，维氏却没有给出这种理由。

那么，他就像罗素一样，既没有证明形而上学简单物的存在，也没有证明如果它们存在，则它们——也只有它们——可以是逻辑专名的指称。因此，我认为最好是把这些学说视作《逻辑哲学论》体系的基本假定，而不是视作维氏由其他更基本的假定所推导出的定理。在我看来，他对语言持有某种特定的设想，也对实在持有相应的设想。尽管这二者被优美地拼接在一起，但其中任何一方都不能单独地从另一方导出；而且没有任何一方可以从某个清楚可信或自明的起点开始得到证实。相反，这个体系将作为一个整体而被判定为是成功还是失败的。考虑到维氏的形而上学视野，这似乎是一种传统形而上学原子论的彻底的逻辑化版本。①

维特根斯坦的逻辑化版本的形而上学原子论

传统原子论认为，存在着某些简单的、不可分的、被称为"原子"的小物件，它们是宇宙中所有事物得以被建造出来所用的积木。宇宙中的所有变化都可以被认为是旧有原子组合的毁灭和取而代之的新组合的诞生。此外，尽管原子是所有改变的根源，但它们自身却是永恒和不变的。维氏接过这种传统图景并重塑了它。传统的原子论表述披着某种非常一般性的经验论假设的外衣，这些假设可能通过科学的不断进步而最终被确证、驳倒、部分地支持或架空。维氏的原子论版本却不属于这种类型。他的表述不可能被科学确证或驳倒，而是应当先于科学。除此之外，维氏所谈论的这种简单物不仅是所有改变的永恒不变的根源，也是所有概念的和逻辑的可能性的根源。正如所有的改变——所有时光流逝中的变迁——是不变的简单物组合和重组的结果一样，在人们可称之为**逻辑空间**的东西中，从一种可能事态到另一种

---

① 这个要点在罗伯特·富格林（Robert Fogelin）的《维特根斯坦》（*Wittgenstein*, London and New York：Routledge，1987）一书的第二版中被加以强调。

可能事态的所有变迁，也不过就是同样的形而上学简单物组合在一起的那种变迁。

　　维氏在不同地方、以不同方式表达了这种想法。例如，从 2.027、2.0271 和 2.0272 中我们可以得到这样的想法：形而上学简单对象是所有变化的不变的根源。①

　　2.027　　稳定的东西、存在的东西和对象是同一种东西。

　　　　　　　（对象，稳定的东西和存在的东西，是一个东西而且是相同的东西。）

　　2.0271　　对象是稳定的东西，持续存在的东西；而配置则是变动的东西，非持久的东西。

　　　　　　　（对象是稳定和存在的东西；它们的排布则是变化和不稳定的东西。）

　　2.0272　　诸对象的配置构成基本事态。

　　维氏还清楚地表述到，世界中的形而上学简单对象存在于这个世界所有可能的状态中，而且是所有逻辑可能性的根源。根据这种观点，说某物虽不是这样的，但却可以是这样的，就等于说基本对象虽然没有以某种特定方式组合在一起，但却可以这样组合。阐释这种观点的典型段落如下：

　　2　　　　实际情况，事实，是诸基本事态的成立。

　　2.01　　基本事态是诸对象（物件，物）的结合。

　　2.011　　能成为基本事态的构成成分，这一点对于物来说具有本质的意义。

---

　　①　Wittgenstein, *Tractatus*，奥格登（Ogden）译。括号中的材料出自大卫·弗朗西斯·佩尔斯（David Francis Pears）和布雷恩·麦吉尼斯（Brain McGuinness）的另一个译本（London：Routledge，1974）。在下文中，除了另外的标注，未加括号的材料均出自奥格登译本；皮尔斯和麦吉尼斯的译本则会出现在括号中。

2.012　　　在逻辑中不存在任何偶然的东西：一个物，如果它能
　　　　　出现在一个基本事态之中，那么该基本事态的可能性
　　　　　便已经被预先断定在该物之中了。

2.0122　　在其可以出现于所有可能的事态之中这种意义上，一
　　　　　个物是独立的。但是，这种形式的独立性是与基本事
　　　　　态的关联的一种形式，是一种非独立性……

2.0123　　如果我知道了一个对象，那么我也知道了其在诸基本
　　　　　事态中出现的所有可能性。

2.0124　　给出了所有对象，由此也就给出了所有可能的基本事态。

2.013　　　每一个物可以说都处于一个由诸可能的基本事态构成
　　　　　的空间之中……

2.014　　　对象包含了所有事态的可能性。

2.0141　　一个对象在诸基本事态中出现的那种可能性是其形式。

2.0201　　每一个关于某些复合物的陈述都可以分析为一个关于
　　　　　其构成成分的陈述和那些完全地描述了这些复合物的
　　　　　陈述。

2.021　　　诸对象构成了世界的实体。正因如此，它们不能是复
　　　　　合而成的。

2.022　　　显然，一个设想出来的世界，无论它被设想的与实际
　　　　　的世界有多么大的不同，它都必然与其具有某种共同
　　　　　的东西。这种共同的东西就是它们的形式。

2.023　　　这个稳定的形式恰恰是由对象构成的。

根据《逻辑哲学论》，简单对象是稳定和不变的。所有的可能性和变化都可以依据同样的简单对象的组合与重组来理解。正因为简单物是永恒的，并且在所有时间中都存在，所以它们的存在是必然的，并且它们存在于世界可以具有的所有可能的状态中。在《逻辑哲学论》里，所有可能性——逻辑空间中的所有变迁——都不过是同样的形而上学简单物组合在一起的那种变迁。但这些对象是什么样子的呢？根

据我们目前所讲的，人们可能认为它们像是某种传统版本的原子论中所构想的那种小台球似的小物件。但这却不是维氏心中所想的。

形而上学简单物的隐藏性

在维氏看来，对象是简单的。它们无形无色，而且一般说来不具有我们在日常生活中遇到的那些中等大小的普通事物所示例的、为人熟知的性质。这些形而上学简单物不仅不具有这些为人熟知的性质，而且可以说，它们制造或构成这些性质。人们可以说，这些日常生活中为人熟知的性质只有在简单对象的配置里才"成立"。因此，我们没有任何方法来描述这些对象，尽管据说我们可以命名它们。

就这一点而言，在维氏写作《逻辑哲学论》期间所保存的笔记中有这样一条关于形状的富于启示性的评论：

> 假定我们看到一个圆形的斑点：这个圆形是它的**性质**吗？肯定不是。它似乎是一种结构"性质"。当我注意到一个斑点是圆形的时，在此难道我没有注意到一个无穷复杂的结构性质吗？ ①②

我认为这里的要点是，当我们说自己感知到的是圆的时，我们真正说出的是：那些组成它的形而上学简单对象彼此间具有某种特定的结构（在此是空间上的）关系。如果这是正确的话，那么**这个如此这般的东西**（*The so and so*）**是圆形的**这个句子的逻辑形式就是——或至少包含了——如下这种复合陈述：**a 以如此这般的方式与 b 相关联，b 又以某种方式与 c 相关联，c 又与 d 相关联**……（以此类推）。在此"a""b""c""d"均是对应形而上学简单物的逻辑专名，这些形而上学简单物构成了那个原初句子的主语所指称的复合物。这意味着所有关

---

①   Wittgenstein, *Notebooks 1914—1916*（Oxford：Basil Blackwell，1961），p. 18.

②   译者注：译文引自韩林合译《战时笔记（1914—1917）》，商务印书馆 2013 年版。脚注中原著者标明的页码为第 18 页，经查证后应为第 65 页。

于环形的谈论，都可以被分析为关于一群简单物如何彼此相关的谈论。如果现在我们问这些形而上学简单物自身是否是圆的，那么这是无意义的。说某物是圆的，甚或说某物具有任何形状，这都预设了该物是复合物，其各部分彼此处于某些关系当中。既然根据定义，简单物没有部分，那么它们就没有形状。根据维氏的观点，形状是一种只出现于对象的组合这个层面上的性质；设想形而上学简单对象具有任何一种形状，是无意义的。

这一点不仅适用于形状，也适用于其他那些在日常生活中所遇到的、为人熟知的性质。无论何时，当我们说到某个具有其中一种性质的东西，我们所说的就是组成它的简单物以某种特定方式进行的排列。既然所有这些性质只出现于对象的组合这个层面上，把它们归属于简单物本身就是无意义的。从原则上说，我们可以用逻辑专名命名这些简单物，也可以谈论它们是如何被排布的，但我们不能说它们自身是什么样子。

形而上学简单物的隐藏性，以及我们在给出关于它们是什么样子的正面特征上的无能，这些对于维氏来说，并非我们这一方的任何一种可矫正的无知所带来的结果。相反，笼罩着它们的神秘性，对它们来说在某种意义上说是本质上的，这与《逻辑哲学论》的核心原则息息相关。

> 2.021 诸对象构成了世界的实体。正因如此，它们不能是复合而成的。
>
> 2.0231 世界的实体只能决定一种形式，而不能决定任何实质性质。因为后者只有通过命题才被表现出来——只有通过对象的配置才被构建出来。
>
> （世界的实体只能决定一种形式，而不能决定任何物理性质。因为物理性质只有通过命题才被表现出来——只有通过产生它们的对象的排布才被表现出来。）
>
> 2.0232 顺便说一下：对象是没有颜色的。

2.0233　具有相同的逻辑形式的两个对象彼此间的区别仅仅在于：
　　　　它们是不同的（这里我们不考虑它们的外在性质）。

上述引文中的第一段将对象等同于世界的实体。第二段则告诉我们，世界的实体——形而上学简单对象——只能决定形式；也即它们只具有进入不同配置的可能性。当维氏说它们不决定"物理性质"的时候，我认为他的意思是说，它们自身并不呈现或具有形状或颜色这样的特定性质，而对象自身也不决定究竟是哪些事物实际上示例这些性质。相反，我们被告知，这些性质只通过命题被表现出来，而且它们在对象的"配置"中形成。换言之，这些性质可以依据简单物之间的关系而加以分析。在第三段中我们得到了一个例子。诸种颜色是维氏所谈论的"物理性质"。由于具有某种颜色——比如红——只不过是由处于某种配置中的简单物所构成的事项，因此简单物自身不可能具有某种颜色。所以，我们被告知它们是无色的。最后，在第四段中我们被告知，拥有相同逻辑形式的两个形而上学简单物——即这二者具有与其他对象组合的同样的**可能性**——不具有任何可以将它们区分开的**内在**性质。它们可能具有不同的外在或**关系**性质；它们可能事实上碰巧与不同对象组合在一起，并由此具有不同的关系性质。然而，除此之外，不存在内在性质可以将二者区分开来。它们中的一个，a，仅仅具有这种性质：与 b 不等同；而另一个，b，仅仅具有这种性质：与 a 不等同。

鉴于这一点，显而易见，维氏认为我们可以说的关于简单对象的唯一的事情，就是它们是如何组合的。他在 3.221 中明确地得出了这条结论：

3.221　我只能**命名**对象。符号代表它们。我只能谈**论**它们，
　　　　我不能**言说它们**。一个命题只能说一个物是**如何的**，
　　　　而不能说它是**什么**。
　　　　（对象只能被**命名**。符号是它们的代表。我只能谈**论**

它们：我不能**在语词中言说它们**。命题只能说事物是**如何的**，而不能说它们是**什么**。）

　　尽管我们不能说形而上学简单物是怎样的，可我们应当可以阐明它们是如何组合的。但是，有这样一个真正的问题：即使在这方面我们又能取得多大的成功呢？《逻辑哲学论》的其他原则，对我们可以理智地做出的关于形而上学简单对象的理性陈述，有着严格的限定。这些原则通向《逻辑哲学论》的核心，并且涉及必然性和可能性的本质。

原子句和原子事实的逻辑独立性

　　在维氏的文本中有多处关于必然性和可能性相关原则的表达。在6.375 中我们被告知，唯一的必然性就是**逻辑的**必然性，而唯一的可能性就是**逻辑的**可能性。在 5.13、5.131 和 4.1211 中我们被告知，只要诸命题彼此间处于某种逻辑关系中，那就是由于它们的结构（因此可以通过一种揭示其逻辑形式的分析而被显示出来）。

> 5.13　　　一个命题的真得自于其他命题的真，我们从这些命题的结构中就能看出这点。
>
> 5.131　　如果一个命题的真得自于其他命题的真，那么这点通过这些命题的形式、彼此所处的关系而表达自身……
>
> 4.1211　……如果两个命题彼此矛盾，则它们的结构就显示了这点；同样，如果一个命题得自于另一个命题，则它们的结构也显示了这点，等等。

　　从这些观点可以得出的两个推论是：（i）一个原子句绝不会是另一个原子句的必然的后承——也就是说，一个原子句的真绝不会必然得自另一个原子句的真；（ii）诸原子句彼此间绝不会是不相容的。第一个推论在 5.134 中有清晰的表述：

5.134　从一个基本命题不能推导出其他任何一个基本命题。

（一个基本命题不可能从另一个基本命题中得出。）

第二个推论的明晰表述则在 6.3751 中：

6.3751　……显然，两个基本命题的逻辑积既不能是同语反复
式也不能是矛盾式。

基本命题（基本句子）就是原子命题（原子句）。① 两个命题的逻辑积是它们的合取。如果两个原子命题的合取不会是矛盾式，那么这两个命题不会是不相容的。

这些推论背后的想法是很清楚的。如果一个原子命题 Ha 逻辑上蕴涵——或逻辑上不相容于——原子命题 Gb，那么这二者间的逻辑关系不会是这两个命题间的结构关系，而是关于它们的素材（subject matter）或内容的。这是因为逻辑自身不包含任何独特的素材。相反，不同句子间的逻辑关系总是纯粹形式上的；对于维氏来说，这些关系总是可以通过对句子结构的考察而被发现。

既然逻辑自身不含有任何素材，那么人们也就不可能发现哪些原子句为真，哪些为假。逻辑的一项核心任务就是找出这样的句子——逻辑真理或重言式——无论真值被如何赋予诸原子句，它们总是被担保为真；另一项任务是找出这样的句子——矛盾式——无论真值被如何赋予诸原子句，它们总被担保为假。与这些任务相关的是，逻辑告诉我们，何时一个或一组句子的真保证了另一个句子的真（无论哪些原子句为真或为假），以及何时一组句子不可能同时为真。如果将《逻辑哲学论》的原则——所有的必然性都是逻辑的必然性，而所有的不可能性都是逻辑的不可能性——加入上述关于逻辑的设想中，那么人们就会得出如下结论：所有必然真理都是一种逻辑真理，或曰重言式，而所有必然假也都是一种逻辑假，或曰矛盾式。人们同样可以得

① 笼统地讲，在《逻辑哲学论》中一个命题就是一个句子加上它自己的释义。

出结论：如果一个命题的真必然蕴涵另一个命题的真或假，那么后一个命题要么是前一个命题的**逻辑**后承，要么与前一个命题在**逻辑上**不相容。

此时假设维氏是正确的：如果 p 和 q 是原子命题，那么 p 的真或假总是相容于 q 的真或假；二者可能同时为真或同时为假，或其中之一为真而另一为假。简言之，二者是相互独立的。因为《逻辑哲学论》在原子命题和原子事实之间设置了一种平行关系，所以我们可以将同样的结论推广到原子事实上。因此，在 5.134 中我们被告知一个基本命题绝不会从另一个基本命题逻辑地推导出之后，在 5.135 中我们又被告知"绝对不可能从任何一个事态的存在推导出另一个与之完全不同的事态的存在"。[①] 同样，在 2.061 和 2.062 中我们得到下述评论：

2.061 基本事实彼此独立。

2.062 从一个基本事实的存在或者不存在不能推导出另一个基本事实的存在或者不存在。

这些关于原子句和原子事实相互独立的原则可以被用于揭示哪些原子句真正谈论了形而上学简单物，而哪些原子事实是真正可能的。在 6.3751 中维氏给出这样一个可供使用的论证的实例：

6.3751 比如，两种颜色同时出现于视野中的一个位置，这是不可能的，而且从逻辑上说就是不可能的，因为颜色的逻辑结构就排除了这样的事情。

[显然，两个基本命题的逻辑积既不能是同语反复式也不能是矛盾式。视野中的一个点在同一时间具有两种不同的颜色，这个断言是一个矛盾式。][②]

---

① 奥格登译本。

② 这是在奥格登译本中维氏自己所加的括号。

　　从这些评论中可以得出，不存在这样一个有意义的原子句**a 是红色的**，它谈论了某个独特的红色对象。因为如果存在这样的原子句，那么它的真就**不相容**于另一个原子句**a 是绿色的**。因此，这些句子——a 是红色的和 a 是绿色的——不可能是原子句。同理，不存在"a 是红色的"这样可能的基本事态[①]，因为这个事态不会独立于"a 是绿色的"这个可能的事态。

　　现在，这似乎是令人惊讶的，因为我们已经确定，根据维氏的观点对象不可能具有颜色甚或其他任何物理性质。然而，问题的要点还远不止这些。例如，请考虑这样一些合理的陈述：

　　　　1a．a 在 b 的右侧。

　　　　b．b 在 a 的右侧。

　　　　c．a 在 a 的右侧。

　　　　2a．a 比 b 重。

　　　　b．b 比 a 重。

　　　　c．a 比 a 重。

　　　　3a．a 距离 b 恰有两英尺远。

　　　　b．a 距离 b 恰有一英尺远。

　　　　c．a 距离 a 恰有一英尺远。

　　　　4a．a 紧挨着 b。

　　　　b．b 紧挨着 a。

在每种情形下，（a）和（b）都不是相互独立的。在前三种情形下，它们彼此是不相容的——换言之，二者不可能同时为真。在第四种情形中它们彼此是对方的必然后承——如果其中一个为真，那么另一个必

----

　　①　译者注：在此"可能的基本事态"原文为"possible atomic state of affairs"，这也是这种用法在本书中唯一一次出现。作者或许并没有严格区分"可能的基本事实"（possible atomic facts）和"基本事态"这两个概念。在此使用"possible atomic facts"似乎更为合适。

为真。同样，在前三种情形下句子（c）都必然为假。这些考察和《逻辑哲学论》关于原子命题的原则共同蕴涵了这样的结论，即每个例子中的句子都不是原子句。既然在每个例子中我们都有充分的理由认为，如果其中一个是原子句则所有的就都是原子句，那么从它们不是逻辑上相互独立的这个事实可以得出，它们中没有一个有资格成为《逻辑哲学论》所设定的意义上的原子句或原子命题。此外，我们实际上可以为所有涉及空间关系、时间关系、度量关系或相对的大小程度关系的陈述构造出同样的论证。由此可以得出，这种类型的陈述不可能是《逻辑哲学论》所假定的那种原子命题。这意味着原子命题不可能将日常性质归属给形而上学简单物，也不可能将为人熟知的空间、时间、度量、程度等关系归属给这些简单对象。

　　这几乎没有为我们留下空间去想象原子命题究竟可以说什么。这诚然是一个不可思议的结论。根据维氏的观点，原子句是所有意义得以被建造出来所需的积木。但如果这个原则是正确的，我们几乎不可能设想任何原子句，或它们可能具有的任何独特内容。最终，维氏似乎不得不说，我们关于世界的所有谈论应当被还原为关于简单对象的谈论，但这些对象不具有任何性质，不能以任何我们可以想象的方式进行组合，但却能以我们无法解释或理解的方式组合。我们确实很难理解这究竟意味着什么，更别说人们为什么要相信这些了。我认为，平心而论几乎不会有哲学家真正相信它。维氏关于形而上学简单物以及它们如何组合以形成原子事实的观点，处于《逻辑哲学论》最黑暗和最难以置信的方面。但是，《逻辑哲学论》的其他一些方面倒是更为有趣和有影响力。尤其重要的是关于如下这些事项的原则：意义的本质、逻辑的本质、必然性和可能性的观念等；此外还有维氏关于逻辑复合句与原子句之间关系的原则。这些将是我们在下一章会考察的方面。

第十章

《逻辑哲学论》中的意义、真和逻辑

本章概要

1. 真、意义和图像论

图像类比；原子句通过与原子事实共享抽象的逻辑形式来表现原子事实

没有意义的有意义性

真的原子句对应于真的原子事实；所有的事实都是原子事实；非原子句的真和意义要依据原子句的真和意义而得以解释；知道意义就是知道真值条件

2. 维特根斯坦的逻辑系统

对真值函项和一般性的《逻辑哲学论》式的处理

3. 维特根斯坦一般性的逻辑原则

所有有意义的句子都是原子句的真值函项

重言式并不陈述必然事实，而是我们符号体系的制品

所有必然性都是逻辑的必然性（重言式），它可以仅仅通过形式而被发现

判定程序（Decision procedures）：真值表的方法和命题演算；不存在一种关于《逻辑哲学论》中逻辑的判定程序

可证性：关于这种想法的问题，即所有《逻辑哲学论》中的逻辑真理都是可证的

真、意义和图像论

在上一章中我们谈论了维氏关于形而上学简单物的设想，以及关于它们组合成原子事实的方式。现在我们将转向他关于真、意义、必然性、可能性、可设想性和逻辑的看法。同之前一样，我们从原子句开始。我们被告知，它们是逻辑专名的组合，这些组合**描画**（picture）或表现了可能事态。在《逻辑哲学论》的体系中，每个名称精确地命名一个对象，这个对象就是该名称的意义，而且每个对象也都精确地被一个名称命名。名称在一个原子句中被放置在一起的方式，表现了被命名的对象可以被组合在一起的方式。原子句（维氏也称其为**原子命题**）被说成是描画了可能事实或事态，后者可以被当作前者的意义。这里有两样东西值得注意——图像类比和维氏关于意义的设想。

首先是图像类比。它可以通过一对著名的例子来加以阐明。第一个例子是交通事故的庭审模型，在其中玩具车辆表示真正的车辆。在这套模型里，把玩具车辆放置在某种特定的空间排布中，这一点表现了真实车辆的那种排布。在这个例子里，模型的空间属性和关系允许它描画或表现真实车辆的空间属性或关系。第二个例子是关于一座谷仓的具象绘画（representational painting）。在这种情况下，通过把画布上的某个特定部分变成红色，人们可以表现那座被画成红色的谷仓。

那么语言的情况又是如何呢？我们并不用彩色的墨水来表现各种语词所指的颜色。我们一般也不把语词放置在这样的空间关系中：这些关系以直接的、点位式的方式，与我们所谈论的那些项目之间所存在的空间关系相对应。维氏仍然认为，一个原子句具有表现一个可能事实或事态的能力，这仅仅是由于这个句子和事态具有共同的形式。一般而言，这种共同形式不会是一种空间形式——就像交通模型中那样，也不会是一种涉及颜色之类属性的物理形式——就像在谷仓画的情形中那样。因此维氏说，一个原子句和它所描画或表现的事态之间所共有的那种形式必然是一种抽象的**逻辑形式** [1]。

尽管这项原则看上去十分宏大，我却认为它实则相当简单。根据维氏的看法，一个原子句是一个**语言上的事实**——一个有特定结构的名称的组合——而一个事态则是一个**可能的非语言上的事实**——一个有特定结构的对象的组合。为了使语言事实描画或表现可能事态，那些关于名称在句子中的组合方式的事情，必须对应于对象是如何在事态中组合的。一般而言，关于那些事情是什么这一点，并没有太多可以说的。它们仅仅是关于如下这种语言上的约定的事项：将名称组合在一起的特定方式——也就是说，将名称彼此放置在独特的关系中以形成一个句子——表现了可能的事态，在这些事态中，对象被那些处于特定关系中的名称所指涉。例如，在句子 *Nab*（意为 a 在 b 的北边）中，名称 *a* 处于与名称 *b* 的如下关系中：**直接 – 出现在 – 它 – 之前 – 并且 – 在 – 这个 – 符号 –N– 之后**。两个名称在这个关系中的组合表现了如下这点：由 *a* 命名的对象处于与由 *b* 命名的对象的**在 – 它 – 的 – 北边**的关系中。在创立一种语言时，人们会采用如下这样的语言上的约定：它们规定不同的专名指涉哪些对象，以及名称间所存在的不同的语言关系指涉对象间存在的哪些非语言关系。当维氏说一个原子句和它所表现的可能的原子事实共享一种逻辑结构时，我认为他全部的意思就是：就像可能的原子事实是这样一种组合——对象在其中处于一种特定的关系 R_o 中——一样，原子句也是这样一种组合——名称在其中处于一种特定的关系 R_n 中，而且某种语言上的约定会根据如下之点被采用：关系 R_n 中名称的哪种配置表现了可能事实中关系 R_o 里那些被命名为彼此具有关系 R_o 的对象。[2]

简言之，根据图像论，为了使一个事实能表现另一个事实，这两个事实必须具有共同的形式。有时，就像在交通模型和谷仓的具象绘画中那样，形式涉及特定的物理属性和关系——颜色或空间关系——这些属性和关系是用来进行表现的事实和被表现的事实所共同具有的。

---

[1]　关于图像论的进一步讨论，请参阅罗伯特·福格林（Robert Fogelin）所著 *Wittgenstein* 一书的第二章。

[2]　感谢鲍里斯·柯门特（Boris Kment）对这一点以及其他相关事宜的洞察。

在另一些情形下，比如在语言中，在以上所表明的意义上，共同的形式仅仅是一种抽象的逻辑形式。

现在我们转向图像论所建言的其他要点。请考虑一下具象绘画。使得一幅图画成为具象性的东西不是任何它所表现的实际事物的存在；一幅关于独角兽的画可以是具象性的，即使独角兽并不存在。考虑到这点，人们可能以为，使得一幅图画具有具象性的东西在于它表现了一个可以或可能想象为存在的对象或情况，即使这个对象或情况实际上并不存在。接下来，请考虑原子句。我们可以问，**什么使得一个原子句有具象性——换言之，是有意义的**？一些哲学家可能给出这样的答案：一个原子句的有意义性在于这个事实，即它代表或表达了某物——某个是它意义的实体。早期罗素就是一位这样的哲学家，他认为命题是被这样的句子所表达的抽象对象：这些句子可以被施事者相信或断定。然而，这并不是维氏关于什么使得一个原子句有意义或者其有意义性何在的设想。根据维氏的看法，一个原子句是有意义的或具象性的，仅当这个原子句中被命名的对象可以被按照如下方式排列：这种方式对应于名称在句子中排列的方式。在他看来，我们可以通过说一个原子句的意义是一个**可能**事实或事态来表达这一点。

但是，他可以补充道，如果我们用这种方式表达自己，那么一定小心不要提供错误的印象。维氏的确**不认为**，在**实际的**事实或事态之外还有更多的实体——仅仅**可能的**事实或事态——它们具有这样一种存在，即缺乏具有充分资格的存在性或现实性。仅仅可能的事实或事态不会被认为是真正的实体。这样看来，当我们说有一些事态仅仅是可能的时，我们的意思是，事情可能与它们的实际所是有所不同。我们并不是说，有这样一种对象的组合，它在实际世界中有一种弱的存在，但却又可能有一种更强的存在。①

---

① 这种说话的方式似乎承认了"事物（比如宇宙）可能是其所是的诸种方式"和"对象可能被组合的诸种方式"的存在，这些方式自身可以说是某种实体——世界的可能状态（有时被误导性地称为"可能世界"），以及可能事态（"可能事实"）。维氏看似否定这些事物真的存在，尽管上述要点趋向于削弱这种否定，他却并未贯彻这个要点。相反，他似乎更倾向于谈论这种方式，而没有承认其中显而易见的本体论承诺。

随之而来的结果是，对那些为假的原子句来说，作为它们意义的事物不存在。这些句子是有意义的，但使其有意义的东西不在于它代表或表达了某种是其意义的实体。相反，一个原子句是有意义的，当且仅当世界中的对象可以以如下方式被排列：这种方式对应于名称在句子中的排列方式。知道一个原子句的意义并不是要去亲知某种抽象实体——一种意义，一个命题或一个可能事态。相反，我们要去知道，如果这个句子是真的，那么世界将会是什么样子。这种想法——一种意义理论不要求意义本身是一种实体，而且理解一个句子就是去知道它在何种情况下为真——迟早会对哲学家和语言理论家产生巨大的影响。值得注意的是，这种想法似乎在《逻辑哲学论》中第一次获得了系统性的发展。

这把我们引向维氏关于真的观点。一个原子句为真，当且仅当它对应于一个原子事实。只有在这种情况下才是如此：在句子中被命名的对象确实以这种方式——它们的名称在句子中被组合的方式所表现的那样——组合在一起。简言之，一个原子句是真的，当且仅当世界中的对象真的如这个句子说它们所是的那样；否则该句子为假。那么非原子句又如何呢？对维氏来说，非原子句的真或假总是由原子句的真或假决定。因此，他看似无需假定非原子事实的存在。例如，请考虑否定句的情况。让我们考虑对原子句 *Lab* 的说明（为了论证的方便，我们可以设想这个句子说的是 a 在 b 的左边）。该句子的否定 ~ *Lab* 为真，当且仅当原初的句子 *Lab* 为假——换言之，当且仅当**不存在一个**由 a 之存在于 b 左边所构成的**事实**。为了解释这个否定句的真，我们不需要说世界中存在着这样一个对应于这个否定句的事实。相反，它的真在于它**不**对应任何事实。

实际上，维氏在意义和真的问题上采取了一种两级理论。在级别 1 上，原子句被说成是代表可能事态的，可能事态的实际存在将使得原子句为真。[①] 在级别 2 上，非原子句的意义和真依据原子句的意义和

---

① 是否存在仅仅可能的事态？这里我们有一个在之前脚注中讨论过的例子，关于维特根斯坦主义对此问题的两可倾向。

真而得以解释。不存在这样的可能事态：它由一个真值函项复合句所代表，而且它的实际存在会使得这个句子为真。要知道一个否定句 ~ *S* 的意义就是要知道 S 的意义，以及什么叫做把否定运算运用于一个句子。否定算子并没有命名世界中的对象，而且当 ~ *S* 为真时，这个句子也没有描画或对应于一个事实。要知道 ~ *S* 的意义，并不是要把它和一个可能事态关联起来。相反，应当把它与 S 以一种特殊的方式关联起来，在这种方式中 S 与一个可能事态相关联（如果 S 是一个原子句的话）。同样的说法可以适用于其他真值函项复合句。

在《逻辑哲学论》所阐发的这幅一般性的图景中，原子事实是所有存在的事实。可能的原子事实的不同组合构成了不同的可能世界（即宇宙可能所是的方式）。任何一个可能世界中都不存在任何超越于该世界中所存在的原子事实之上或之外的东西。我们可以通过这种方式来更清楚地阐明这一点，即从语言的视角来看事物。假设 A 是一个原子句的集合，而 f 是对 A 中每个成员真假的赋值。对 A 中的每个句子 S，f 赋予 S 真或假。A 中被 f 赋值为真的那些句子的集合表现了一个完整的可能世界。如果我们拥有一套不同的赋值 f'，那么被 f' 赋值为真的句子的集合可能表现了一个不同的可能世界。最后，请考虑对 A 成员的所有可能的赋值——也就是说，诸原子句之间每一种可能的真和假的赋值方式。其中一种方式会赋予每个原子句真，而另一种会赋予每个原子句假，而且对于这两种极端状况间的每一种可能的组合而言，都会存在一种这样的赋值：它将真值的组合给予 A 中的句子。《逻辑哲学论》的原则坚信：（i）每一种可能的赋值都表现了一个真正可能的世界（一种宇宙真的可以是或可能会是的方式）；（ii）每一个可能世界都被一种可能的赋值所表现。

记住这一点之后，请设想 S 是某种非原子句的情况。既然我们知道不存在非原子事实，我们也就知道 S 的真或假不可能在于它与一个非原子事实的对应或不对应。相反，S 的真或假必定由哪些原子事实存在所决定；或换言之，S 的真或假必定由如下这点决定：哪些原子句为真，哪些为假。维氏通过清晰地断言这条很强和意义很深远的原则来表达上述意思：**每一个命题（有意义的句子）都是原子命题的一个真值函项**。根据这条原则，任何一种对有意义的原子句（命题）集合 A 中所有成员的赋值，都自动决定了每一个真正命题（有意义的句子）的真值。此外，维氏似乎认为，要知道任何一个逻辑复合句的意义，就是要知道它的真或假是如何通过原子句而被决定的。①

这就是一般的图景。接下来我会说说维氏如何填补这些细节：复合句如何依据原子句而得以分析。在此简单回顾一下罗素的方法会很有帮助，那样我们就可以把他和维氏的方法进行对比。

维特根斯坦的逻辑系统

在罗素主义的逻辑中，我们的起点是原子式——例如，*Fa* 和 *Fx*。复合式可以由更简单的式子以如下两种方式构成：（i）我们可以将真值函项算子—— ~ 、&、v、→、↔——用于得到诸如（*Ga & Hab*）*v* ~（*Px→Qy*）这样的式子；（ii）我们可以将存在和全称量词算子用于得到诸如 ∃*x Fx* 和 ∀*x Fx* 这样的式子。在罗素的逻辑中，有些式子含有两种复合方式——例如，∀*x*（*Fx → Gx*）。这个句子由原子式 *Fx* 和 *Gx* 构成，**首先**使用了真值函项算子"→"，**然后**加上了全称量词。这些算子运算的不同顺序会产生不同的结果。如果我们颠倒了这个顺序，首先将全称概括运用于原子句，然后再把这些同真值函项算子"→"相连接以进行条件运算，我们会得到一个不同的和不等值的式子，（∀*x Fx*→ ∀*xGx*）。所以，对罗素而言，复合式是由原子式通过真值函

---

① 沿着此路前进的人们应当注意避免如下两个值得注意的陷阱。首先，如果理解意义就是通过关于真值条件的知识来进行解释，那么关于真的观念自身就不能预设意义，而且 **"S" 是真的**所做出的断言就不能被等同于——或微不足道或明显地等价于——S 自身所做出的断言；否则人们就会得出如下荒谬的结论，即人们知道雪是白的当且仅当雪是白的对于如下这两点是充分的：知道雪是白的为真当且仅当雪是白的，知道"雪是白的"的真值条件及其意义。其次，真值函项连接词自身不能依据真和假而被定义，因为任何一种这样的定义——例如~*S* 是真的当且仅当 S 不是真的——最终会预设一个或更多需要被定义的连接词。因此，至少一些真值函项连接词必须是初始项。维氏自己是否避免了这些错误，还并不清楚。

项——~、&、ᴠ、→、↔——和量词——∀x、∃x——算子的有限多的运用构建而成的。有些复合句包含两种算子，并且算子用于构建句子的顺序会使得这个句子说出不同的东西。

维氏的逻辑则是被着眼于设计成这样的：它本质上得到了与罗素同样的结果，但方式却不同。首先，维氏将真值函项算子的观念进行了概括。与罗素拥有~、&、ᴠ、→、↔不同，维氏只拥有一个算子 N，用于连接否定。与罗素的真值函项算子——它们总是被用于一个简单的式子（比如在~ S 中）或一对式子［比如在（$A\&B$）中］不同，维氏的算子 N 可以被用于诸多式子——N（A），N（A,B），N（A,B,C）……——以制造这样一个复合式：它为真，当且仅当它被用于的所有式子都是假的。其次，维氏采用了与罗素不同的量词系统。罗素系统中的量词——∀x，∃x——自身不是真值函项算子，而维氏的逻辑则消除了作为独立算子的量词。他的想法是，量词的功能可以被更为概括的算子 N 所代替，这样一来，从原则上说这种功能甚至可以被运用到无穷的式子集合中。例如，在维氏的系统中，N（Fx）是一个只在这种情况下为真的句子：每一个通过将变量 x 替换为一个对象的名称（每个名称都对应一个相应的句子）的句子 N（Fa）、N（Fb）、N（Fc）……全部为真。简言之，维氏试图发展这样一种系统，在其中每一个真正的命题都可以由简单的原子命题（原子句）和对简单的真值函项算子 N 的运用来构造。

在《逻辑哲学论》中构建这个体系的时候，维氏并没有完全详细地阐明为了达到他要的结果所需要的全部细节。但是，我们却可以通过在他清楚的评论上进行补充的方式来实现他的设想①。接下来便是对这种方案的简要概述。

语　言

　　1.　原子式是由 n 个名称或变量跟随着 n 项谓词组成的。

---

① 　请参阅 S. Soames, "Generality, Truth Functions, and Expressive Capacity in the *Tractatus*," *Philosophical Review* 92 : 4（1983），573—589。

2a. 如果 F_1，……，F_n 是式子，那么 (**F1，……，Fn**) 是一个集合的代表（set representative）。

b. 如果 G 是一个这样的式子：在其中变量 v 拥有一个自由出现，那么 (**v[G]**) 是一个集合的代表。

c. 除此之外没有集合的代表。

3. 如果 S 是一个集合的代表，那么 **NS** 是一个式子。（除此之外没有别的东西是式子。）

4. 句子是这样的式子：在其中所有变量的出现都是被约束的。［当一个变量 v 以（2b）中的那种方式被用于形成一个集合的代表时，它约束了 G 中 v 的所有自由出现。以这种方式不受约束的出现是自由的。］

真值条件

1. 一个原子**句**是真的，当且仅当它的谓词适用于其逻辑专名所命名的对象。（请注意，为了使得一个原子式成为一个句子，它不能包含任何变量。）

2. 一个句子 **NS** 是真的，当且仅当所有对应于集合的代表 S 的**句子**都是假的。

3a. 如果 S＝ (**v[G]**)，那么一个句子对应于 S，当且仅当该句子通过如下方式产生自 G：将 G 中所有的自由出现替换为一个单一名称的出现。

b. 如果 S＝ (**F1，……，Fn**)，那么一个**句子**对应于 S 当且仅当它是一个 F_i's。

罗素主义的句子及其在《逻辑哲学论》中等价句的例子

～ P	N(P)
～ P& ～ Q	N(P, Q)
P & Q	N(N(P), N(Q))
P v Q	N(N(P, Q))
P& ～ Q	N(N(P), Q)

$\sim (P \& \sim Q)$	$N(N(N(P)，Q))$
$P \to Q$	$N(N(N(P)，Q))$
$\sim P \vee Q$	$N(N(N(P)，Q))$
$\sim \exists x \, Fx$	$N(x[Fx])$
$\exists x \, Fx$	$N(N(x[Fx]))$
$\sim \exists x \sim Fx$	$N(x[N(Fx)])$
$\forall x \, Fx$	$N(x[N(Fx)])$
$\sim \exists x \, (Fx \& Gx)$	$N(x[N(N(Fx)，N(Gx))])$
$\exists x \, (Fx \& Gx)$	$N(N(x[N(N(Fx)，N(Gx))]))$
$\exists x \, (Fx \& \sim Gx)$	$N(N(x[N(N(Fx)，Gx)]))$
$\sim \exists x \, (Fx \& \sim Gx)$	$N(x[N(N(Fx)，Gx)])$
$\sim \exists x \sim (Fx \to Gx)$	$N(x[N(N(Fx)，Gx)])$
$\forall x \, (Fx \to Gx)$	$N(x[N(N(Fx)，Gx)])$
$\forall y \, \exists x (Rxy)$	$N(x[N(x[Rxy])])$

简要的说明：

"$N(y[N(x[Rxy])])$" 为真当且仅当下面每一项均为假：(i)
"$N(x[Rxa])$"，(ii) "$N(x[Rxb])$"，(iii) "$N(x[Rxc])$"，等等，每个句子
对应一个对象。情况会是这样的，当且仅当 (i) "$\sim \exists x \, Rxa$" 为
假，(ii) "$\sim \exists x \, Rxb$" 为假，(iii) "$\sim \exists x \, Rxc$" 为假，等等，每
一个陈述对应一个对象。情况会是相反的，当且仅当 (i) "$\sim \exists x$
Rxa" 为真，(ii) "$\sim \exists x \, Rxb$" 为真，(iii) "$\sim \exists x \, Rxc$" 为真，等
等，每一个陈述对应一个对象。但情况是这样的，当且仅当对每
一个对象 y 来说 $\exists x \, Rxy$ 为真——也就是说，当且仅当 "$\forall y \, \exists$
$x(Rxy)$" 为真。[①]

---

① 值得注意的是，罗素主义的带量词的句子及其维特根斯坦主义的对应者在如下意
义上是逻辑上等价的：它们在每一个域都具有相同的真值。但是，这两种系统间还是
有一些差别，罗素主义逻辑依据在所有可能域中的真来定义**逻辑真理**和**逻辑后承**等逻
辑观念，而无论域的大小如何；《逻辑哲学论》的系统则预设了一个固定的域。这将导
致我们随后会讨论到的一些重要的差别。

维特根斯坦一般性的逻辑原则

在这些简要的技术性漫笔之后，现在我们可以回到关于维氏一般逻辑原则的讨论。早先我曾提到，根据《逻辑哲学论》，所有真正的命题——即所有真正有意义的句子——都是原子句（命题）的真值函项。如果是这样，那么任何一种对所有原子命题的赋值都将自动决定所有其他命题的真值。被期望达到这一点的独特方式，涉及对概括的真值函项算子 N 的重复使用，这与维氏系统的规则是相一致的。① 为了我们的目标，关于这种构造在特定情况下应当如何运作的细节，往往是无关紧要的。而那些一般原则才是最重要的。

出于这种考虑，我们确定了三条基本的逻辑观念。

- 一个命题 S 是**重言式**（逻辑真理）当且仅当所有对原子命题的赋值都使得 S 为真。（我们会说一个命题是**逻辑上必然的**当且仅当它是一个重言式。）
- 一个命题 S 是**矛盾式**当且仅当任何一种对原子命题的赋值都使得 S 为假。（我们会说一个命题是**逻辑上不可能的**当且仅当它是一个矛盾式。）
- 一个命题 S 是**逻辑上偶然的**当且仅当 S 既不是重言式也不是矛盾式。

使用这些观念，我们现在提出了一系列问题。必然性和逻辑必然性之间的关系是什么？不可能性和逻辑上的不可能性的关系是什么？偶然性和逻辑上的偶然性的关系又是什么？

我们可以通过回顾维氏关于原子命题和可能世界（换言之，宇宙可能是或可能会是的方式）的基本假定来回答这些问题。

---

① 更多内容请参阅 "Generality, Truth Functions, and Expressive Capacity in the *Tractatus*," pp. 585—588。

A1. 原子命题是偶然的（在一些可能世界中为真，在另一些中为假）。

A2. 任意一个原子命题均独立于其他原子命题；无论其他原子命题的真值如何它都有可能为真（或为假）。

A3. 一个可能世界，不会是可能的原子事实的一个集合之上或之外的东西。

从这些假定可以得出，所有对原子命题的赋值都决定了一个可能世界，而且每一个可能世界都对应某种对原子命题的赋值。事实上，在对原子命题集合中的成员进行的赋值和真正的可能世界——也即宇宙可能是或可能会是的方式——之间存在着一一对应的关系。这为我们之前的问题提供了答案。

- 一个命题 S 是必然的——也就是说，在无论宇宙可以处于哪种状态下 S 都可以为真的意义上，S 在所有可能世界中都为真——当且仅当 S 是逻辑上必然的（而且因此 S 是重言式）。
- 一个命题 S 是不可能的——也就是说，在无论宇宙可以处于哪种状态下 S 都可以为假的意义上，S 在所有可能世界中都为假——当且仅当 S 是逻辑上不可能的（而且因此 S 是矛盾式）。
- 一个命题是偶然的——也就是说，在宇宙可以处于某种特定的可能状态下 S 可以为真而在另一些状态下 S 为假的意义上，S 在某些可能世界中为真而在另一些中为假——当且仅当 S 是逻辑上偶然的。

在维氏看来，逻辑上必然的命题和逻辑上不可能的命题在某种意义上是退化的（degenerate）命题。通过进一步考察重言式我们可以看到这意味着什么。既然这些句子在所有可能世界中为真，它们不会向我们提供任何关于这个世界的实际状态的信息，这些信息把这种实际状态同该世界其他可能的状态区别开来。因此，在某种意义上，它们向我们提供的不是关于事情**是**怎样的信息，而是关于事情可以是怎样的。这使得维氏声称它们没有**说出**任何事情。重言式仅仅是拥有一个包含真值函项算子的符号系统的结果。人们需要真值函项以说出如下事情：**世界不是如此这般的**，和**世界是如此这般的或如此那般的**。然而一旦你拥有了真值函项算子，重言式就以某些与它们伴随在一起的可容许的方式而得出了。

在维氏看来，重言式的真不应被归因于必然事实的存在。世界中不存在与重言式相对应的必然事实。重言式不过就是我们符号体系的制品。例如，当你认出 $(A \vee \sim A)$ 和 $((A \& (A \to B)) \to B)$ 是重言式时，你并没有把握住某些形而上学意义上的必然事实；你只是看到了一些关于真值函项算子如何工作的事情。在上述第二条重言式的情形下，人们可能通过说出如下东西来表达这一点：当你把握住这个重言式时，你看到了我们的符号使用是这样的，即 B 得自 A 和 $(A \to B)$。当然，重言式并没有说出这些；它并没有说"我们的符号体系是这样的，即 B 得自式子 A 和 $(A \to B)$"。根据维氏的看法，重言式自身并没有**说出**任何东西。但是，它作为重言式的地位应当被归因于它所**显示**的关于真值函项的符号如何工作的东西。①

既然重言式是符号使用的产物，那么如果人们总是通过观察一个命题是如何被符号化的便可以辨别它是否是重言式，这将是非常诱人的。维氏认为人们总是可以做到这点。这把我们带向《逻辑哲学论》的如下原则，即逻辑必然性总是可以仅仅被形式决定。为了理解这条原则，我们需要更小心地考虑维氏的意思。

他的一种意思可能是，存在着纯粹机械的**判定程序**，当这种程序被用于任意一个命题时，它总是会告诉我们（在有限数量的步骤后）一个命题是否为重言式。事实上，维氏用作其原初模型的逻辑系

---

① 这里我使用从心理学上说更简单的罗素主义——而非《逻辑哲学论》式——的符号来阐明维氏一般性的逻辑要点。接下来我将继续这样做，除非某个关键要点依赖于维氏独特的符号。

统——即命题演算——现在恰恰具有这种性质。它是这样一种逻辑系统，在其中每一个命题要么是原子命题，要么是将诸真值函项算子**有限多地**运用于**有限多的**原子命题所得到的结果。在此不存在量词或其他表达命题演算中一般性的方式。相反，所有的式子要么是代表单独句子的字母（原子命题），要么是有限多的式子通过真值函项算子的有限多的运用而构造出的。例如，句子（（$A \& (A \rightarrow B)$）$\rightarrow B$）是两个原子命题 A 和 B 通过真值函项算子的三次运用而构造出的。所有这种关于演算的命题都是如此的。

可以告诉我们这个或其他命题演算命题是否为重言式的最简单和最自然的判定程序，被称作**真值表方法**。它可以通过下面的真值表来加以说明。

A	B	((A	&	(A	→	B))	→	B)
T	T	T	T	T	T	T	**T**	T
T	F	T	F	T	F	F	**T**	F
F	T	F	F	F	T	T	**T**	T
F	F	F	F	F	T	F	**T**	F

表中的每一行代表对式子中两个原子命题的一种可能的赋值。既然存在四种赋值，那么这张表就有四行。每一行上的真值都是整个式子的子式的真值，它们得自每一行左侧 A 和 B 的赋值。真值函项复合式的真值被列在被用于构建式子——它们由自己的各个部分组成——的真值函项连接词的下方。式子的**主要的**真值函项连接词是第二次出现的"→"。（这个式子作为一个整体是一个条件式，其后件是 B 而前件是（$A \& (A \rightarrow B)$）。）每一行里主要连接词下加粗的真值给出了整个式子的真值，这个式子是由每行左侧原子式的赋值所决定的。既然每一行上主要连接词下的真值都是 T，那么整个式子在其包含的原子命题的所有可能赋值下都是真的。因此，它是一个重言式。它的真假是某种逻辑上的事项，因为无论它原子部分的赋值如何，作为整体的式子都为真。

这种方法适用于所有关于命题演算的命题。在将它用于任意一个给定的句子 S 时，人们只需写出 S 的真值表。完成以后，人们观察每一行的主要连接词下的值是否都是 T。如果答案是肯定的，那么 S 就是重言式。反之则不是。

《逻辑哲学论》中的逻辑系统在某种意义上像命题演算，某种意义上又不像。像的方面在于，每一个命题（在某种意义上）都是原子命题的真值函项。**不像**的方面则在于以下两个方面。首先，在命题演算中，每一个句子都是有限多的原子命题的真值函项。在《逻辑哲学论中》，有一些句子——实际上是任何包含变量的句子——是原子命题的潜**无穷**的真值函项。其次，在命题演算中，每一个句子都是通过如下方式构成的：将充其量有限多的真值函项算子运用于体系中的其他句子。但是，在《逻辑哲学论》的体系中，有一些句子，例如 $N(y[N(x[Rxy])])$ 和 $N(x[N(N(Fx), N(Gx))])$，涉及真值函项算子 N 在其他句子上潜**无穷**的运用。比如，请考虑 $N(y[N(x[Rxy])])$ 这个句子。它得自将 N 运用于潜无穷的句子：（i）"N（x[Rxa]）"，（ii）"N（x[Rxb]）"，（iii）"N（x[Rxc]）"，等等，直到我们为潜无穷的对象 a，b，c，d，e，……中的每一个都列出这样的一个句子。此外，这一点对该序列中的每一项又都为真。比如，（i）"N（x[Rxa]）"得自将 N 运用于潜无穷的陈述 "Raa"，"Rba"，"Rca"，"Rda"，等等。因此，最初的句子 $N(y[N(x[Rxy])])$ 得自将 N 运用于潜无穷的诸命题，这些命题又得自将 N 运用于潜无穷的诸命题。显然，我们不可能写出这样一个句子的真值表。

因此，真值表方法并不总能适用于《逻辑哲学论》体系中的句子。然而，维氏似乎认为他的体系足够类似于命题演算，以至于我们可以为它构造一个判定程序。他似乎认为，他的系统中的一个句子是否为重言式，这一点原则上可以通过机械的方式被决定。但是，这样一来他就错了。在《逻辑哲学论》完成十多年后，数学家兼哲学家阿伦佐·邱奇（Alonzo Church）证明了，对于标准的罗素主义逻辑系统来说，不可能存在一种决定逻辑真理的形式上的判定程序，甚至对下述任何一种体系来说都是如此：人们试图通过在该体系中加入量词、多元变量、二元或更高阶的谓词的全部力量来超越命题演算——就像罗素主义逻辑那样；或者，同样地，通过允许句子成为无限多的真值函项算子在无限多的原子句上的运用所产生的结果来超越命题演算——就像《逻辑哲学论》的逻辑系统那样。所以，如果维氏设想自己的原则——所有的逻辑必然性都仅仅通过形式而被决定——是：存在一种形式上的判定程序来确定他的理想逻辑语言中任意一个句子是否是逻辑真的，那么显然他恰恰错了。①

但是，关于这种原则有一种较弱的解释，即所有的逻辑必然性均通过形式自身决定，这种解释自身值得进行检验。这种解释建基于关于标准的罗素主义逻辑的另一条数学定理，它在《逻辑哲学论》后约十年被库尔特·哥德尔证明。这条定理表述如下：**"对于标准罗素主义系统中的逻辑真理，存在一个可靠的、完全的、积极有效的检测。"** 也就是说，存在一个具有如下特征的纯然机械的测试：（i）无论你何时提供给它一个是逻辑真理的句子，它都会在有限数量的步骤后正确地

---

① 有一种关于这个问题的争论，它因为下述事实而变得更加复杂：尽管维氏似乎意图使用标准的罗素主义逻辑的全部力量来概述一个体系，但《逻辑哲学论》中明确提供的关于变量和一般性的细节仅仅对于如下这样一种体系来说才是充分的，即一种在表达上比标准的罗素系统弱得多的体系。对此主要有两种回应。一是罗伯特·福格林（Robert Fogelin）在《维特根斯坦》一书的第二版第六章中做出的捍卫，即将维氏解释为只承认一种较弱的系统，该系统允许一种关于逻辑真理的形式上的判定程序。二是由彼得·吉奇（Peter Geach）（见于 "Wittgenstein's Operator 'N'", *Analysis* 41[1981]，以及 "More on Wittgenstein's Operator 'N'", *Analysis* 42 [1982]）和我（见于 "Generality, Truth Functions, and Expressive Capacity in the *Tractatus*"，尤其是第三和第四部分）独立提倡的，主张维氏应当被视作用上文中所展示的力量发展出一种系统。尽管事实上他并没有填补所有的细节，但他关于一般性和算子 "N" 的描述是与上述处理方法相一致的，我相信，我们需要这种处理方法来克服那些加诸表现性的力量之上的荒谬的限制——特别是当人们记得这个系统意图表达所有有意义的命题的时候。（例如，如果没有填补这些细节，那么人们不可能表达《逻辑哲学论》系统中诸如∀y∃x(Rxy)，∃x(Fx & Gx) 甚至 ∃x ~ Fx 这样的简单句子。）尽管这种解释使得维氏容易受到如下批评，即他错误地认为自己的系统是可判定的，但他的错误是可以理解的，毕竟那时邱奇的定理尚未被证明，而且从写作《逻辑哲学论》时代的视角来看，他的错误也是革命性的。

告诉你该句子是逻辑真理；（ii）无论你何时提供给它一个不是逻辑真理的句子，它或者会正确地告诉你该句子不是逻辑真理，或者永远工作下去而不告诉你任何东西。另一种表达这些的方式如下：任何一个罗素主义的逻辑真理，都可以单独地在其逻辑形式的基础上经过有限数量的步骤而得以**证明**。然而，如果你尝试证明一个句子却没有成功，那么不存在一种一般性的方法去知道你是否能够在稍后证明它，或者它是否根本无法证明。

　　既然我们已经展示了罗素的真值函项和量词算子可以与维氏体系中的这些东西相关联，那么设想上述重要的逻辑结果可以推广到维氏的体系中，也就是自然而然的了。虽然在某种意义上说这诚然是正确的，但还是有一种小故障值得注意。标准的罗素主义逻辑真理和维特根斯坦主义的逻辑真理在定义上有些许不同。

　　　　一个句子是**罗素主义逻辑真理**，当且仅当无论它的名称指涉什么，无论它的谓词适用于什么，无论哪些对象被选为其量词的取值范围，它都为真。

　　　　一个句子是**《逻辑哲学论》系统中的逻辑真理**，当且仅当它在所有可能的《逻辑哲学论》式的事态里都为真——也就是说，在基本的形而上学简单物以任意方式组合于其中的事态里。这等价于如下主张：一个《逻辑哲学论》系统中的句子为真，当且仅当无论它的谓词适用于形而上学简单物的何种组合，无论它的逻辑专名指涉哪些形而上学简单物——假如每个名称都指涉一个简单物而且每个简单物都具有一个名称——它都为真。（我们也遵循维氏的设想，即语言中不存在关于同一性的谓词。接下来还会有关于这一点的更多内容。）

　　《逻辑哲学论》式的逻辑真理的定义与罗素主义的逻辑真理的定义是同构的，除了下面这个重要特征。在《逻辑哲学论》体系中我们拥有一个固定的对象域——形而上学简单物——它们通过所有可能的《逻辑哲学论》式的事态而得以表现。在罗素主义系统中我们却没有这些。无论何种对象域被选为其量词的取值范围，罗素主义的逻辑真理都必须为真。相反，在涉及一个固定对象域——也就是说实际上的形而上学简单物的集合——的每一种解释下，维特根斯坦主义的逻辑真理都为真，无论这些对象最终说来是什么。

这意味着，所有罗素主义的逻辑真理都是《逻辑哲学论》式的逻辑真理。但严格来说，有些《逻辑哲学论》式的逻辑真理可能并不是罗素主义的逻辑真理——即如下这样的句子，它们在关于量词域由所有实际上存在的对象组成的所有解释中为真，但在关于其他域的某些解释中为假。因此，正如我们所知的那样，所有罗素主义的逻辑真理仅仅基于它们的形式自身都是可证的，即便并非所有《逻辑哲学论》式的逻辑真理都如此。

实际上，我们有理由认为这种可能性是可以被证明的。对任一个数目 n，我们可以构造这样一个句子：它在所有至少拥有 n 个对象的解释中为真。

$$L.\ \exists x \exists y (x \neq y),\ \exists x \exists y \exists z (x \neq y \,\&\, x \neq z \,\&\, y \neq z),\ \cdots\cdots$$

既然在罗素主义系统中，量词域可以是**任意大小**，那么上述列表中的句子没有一个是罗素主义的逻辑真理。但是，既然在维特根斯坦主义系统中，所有的域都包括同样的形而上学简单物并因而具有同样的大小，那么就存在着如下这样一种危险：很多这样的句子最终会被划归到《逻辑哲学论》式逻辑真理的名下。为了说明这一点，我们这样来推理：设想存在至少两个基本的形而上学简单物。那么这些简单物将存在于所有可能的《逻辑哲学论》式的事态中。上述列表中的第一个句子将在所有这样的事态中为真，因为它说存在着至少两个对象。因此，它会被确定为《逻辑哲学论》式的重言式或逻辑真理。同样，设想存在至少三个基本的形而上学简单物。那么它们将在所有可能的《逻辑哲学论》式的事态中存在，而且因此上述列表中的前**两个**句子都将被确定为《逻辑哲学论》式的逻辑真理。同样的推理适用于任何数目 n。因此，无论实际的形而上简单物最终说来是什么，上述列表中在这个数目之前——包括这个数目——的所有句子都是《逻辑哲学论》式的重言式。但可以肯定的是，不存在这样一种**令人感兴趣的**意义：那些句子的真值可以在此种意义上通过检查它们的形式自身来确定。①

因此，关于维氏原则——所有的必然性都是逻辑必然性，后者总是通过形式自身而被决定的——的解释，我们就有了这样一个看似为真的问题。然而，首先，在此存在着一项缓冲因素，有可能避免该问题出现。在写作《逻辑哲学论》的时代，维氏认为同一性**不应**被表达为谓词。相反，他接受了这种传统，即不同的变量应当代表不同的对象，就像不同的名称代表不同的对象那样。尽管这项主题涉及一些我们无需深入的困境，但下面的段落还是给出了大致的意思。

5.53　　一个对象的同一性我通过一个符号的同一性，而不是借助于同一性符号，来表达。诸对象的不同性我通过诸符号的不同性来表达。

5.5301　显而易见，同一性绝对不是存在于诸对象间的一种关系……

5.5303　顺便说一下：就**两个**物说它们是同一的，这是胡说，就**一个**物说它与自身同一，这等于什么也没有说。

5.531　　因此，我不写"F(a, b) & a=b"，而写"F(a, a)"（或者"F(b, b)"）。不写"F(a, b) & ∼ a=b"，而写"F(a, b)"。②

5.532　　类似地：不写"(∃x,y)[F(x,y) &x=y]"，而写"(∃x) F(x,x)"；不写"(∃x,y)[F(x,y)& ∼ x=y]"，而写"(∃

---

①　当然，在此可能有这样一种谕告，它根植于那种对重言式可靠的、完全的、积极有效的测试——这种测试仅仅列举出对象的数目，但此种谕告在认识论上对我们是无用的，因为我们无法将告诉我们真理的谕告和告知我们谬误的谕告区别开来。

②　译者注：维氏原文如下："因此，我不写 'f(a, b). a=b'，而写 'f(a, a)'（或者 'f(b, b)'）。不写 'f(a, b). ∼ a=b'，而写 'f(a, b)'。符号与本书有所不同，以下亦然。

x,y) F(x,y)"。①

5.5321　因此，我们不写"∀x(Fx → x=a)"，而写，比如"[(∃x)Fx & ～ (∃x,y)(Fx & Fy))]"。**恰好有一个** x 满足 F( )"这个命题便成为："[(∃x)Fx & ～ (∃x,y) (Fx & Fy)]"。②

5.533　因此，同一性符号并不是概念文字中具有本质意义的部分。

5.534　现在我们看到，在一个正确的概念文字中，诸如"a=a"，"(a=b & b=c) → a=c"，"∀x(x=x)"，"∃x(x=a)"之类的似是而非的命题甚至都不能写出来。③

5.535　与这些似是而非的命题联系在一起的所有问题也就因此而自行消解了……

通过排除同一性谓词，维氏排除了 L 中所列的句子，它们中的每一个说出了诸如**存在至少 n 个对象**之类的事情。在做这些的时候，维氏似乎挽救了自己的原则，即所有的逻辑真理都是通过形式自身而得以决定的（在我们所考虑的解释之下）。④ 当然，如果在语言中这些句

---

① 译者注：维氏原文如下："类似地：不写 '(∃x, y) . f(x, y) . x=y'，而写 '(∃x) . f(x, x)'。不写 '(∃x, y) . f(x, y) . ~ x=y'，而写 '(∃x, y) . f(x, y)'。

② 译者注：维氏原文为两段话，如下："因此，我们不写 '(x) : fx ⊃ x=a'，而写，比如 '(∃x) .fx . ⊃ . fa : ~ (∃x, y) . fx .fy'。**恰好有一个** x 满足 f( )' 这个命题便成为：'(∃x) .fx : ~ (∃x, y) . fx .fy'"。

③ 译者注：维氏本人使用的符号为："a=a"，"a=b. b=c. ⊃ a=c"，"(x). x=x"，"(∃x). x=a"。

④ 在做这些时，他同样通过式子 a=b 和 b ≠ c 的真从可能的反例面前挽救了自己的原则，因为《逻辑哲学论》的原则似乎可以被认为具有如下结果，即如果这些式子为真，则它们必然为真——即使它们的真不能通过它们的形式自身被发现。就这一点而言，值得注意的是，a=b，b=c，a=c，它们在任何情况下都不满足《逻辑哲学论》对原子命题的限制，因为最后一个命题的假与前两个命题的真不相容。如我们所看到的那样，任何原子命题的真或假都与任何另一个原子命题的真或假相容，这是《逻辑哲学论》的一条原则。所以，它们不可能全是原子命题；而如果它们中有一个不是，那么当然就都不是。

子**是**被允许的，那么他们中的很多**将**最终是《逻辑哲学论》式的重言式，即使不存在这样一种合理的意义：在该意义上关于它们的事实将通过它们的形式自身而被决定。

但这种印象似乎是错误的。既然维氏的原则是不同的名称和不同的变量代表不同的对象，那么人们可以在《逻辑哲学论》系统中构建这样一些句子，它们向维氏的原则提出了如 L 中所列的句子同样的问题。例如，请考虑新的列表 L*，在其中句子被理解为同维氏的如下格言相一致：一个句子中的不同变量代表不同的对象。①

L*. $\exists x \exists y (R_2xy \vee \sim R_2xy)$, $\exists x \exists y \exists z (R_3xyz \vee \sim R_3xyz)$, ⋯⋯

列表中的第一个句子在所有至少存在两个简单物的《逻辑哲学论》式的世界中都为真。第二个句子在所有至少存在三个简单物的《逻辑哲学论》式的世界中都为真，就像在 L 中那样，以此类推。因此，维氏的原则——所有必然性都是逻辑必然性的原则，以及所有的逻辑真理都通过逻辑自身而被决定——在任何一种他所意图的意义上都不能得到支持。事实上，我们这里所见到的似乎是以下两者之间的冲突：维氏关于形而上学原子论的原则，以及关于所有必然真理的逻辑和语言来源的原则。

这是非常重要的，因为很多哲学家认为，维氏关于如下两个方面之间关系的设想具有引人注目的简单性和合理性：一方面是关于必然性和可能性的形而上学观念，另一方面是关于重言式（逻辑必然性）和一致性（逻辑可能性）的逻辑观念；而上述冲突威胁到了这一点。维氏的设想被概括在《逻辑哲学论》的以下三条原则里：

(i) 在如下意义上所有必然性都是语言必然性：它是我们关于世界的表现体系的结果，而非这个世界自身的结果。存在着必然真的句子或命题，但不存在与之相对应的必然事实。相反，它们的必然性应当被归因于语词的意义（因此

---

① 从这个列表中可以得出同样的结果：$\exists x \exists y [(Ax \vee \sim Ax) \& (Ay \vee \sim Ay)]$，$\exists x \exists y \exists z[(Ax \vee \sim Ax) \& (Ay \vee \sim Ay) \& (Az \vee \sim Az)]$，⋯⋯

是先天可知的)。

(ii) 所有的语言必然性都是逻辑必然性。

(iii) 所有的逻辑必然性都通过形式自身而被决定。

其中的第一条原则，即所有必然性都是语言必然性，在接下来约五十年的时间里主宰了关于这个话题的哲学思考，并对那个时代兴旺发达的观念——把哲学作为语言分析——至关重要。后两条原则，尽管不是没有影响，但很快便被发现具有潜在的问题。

第十一章

可理解性的《逻辑哲学论》式的测试及其后果

本章概要

1. 可理解性测试（*Intelligibility Test*）

维氏关于详尽划分偶然句、矛盾句、重言句和无意义句的主张

运用这种测试的困难

显而易见的反例

2. 可理解性的限度：价值、生命的意义和哲学

对价值主张以及其他哲学主张的可理解性测试的后果

不可言说的东西的重要性

维氏关于哲学的设想

《逻辑哲学论》矛盾的本质

可理解性测试 [①]

在上一章末尾，我们揭示了维氏将所有必然性鉴别为逻辑必然性——这种逻辑必然性可以仅仅通过考察逻辑形式而被发现——所产生的一个问题。如我们将看到的那样，这个问题指向某些更深层次的东西，涉及维氏使用自己关于意义的原则的那种哲学上雄心勃勃的方

---

① 译者注：此处的"Intelligibility Test"，从下文可以看出，其实主要指一种关于什么样的句子／命题是有意义的／无意义的测试，或曰什么是人们可理解的东西的测试。也可以被译作"理解度测试"或"理解力测试"。

式。根据《逻辑哲学论》，任何一个有意义的陈述 S，都属于以下两个范畴中的一个：(ⅰ) S 是偶然的（在某些可能世界中为真，在另一些中为假），此时 S 既是诸原子命题的真值函项，也是某种只能通过经验研究就可以知道其真假的东西，(ⅱ) S 是重言式或矛盾式，可以通过纯粹的形式演算而知道这一点。对维氏来说，有意义的句子的典型情况是第一个范畴中的句子。而第二个范畴中的句子之所以是有意义的，是因为它们是如下这些原则的不可避免的产物：这些原则掌控着那些被用于构造第一个范畴中句子的逻辑词汇。对维氏而言，重言式和矛盾式既没有陈述任何事情，也没有提供关于世界的任何信息。但是，它们的真和假是可以被演算出来的，而且对它们的理解展示了某种关于我们符号系统的东西。因此，在广义上它们可以被当作是有意义的。

可是，很多句子并不恰好合乎任何一个范畴——例如，最基本的伦理学、美学和传统哲学的断言。因为通常来说这些句子被声称是必然真理，而且似乎不能在经验观察的基础上被获知，那么它们好像就不符合维氏所说的第一种范畴。既然它们似乎不是逻辑重言式或矛盾式——其真假可以仅仅通过考察其形式自身而被决定，那么它们好像也不符合他的第二种范畴。既然维氏的原则声称要陈述如下这些条件，即如果一个句子是有意义的则这些条件就必须被满足，那么除了承认伦理学、美学和所有传统哲学的断言严格来说都是无意义的之外，他也别无选择了。

此处我们所拥有的好像是一种非常有力的测试，它使得不计其数的显而易见的真正陈述沦落到了无意义句子的范畴之下。但是，在我们沿着这条从可理解性测试中得出极端结论的道路上走得更远之前，留心一下将其运用于某些特殊情况时所固有的那些困难，是非常值得做的。两个困难立即浮现出来。首先，维氏从未给出形而上简单物或是关于它们的原子命题的实例。如我们所见，这并非偶然。《逻辑哲学论》的核心原则使得人们几乎无法给出上述二者的实例，即使这些原则坚称形而上简单物和原子命题不仅存在，而且它们的存在是为了使我们的所有言谈讲得通。当使用可理解性测试的时候，问题就出现了。

当缺乏关于什么是形而上简单物和原子命题的规定时，如下这一点就变得不清楚了：我们如何应当可以辨认那些得自科学和日常语言的命题是否的确是原子命题的偶然的真值函项。如果我们不知道哪些命题是原子命题，那么如何应当可以确定如下这些命题是原子命题的偶然的真值函项："铀原子是不稳定的"，"空间是弯曲的"，"热是分子运动"，"他人之心是存在的"？

在运用关于可理解性的《逻辑哲学论》式的测试时所产生的第二个困难在于，除非我们知道一个句子的逻辑形式，否则不可能将这种测试可靠地运用于该句子。但是，根据维氏的看法，日常语言中句子的逻辑形式是被隐藏起来的，而且只能通过分析而被揭示出来。这一点在 4.002 中得到了暗示，在此他详述了逻辑形式的隐藏性和对其进行分析的困难。①

4.002　人们具有构造这样的语言的能力，借助于它们，他们能够表达每一种意义，而且是在这样的情况下做到这点的：他们根本不知道每一个语词是如何进行指称的，或者说它们究竟是指称什么的。——正如人们在说话时并不知道个别的音是如何发出来的。

日常语言是人类有机体中的一个部分，和它同样复杂。对于我们人类来说，欲从它直接获知语言的逻辑是不可能的。

语言给思想穿上了衣服。而且是以如此的方式做到这点的：人们不能从这件衣服的外表形式推断出它所遮盖的思想的形式；因为这件衣服的外表形式是按照完全不同的目的制作的，而并不是为了让人们看清这个身体的形式。

达至日常语言的理解的那些隐而未宣的约定是极度复杂的。

---

① 在此我使用的是佩尔斯和麦吉尼斯的译文。

　　隐藏性原则对运用可理解性测试的尝试有着至关重要的影响。如果日常语言中一个句子的逻辑形式是隐藏的话，那么当面对一个人们怀疑其是否必然为真——如果它还是有意义的话——的句子，我们可能不会知道如何去发现如下这点，即该句子的必然性是否**可以**仅仅通过其逻辑形式而被发现。通过这个测试我们知道，如果这个句子不是偶然的，而且无法仅仅通过其形式而确定其必然性，那么它一定是无意义的。但是，既然其逻辑形式是隐藏的或被伪装起来的，那么我们可能无法运用这种测试。这种困难可能并不在所有情形下都出现，但显然有时会出现，而且它总是存在于背景中。因此，维氏关于可理解性的测试**不是**确定的和毫不含糊的。

　　让我们尝试将该测试运用于某些例子。请考虑如下句子：

　　1a. 如果某物（全身）是红的，那么它（全身）不是绿的。

　　这似乎必然为真，不可能为假。因此，我们可以问，它的必然性是否仅仅通过其逻辑形式而被决定？乍一看似乎不是这样，因为（1a）的形式类似于（1b）（使用罗素主义的符号），或（1c）（使用《逻辑哲学论》式的符号）；我们当然不可能通过这些形式来决定真假。

　　1b. $\forall x (Rx \rightarrow \sim Gx)$

　　　c. $N(x[N(N(Rx),\ N(Gx))])$

　　然而，如果我们说（1a）的必然性不是其逻辑形式的结果，那么维氏的测试就会要求我们说，它或者是无意义的，或者仅仅是偶然的。但这似乎都不正确。

　　维氏意识到了这个问题，并在 6.3751 中对之进行了讨论。我们首先将集中于这个段落的开头和结尾，然后转向他在中间部分的评论。①

---

　　①　此处引自奥格登译本。

6.3751　比如，两种颜色同时出现于视野中的一个位置，这是不可能的，而且从逻辑上说就是不可能的，因为颜色的逻辑结构就排除了这样的事情。

设想一下这种矛盾在物理学中出现的方式。情况大概是这样的：一个粒子不可能在同一时间具有两种速度；这也就是说，它不可能同时处于两个位置；也即，同一时间处于不同的位置的诸粒子不可能是相同的。

（显然，两个基本命题的逻辑积既不能是同语反复式也不能是矛盾式。视野中的一个点在同一时间具有两种不同的颜色，这个断言是一个矛盾式。）

从评论的首尾明显可以看出，维氏不想将（1a）这样的句子称作无意义的或偶然的。它必然为真，这一点太明显了，而且因此在广义上是有意义的。这要求他否认 x **是红的**和 x **是绿的**这两个陈述是基本命题，也否认（1b）或（1c）表现了（1a）真正的逻辑形式。实际上，他顺便借助了隐藏的逻辑形式的原则，并含蓄地建议道，在隐藏的逻辑形式的层面上，（1a）的必然性**是**某种关于其形式自身的事项。

如果他向我们提供了一些关于（1a）的真正逻辑形式应当是什么的线索，那么我们便不会如此不安。有人或许认为 6.3751 的中间部分提供了这样的线索：我想，这线索就是，关于颜色陈述的分析是通过关于颜色的物理学理论而被给出的。但无论维氏是否这样想，都无助于解决我们手头的问题。这个问题在于，依据形式的、逻辑的不可能性来解释颜色的不相容性。中间部分最多可以被认为提供了这样的建议：日常的颜色不相容性可以被消解为物理学的不可能性——换言之，（2a）的不可能性。

2a. x 在时间点 t 位于地点 p 并且 x 在时间点 t 位于完全不同的地点 p'。

但（2a）明显的逻辑形式只不过是（2b），这并非形式上的矛盾。

2b．Lxpt & Lxp't

因此，颜色不相容性的问题仍然存在。[①]

这仅仅是这种巨大而普遍的问题的一个例子。如（2a）所示，日常语言充满了概念的不相容性或必然性，它们不是以某种明显的方式通过句子自身明确的语言形式而被决定的。为了解决这个问题，维氏不得不提供如下这样一种分析，在其中，这些句子逻辑形式的纯然形式上的和结构上的属性，总是展示了它们之间概念上的不相容性和必然性。但是，他并没有给出这样一种分析，而且提供的关于如何想出它们的线索也寥寥无几。

维氏明显有这样的思绪，因为颜色不相容性的问题在他完成《逻辑哲学论》多年后依然持续地困扰着他。在二十世纪二十年代末和三十年代初，他对此做了更多工作，最终他相信，这是一个对《逻辑哲学论》原则的反例，不能仅仅在《逻辑哲学论》的框架下得到解决。[②] 然而，在写作《逻辑哲学论》的时候，他对自己的一般原则的正确性如此自信，以至于认为颜色不相容性这类问题一定可以解决。既然（1a）显然是有意义的（在广义上）和必然的，那么他认为它必定具有一种显示其为重言式的逻辑形式。由此我们可以看出，《逻辑哲学论》中关于逻辑形式的隐藏性原则，可以如何被用于避免从关于可理解性的测试里产生出的令人厌恶的影响。当然，这是该测试的一项缺点，因为它留出了巨大空间来争论究竟该如何运用它。不过，维氏和其他人一度认为这项测试可以被用于得出有力的哲学结论。

但是，颜色问题并非关于可理解性的《逻辑哲学论》式的测试和相关原则的唯一问题。另一个有趣的和有启示性的问题被（3a）这样的

[①]　进一步的讨论请参阅富格林（Fogelin），*Wittgenstein*，第 91 和 92 页。

[②]　参阅 "Some Remarks on Logical Form", *Proceedings of the Aristotelian Society*, supplementary vol. 9（1929），162—171。

命题态度归属句提了出来。

　　3a. 约翰相信（说／希望／证实了）地球是圆的。

　　这个句子包含了**地球是圆的**这个句子作为其组成部分。根据《逻辑哲学论》，句子 S 包含另一个句子 R 作为自己一部分的唯一方式，就是 S 是 R 自身的真值函项，或 S 是 R 与另一些句子的真值函项。《逻辑哲学论》的一条核心原则就是，所有有意义的句子都是将**真值函项**运算运用于其他句子——最终说来是原子句——而构成的。比如，请看 5.54。[①]

　　5.54　　在一般的命题形式中，一个命题只是作为诸真值运算的一个基础而出现于另一个命题之中。

　　在《逻辑哲学论》中，既然一般的命题形式告诉我们所有有意义的命题是如何被构成的，因此维氏在这里声称，一个有意义的句子 S 包含另一个句子 R 作为自己组成部分的唯一方式就是，在构成 S 时，R 是将真值函项算子加诸自己身上的命题之一。

　　（3a）这样的句子威胁到了上述原则。如果这条原则正确，那么如果（3a）是真正有意义的，则句子**地球是圆的**可以作为（3a）之组成部分的唯一方式就是，**地球是圆的**是用于构成（3a）的真值函项运算的基础之一。但是，只有将**地球是圆的**替换为这样一个句子时这一切才成立：它的真总是保持着（3a）的真。这意味着，根据《逻辑哲学论》，**地球是圆的**可以是有意义的（3a）的组成部分，仅当将其替换为真句子**经典算术可以被还原为集合论**后的结果，保持了整体的真——也就是说，仅当（3a）（3b）和（3c）的真在逻辑上担保了（3d）的真。

---

　　① 引自奥格登译本。佩尔斯和麦吉尼斯的译文为："在一般命题形式里，命题只作为真值运算的基础出现于其他命题中。"

3b. 地球是圆的。

 c. 经典算术可以被还原为集合论。

 d. 约翰相信（说／希望／证实了）经典算术可以被还原为集合论。

显然，既然（3d）的真**不能**在逻辑上被（3a—c）的真担保，那么《逻辑哲学论》的原则就导向这样的结论，即要么（3a）是无意义的，要么（3a）是有意义的但句子**地球是圆的**不是其组成部分。

另一种提出该问题的方法是：（3a）不是原子命题。根据《逻辑哲学论》，这样一来它要么是无意义的，要么是其他命题的真值函项复合物。但无论就这个句子自身还是它与其他句子一起而言，它都**不是地球是圆的**的真值函项复合物。既然很难想象（3a）是其他任何句子的真值函项复合物，那么《逻辑哲学论》的这条原则就似乎导致如下结论：它是无意义的。

在关于颜色的情况下，维氏意识到了这个问题——在5.541和5.542中，他处理了这个问题。在之前的评论中他刚刚说过："在一般的命题形式中，一个命题只是作为诸真值运算的一个基础而出现于另一个命题之中。"现在他补充道：①

5.541 初看起来，一个命题似乎也可以以不同的方式出现于另一个命题之中。

   在心理学的某些命题形式中情况尤其如此。例如，在这样的心理学命题中："A相信p是实际情况"，或者，"A认为p"等等。

   因为从表面上看来，在这里似乎是一个命题p与一个对象A处于某种关系之中。

   [在现代认识论（比如，罗素，穆尔等人［的理论]）中这些命题也是这样被理解的。]

---

① 引自佩尔斯和麦吉尼斯译本。

5.542　但是，很明显，"A 相信 p"，"A 认为 p"，"A 说 p"
都具有"'p'说 p"的形式：在这里，涉及的并不
是一个事实与一个对象的配合，而是通过其诸对象
的配合而来的诸事实的配合。

在这些段落中维氏主张，类似（3a）这种句子的真正的逻辑形式不
同于它乍看上去的那样。实际上，任何一个这种句子的逻辑形式都是
（4）这种形式。

4."p"说（即 [that]）p。[①]

这大概意味着（3a）这种独特句子的逻辑形式是（5）。

5."地球是圆的"说出了（即）地球是圆的。

尽管在这段话中维氏使我们确信这**是清楚明白的**，但他在这点上
的推理似乎非常不清晰。不过，我们却可以利用这些做点什么。[②]

他的想法可能是这样的：当一个人相信某事时，他便构建了一幅
关于某个可能事态的心灵图像——这是该事态的某种表象。这种表象
是一个事实，被表象的事态则是一个可能的事实。既然其中一方是另
一方的表象，那么这两个事实的要素就是彼此相对应的。在信念句
（3a）里，语言事实中——也即在句子"地球是圆的"中——的表达式，
对应于在世界中构成地球之为圆的这个非语言事实的事物。实际上，
这就是（5）告诉我们的东西。

现在，维氏说（5）是（3a）的逻辑形式。可是，很难看出他如何
在字面上表达这种意思——既然无论（3a）中的相信者是谁而（5）都

---

①　译者注：此处"that"为引导从句的语词，在汉语中难以有对应的翻译，姑且译
作"即"。

②　参阅富格林著作的第五章第七节，他在那里进行了富于启发性的讨论。

保持不变的话。此外，即使（3a）中的施事者不被描述为**相信**地球是圆的，而只是**断言**地球是圆的，或**想知道**地球是否是圆的，（5）似乎都保持不变。因为（5）忽略了（3a）中的施事者以及他对（3a）中的表象所具有的独特态度——相信，所以很难看出（5）规定了（3a）的全部内容。同样，人们可能认为（5）是（3a）的逻辑形式的一部分。例如，人们可能这样理解（3a）所说的事情：施事者约翰表述并采取了这种态度，即接受一种说地球是圆的的表象；人们也可以认为这种断言的逻辑形式包含了（5）这样的东西作为自己的一部分。无论如何，如果人们确实这么想，那么这对于维氏想证明的要点来说已经足够了。

　　这些要点是什么？在这个阶段的讨论中，我们似乎没有取得很多进展。被告知（5）是（3a）的逻辑形式，或是其逻辑形式的一部分，这似乎无助于解决我们最初的问题。毕竟，（5）中的句子**地球是圆的**并**没有**作为一个真值函项要件而起作用。如果它起了这种作用，那么我们应当可以将它的**某次**出现替换为任何一个其他的真句子而不改变（5）的真值。但如果我们尝试这样做，即将（5）中的最后一个要件**地球是圆的**替换为句子 2+2=4，我们最终会得到一个为假的句子（6）。

　　6."地球是圆的"说出了（即）2+2=4。

　　既然这种替换没有保持真值，人们可能会争论说，我们在尝试将（5）的有意义性与《逻辑哲学论》的原则相容时遇到的困难，与我们在尝试将（3a）的有意义性与这些原则相容时所遇到的困难是一样的。至少我们没有被告知，根据《逻辑哲学论》，（5）和（3a）中的任何一个如何可以是真正有意义的。

　　那么维氏的立场究竟是什么？尽管对这种测试可以进行开放性的解释，我还是倾向于认为他接受了如下结论，即像（3a）这样的命题态度归属句和像（5）这样关于意义的陈述最终说来是**没有**意义的。根据我的理解，他可能会主张，一个像（5）这样的句子——至少应当是对（3a）分析的一部分——试图**陈述**某些关于语言和世界之间关系的事情。

但根据《逻辑哲学论》，这种关系**不可能**在语言中被有意义地描述或陈述，而只能被显示。

在这一点上，我将你们的注意力引向 4.12—4.1211。①

> 4.12　命题可以表现全部的实在，但是它们不能表现它们为了能够表现实在而必须与实在共同具有的东西——逻辑形式。
>
> 为了能够表现逻辑形式，我们必须将我们自己和命题一起摆在逻辑之外，也即世界之外。
>
> 4.121　命题不能表现逻辑形式，它映现自身于它们之中。
>
> 语言不能表现映现自身于它之中的东西。
>
> **我们**不能通过语言来表达表达**自身**于它之中的东西。
>
> 命题**显示**实在的逻辑形式。
>
> 它们展示它。
>
> 4.1211　因此，"fa"这个命题显示对象 a 出现在它的意义中，"fa"和"ga"这两个命题显示它们均谈到了相同的对象。
>
> 如果两个命题彼此矛盾，则它们的结构就显示了这点；同样，如果一个命题得自于另一个命题，则它们的结构也显示了这点，等等。
>
> 4.1212　**可**显示的东西，**不可**说。

维氏在这些段落中的立场似乎是：我们不能用语言来陈述或描述语言与世界间的关系，这种关系使得语言有意义，并且使得单独的表达式意味它们所要意味的东西。

我们应当如何来考虑这些？维氏认为，严格的《逻辑哲学论》体系没有给关于语言和世界之间关系的陈述留出空间，这可能是正确的，但他没有尝试给出任何独立的理由去认为这种观点是可行的。为了维氏的利益有人可能会说，要使用语言的话你必须已经掌握了语言和世

---

① 引自佩尔斯和麦吉尼斯译本。

界间的关系，这种关系使得你的语词有意义；可一旦你已经掌握了这种关系，就没有什么需要陈述的了。然而，这是难以令人信服的。为了理解语言人们必须把握住语言和世界之间的关系，通过观察这一点我们可以确定：如果一个人不知道任何语言，那么我们不可能通过**告诉他**语言和世界间的关系来使他学习语言。这样的人不可能通过此种方式来学习语言，因为他不可能理解那些说明。这就像是说，你不可能通过阅读一本教你如何读书的书来学会读书。事情不过就是这样。当然，教育心理学家们可以发现阅读过程中的诸要素，并把它们写下来供别人阅读。很难看出同样的事情一般来说为何不适用于语言。

举个简单的例子，下面这个句子

7. "Firenze"命名了佛罗伦萨。①

似乎完全是有意义的——而且为真——即使它说出了某种关于语言和世界间关系的东西。值得注意的是，如果我用下面这个句子

8. 比尔是高的。

来告诉你某个特定人物的身高，那么我用语词"比尔"命名了比尔这个事实说出了某些关于他的事情。当然，我的评论并没有**陈述**语词"比尔"命名了比尔这个事实。相反，维氏会说（8）**显示**了这一点。很好。他可能补充道，没有句子陈述了**所有**关于它自身与世界间关系的事实，这些事实使得它说出了它所要说的东西。好吧。可是，这**并不**意味着没有句子可以陈述**任何**关于它的表达与世界间关系的事实，这些事实使得它说出了它所要说的东西。这也**并非**意味着，没有句子可以陈述一个关于某种表达式与世界间关系的事实，这个事实使得**另一个**句子说出了它所要说的东西。例如，没有理由否认（9）陈述了语言与世界间关系的一个事实，这个事实是那些使得（8）和（9）说出

---

① 译者注："Firenze"是佛罗伦萨的意大利文。

了它们所要说的东西的事实之一。

9．"比尔"指涉比尔。

结果是，《逻辑哲学论》的原则使得维氏不得不否认像（3a）（5）（7）和（9）这样的句子是有意义的，即便它们似乎都完全是可接受的。有两种看待这一点的方式：这显示了这些句子是无意义的，或这显示了《逻辑哲学论》的原则——包括其关于可理解性的测试——有严重缺陷。很难相信对第一种立场有什么好说的。

可理解性的限度：价值、生命的意义和哲学

请考虑关于价值的陈述，比如**幸福是善的、友谊是善的，引起疼痛并不一定是错的**，以及**米开朗基罗的《哀悼基督》**（*Pietà*）**是美丽的**。维氏拒绝认为这些是偶然的、经验性的陈述。[①]

6.4　　所有命题都具有相同的价值。

6.41　　世界的意义必然位于世界之外。在世界之内，一切都如其所是地那样存在着，一切都如其所发生的那样发生着；**在其内**不存在任何价值——如果存在着什么价值的话，那么它没有任何价值。

如果存在着一种具有价值的价值，那么它必然位于所有发生的事情和实际情况之外。因为所有正在发生的事情和实际情况都是偶然的。

使它成为非偶然的东西的那个事项不能**位于**世界**之内**，因为否则这个事项本身又成为偶然的了。

它必然处于世界之外。

---

① 引自佩尔斯和麦吉尼斯译本。

维氏并未给出太多理由去否定价值判断是偶然的。但是，这种否定似乎是可行的。哲学家们可能不会赞同很多关于价值的陈述的真假——比如**幸福本身是善的，过一种无知的生活总是错误的**，以及**在其他条件相同的情况下，撒谎是错的**——但很难想象这些陈述在世界的某些可能状态中为真而在另一些中为假；同样难以想象，我们需要经验观察或研究来发现宇宙的某种实际状态使得这些陈述为真，而另一种使得它们为假。① 但如果这些价值判断**不是**偶然的，它们似乎也**不是**重言式（或矛盾式）的。一则价值判断对我们来说是重要的，扮演着指导我们行动的角色，而重言式（和矛盾式）则不然。二则如果价值判断真的可以被分析为重言式（或矛盾式）——其真（或假）必须通过它们的形式自身而被发现，那么诸如**善、恶、正当**和**错误**这些价值语词就应当可以依据非价值语词而被定义。但在《逻辑哲学论》的时代，G. E. 摩尔已经使多数分析哲学家相信价值语词是不可定义的。

这个故事的寓意是，在《逻辑哲学论》中，包含价值语词的句子可以被刻画为既非偶然的——原子命题的真值函项，又非重言式或矛盾式。因此，严格来说它们可以被称为是无意义的。如果某人说**谋杀总是错的**，而另一个人说**谋杀有时是正当的**，那么他们都既没有说出正确也没有说出错误的东西。维氏的要点**并非**在于，我们无法找出哪个人是正确的，哪个是错误的。他的要点也**并非**在于，没人可以向一个怀疑论者**证明**他的道德或价值信念。他的要点极端得多：既然道德和价值句是无意义的，那么它们没有表达任何命题；既然不存在我们需要相信的道德或价值命题，那么我们无需具有任何道德或价值信念。

---

① 当然，不是所有的价值陈述都是必然的和先天的，如果它们总还算是为真的话。就像**你加速闯红灯的行为是可以被辩护的，因为你的乘客在流血，如果那时你不送她去医院的话她就很可能死亡**，这显然是偶然的和后天的，如果它还算是为真的话。但是，既然这种陈述不被维氏认为是原子句或原子句的真值函项，那么它们也同样被当作是无意义的。

6.42　因此，也不可能存在任何伦理学命题。①

当然，人们可以制造这样一些语词：谋杀总是错的，但人们不能由此说出了比同样是制造出来的 "Procrastination drinks plentitude"② 更多的任何内容。

根据《逻辑哲学论》，不存在道德陈述；不存在道德信念，也不存在道德疑问或问题。不认识到这一点，就是对语言的误解。语言的运作方式一旦被道破，关于价值的传统哲学问题就不再会被解决了；相反，我们会发现一开始就不存在任何真正的问题。由此一条口号就诞生了：对语言的哲学分析并没有解决哲学问题，而是消解了它们。

如果一个人将所有的伦理学和美学都刻画为无意义的言谈，那么他似乎应当采取如下这种态度，即伦理学和美学的关怀都是无意义的，也不值得我们真正去关心。此时你得到了这种图景：人们认为重要的东西，就是精确如实地或科学地描绘了世界的东西。既然价值不属于这种描绘，那么它们毫无重要性可言。在我看来，这种图景经常与我们接下来将要研究的那组哲学家联系在一起，即逻辑实证主义者——即使对他们来说这也有些夸张了。

但是，这种图景与维氏毫无联系，而且我们有充分的理由这样说。尽管他和逻辑实证主义者都认为价值的领域是缺乏意义的，但维氏认为这是一种重要的胡说。根据《逻辑哲学论》，所有有意义的陈述要么是重言式、矛盾式，要么是描绘了世界中对象结合——或至少可能结合——的方式的偶然陈述。尽管这些陈述是有意义的，但维氏声称自己并不认为它们是很有意思的或很重要的。在他看来，有意思的和重要的是一个人如何生活、对事物采取何种态度以及如何行动。但根据《逻辑哲学论》，关于这些事项，我们不可能去说或思维任何可感的东西。③

———————

①　引自佩尔斯和麦吉尼斯译本。

②　译者注：原文无任何意义。

③　引自佩尔斯和麦吉尼斯译本。

6.423　作为伦理的事项的承担者的意志是不可言说的。

而作为一种现象的意志只会引起心理学的兴趣。

6.43　如果意志的善的行使或恶的行使改变了世界，那么它们只能改变世界的界限，而不能改变事实；不能改变借助于语言所能表达的东西。

简言之，这时世界必须由此而成为一个完全不同的世界。我们可以说，它必须作为一个整体而消长。

幸福的人的世界是一个完全不同于不幸福的人的世界的世界。

维氏在此显然使用了隐喻。然而，人们把握住了他所要说的东西。请考虑这样的情况：有一个开心的人 H，和一个不开心的人 U。在维氏看来，在他们所知道的和所相信的方面，这二者可能没有任何不同。他们可能知道所有关于科学、历史、心理学或其他研究世界的学科的东西。在关于无生命的对象、动物、其他人甚至对方的方面，他们可能具有相同的信念。当然，在某些特定的情形下，他们对各自信念的表达可能有所不同。当 H 相信他要感冒时会说**我将要感冒了**，而 U 则会将自己与 H 相同的信念表达成**你将要感冒了**。尽管使用的语词不同，但他们的信念是相同的。此外，H 是开心的而 U 则不开心。H 在清晨满怀期望地醒来并感觉良好。他为自己的环境和行为感到高兴，并以一种无时无刻不在的好意和体贴对待别人。另一方面呢，U 的感觉和举止完全相反。维氏可能会说，他们两人间的区别就是在价值层面上的。这与他们的所思、所信或知道什么为真均无关。

维氏绘制的这幅图景，非常奇怪地具有一种古老而庄严的哲学构想。一种传统的看待哲学方式就是，把它视为一门既热衷于最高等的科学又热衷于最深刻的宗教的学科。作为最高等的科学，它的任务是去发现关于实在的最重要和最基本的真理，以及人类在实在中所处的地位。作为最深刻的宗教，它的任务是去发现人类生活真正的卓越和幸福之所在，并向我们展示如何获得它们。这些目标——描绘实在和学习如何过上最好的生活——被很多人认为不仅是相容的，而且是相辅相成和相得益彰的。这种观点的一种潜在的预设是，生活这门艺术中的卓越之处，是知道关于实在、自身和他人的重要真理后随之而来的结果。维氏全然拒斥了这种想法。关于如何生活的真理**并不**是一种有待哲学家或其他人探索的深刻而艰深的秘密；也不是一种我们事先已经多少知道一些的简单事项。生活中的卓越之处与真理、知识或信念完全无关。它是关于一个人对生活的态度或反应的。一个人采取何种态度，这或许才是生活中最重要的事情，但这与对事实的学习无关。

我想，我们很难**不**对这幅图景表示同情，或**不**去寻找它所包含的提示性的、富于洞察力的甚至真理性的要素——尽管从严格的《逻辑哲学论》式的观点来看这是相悖的。这幅图景的大部分是一种与众不同的甚至独一无二的维特根斯坦主义——特别是他对神秘主义的引入。但这种见解中也有一些东西不是只属于维特根斯坦的，而是我们所研究的分析哲学的整个时代的特征。我们所看到的由摩尔所揭示的（经验性）事实和价值之间的鸿沟，在维氏那里变得更加巨大了，在逻辑实证主义者和意图继承维氏的非认知主义者（non-cognitivists）那里也是一样。这个时代的哲学家**并非**不情愿对伦理和其他关于价值的事情做出影响深远的方法论断言；他们**并不**厌恶去告诉我们伦理或价值语言都是——或不是——关于什么的。但他们非常不情愿去争论任何实质性的、有争议的或影响深远的规范性主题，而且他们经常急于将任何上述这些东西与他们认为在哲学中可以得到的东西严格区分开来。

为何那时的哲学家广泛地采取这种态度，这是个有意思的问题。毫无疑问的是，答案的一部分纯然内在于这种传统——这关乎哪些哲学家和哪些原则能够最引人入胜和最理所当然地吸引最多的关注。但是，答案的另一些部分却涉及更广阔的文化趋势——科学的兴起，宗教的衰落，财富的增长，城市化的突飞猛进，以及所有这些创造的、将人类从传统限制中解放出来的个人自主和自由的空间。无论最终的原因何在，《逻辑哲学论》描画的事实和价值间的绝对鸿沟都是这种趋势的一部分，包括维氏自己对此问题所采取的极端和怪异的立场。

　　再强调一下，维氏采取了下述这两条包含悖论的观点：(i) 如果一个陈述是有意义的，那么它与价值无关，而且对生活毫无重要之处，(ii) 如果一个陈述对我们应当如何生活是重要的，那么它是无意义的，而且没有表达任何可以被思考的东西。这些观点适用于宗教或其他与生活意义相关的领域，也同样适用于伦理的和其他直接与价值相关的事项。维氏在 6.5—6.521 中详细阐述了这些。①

6.5　　　相对于一个不能说出的答案而言，人们也不能将（与其相应的）那个问题说出来。

　　　　（与这样的问题联系在一起的）**那个谜**是不存在的。

　　　　如果一个问题终究是可以提出来的，那么它也是**可以回答**的。

6.51　　如果怀疑论欲在不可提问的地方提出疑问，那么怀疑论并**非**是不可反驳的，而是显而易见的胡说。

　　　　因为只有在存在着问题的地方才可能存在着怀疑；只有在存在着答案的地方才可能存在着问题，而只有在存在着某种**可以言说**的东西的地方才可能存在着答案。

6.52　　我们觉得，即使所有**可能的**科学问题都悉数获得了解答，我们的人生问题也还完全没有被触及到。当然，这时恰恰不再存在任何问题了；恰恰这就是答案。

6.521　人们在人生问题的消失之中看出了它的解答。

　　　　（这点难道不就是如下情形的原因吗？——一个长久以来一直对人生意义持怀疑态度的人，当他终于弄清楚了何谓人生意义之后，他却不能说出这个意义是什么？）

　　对维氏来说，伦理学、宗教和对生活意义的谈论应当被归于不可言说的领域。那么哲学自身呢？《逻辑哲学论》在这一点上是毫不妥协的。就像最基本的伦理学断言既非重言式亦非关于可知的经验性事

① 引自佩尔斯和麦吉尼斯译本。

实的偶然陈述一样，一般而言，哲学断言也既非重言式亦非关于经验性事实的偶然陈述。因而，与伦理学句子一样，它们是胡说。由此，不存在有意义的哲学命题；不存在真正的哲学疑问；也不存在有待哲学家解决的哲学问题。并不是说哲学问题如此艰深，以至于我们不可能确信自己是否已经发现了关于它们的真理。根本不存在关于它们的真理这么一回事，因为不存在哲学问题。

　　这么一来，什么应当为哲学学科的存留以及这种幻象——哲学是关于那些可能找到答案的真正的问题的——负责呢？根据维氏的观点，答案就是语言混淆（linguistic confusion）。在他看来，哲学中所有没完没了的争论都源自一条简单的原因——对语言功用的混淆。如果我们可以完全揭示语言真实的运作方式，这些混淆就会绝迹，这样一来我们就能正确地看待世界。而且当我们这样做的时候，可以看到在世界中不存在留给哲学的空间，就像没有伦理学的空间一样。但是，这并不意味着现在不存在需要哲学家去做的事情。当然，不存在那些作为哲学家工作的、有待于发现其为真的命题。哲学恰恰不能旨在发现为真的命题，但可以旨在澄清我们已有的命题。如我们已经注意到的那样，维氏相信，日常语言通过隐藏真正的逻辑形式而将思想掩盖了起来。哲学的恰当目的，是去剥离这些掩饰并阐明那种形式。

　　在清楚地表达这些观点时，《逻辑哲学论》成为了后来有些人所说的**哲学中的语言学转向**（一种短暂的转变，稍后详述）中的关键文献。维氏在 4.11—4.112 中清楚地论述了这一点。[①]

　　4.11　　真命题的总和是全部的自然科学（或者，自然科学的全部）。

　　4.111　哲学不是自然科学的一种。

　　　　　（"哲学"这个词所意指的东西必然是位于自然科学之上或之下的某种东西，但并非是位于自然科学之侧的东西。）

———————
① 引自佩尔斯和麦吉尼斯译本。

> 4.112　哲学的目的是思想的逻辑澄清。
> 　　　　哲学不是任何理论，而是一种活动。
> 　　　　一部哲学著作本质上说来是由说明构成的。
> 　　　　哲学的结果不是"哲学命题"，而是命题的澄清。
> 　　　　哲学应该使思想变得清楚，应该清晰地划出思想的界
> 　　　　限；否则，它们好像是混乱的、模糊的。

　　根据《逻辑哲学论》，哲学就是语言分析。维氏在完成《逻辑哲学论》后的第一篇文献中，对什么是他所认为的分析给出了清楚的陈述。①

> 　　这种想法是，将那些在日常语言中导致无穷无尽误解的东西，在一个合适的符号系统中表达出来。这就是说，在日常语言掩盖了逻辑结构的地方，在它允许伪命题（pseudo-proposition）形式的地方，在它将一个词项用于无数不同意义的地方，我们必须将它替换为这样一种符号系统：它提供了一幅关于逻辑结构的清晰的图景，排除了伪命题，而且毫无歧义地使用自己的词项。

　　这种哲学设想自然导致了关于《逻辑哲学论》自身地位的问题。在写作《逻辑哲学论》时，维氏显然没有遵循自己关于哲学的建议。他并未设计一种精确的符号系统并在其中对日常语言进行实际的分析。他实际上并没有通过进行他设想哲学家应当进行的那种分析来做哲学。相反，在《逻辑哲学论》中，他实践了一种被他自己的原则刻画为不可能的哲学。整部《逻辑哲学论》充斥着这样的陈述：它们号称自己既非描述世界偶然特征的经验性断言，亦非仅仅通过自身形式结构而被决定真值的重言式。结果，根据维氏自己的标准，《逻辑哲学论》的这些陈述只能被断定为是无意义的。

　　当然，如同这部著作的最后三段评论所表明的那样，维氏意识到

---

① Wittgenstein, "Some Remarks on Logical Form", p. 163.

了这一点。①

> 6.53　哲学的正当方法真正说来是这样的：除可以言说的东西，即自然科学命题——因而也就是与哲学没有任何关系的东西——之外，什么也不说；然后，无论何时，如果其他的人想就形而上的事项说些什么，你就向他指出他没有给予他的命题中的某些符号以任何所指。另一个人也许不满意于这样的方法——他不会有这样的感觉：我们在教他哲学——但是，**它**是唯一严格正当的方法。
>
> 6.54　我的命题以如下方式起着说明的作用：理解我的人，当他借助于这些命题——踩着它们——爬过它们之后，最终认识到它们是没有任何意义的。（可以说，在登上梯子之后，他必须将梯子弃置一边。）
>
> 7　对于不可言说的东西，人们必须以沉默待之。

　　有两种看待维氏最终立场的方式。一种是，《逻辑哲学论》作为一个整体是弄巧成拙且（或）自相矛盾的，尽管它在很多问题上富于洞见。因此，《逻辑哲学论》式的体系必须被拒斥，而且我们应当力求找出保存其洞见而又避免其明显不足的方法。另一种则是，《逻辑哲学论》按照其原来的样子也是可接受的。在这本书中，维氏深思熟虑地违背了语言的规则，以此尝试向我们展示这些规则究竟是什么；为了使我们看到可理解的思想和语言的规则究竟是什么，他必须超越它们。在写作《逻辑哲学论》的时代，维氏采取了第二种方式。而随后他则具有了改变自己想法的明智。

　　在我看来，关于《逻辑哲学论》的第一种看法显然是正确的。尽管它具有很多重要的洞见，但还是可以被看作这种荒谬之中的实物教

---

① 引自佩尔斯和麦吉尼斯译本。

学，这种教学一直到最后都总是遵循特定路径。其中一条路径涉及下述《逻辑哲学论》式的确定：

(i) 对以下四者形而上学必然性（情况不可能不是这样）的确定：(a) 先天可知的东西（如果毕竟还是可以被知道的话），(b) 在语言学上为真（或曰由于意义而为真）的东西，(c) 逻辑上（经分析后）为真的东西，和 (d) 可以仅仅在自身逻辑形式的基础上被逻辑地证明为真的东西，

(ii) 对以下四者形而上学不可能性（情况不可能是这样）的确定：(a) 先天可知的东西（如果毕竟还是可以被知道的话）的否定，(b) 在语言学上为假（或曰由于意义而为假）的东西，(c) 逻辑上（经分析后）为假的东西，和 (d) 可以仅仅在自身逻辑形式的基础上被逻辑地证明为假的东西，

(iii) 对以下四者形而上学偶然性（它们为真，但也可能为假）的确定：(a) 后天可知的东西（如果毕竟还是可以被知道的话），(b) 为真，但并非在语言学上为真（也即不是由于意义而为真）的东西，(c) 为真，但不是逻辑上（经分析后）为真的东西，和 (d) 为真，但不能仅仅在自身逻辑形式的基础上被证明为真的东西。

　　如我们所见，《逻辑哲学论》的很多核心问题都可以被追溯为这些确定。尽管在那时还不明显，但哲学的进步最终将要求拒斥它们，正如其后五十年间不同的分析哲学家以不同的方式所做的那样。

关于第三部分的拓展阅读

讨论的主要一手文献

Wittgenstein, Ludwig. *Tractatus Logico-Philosophicus*, translated by C. K. Ogden, Mineola, NY: Dover, 1999; originally published in English in 1922 by Routledge. See also the translation by Pears and McGuinness, London: Routledge, 1974.

补充性的一手文献

Wittgenstein, Ludwig. Notebooks 1914—1916. Oxford: Basil Blackwell, 1961.

——. "Some Remarks on Logical Form." *Proceedings of the Aristotelian Society*, supplementary volume 9, 1929.

进一步阅读的材料

Fogelin, Robert. *Wittgenstein*, 2nd edition. London and New York: Routledge, 1987.

Geach, Peter. "Wittgenstein's Operator 'N'". *Analysis* 41 (1981).

——. "More on Wittgenstein's Operator 'N'". *Analysis* 42 (1982).

Soames, Scott. "Generality, Truth Functions, and Expressive Capacity in the *Tractatus*." *Philosophical Review* 92:4 (1983).

第四部分

逻辑实证主义、情感主义和伦理学
LOGICAL POSITIVISM, EMOTIVISM, AND ETHICS

第十二章

逻辑实证主义者关于必然性和
先天知识的学说

本章概要

1. 概要和历史先驱

逻辑实证主义简介；艾耶尔的实证主义版本和罗素以及早期维特根斯坦观点的比较

2. 分析性，先天性，以及必然性

实证主义者辨别必然和先天，以及用分析性来解释两者的动机

3. 对先天知识的语言学解释

对实证主义者先天知识总是能用关于意义的知识来解释这一断言的批评

概要和历史先驱

在这一章里，我们将开始讨论逻辑实证主义（logical positivism）。哲学中的这个运动是不寻常的，因为它之声名卓著，亦或是声名狼藉，都远远超出了专业的哲学圈子。对此的一个原因是，它的支持者都是卓有成效的传播者，并带着一股使命般的热情。另一个原因是他们的主旨，关于"什么是有意义"以及"什么是没有意义"的振聋发聩的宣言，以及消解古老哲学问题的大胆尝试。另外，逻辑实证主义也迎合了当时的科学品味。读逻辑实证主义者的著作，我们会有这样的感

觉，他们想，正如现代科学对我们关于自然界的认识进行了革命、现代科技对我们的生活进行了革命那样，一个适当的科学前景也将改变哲学以及一般性的知性文化。

　　不过，逻辑实证主义真正的学说倒并不是极端脱离于他们之前的哲学体系的。大多数基础性的工作可以在罗素和维特根斯坦那里找到。实证主义者修改了他们的观点，将它们以一种新的形式呈现，并做了一些重要的补充。不过，那并没有开创一个全新的方向。当然，在实证主义者之间还有很重要的不同之处。这里，我们将集中讨论艾耶尔（A. J. Ayer）的实证主义，这主要是在他颇具影响的名著《语言、真理和逻辑》一书里。这本书的第一版于 1936 年出版，重版于 1946 年 ①。这一版本的实证主义，尽管跟其他的版本在某些方面有所不同，它对这一运动的一些一般性的倾向还是很具有代表性的。

　　通过比较艾耶尔的中心思想与它的两个最重要的先驱的学说，我们可以感受一下逻辑实证主义和它在罗素和维特根斯坦那里的根源。

早期与中期的罗素	艾耶尔的逻辑实证主义
1. 数学可还原 (reducible) 到逻辑。	1. 数学真理，以及其他所有的先天必然真理，都是分析的。
2. 物理对象是感觉材料 (sense data) 的逻辑构造。	2. 物理对象，他心 (other minds)，以及自我都是感觉材料的逻辑构造。
3. 摹状词理论 (the theory of descriptions) 是哲学分析的典范。	3. 所有的哲学都是语言分析。

早期维特根斯坦	艾耶尔的逻辑实证主义
1. 语言被分为原子句和非原子句。	1. 语言被分为观察句和非观察句。
2. 所有有意义的句子都要么是重言的，要么是矛盾的，要么是偶然－经验的。	2. 所有有意义的句子都要么是分析的，要么是矛盾的，要么是偶然－经验的。
3. 有意义的经验性陈述是原子陈述句的真值函项。	3. 有意义的经验性陈述是可以被（可能的）观察所证实的。
4. 一个原子陈述句为真，当且仅当，它与原子事实相对应。	4. 一个观察性陈述为真，当且仅当，它可以为观察所确立。
5. 非原子陈述句的真值由原子陈述句的真值所确定。	5. 非观察性陈述句的真值是通过与观察性陈述句的一致还是不一致来测试的。
6. 伦理学以及其他的哲学陈述是无意义的。它们试图说出只能被显示的东西。	6. 伦理学陈述在认知上是无意义的。它们表达态度和情感，而不是描述它们。哲学陈述，如果为真的话，是分析的。从而，它们并不提供关于世界的信息。与之对照，形而上学陈述是没有意义的。

---

　　① 艾耶尔，*Language, Truth, and Logic*（New York : Dover, 1952；这是 1946 年第 2 版的重印版本）。

简要地说，对于这个对比，我们可以说，逻辑实证主义是结合了这两者：维特根斯坦所强调的对于有意义性的一个明确的测试，和罗素的逻辑技巧以及他对感觉经验和观察的强调。其结果是一个雄心勃勃的传统经验主义的逻辑化版本，作为一个关于意义的范围和界限的理论被提出来。

逻辑实证主义的中心学说是，它用证实性（verification）来分析经验性句子的意义。然而，关于有意义但并非经验性的句子——分析性的真理和矛盾式（分析性的假），实证主义者还有很重要、很有影响力的学说。在这一章里面，我们将讨论这些学说的起源和意义、实证主义者对它们的发展，以及它们所带来的困难。这将为我们的下一章做准备。在那里，我们将检查经验主义者关于意义的标准（或者称之为关于意义的证实性标准），它的支持者试图从中提取出的哲学意涵，以及为了精确地表述它而产生的严重问题。

分析性，先天性，和必然性

在讨论意义的证实性标准的时候，第一步是在这两者之间做出区分：一方面是分析性的句子和陈述，另一方面是综合性的句子与陈述[①]。我们已经在《逻辑哲学论》中看到，维特根斯坦如何将有意义的句子或陈述区分成三类——分析句（或者，用他的话来说，**重言句**

[①] 一般而言，在句子和陈述之间的关系上，实证主义者倾向于闪烁其词。一方面，他们并不想简单地将两者等同，毕竟，两个人可以通过说出两个不同的句子，来表达同一个陈述。另一方面，他们也不想说陈述跟用来表达它们的句子是不一样的。总体上说，实证主义者倾向于满足于看到这一点，正如陈述是通过句子来做出的，陈述自身也是一样，当它被做出的时候，跟一个在某种方式上被使用的句子也没有什么两样。这里的一个困难是，关于这样的实体，一个在某种方式上被使用的句子，如果它跟一个句子本身不一样的话，那么关于它是什么并不是很清楚。关于其他的困难，参见 Richard Cartwright, "Propositions", in *Analytical Philosophy*, 1st series, edited by R. J. Butler（Oxford：Basil Blackwell, 1962），第 81—103 页。在我关于实证主义的讨论中，我大体上忽略这些困难——除了当关于句子和陈述（命题）的区分对于论证来说有至关重要的影响的情况。

[*tautologies*]），是单纯就它们的意义而为真的；矛盾句，是单纯就它们的意义而为假的；以及综合句，它们之为真或为假不仅依赖于它们的意义，还依赖于世界的实际状况。综合句的特征可以由这一例子表明：**普林斯顿大学是在新泽西**。这个句子是真的，因为，（1）它**意味着**，或者说了，普林斯顿大学是在新泽西，并且还因为（2）这个句子所描述的世界的这一部分——普林斯顿大学——确实是如这个句子所描述的那样。与之对照，维特根斯坦认为，像（1）以及（2）这样的句子，**没有**告诉我们**任何**关于这个世界实际是什么样的，或者曾经是什么样的。

1．如果一个男人是个单身汉，那么他是未婚的。
2．要么在 1935 年 5 月 1 日那天牛津下雨了，要么在 1935 年 5 月 1 日那天牛津没有下雨。

因为这样的句子没有告诉我们关于世界的任何事情，维特根斯坦认为，它们的真必然是仅仅只出于它们的意义。艾耶尔以及其他的逻辑实证主义者都同意这一点。

尽管传统上，很多哲学家都区分了分析性陈述与综合性陈述，但他们中并不是所有人都做出了像维特根斯坦和逻辑实证主义者所做出的那种区分。维特根斯坦与逻辑实证主义者做出区分的方式的一个重要特征是，对他们来说，分析 / 综合的区分与必然 / 偶然的区分，以及先天 / 后天的区分完全重合。一个必然真理是一个真的陈述，并且它不可能是别的样子的。如果 S 是必然的，那么在这个宇宙所能够处于的任何可能的状态 w 中，S 都是（或已经是）真的。关于这样的真理，除了像（1）和（2）那样琐屑的例子之外，传统的例子是逻辑与数学真理。像由 $2^5=32$ 所做出的陈述，它不仅是真的，而且不可能为假。

维特根斯坦和逻辑实证主义者认为，所有的必然真理都是分析的，并且，必然性的来源是意义。对于维特根斯坦来说，这一观点的基础来自于，他注意到，一个句子要能够**说**什么，要能够提供什么信息，是因为它之为真**排除了**一些世界可能处于的状态。既然必然真理并没有排除任何东西，那么它们没有说出任何东西。既然它们就世界是什么样子的没有说出任何东西，那么世界所是的状态对于它们之为真就不产生任何影响。从而，它们的真就仅仅只出于它们的意义。逻辑实证主义者接受这一结论，不过强调了另一种推理的思路。作为经验主义者，他们相信，所有关于世界的知识都是依赖于观察和感觉经验的。从而，既然先天真理可以独立于观察和感觉经验被知道，那么，它们必然不是**关于**世界的。并且，如果它们没有告诉我们任何关于世界的知识，那么在决定它们之为真或为假的过程中，世界必然不起任何作用。相反，它们的真假必然只依赖于它们的意义。

如果我们思考这些初衷，我们就会发现，实际上，维特根斯坦的推理是将必然性等同于分析性，而实证主义者是将先天性等同于分析性。① 尽管在理论上，它们当然可能是两种不同的等同，但在实际上并非如此。在维特根斯坦和实证主义者之间，就这一点并没有实质性的不同。这是因为，他们两者都将必然性等同于先天性。从而，对于这些哲学家们而言，必然性、先天性以及分析性都是同一个东西，是一样的。

事实上，我们可以更进一步。实证主义者特别倾向于引用一种解释优先级。其中的**理由**是，他们坚持认为，任何句子的必然性或先天性，都是在它们的分析性中找到的。在他们看来，关于什么是必然性，我们如何能够知道任何必然真理，或者我们关于必然真理的知识如何是先天的，如果不诉诸由意义而为真这一观念的话，是不能做出任何解释的。例如，考虑我们关于某些真理是必然的这一知识。实证主义者认为，如果不诉诸分析性，知道什么东西之为真这一观念就不可能具有任何意义，不仅在世界实际所处的状态下是如此，而且在世界所有可能处于的可能状态下都是如此。当然，他们可以坚持，我们并不是检查所有的世界状态，并将句子跟它们一个一个地对比。另一方面，如果一个陈述之为真是由它的意义所保证的，那么通过知道它的意义，

---

① 参见《语言、真理和逻辑》的第四章，这一章很适当地题为"先天"。

我们就知道，或者处于一个可以知道这一点的位置上，它必然是真的，不管这个世界是处于什么样的状态中。从而，关于意义的知识解释了关于必然性的知识。

实证主义者就先天知识的解释做了类似的断言。根据他们的说法，如果 p 是必然的，那么就可以先天地知道 p，从而它是独立于任何可能的与经验相符或不相符而可知的。但是，实证主义者想知道，一个知识如何能以这种方式独立于经验呢？艾耶尔在他的《语言、真理和逻辑》的第 4 章的开篇提出了这个问题。

> 既然已经承认了我们是经验主义者，现在我们就必须处理通常那些被用来反对所有形式的经验主义的诘难。这种诘难认为，在经验主义原则的基础上，说明我们关于必然真理的知识是不可能的。因为，正如休谟所决定性地表明的，如果一个一般性命题，其有效性要受到现实经验的检验，那么没有一个这样的命题能够总是逻辑上确定的。（将**逻辑上确定的**读作**先天的**。）不管这样的命题在实践中如何经常地被证实；它仍然有可能在某个将来的事例中被推翻。一个规律在 n-1 次的情况中都被证实，并不逻辑地保证它在第 n 次的情况下也被证实，不管我们把 n 这个数字取多么大。这就意味着，没有一个**涉及事实**的一般命题，可以被证明为必然地、普遍地为真。（**因为如果它是必然为真的，那么它将是先天的 [逻辑上确定的]，并且可独立于任何通过经验的证实而被表明为真。**）它最多只是一个或然的假设。（**艾耶尔将或然和确定相对照，后者被他和先天可知相提并论。**）我们将要发现，这一点不仅适用于一般命题，而且适用于一切具有**事实内容**的命题。这些命题没有一个是逻辑确定的（**即，先天的，从而是必然的**）。①

艾耶尔的观点是，如果 p 是必然的，那么它是先天可知的，从而，它就没有任何事实性的内容。这里的推论是，如果 p 没有任何事实性的

---

① *Language, Truth, and Logic* 第 72 页。粗体是我的强调。

内容，那么世界对它之为真就没有任何贡献，在这种情况下，它的真也必须只取决于它的意义。

这一点在后面几页变得更为清楚。

> 没有必要给出更多的例子。无论我们想找什么样的例子，我们将总会发现，对于那些逻辑或数学原则在其中似乎被反驳的情况，我们总是对其进行解释，从而使得那些原则完好无损。这就表明，密尔关于可能会产生一种推翻数学真理的情况的假设，是错的。（即，**密尔否定数学命题是先天／必然的，而这是错的。**）逻辑和数学原则之所以普遍为真，**就是因为我们从不允许它们是其他样子的。**理由是，我们不可能取消这些原则而不发生自相矛盾，或者不违反规范我们语言用法的规则从而使我们说的话荒谬可笑。换言之，**逻辑和数学真理是分析命题或重言式命题。**[①]

根据艾耶尔的观点，必然真理是真的，而不论世界是什么样的，这是因为它们是由其意义而为真的，类似的，它们是先天可知的，因为这种知识跟关于意义的知识没有什么两样。当然，我们能够知道我们决定用我们的语词意味什么，这里并没有什么哲学秘密可言。并且，实证主义者认为，在这个观点中也当然没有什么神秘之处，即一个句子的真可能完全是由我们对于其意义的决定而得出的，并且我们也知道这一点。将这两个想法放在一起，他们认为，他们为此找到了一个哲学的解释，否则的话它将是成问题的——我们关于必然真理的先天知识。例如，这样的陈述，（1）如果一个男人是单身汉，那么他是未婚的，以及（2）要么在 1935 年 5 月 1 日那天牛津下雨了，要么在 1935 年 5 月 1 日那天牛津没有下雨，它们都是我们先天地知道的必然真理。我们知道这些事情，是因为我们知道（1）和（2）中的语词的意思，我们也知道，这些句子的真是从我们所赋予这些语词的意义而得来的。这对于我们关于任何必然真理的先天知识都适用——包括所有逻辑与

[①]　*Languagek, Truth, and Logic* 第 77 页。粗体是我的强调。

数学真理。

尽管几十年来，这幅图景对很多哲学家都很有吸引力，它却存在着很多严重的问题，这些问题可能一下子不是那么的明显。第一，将必然真理等同于先天可知的真理，这充满了困难，正如克里普克近四十年后在《命名与必然性》①一书里所表明的那样。因为关于这一点将会在第二卷中有深入的讨论，所以现在我们先把它放在一边。第二，实证主义者的这一断言，即分析性是概念地先于必然性和先天性的概念的，并且可以用来为后两者提供哲学上令人满意的解释，被蒯因在他发表于 1951 年的文章，"经验论的两个教条"②，表明是根本性地错误的。——我们将在本卷的最后考察这篇文章。第三，实证主义者严重地低估了通过关于意义的知识来解释先天知识的困难性。

关于先天知识的语言学解释

正如我们所看到的，他们的解释是根据两个他们认为不成问题的语言知识——（ i ）我们决定我们的语词意味着什么，以及（ ii ）从我们对一些句子所包含的语词意味着什么所做的决定，**推出**一些句子为真。然而，在**推出**一词中有一个问题。显然，我们并没有一个一个地去规定所有必然 / 先天 / 分析真理的意义。相反，必须承认，我们只是做了相对来说很少的关于意义的规定，然后从这些规定中得出这样的**后承**，即一个无限大集合中句子的真。这里**后承**一词是什么意思？当然不是那种与其前提无任何必然联系的随意猜测或任意的推论。相反，用**后承**这个词，实证主义者意味着诸如**逻辑后承，如果它们的前提为真，它们之为真是先天可知的**这样的意思。但是，现在我们陷入了一个循环。根据实证主义者的观点，所有关于必然真理的先天知识——

---

① Saul Kripke, *Naming and Necessity*（Cambridge, MA : Harvard University Press, 1980）；原初发表于 Donald Davidson and Gilbert Harman, eds., *Semantics of Natural Language*（Dordrecht : Reidel, 1972）。

② Quine, "Two Dogmas of Empiricism", *Philosophical Review* 6（1951）；重印于 Quine, *From a Logical Point of View*（Cambridge, MA : Harvard University Press, 1953）。

包括我们关于逻辑必然真理的先天知识——都来自于我们关于基本的语言约定或者规定的知识，我们采取这些约定来赋予语词以意义。然而，为了从我们的语言学知识中推导出这个先天知识，我们需要诉诸一个在先的、关于逻辑本身的知识。这个逻辑知识要么是先天的，要么不是。如果它是先天的，那么有一些先天知识不是由语言所解释的；如果它不是先天的，那么我们关于逻辑的知识不是先天的。无论如何，实证主义者的计划都面临失败。

简而言之，这就是蒯因发表于 1936 年的这篇文章，"由约定而成的真理"①的核心论证之一。尽管在发表后没有立即得到承认，它最终还是成为了一个经典，并且因为它对于"将先天知识建立在关于意义的知识的基础上"这一运动的有力批评而现在广为人知。既然按照我的观点，这一运动的问题比有时候所意识到的还要严重，通过一个例子将有助于表明这些问题。

　　3a. 如果 x 是一个正方形，那么 x 是一个有四条等边的长方形。

让我们设定，**正方形**这个词的意思是跟**有四条等边的长方形**是一样的。那么，句子（3a）与句子（3b）是同义的，它们表达了同一个命题。

　　3b. 如果 x 是一个有四条等边的长方形，那么 x 是一个有四条等边的长方形。

接下来我们区分这两个问题。

---

① Quine, "Truth by Convention"，首次发表于 O. H. Lee, ed., *Philosophical Essays for A.N. Whitehead*（New York：Longmans, 1936）；重印于 H. Feigl and W. Sellars, eds., *Readings in Philosophical Analysis*（New York：Appleton, 1949）；以及 Benacerraf and Putnam, eds., *Readings in the Philosophy of Mathematics*（En-glewood, NJ：Prentice Hall, 1964）；以及 Quine, *The Ways of Paradox*（New York：Random House, 1966）。

Q1. 我们如何知道（3a）是汉语中的一个真句子？

Q2. 我们如何知道，如果 x 是一个正方形，那么 x 是一个有四条等边的长方形？

这是两个不同的问题。Q2 中所问到的知识，即使是一个不懂汉语的人也会知道。然而，Q1 所问的知识，是关于汉语中的某些事实。并且，（3a）是汉语中的一个真句子，这样的知识既不是先天的，也不是必然真理。相反，它只是关于我们的语言的一个偶然事实的日常经验知识——当一个人能熟练地说一门语言的时候，他就会知道这一点。与之对照，我们关于如果什么东西是正方形，那么它就是有四条等边的长方形的知识，是关于一个真正的必然真理的先天知识。

接下来我们要问，如果关于意义的知识确实在回答 Q1 和 Q2 的过程中扮演重要的角色，那么具体是如何？首先考虑 Q1。如果一个人知道，正方形和有四条等边的长方形是一样的意思，那么我们大概可以假设，他知道（3a）跟（3b）是意味着相同的意思，从而，如果（3b）是真的话，那么（3a）也是真的。但是，他如何确定（3b）为真呢？可能有人会说，（3b）具有这样的形式——**如果 p，那么 p**——并且当然，任何人只要知道**"如果"，"那么"**的意思，就知道任何这一形式的句子都是真的。但是，知道**"如果"，"那么"**的意思，这究竟意味着什么呢？并且，这样的知识又是怎样被用于得知所有具有这一形式的句子都是真的之上的？这里，我们试图用我们关于意义的知识来回答 Q1，碰到这一问题而触底反弹，即我们关于逻辑连接词的意义的知识，是如何解释我们关于什么样的句子是在逻辑上被保证为真的知识的，如果可以解释的话。

接下来考虑 Q2。我们可能认为，我们关于意义的假设，给出了这样的结论，即 x 是一个正方形这个命题，与 x 是一个具有四条等边的长方形这个命题是等同的。因为，知道如此这般，就是跟如此这般的命题具有"知道"这种关系，由此得出，我们关于如果 x 是一个正方形，那么 x 是一个具有四条等边的长方形的知识，就是这一知识：如果 x 是一个具有四条等边的长方形，则 x 是一个具有四条等边的长方形。那么，我们是如何知道它的？有人可能会说，知道它就是知道由一个诸如**如果 p，那么 p** 的逻辑真理所表达的命题。当然，任何知道**"如果"，"那么"**的意义，以及用来代替 "p" 的句子的意义的人，都将知道那个命题是真的。我们可能会进一步问，知道这一意义具体是指什么，以及这一知识是如何被用来保证得到所希望的结果的？这里，我们试图用关于意义的知识来回答 Q2，碰到这一问题而触底反弹，即关于逻辑连接词的意义的知识，是如何解释了我们关于逻辑地为真的句子所表达的命题的知识，如果可以解释的话。

　　面对这些问题，实证主义者一般的回应是声称（i）逻辑是由约定而为真的，从而是分析的，以及（ii）从而，关于逻辑真理的知识无异于关于意义的知识。（他们对关于一些推理是保真的这一知识，会说本质上同样的话。）然而，这些观点远远不是显而易见的，这通过对下面这个情况的考虑就可以看出来。假设我要介绍一个简单的逻辑语言 L，通过列举一些熟悉的用来形成原子句的谓词和名字，加上逻辑常项 "&" "∨" "→" "～" 和 "∀"，以及变量 x、y 等等。设想你已经理解了名字和谓词，但是逻辑符号对于你来说却是新的。接下来，通过做如下这种复杂的规定，我将赋予逻辑符号以意义：让 L 中的这些逻辑符号意味任何它们需要意味的，为了使得任何一个如下形式的句子为真：

　　　　(Av ～ A), (A → A), [(A & B) → B], [A → (A ∨ B)], [～ (A & B) → (～ A ∨ ～ B)], [(A & (A → B)) → B], [∀ x Fx → Fn], [(∀ x (Fx → Gx) & Fn) → Gn], 等等。

　　这一规定的细节并不是太重要。这里的想法是，做出一个只有在这样的情况下才被满足的规定：只有当 "～" "&" "∀" 以及所有其他的逻辑连接词都被赋予了这样的解释，该解释保证了 L 中的所有，并且只有那些通常被认为是逻辑真理的句子，都由逻辑连接词的意义而确保为真。为了论证的需要，让我们假设这是可以做到的。如果一个群体或一个团体决定采用这样的规定作为指导他们使用 L 的语言约定，那么很自然地，可以将 L 中的逻辑真理说成是**以约定为真的**句子，从而是**分析的**。

无论如何，实证主义者就是这样认为的，并且，到目前为止，我们并没有对此提出什么反驳。然而，这并不是问题的结束。关于以下问题如何处理？（i）关于 L 中的什么句子是由约定而为真的这一知识，以及（ii）关于由这些真理所表达的命题的知识。关于（i），考虑 L 中的句子（3c），它跟汉语中的句子（3b）相对应。

3c. (x 是一个有四条等边的长方形 → x 是一个有四条等边的长方形。)

要确定这个句子是由约定而为真的，我们可能进行如下推理：

P1. L 中的所有具有（A → A）这一形式的句子都是被规定为真的，从而是由约定而为真的。

P2. (3c) 是 L 中的一个具有这一形式的句子。
_____

C. 因而，句子（3c）是由约定而为真的。

对 L 中的其他逻辑真理也可以提出类似的论证。

关于这些论证没有什么不对的地方，它们每一个都假设了一些逻辑事实。每个论证都具有这样的形式：

P1. 所有 F 都是 G。（所有具有如此这般形式的句子都是真的。）
P2. n 是一个 F。（n 是一个具有如此这般形式的句子。）
_____

C. 因而，n 是 G。（句子 n 是真的。）

为了使一个人看出这个论证的前提为其结论——L 中的某个特定句

子是真的——提供了辩护，他必须看出，如果所有的 F 都是 G，并且 n 是一个 F，那么 n 是 G①。**这一知识**并不是通过关于 L 的任何一个规定而得到解释的；相反，它是在这一过程中被预设了的，即使用关于这些规定的知识来得到关于 L 中的某一个句子为真的知识。相应地，尽管（3c）可以被认为是 L 中的一个由约定而为真的句子，并且尽管我们可以得到这一知识，即它是通过学习 L 中的语言约定，我们只有在这种情况下才可以这么做，即当我们有关于具有这种形式的逻辑真理所表达的命题之为真的先天知识：如果所有的 F 都是 G，并且 n 是一个 F，那么 n 是 G。这正是那种逻辑实证主义者要解释的、关于必然真理的真正的先天知识。我们所看到的是，诉诸关于 L 的语言约定，他们并未能成功地做到这一点。

关于汉语中为逻辑真理的句子，以及它们所表达的命题，我们可以得出同样的结论。唯一的不同之处是，实证主义者变得更加难以证明他们的观点了。当通过规定在这个新的语言 L 中引入逻辑常项的时候，我可以自由地使用先前已经得到理解的汉语中的表达式来表达这一规定，包括像**每个**这样的逻辑词项。然而，如果我们要想象，汉语中所有的逻辑词项都是通过规定来获得它们的意义的，我们就不大清楚这样的规定如何能够被表达出来。这样一来，理解在什么意义上汉语中的逻辑真理可以通过约定而为真，就更加困难了。

可能最后这个困难并不是难以克服的。例如，说话者可能有某些信念和意图，是独立于任何在语言中表达它们的能力的。甚至可能是，这些独立于语言的信念和意图，是关于表达式的使用，以及说话者想要赋予给它们的意义的。可能的一种情况是，这些信念和意图具有赋予意义的规定所具有的效果，尽管它们不是在语言中公开地表达出来的。如果是这样的话，那么有人可能辩论说，例如，逻辑词是通过这

①　当然，这里的要点并不是说，为了得出那个结论，他需要加上这个断言作为一个附加的前提，即如果所有的 F 都是 G，并且 n 是一个 F，那么 n 是 G。（我们从刘易斯·卡罗尔［Lewis Carroll］那里知道不是这样。）这里的要点是，（ i ）如果他是基于知道这些前提来知道其结论的，那么他必须认识到，这个论证为其结论提供了辩护，并且认识到（ ii ）这相当于知道，如果所有的 F 都是 G，并且 n 是一个 F，那么 n 是 G。

样的未明确表述的规定而获得它们的意义的。在这种情况下，可以得出，汉语以及其他语言中的逻辑真理，在某种衍生意义上说是通过约定而为真的。

然而，就算这是真的，说话者关于某一句子为真（或通过规定而为真）的知识，似乎仍然预设了在先的、关于逻辑事实的先天知识——例如，关于某些由逻辑地为真的句子所表达的（必然为真的）命题的先天知识。虽然这正是实证主义者所试图解释的那种知识，但很难看出他们的计划如何能够成功。以对我们的例示性问题 Q1 和 Q2 的答案为例，我们看到，尽管实证主义者关于这一点是正确的，即认为关于意义的知识可能在对 Q1 的回答中扮演重要的角色，他们并没有成功地表明，这样的知识自身足以回答 Q1（而不诉诸关于逻辑事实的先天知识）；他们也没有能够表明，它对于回答 Q2 有**什么**用处。

基于以上这些原因，实证主义者试图用分析性和语言约定来解释先天知识的计划，并未获得成功。然而，尽管有蒯因在"以约定而成的真理"中的论证，这一点并没有得到广泛的认识，直到多年后他在"经验论的两个教条"中重新论述了分析性的问题。这一次，通过抓住实证主义者的核心学说——关于意义的经验主义标准——所面临的困难，那篇文章几乎向每一个人表明了，在实证主义哲学理论的核心有着难以克服的困难。

第十三章

关于意义的经验主义标准的兴起与衰落

本章概要

1. 关于意义的经验主义标准背后的想法以及它们的哲学意义

2. 观察陈述

   界定一集合的问题；关于感觉材料的陈述和关于物质对象的陈述；理论陈述与观察陈述之间的区分

3. 用强的可证实性来表述有意义性的经验主义标准的努力

   基于决定性的可证实性和决定性的可证伪性的尝试；为什么它们失败了

4. 用弱的可证实性来表述有意义性的经验主义标准的尝试

   一个经验陈述是有意义的，如果观察对于决定它之为真还是为假是相关的；为什么这个想法太过弱化了；亨佩尔和邱奇的反驳

5. 经验有意义性作为对一种经验主义语言的可翻译性

   卡尔纳普、亨佩尔以及趋向整体证实主义；"倾向性语词"和理论语词

6. 实证主义未能成功为证实性辩护的教训

   趋向语言整体主义和日常语言哲学；证实主义和摩尔主义方法论

关于意义的经验主义标准背后的想法
以及它们的哲学意义

正如我们在上一章里看到的，实证主义者认为分析句表达了必然真理，仅仅通过理解以及对表达它们的句子的意义进行反思，就可以先天地知道这样的真理。一个句子被认为是矛盾的，当且仅当它是分析地为假——即，当且仅当它的否定是分析的。所有其他有意义的句子都是综合的，或者说是经验的。关于意义的经验标准针对的是最后一类句子。

在这一标准背后的指导性想法大概可以被表述如下：

证实主义（Verificationism）的基础

一个非分析的、非矛盾的句子 S 是有意义的，当且仅当，S 跟一些陈述具有关系 R，而这些陈述的真假可以由简单的观察而直接决定。

实证主义者所面临的最重要的任务就是，为这个原则中的关系 R 提供一个精确的定义。显然，在一开始，像艾耶尔这样的实证主义者对于这样的任务最终会有多么困难并没有什么概念。他们很自信，认为自己已经有了一个根本性的洞见，它将使哲学发生根本的改变，并且最终为其提供坚实的基础。在他们看来，过去的哲学困惑的根源，以及在这一学科中缺乏更为重要的进步的原因，是哲学家们并没有意识到这一点，即所有有意义的陈述都要么是分析的，要么是矛盾的，要么是经验上可证实的。很多传统哲学的陈述——尤其是伦理学与形而上学——恰恰没有落入这些范畴（实证主义者正是这样认为的）。

形而上学陈述**不是**分析的，因为它们之为真或为假，被认为是比约定或语言的问题更为复杂的。既然它们声称是**关于**世界的，它们的真或假就必须通过它们是否正确地**描述**了世界而得到决定。然而，这些陈述常常被认为既是必然的，又是可以独立于经验而可知的。在这种意义上，通常的经验观察对于确定它们的真假来说是不必要的。实证主义者坚持认为，这两种特征的结合是不可能的。任何声称关于世界的有意义的陈述，都**必须**既是偶然为真的，也能够由经验来证实或证伪。既然形而上学陈述没有通过这一测试，实证主义者就拒斥它们，认为它们是无意义的。这样做的同时，他们也拒斥了它们的否定。例如，宣布**上帝存在**是认知上无意义的，他们并不由此而承认了上帝不存在。相反，他们坚持，如果**上帝存在**是无意义的，那么**上帝不存在**也是没有意义的。在实证主义者看来，根本没有什么真正的、需要处理的形而上学问题。

相同的观点也适用于传统上所认为的伦理学。通常，伦理学中最一般、最根本性的论断被认为是必然的（从而是先天可知的），如果它们为真的话；但是，它们同样被认为**不是**分析的，因为接受它们为真似乎要求比如何使用语词更多的知识。尽管它们传统上被认作描述性陈述，能够为真或为假，它们同时也被理解成在指导我们的行为这一方面起到重要的作用。实证主义者坚持，没有什么陈述可以同时既是必然的（或先天的），又是非分析的；没有什么陈述可以同时既是陈述事实性的描述，又是指导行动的箴言。从而，他们坚持，伦理学句子在这一意义上是认知上无意义的，即它们并没有被用来做出陈述或表达真正的信念。我们最多可以说，它们是伪装了的律令，被用来提供建议或给出命令。

实证主义者拒绝整个传统哲学的探究领域这一事实，并不意味着他们认为所有的传统哲学都是错的。他们认为，其中的一些还是成功地起到了语言澄清的重要作用。例如，休谟关于因果性作为恒常联结的分析，洛克关于所有知识都是源于经验的观念，罗素的摹状词理论、他将算术还原为逻辑、他的逻辑构造的理论，以及维特根斯坦试图为有意义性划界的努力，所有这些都得到实证主义者的肯定。他们并不认为他们是完全从头开始了一个崭新的哲学。不过，他们确实认为他们所做的贡献，即关于意义的经验性标准，是将来所有哲学进步的基石。

在本章里面，我们将要考察实证主义者为这一标准做出一个可被接受的表述所做的尝试。他们的第一个尝试是基于**强证实**（strong verification）这个观念之上的。这一观念是，一个经验陈述——即非分析的、非矛盾的陈述——是有意义的，当且仅当，它之为真或为假，原则上可以仅仅通过对真的观察性陈述进行演绎推理而确立。在表明这样的规定过于苛刻——它将一些明显有意义的句子错误地刻画成是没有意义的——之后，我们将讨论实证主义者后来所基于的另一条不同的途径，即**弱证实**（weak verification），来构建一个意义标准的尝试。根据这一途径，一个经验陈述 S 是有意义的，当且仅当，观察陈述在这种意义上在决定 S 的真假的过程中是相关的，即观察陈述是由 S 以及一个理论中的其他陈述所逻辑地蕴涵的，而这一理论作为一个整体做出经验性的预测。在表明了这样的刻画过于宽松——它将很多无意义的句子刻画成有意义的——之后，我们将考察实证主义者为避免强证实性和弱证实性的问题所做的最后一个尝试。在表明这一尝试也有着严重的问题之后，我们将在最后讨论逻辑实证主义者的证实主义失败的原因。

观察陈述

试图将证实主义背后的想法转变成一个关于意义的精确标准的第一步，是刻画出观察陈述这个类别。历史上，这是一个争议焦点，不同的实证主义者在不同的阶段对其有着不同的刻画。一个核心的争议是，观察性陈述应该被认为是关于一个人的感觉材料的陈述（从而一个人对它不可能发生错误），还是说，关于可感知的、中等大小的物理对象的正常（可错）陈述，应该被认为是观察性的。

就像几个早期的实证主义者一样，艾耶尔自己起先是被上面的第一个、更为极端的经验主义选项所吸引。在《语言、真理和逻辑》中，他将感觉材料认作为感知的对象，并混合了罗素早期在《我们关于外间世界的知识》中的错误，声称不仅（i）物质对象是我们感觉材料的逻辑构造①，而且（ii）其他人也是我们通过物质对象逻辑地构造出来的（关于他心的陈述可以分析成关于其他物体行为的陈述）②——从而，他自己认为（iii）物质对象和其他人都是我们感觉材料的逻辑构造。我们可能会问，是谁的感觉材料？尽管艾耶尔没有明确地提出并回答这个问题，但唯一一个他能够避免循环的出路是，坚持物质对象以及其他人是从**他自己**的感觉材料中逻辑地构造出来的。从而，这导致的学说是，一个人所做的任何看似关于物质对象和其他人的陈述（以及他所拥有的任何这样的思想），实际上是关于一个人自己的感觉材料的陈述（或思想），除此之外**没有更多**的东西——即，它们是关于一个人所正在经验到的、曾经经验到的或将要经验到的感觉材料的，如果各种（唯我论式的刻画出来的）条件都得到满足的话。这只能被认为是一个归谬论证。

走出这个死胡同的办法是，放弃这样的观点，即认为物质对象是从我们的感觉材料中逻辑地构造出来的③。但是，如果物质对象被认为是不同于感觉材料的，而只有关于后者的陈述才被认为是观察性的，

---

①　*Language, Truth, and Logic*，第 63—68 页。

②　*Language, Truth, and Logic*，第 128—132 页。在第 130 页，艾耶尔说道："有意识的人和无意识的机器之间的区别，就转化成不同类型的可知觉行为之间的区别。当我做出如下断定的时候——即一个看起来是有意识的对象，其实并不是一个真正有意识的东西，而仅是一个假人或机器——我所能提出的唯一根据是，它不能通过一种用来决定是否具有意识的经验性测试。如果我知道，一个对象的行为方式，完全符合一个有意识的东西按照定义所必须表现出的行为方式，那么我就知道，这个对象是真正有意识的。……因为，当我断定一个对象是有意识的，我仅仅是断定，对于任何可以设想的测试，这个对象都将做出那种反映有意识性的经验表象。"

③　一个人不能说，物质对象是从他自己的感觉材料中逻辑地构造出来的，因为那样，他就承认了以下这种关于意义的错误的学说，即，当一个人说"**屋子里有一张桌子**"的时候，而另一个处于同样情形中的人说，"**不，屋子里没有桌子**"，而这两个说话者没有互相矛盾。一个人也不能说，物质对象是从每个人的感觉材料中逻辑地构造出来的，因为那样他就承诺了，知道任何一个关于物质对象的陈述之为真，这要求在先的、关于他人的感觉经验的知识——很显然我们并没有这样的知识。参见第七章在对罗素关于逻辑构造的观点的批评中关于这些论点的讨论。

那么实证主义者从一开始就将面临关于物质对象的陈述所带来的困难。既然这些陈述并未被任何一个关于感觉材料的陈述的有限集合所蕴涵，那么它们就不再被认为是可被强证实的，而这样的话，经验主义者关于意义的标准将在它取得进展之前就受到威胁。在三十年代的大部分时期，这些问题所带来的困难困扰着实证主义者，他们之间就此产生了激烈的争论①。然而，这些争论的意义随着时间的推移而消退了。当试图表述一个经验主义者的意义标准所内在的真正问题开始被意识到的时候，下面这点变得很明显：如何定义非观察陈述和观察陈述之间的关系，从而使得它们被认为是有经验意义的，这一点所面临的根本困难都将仍然存在，无论我们怎样刻画观察陈述。

出于这个原因，我们将采取一种相当宽松和非正式的方式来刻画观察陈述。②

观察陈述

一个观察陈述是这样的一个陈述，它可以被用来记录一些可能的观察的结果。这些陈述断定了，被提到的那些特定的可观察对象具有或缺乏一定的可观察特征——例如，**这本书在这张桌子上，那个黑板不是绿色的，这个杯子是空的而那个玻璃杯是满的。**

在那些可能重要的问题中，我们越过了这些问题，**是对谁可观察的？**以及，**通过何种方式可观察的？** 显然，通常的、不带偏见的、由正常的人所做出的观察的例子，将被认为是可以在观察陈述中被记录的可

---

① 就这个争论中的一个例示性的立场，参见 Otto Neurath, "Protocol Sentences", *Erkenntnis*, 3（1932—1933）; Moritz Schlick, "The Foundation of Knowledge", *Erkenntnis*, 4（1934）; A. J. Ayer, "Verification and Experience", *Proceedings of the Aristotelian Society*, 37（1936—1967），所有这些都收在艾耶尔这本有用的文集里面，*Logical Positivism*（New York : Free Press, 1959）。同时参见艾耶尔在该卷的导言的第三部分。

② 这个关于**观察陈述**的定义，允许具有不同逻辑形式的句子成为观察陈述——比如，简单的原子句，否定、合取，甚至是（在一些特殊的例子中）全称概括。在接下来，当我把观察陈述和全称概括对比的时候，是指观察陈述和本身不是观察陈述的全称概括对比。

能的观察。然而，包含了由放大镜、双筒望远镜、望远镜、显微镜、无线电望远镜、电子显微镜、以及类似的东西所做出的观察，它们是否应该被视为观察，我们将仍然为此而困惑。当然，实证主义者希望将这些方面排除在观察陈述之外，即，如果对它们的证实将既要求感觉经验，也要求用来解释那些经验的实质性的理论假设。但是，什么应该被认为是实质性的理论假设，这点大家可以争议，就像对下面这些议题也可以进行争议：是否有一个单一的原则性方式，从而可以在观察和理论之间一劳永逸地做出区分。或者相反，是否有许多不同的、语境敏感的方式，出于不同的科学或哲学的目的，从而可以在不同的情境之间做出区分。这些都是严重的问题，它们需要得到回答，如果可能就意义的证实标准找到一个可被接受的版本，并且这一版本除了关于观察的担忧之外就没有其他问题的话。然而，为了对这一标准做出一个适当的表述，**任何一个版本的尝试都面临着难以逾越的困难**，不论怎样精确地定义观察陈述。既然考察这些困难将是我们的核心问题，我们将暂且跨过这一点，姑且认为在观察性断言和非观察性断言之间，似乎有一些原则性的区分，而不必过于担心如何或者在哪里精确地划出这道界限。

用强证实性来表述有意义性的经验主义标准的努力

我们从定义**决定性的可证实性**（*conclusive verifiability*）和**决定性的可证伪性**（*conclusive falsifiability*）开始。

决定性的可证实性

一个陈述 S 是决定性地可证实的，当且仅当，有一个观察陈述的有限一致集合 O，从而 O 逻辑地蕴涵 S。

决定性的可证伪性

一个陈述 S 是决定性地可证伪的，当且仅当，有一个观察陈述的有限一致集合 O，从而 O 逻辑地蕴涵 S 的否定。

注意，决定性地可证实的陈述并非一定为真的，而决定性地可证伪的陈述也不是一定为假的。一个决定性地可证实的陈述是这样的一个陈述，即原则上，它可能通过这些事实被决定性地表明为真：它可以从一个观察性陈述的集合 O 中逻辑地推出，而 O 中这些观察性陈述是可以一并为真的。类似的观点也适用于决定性的可证伪性。一个决定性地可证伪的陈述是这样的一个陈述，即原则上，它可能通过这些事实被决定性地表明为假：它的否定可以从一个观察性陈述的集合 O 中逻辑地推出，而 O 中这些观察性陈述是可以一并为真的。集合 O 是一致的，这一要求意味着，确保 O 中的成员都为真是可能的 ①。O 是有限的这一要求，意味着它保证了在原则上，为了表明它的所有成员都是真的，我们可能进行这样的观察。

基于决定性的可证实性和决定性的可证伪性，我们现在考虑两个对经验性意义的表述——关于非分析、非矛盾的陈述的意义。

第一个尝试

一个非分析、非矛盾的句子 S 是有经验性意义的，当且仅当，S 表达了一个可决定性地被证实的陈述。

第二个尝试

一个非分析、非矛盾的句子 S 是有经验性意义的，当且仅当，S 表达了一个可决定性地被证伪的陈述。

这两个尝试因为下面的事实而终归失败：

---

① 这里，实证主义者将逻辑的一致性和我们关于可能性的日常观念等同了。尽管这种等同现在被认为是有问题的，在那个时候它却是习惯性的做法。这里我们将忽略这一问题。

事实 1：全称概括（以及存在概括的否定）不是决定性地可被证实的。

(ⅰ) 所有不受外力推动的运动着的物体，将做匀速直线运动。

(ⅱ) 所有固体受热膨胀。

(ⅲ) 所有天鹅都是白色的。

这些例子具有（ⅳ）这种形式。

(ⅳ) $\forall x\,(Ax \rightarrow Bx)$ 所有的 A 都是 B。

尽管这些句子都显然是有意义的，它们所表达的陈述却不能从一个观察性陈述的有限一致集合中逻辑地推得，或者，事实上，不能通过任何由 An，Bn，……，这样的陈述构成的一致的集合中推得，不管其大小是多大。既然像（ⅳ）这样形式的句子是跟（ⅴ）这种形式的句子等价的，那么对于存在概括的否定也是一样的。

(ⅴ) $\sim\exists x\,(Ax\,\&\sim Bx)$ 并非有一些是 A 的东西不是 B。

事实 2：全称概括（以及存在概括的否定）是可决定性地证伪的。

（ⅳ）这种形式的一个例子的否定，具有（ⅵ）这种形式。

(ⅵ) $\sim\forall x\,(Ax \rightarrow Bx)$ 并非所有 A 都是 B。

具有这种形式的句子是跟具有（ⅶ）这种形式的句子逻辑等价的。

(ⅶ) $\exists x\,(Ax\,\&\sim Bx)$ 至少有一个 A 不是 B。

如果 A 和 B 表达了可观察的特征，那么（ⅵ）和（ⅶ）都被观察句的集合（viii）逻辑地蕴涵。

(viii) An，～Bn

从而，相应的具有（iv）形式的全称概括，以及存在概括的否定（具有（v）形式的），都是决定性地可证伪的。

事实 3：存在概括（以及全称概括的否定）不是决定性地可证伪的。

一个陈述是决定性地可证伪的，当且仅当，它的否定是决定性地可证实的。既然存在概括（vii）的否定（v），**不是**决定性地可证实的，那么，存在概括（vii）**不是**决定性地可证伪的。类似的，既然全称概括（iv）**不是**决定性地可证实的，那么，它的否定（vi），也**不是**决定性地可证伪的。

从这些事实可以得出，尝试 1 和尝试 2 都将很大一类明显有意义的句子排除在外了。尝试 1 错误地将很多有意义的全称概括，以及很多有意义的存在概括的否定刻画成是无意义的。而尝试 2 则错误地将很多有意义的存在概括，以及很多有意义的全称概括的否定刻画成无意义的。另外，两者都将某些句子刻画成有意义的，而否认其否定也是有意义的。这一结果跟这样两个实证主义者所广泛坚持的原则相冲突。

P1．一个句子是（认知地）有意义的，当且仅当，它表达了一个要么为真要么为假的陈述。

P2．～S 是真的（假的）当且仅当，S 是假的（真的）。

基于这些理由，我们必须拒绝尝试 1 和尝试 2。

这使得我们转向第三个对意义的可证实原则进行表述的尝试。

尝试 3

一个非分析的、非矛盾的句子 S 是有经验意义的，当且仅当，S 表达了一个要么是决定性地可证实的、要么是决定性地可证伪的陈述。

当 A 和 B 代表可观察的特征的时候，这个表述处理了全称概括，**所有的 A 都是 B**，因为它们表达了决定性地可证伪的陈述，同时，它也处理了存在概括，**至少有一个 A 是 B**，因为它们表达了决定性地可证伪的陈述。这样，通过尝试 3，两种类型的概括都被正确地刻画成是有意义的。然而，这里至少还有三个其他问题没有解决。

第一个问题是关于混合性的概括——同时包括了全称量词和存在量词的句子。下面的（3）和（4）给出了两个例子。

（3）对于每种物质，都有一个溶剂。$\forall x\ (Sx \to \exists y\ Dxy)$

（4）每个男人都有一个爱他的女人。$\forall x\ (Mx \to \exists x(Wy\&Lyx))$

既然这些是全称概括，那么它们不是决定性地可证实的。所以，如果它们是有意义的，那么，根据尝试 3，它们必须是决定性地可证伪的。为了使得（3）为假，在（3-Ia）中给出的它的例示中，必须至少有一个是假的；或者，等同地，（3-Ib）中至少有一个必须是真的。[①]（这里我们假设了，我们能够为每一个对象赋予一个名字，并且这个列表可能是无限的。）

3-Ia. $Sa \to \exists y\ Day,\ Sb \to \exists y\ Dby,\ Sc \to \exists y\ Dcy,\ \cdots$

3-Ib. $Sa\ \&\ \forall y \sim Day,\ Sb\ \&\ \forall y \sim Dby,\ Sc\ \&\ \forall y \sim Dcy, \cdots$

---

① 为了使得 $Sa \to \exists y\ Day$ 为假，就是使 $Sa\ \&\ \sim \exists y\ Day$ 为真，$\sim \exists y\ Day$ 逻辑地等价于 $\exists y \sim Day$。

但是，既然（3-Ib）中的每一个合取都有一个合取支是全称概括，那么这些合取中**没有一个**是被任何一个观察陈述的有限一致集合所逻辑蕴涵的。并且，既然（3-Ib）中的每一个合取与其他的合取在逻辑上都是独立的，那么，没有观察陈述的有限一致集合可以逻辑上蕴涵，至少有一个这些合取的二元对为真，或者至少有一个这些合取的三元组为真，或者甚至在（3-Ib）这整个列表上，至少有一项是真的。从而，没有观察陈述的有限一致集合逻辑地蕴涵（3-Ia）中的陈述至少有一个是假的。我们甚至可以将这一点表达得更强一些，注意到这样的事实，既然没有观察陈述的有限一致集合逻辑地蕴涵（3）的任何一个例示是假的，没有这样的集合推演逻辑地蕴涵（3）是假的——这意味着，（3）不是决定性地可证伪的。既然（3）也不是决定性地可证实的，尝试 3 将认为句子（3）是无意义的，尽管它显然是有意义的[①]。同样的推理也适用于句子（4）。

尝试 3 的第二个问题涉及其他一些种类的概括，例如，由（5）和（6）所例示的概括。

　　5．在宇宙中有比 B 更多的 A。
　　6．大多数 A 是 B。

很明显，没有由（7）所例示的观察陈述的有限一致集合可以逻辑地蕴涵（5）和（6）。

　　7．Aa，Ab，Ac，… Bn，Bo，Bp，…

为了得到这样的蕴涵，我们需要对（7）加入一些断言，它们相当

---

① 注意，我们这里依赖于一种摩尔主义的对这些句子的有意义性（以及它们在科学中的普遍性）的确信，它盖过了我们对任何可能与之相冲突的关于意义的哲学论题的确信。实证主义者值得称赞的是，当像这种有问题的情况被指出来的时候，他们常常是照着这样做的。

于是说，这里列举的 A 和 B 就是所有的①。但是，这样的陈述在实证主义者看来并不是观察陈述。这样，像（5）和（6）这样的句子做出的陈述就不能被认为是决定性地可证实的。类似的推理也可以被用来显示它们也不是决定性地可证伪的。既然这样的陈述很明显是有意义的，那就意味着尝试 3 错误地将有意义的陈述刻画成没有意义的。

尝试 3 的第三个困难同样困扰着实证主义者基于他们称之为**强的可证实性**（strong verifiability）来表述的有经验意义的标准的所有尝试。正如我们已经看到的，这些尝试背后的基本想法是，能够使用简单的感觉性观察来绝对地、决定性地确立一个非观察性的陈述为真或为假。基于这一想法的意义标准坚持，一个非分析、非矛盾的句子是有意义的，只有当它的真或假能够从一个观察性陈述的有限一致集合中逻辑地推演得到。但是，这太过于苛刻了——是如此之苛刻，以至于事实上它将自然科学的很大一部分内容排除在外。

例如，考虑（8）

　　8．这个表面是由电子撞击过的。

提出原子理论的科学家们并不直接观察电子。他们也没有从一个观察陈述的有限一致集合开始，然后根据他们的逻辑课本从那个集合中推出（8）。注意，诉诸简单的枚举归纳，以及演绎，并不能完成这件事。我们并不是从观察开始，然后再从它们进行演绎或者归纳出（8）。相反，科学家们是假设了电子的存在，以此解释并预测可观察的事件。

粗略地说，这一过程是这样运作的：像（8）这样的陈述，以及一个科学理论中其他的陈述（在某些情况下，包括一些描述实验条件的真观察陈述），蕴涵进一步的观察陈述作为它们的结果。如果所有这些观察性的结果都是真的，那么这个理论在那个程度上就是被证实了。如果某些被表明是错误的，那么这个理论在某些方面是不正确的，从而必须被修正。实证主义者引入了**弱的可证实性**（weak verifiability）

---

① 我们还要包含这样的断言，即断定这些所提到的对象的非同一性。

这个词来刻画像（8）这样的理论假设与观察性事件之间的关系，这些事件可能证实或者否证假设，以及它们作为其一个部分的理论。这样的陈述如何被认定为真或为假呢？就它们自己而言，（8）并非逻辑地蕴涵任何观察性陈述。要得到观察性的结果，我们必须将（8）和一个理论中的其他一些陈述结合起来。像艾耶尔这样的实证主义者，认为（8）是有经验意义的，因为它，加上其他一些陈述，使得我们可以做出经验性的预测，而这些预测在缺乏它们的情况下就无法做出。从而，他们需要一个新的关于意义的证实性标准的表述，从而可以捕捉到这一想法。

用弱的可证实性来表述意义的可证实性标准的尝试

新的尝试反应了一个与先前不同的策略。它的想法是，使得一个经验性句子有意义的，并不是它表达了一个我们通过一些观察的集合所可能做出的、可以被**证明**为真或**证明**为假的陈述。相反，它的想法是，一个句子是经验性有意义的，当且仅当它表达了这样一个陈述：经验性的观察对于确定它的真或假是**相关的**。像艾耶尔这样的实证主义者认为，如果一个陈述 S 是在一个经验性的、从中可以推出观察性预测的理论 T 中，且如果 S 被从 T 中移除的话我们就不能推出那样的预测，那么这些观察性预测的真将支持这一假设，即 S 是真的（即使它并非决定性地确立了 S），而这些观察性预测的假将倾向于证明 S 是真的这一假说为假（即使它并没有决定性地否证 S）。既然实证主义者将以这种方式被证实或否证的科学假说认作有意义的经验句子的典型，他们需要一个意义的标准，使得依据那个标准，这样的句子被认为是有意义的。

这里是艾耶尔在他的《语言、真理和逻辑》的第一章中关于这一问题的讨论。

相应地，我们回到关于可证实性的弱的意义上。我们说，对任何假定的事实性陈述，我们所必须提出的问题，并不是"有没有什么观察使它的真或假在逻辑上是确定的"而只是"有没有什么观察与关于它的真或假的决定相关"。仅当对第二个问题做出否定的答复时，我们才可以得出结论，我们所考察的这个陈述是没有意义的。

为了进一步表明我们的观点，我们可以用另一种方式来表述它。让我们把记录一个现实的或可能的观察的命题称为经验命题。那么，我们可以说，一个真正的事实性命题的特征不是指，它应该等价于一个经验命题，或者等价于任何有限数目的经验命题，而只是说，一些经验命题可能从这个事实性命题与一些其他前提的合取中被推导出来，而不是单独地从那些其他的前提中被推导出来。①

这从而给出了尝试 4。

尝试 4

一个非分析的、非矛盾的句子 S 是有意义的，当且仅当，S 就它本身，或者与一些其他前提 P，Q，R，…，的合取，逻辑地蕴涵某个观察性陈述 O，并且 P，Q，R，…，并不单独地蕴涵 O。

注意，如果 O 是被 P，Q，R，…，单独地蕴涵的，那么 S 将在这个蕴涵中不起任何作用，从而，将无法表明 S 跟经验有任何联系。这就是加上最后这个限定性从句的理由。艾耶尔的想法是，一个在对观察进行解释或做出预测中起到一定作用的陈述，必须是有意义的。他显然认为，传统的形而上学陈述不能通过这一测试，从而，他的新的表述将这样的陈述认作是无意义的。

然而，正如他在《语言、真理和逻辑》的第二版的前言中所表明的，他后来改变了自己的想法，并且意识到尝试 4 是太过于宽松了。

---

① *Language, Truth, and Logic*，第 38—39 页。

关于这个标准，我（在第一版的第一章中）说它"似乎是足够宽松的"。然而事实上，它是太宽松了，因为它承认任何陈述都是有意义的。这是因为，给定任一陈述 S 和一个观察陈述 O，O 从 S 以及"如果 S，那么 O"中推演可得，但不能单独从"如果 S，那么 O"中推演出来。这样，陈述"至高无上者是懒惰的"和陈述"如果至高无上者是懒惰的，那么这是白的"联合起来，可以推出观察性陈述"这是白的"，而"这是白的"并不从这两个前提中的任何一个单独地推演出来。就它们自己而言，这两个前提都满足我的意义标准。并且，对于任何其他用来代替"至高无上者是懒惰的"这样没有意义的陈述，这都适用，只要这个陈述具有陈述句的语法形式。然而，像这样一种如此宽松的意义标准，显然是不能接受的。[①]

这个问题是，在一个人测试任何句子 S 的有意义性的时候，尝试 4 并没有对他可以诉诸的补充性前提 P，Q，R，做出任何限制。出于这个原因，艾耶尔总结道，它没有能将任何东西排除在外。既然任何句子 S 总能够跟补充性的前提（S→O）一起而蕴涵 O，艾耶尔总结道，任何句子 S 都总是能被刻画成有意义的。这是对的，只要（S→O）并不自身蕴涵 O 即可。但是，我们可以总是假设这一点吗？是否对于任何句子 S，我们总是可以找到一个补充性的前提（S→O），且它自身不蕴涵 O，从而它能被用来在尝试 4 中得出 S 是有意义的这样的结论？

在给出他的论证的时候，艾耶尔只是认为这一点是理所当然的，即对这个问题的回答是：**是的**。并且对于任何意图或目的，都是这样的。一个对此更为精确的表述是，对于任何非分析的陈述 S，我们可以找到一个观察陈述 O，以及一个补充性的前提（S→O），从而，O 可以从 S 和（S→O）中逻辑地推演出，而且不是从那个补充性的前提中单独地得到。为了表明这一点，考虑这样一对相互冲突的观察陈述：

---

① 第 11—12 页。艾耶尔将这一段中的观点归功于 Isaiah Berlin，"Verifiability in Principle"，*Proceedings of the Aristotelian Society* 39。

O1. 灯开着。

O2. 灯没有开着（即，灯关着）。

O1 和 O2 的合取是不一致的。假设现在（S→O1）和（S→O2）分别逻辑地蕴涵 O1 和 O2。如果是这样的话，那么（～S v O1）和（～S v O2）将分别蕴涵 O1 和 O2[①]。但是，那将意味着，～S 逻辑地蕴涵 O1 和 O2[②]。既然这两个句子是不一致的，这只有当～S 是一个矛盾句而 S 是一个分析句的时候才能实现。从而，对于任何**非分析**的陈述 S，要么 S 通过尝试 4 被判断成有意义的，是因为 O1 是由 S 和（S→O1）所蕴涵的，而不是由（S→O1）所单独蕴涵；要么 S 通过尝试 4 被判断成有意义的，是因为 O2 是由 S 和（S→O2）所蕴涵的，而不是由（S→O2）单独地蕴涵。既然分析句自动就是有意义的，那么这意味着，尝试 4 导致了一个荒谬的结果，即所有的句子都是有意义的。

尽管艾耶尔在他的书的第二版前言中坦率地承认了这一点，他仍然认为尝试 4 背后的想法大体上是正确的。在他看来，尝试 4 的问题是，在测试任意一个句子 S 是否有意义的时候，它对于我们可以诉诸什么样的补充性原则，没有做出任何限制。特别是，这个问题似乎在于，这个被选择来和任意一个句子 S 在一起的补充性前提（S→O），**它自己**不能被表明是有意义的，在确立那个被测试的句子 S 的有意义性之外。这似乎要求对尝试 4 进行修改，对于所使用的补充性前提，把它们限制在那些已经被确认是有意义的句子之内，**先于**将它们用于对其他句子的有效性的测试。

想到这一点，艾耶尔提出了尝试 5 作为其意义标准的最终版本[③]。

尝试 5

S 是**直接可证实的**，当且仅当，（a）S 是一个观察陈述；或者

---

①　因为 *(A→B)* 逻辑等价于 *(～A v B)*。

②　一个析取支蕴涵任何它作为其一部分的析取。从而，它蕴涵所有该析取所蕴涵的东西。

③　参见第二版的第 13 页。

（b）S 自身，或者与一个或多个**观察陈述** P，Q，R，… 的合取，逻辑地蕴涵了一个不是由 P，Q，R，…单独地蕴涵的观察陈述。

S 是**间接可证实的**，当且仅当，（a）S 自身，或者与其他前提 P，Q，R，… 的合取，逻辑地蕴涵了一个直接可证实的陈述 D，并且 D 不是由 P，Q，R，…单独地蕴涵的；并且（b）其他的前提 P，Q，R，…，要么是**分析的，**要么是**直接可证实的**，要么可单独被表明是**间接可证实的**。

一个非分析的、非矛盾的句子 S 是经验地**有意义的**，当且仅当，S 表达了一个陈述，它要么是直接可证实的，要么是间接可证实的。（分析句和矛盾句也同样被认为是有意义的。）

为了理解这个意义的标准，我们必须看到，**间接可证实性**的定义是分阶段来工作的。在它的第一个阶段，我们选择了一个句子，并且对其进行测试，看是否可能将它和一些直接可证实的（或者分析）陈述 P、Q、R 等等一起，蕴涵一个其他不能由 P，Q，R，等等所蕴涵的直接可证实的陈述。任何一个通过了这一测试的句子，我们将称之为**第一阶段间接可证实的陈述**。在第二阶段，我们选择一个新的句子 S，它在第一阶段既不是直接可证实的，也不是间接可证实的。我们对 S 进行测试，将它和一些陈述 P、Q、R 等等一起，P、Q、R 等等这些陈述要么是直接可证实的，要么是第一阶段间接可证实的，要么是分析的，看是否可能得到这样的结果，S 和 P、Q，R 等等一起蕴涵了一个直接可证实的陈述，且该陈述不能由 P、Q、R 等等直接蕴涵。任何通过了这一测试的句子被称为**第二阶段间接可证实的陈述**。我们重复这一过程，到达第三阶段。使用在第二阶段被表明为间接可证实的句子作为补充性前提，从而达到**第三阶段间接可证实的陈述**。这个过程可以被无限地重复下去。如果一个句子在任何一个阶段通过了间接可证实性的测试，那么它将被认为是间接可证实的，从而是有意义的。然而，一个句子可被认为是有意义的唯一方式，就是通过得出它和其他一些句子的逻辑后果，而那些句子的有意义性已经根据这一标准被单独地表明了。因此，艾耶尔认为他完全避免了导致尝试 4 失败的问题。

为了表明这个方案如何工作，以及确立一些关于它的基本事实，我们将考察一些简单的例子。为了这一目的，我们令 O_1a 和 O_2a 为观察陈述，且二者并不彼此蕴涵。（这里 a 是在两个陈述中都出现的一个单称词项，而 O_1x 和 O_2x 是两个式子，它们是通过将这两个陈述中的 a 用变量 "x" 替代后得到的。）这样，通过直接可证实性定义中的（b）从句，（1）和（2）都是直接可证实的。

(1) $(O_1a \to O_2a)$ 例如，如果我将这本书放开，它将落下去。

(2) $\forall x (O_1x \to O_2x)$ 例如，如果我丢开任何一本书，那么它将掉下去。

如果 O_3 是这样的陈述，它跟 O_1a 的合取逻辑地独立于 O_2a，那么（3）将也是直接可证实的。

3. $(O_3 \to \forall x (O_1x \to O_2x))$ 例如，如果我打开开关，那么每个灯将打开。

注意（3）是具有（4）这种形式的。

4. $(O \to D.V.)$

很容易表明，当 O 是**任何**一个观察陈述，且 D.V. 是**任何**直接可证实的陈述的时候，跟形式（4）相对应的句子将总被刻画成是有意义的。证明：（4）加上 O 逻辑地蕴涵 D.V.。如果 O 就它自己不是逻辑地蕴涵 D.V.，那么（4）是间接地可证实的。如果 O 逻辑地蕴涵 D.V.，那么（4）是一个重言式（逻辑地为真的），从而是分析的。在任何一种情况下，（4）都被刻画成是有意义的。

我们还可以表明，一个直接可证实的陈述的否定也总是被刻画成有意义的。证明：令 D.V. 为任何直接可证实的陈述，令 O 为任何观察陈述，其否定是一个没有被 D.V. 逻辑地蕴涵的观察陈述——即，O

和 ~ O 都是观察陈述，并且 D.V. 并不蕴涵 ~ O。(对于任何直接可证实的陈述 D.V.，永远有这样的一个陈述 O。直接可证实的陈述是非矛盾的。从而，如果 S 和 ~ S 是观察陈述，那么它们中至少有一个将不会被 D.V. 所蕴涵。无论是它们中的哪个，都可以在下面的论证中起到 ~ O 的作用。) 我们刚刚确立了，(4)(O → D.V.) 总是要么是间接可证实的，要么是分析的。~ D.V. 加上 (4) 逻辑地蕴涵观察陈述 ~ O。既然 (基于假设) ~ O 不是由 D.V. 单独地蕴涵的，那么 ~ O 不是由 (~ OvD.V.) 所蕴涵的。(任何被一个析取所蕴涵的东西都被其中任何一个析取支所蕴涵。) 既然 (~ OvD.V.) 逻辑地等价于 (4)，这意味着 ~ O 不是由 (4) 单独蕴涵的。这样，~ D.V. 是间接可证实的，从而被刻画成是有意义的。

对于这个论证，这是一个好的结果。一般来说，如果我们将 S 刻画为有意义的，那么我们想要将 ~ S 刻画成是有意义的。我们刚才所表明的是，当 S 是直接可证实的陈述时，艾耶尔的最后一个标准——尝试 5——做到了这一点。然而，基于三个问题，这一标准仍然被表明是不适当的。一个由卡尔·亨佩尔提出，一个由阿隆佐·邱奇提出，另一个是由邱奇所激发的。[1]

首先是亨佩尔的问题。令 S 为任何一个非分析的、有意义的真句子，令 N 为一个被假定为无意义的句子。接下来，考虑这两者的合取，(S&N)。由尝试 5 给出的意义标准，会认为这个合取是有意义的。这是因为，S 是直接或间接可证实的，从而这个合取也将如此。然而，艾耶尔同时认为，任何一个 (认知地) 有意义的句子是要么为真要么为假的。那么，他必须认为这个合取要么是真的，要么是假的。这两个选项中的任何一个都是有问题的。如果它是真的，那么 N 也必须是真的，因为它是由 (S&N) 这个真句子所蕴涵的。然而，一个无意义的

①   Carl Hempel, "The Empiricist Criterion of Meaning", *Revue Internationale de Philosophie* 4 (1950), reprinted in *Logical Positivism*, A. J. Ayer (New York: Free Press), 1959. Alonzo Church, "Review of *Language, Truth, and Logic*: Second Edition", *Journal of Symbolic Logic*, 14 (1949): 52—53.

句子是不能为真的。另一方面，假设这个合取是假的。在那种情况下，它的否定，~（S&N）将是真的，而这样的话，~N 必须是真的，因为它是由真句子 S 和 ~（S&N）所蕴涵的。这样，~N 必须是有意义的。但是这是不可能的，因为基于假设，N 是没有意义的。

这个问题实质上是一个对尝试 5 中的合取以及辅助性的原则 P1 和 P2 的归谬论证。

> P1. 一个句子是（认知地）有意义的，当且仅当，它表达了一个要么为真要么为假的陈述。
> P2. ~S 是真的（假的），当且仅当，S 是假的（真的）。

亨佩尔的问题是不是对尝试 5 的决定性反驳，取决于这一方案的支持者是否有明确的办法来拒绝 P1 或 P2，或者同时拒绝两者。可以想象，艾耶尔可能会放弃 P1。即，他可能会认为（S&N）是有意义的，因为它蕴涵了一些有意义的东西，但是否认它有一个真值，因为它包含了 N，而 N 是缺乏真值的。然而，这样的处理是否可行，尚有待讨论，因为单单是邱奇的问题就足以否定尝试 5。

在他对《语言、真理和逻辑》的第二版的评论中，邱奇表明，艾耶尔的最后这个意义的证实性标准——尝试 5——具有这样的结果：对于任意一个句子 S，要么 S、要么它的否定是有意义的。为表明艾耶尔的标准将每个句子都认为是有意义的，邱奇的论证可以很容易地强化成下面的形式①。这是他的论证：

> S1. 令 P、Q、R 为观察句，它们中的任何一个都不逻辑地蕴涵其他一个。

---

① 这里对邱奇的论证的强化的是，在第 8 步，它隐含地使用了一个他并没有使用的假设——即，至少有一些观察句，这些句子的否定也是观察句。如果就**一个观察句**，我们意味着其为真或为假可以由简单的观察而确定，那么这个假设似乎是无害的——想一下，**这是红的**以及**并非这是红的**。

S2. 令 S 为任何一个句子。

S3. 令 (a) 为这个句子: ($\sim$ P&Q) v (R& $\sim$ S)

S4. R 是由 (a) 和 P 逻辑地蕴涵的。既然（基于假设）R 不是由 P 单独地逻辑地蕴涵的，那么 (a) 是直接可证实的。

S5. Q 是由 (a) 和 S 逻辑地蕴涵的。

S6. 如果 Q 不是由 (a) 单独逻辑地蕴涵的，那么 S 是间接可证实的，从而是有意义的。

S7. 如果 Q 是由 (a) 单独地逻辑地蕴涵的，那么 Q 也是由它的右边的析取支 (b) (R& $\sim$ S) 所逻辑地蕴涵的。

如果 (b) 确实逻辑地蕴涵 Q，那么它与 $\sim$ S 和 R 的结合逻辑地蕴涵一个观察句 Q，而 Q 不是由 R 单独逻辑地蕴涵的——在那种情况下，$\sim$ S 是直接可证实的。

从而，如果 Q 是由 (a) 单独地逻辑的蕴涵的，那么 $\sim$ S 是直接可证实的。

S8. 我们已经在关于尝试 5 的讨论中表明了，一个直接可证实的陈述的否定总是间接可证实的，从而是有意义的。从而，如果 $\sim$ S 是直接可证实的，那么 $\sim$ S 和 S 都是有意义的。

S9. 从 S7 和 S8 可以得到，如果 Q 是由 (a) 单独地逻辑地蕴涵的，那么 S 是有意义的。

S10. 从 S6 和 S9 可以得到，如果 Q 要么是由、要么不是由 (a) 单独地逻辑地蕴涵的，那么 S 是有意义的。

S11. 既然 Q 总是要么由 (a) 单独地逻辑地蕴涵的，要么不是由 (a) 单独地逻辑地蕴涵的，从而得到，不管我们选择什么样的 S，艾耶尔的最终标准都会将 S 刻画成是有意义的。

尝试 5 的最后一个问题，是邱奇的原始论证的一个变种，而将其用一种更加显而易见的方式来表达。回顾尝试 4 中所具有的导致尝试 5 的问题。我们看到，对于任何一个非分析的句子 S，我们都可以找到一个观察陈述 O，从而，S 和 (S→O) 的结合逻辑地蕴涵 O，尽管

（S→O）自身并不逻辑地蕴涵 O。根据尝试 4，就可以认为 S 是有意义的了。这个问题对尝试 5 可以用几乎一模一样的方式再次产生出来。特别是，我们可以表明，对于任何非分析句 S，我们可以找到一对观察句 O 和 R，从而，S 和（（S∨R）→O）的结合逻辑地蕴涵 O，并且，要么（i）S 被认为是有意义的，因为（（S∨R）→O）自身并不蕴涵 O，要么（ii）S 被认为是有意义的，因为（（S∨R）→O）对 O 的蕴涵保证了～S 是直接可证实的。实际上，尝试 5 中所有比尝试 4 多出来的复杂条件都可以被认为是无效的，只要我们用（（S∨R）→O）作为支持性的前提，而不是（S→O）。

　　下面是证明。

S1. 让 S 是任何一个句子。

S2. 让 R 和～R 是不相容的观察句，它们任何一个都不逻辑地蕴涵观察句 O。

S3. S 和 ((S∨R) → O) 的结合逻辑地蕴涵 O。

S4. 这个条件句 ((S∨R) → O) 是直接可证实的，因为它和 R 的结合逻辑地蕴涵观察句 O，而 O 不是由 R 单独地蕴涵的。

S5. 从 S3 和 S4 可以得到，如果 O 不是由 ((S∨R) → O) 逻辑地蕴涵的，那么 S 是有意义的。

S6. 如果 O 是由 ((S∨R) → O) 单独地逻辑地蕴涵的，那么 O 是由～(S∨R)∨O 逻辑地蕴涵的（它逻辑地等价于 ((S∨R) → O)）。在这种情况下，O 由～(S∨R) 逻辑地蕴涵，从而，由 (～S&～R) 逻辑地蕴涵（它逻辑地等价于～(S∨R)）。但是，那样意味着～S 是直接可证实的，因为它，连同观察句～R，逻辑地蕴涵观察句 O，而 O 不是由～R 单独地蕴涵的。这样，如果 O 是由 ((S∨R) → O) 单独地逻辑地蕴涵的，那么～S 是直接可证实的。

S7. 我们已经表明了，在我们关于尝试 5 的讨论中，一个直接可证实的陈述的否定也总是间接可证实的，从而是有意义的。从而，如果 ~ S 是直接可证实的，那么 ~ S 和 S 都是有意义的。

S8. 从 S6 和 S7 可以得到，如果 O 是由 ((SvR) → O) 单独地逻辑地蕴涵的，那么 S 是有意义的。

S9. 从 S5 和 S8 得到，如果 O 要么是由、要么不是由 ((SvR) → O) 单独地逻辑地蕴涵的，那么 S 是有意义的。

S10. 既然不管我们怎样选择 S，都总是得到，要么 O 是，要么 O 不是由 ((SvR) → O) 单独地逻辑地蕴涵的，从而得到，艾耶尔的最后一个标准，尝试 5，都会将 S 刻画为有意义的。

无论如何，艾耶尔的最后一个表述的失败意味着，用强证实性或者是弱证实性来表述经验主义者的意义标准的尝试，走到了尽头。也有一些其他的尝试，试图重新表述艾耶尔的标准，从而使其免于像刚才所提到的那些反驳。然而，它们无一取得了成功。要么是将明显有意义的科学中的句子错误地划分为无意义的，要么是将明显无意义的句子划分为有意义的。在这种情形下，这一点似乎很明显：我们需要另外一条路径。

经验有意义性作为一个经验主义语言的可翻译性

直到四十年代后期（在邱奇的评论出现之后），还是有一些哲学家认为，实证主义者的原初想法中还是有一些有价值的东西的，即把经验性的意义和经验观察以某种方式联系起来。卡尔·亨佩尔，作为对意义的证实性标准的一般性表述最主要的批评者之一，就属于这些哲学家中的一员。在他发表于 1950 年的文章，《意义的经验主义标准》中，他将实证主义者的失败归结为，他们试图基于强证实性或者弱证实性来为他们的标准寻找成功的表述。他由此考虑了一个不同的途径，被称之为**意义的可翻译性标准**（the translatability criterion of meaning）。

意义的可翻译性标准

一个句子是经验性的有意义的，当且仅当，它能够被翻译到一个经验主义者的语言中去——即，当且仅当，它能够被翻译成罗素的《数学原理》的逻辑语言的一个版本，其中唯一被允许的谓词是那些表达可观察的特征的，以及那些可完全用表达这样特征的谓词加上罗素的逻辑语言中的真值连接词和量词来定义的。

这个意义的标准，以及其他他所讨论的，都不是亨佩尔所原创的。每一个都可以在其他实证主义者的著作中明确或者隐含地发现。翻译标准来自于鲁道夫·卡尔纳普 1936 年的文章《可检测性与意义》①。

尽管亨佩尔自己并没有支持这个标准，但他确实引述了它的四个优点。第一，它对全称概括和存在概括做了明确的限定。既然罗素的逻辑语言包括了两种量词，那么包含它们的句子并非原则上被排除在有意义的领域之外，像它们被基于决定性的可证实性和决定性的可证伪性的标准被排除在外那样。第二，亨佩尔非常合理地假设，像**绝对者（the absolute）是完美的**这样的句子，是不能被翻译到经验主义者的语言中来的。从而，这个新的标准并没有，像艾耶尔后来的那个标准那样，将意义归属给所有的句子。第三，既然**绝对者是完美的**这样的句子不能被翻译到一个经验主义者的语言中去，那么也不存在包含它的有意义的合取或析取。第四，可翻译性标准具有这样的结果，如果 S 是有意义的，那么它的否定也是有意义的——因为如果 S 的翻译是 P，那么对 S 的否定的翻译将是 ~ P。

除了看到可翻译标准的这些优点之外，亨佩尔也看到了它的两个严重的问题。第一个涉及他所称为的**倾向性词汇（disposition terms）**，他将之刻画为"那些反应了一个或多个的对象在一个特定条件下做出一种确定的反应的倾向"②。他列举这种词汇的例子有：**温度，充好了**

---

① Rudolf Carnap, "Testability and Meaning", *Philosophy of Science*, 3, 4 (1936—1937).

② 在 Logical Positivism 的重印版本的第 119 页中。

电的，磁性的，聪颖的，以及电阻。这个列表在某些方面让人觉得奇怪，也是有争议的。倾向性词汇的一个明显的例子是，**易碎的**，意思是说**在被撞击了之后倾向于破裂**。然而，似乎很难表明亨佩尔的例子**温度**，其意思是**倾向于 v**，不论用什么来替代"v"。不过，亨佩尔所考虑的是很清楚的。考虑这种形式的陈述：x 的温度是 90 华氏度。亨佩尔并不认为它是简单的观察陈述——大概是因为通常的、不借助于任何特殊仪器或测量设备、没有经由任何包含了非观察性词项的背景理论作为媒介的观察，是不足以确定它为真的。从而，他认为，它可以被翻译进一个经验主义者的语言，只有当二元关系谓词 x 的温度 =y 能够完全用纯粹观察性的词汇来定义。

看到这一点，考虑下面的尝试性定义：

D1. 对于任何对象 x 和任何数字 y，x 的温度 =y 华氏度，当且仅当，x 跟一个温度计所接触，并且温度计在它的刻度上读出 y 华氏度。

D2. 对于任何对象 x 和任何数字 y，x 的温度 =y 华氏度，当且仅当，（x 跟一个温度计接触 →温度计在它的刻度上读出 y 华氏度）。

很明显，D1 作为一个定义是不适当的，因为它错误地将任何不跟一个温度计接触的物体认为是没有任何温度的。D2 同样也是不适当的，因为它错误地刻画了，任何物体如果不跟一个温度计接触的话，就具有任何一个温度。（在 D2 右边的条件句是一个实质蕴涵，从而逻辑地等价于，**要么 x 不跟一个温度计相接触，要么它与之接触的温度计在它的刻度上读出 y 华氏度**。）亨佩尔注意到，如果我们允许使用如下面的 D3 这样的反事实条件句的话，那么在表述一个定义的时候更可能成功。

D3. 对于任何对象 x 和任何数字 y，x 的温度 =y 华氏度，当且仅当，（如果这是事实的话：x 跟一个温度计接触，那么这也将是事实：温度计在它的刻度上读出 y 华氏度）。

然而，因为反事实条件句**并非**真值函项的，而且它们也不是罗素的逻辑语言的一个部分，从而任何 D3 可以翻译进的语言都不能被认为是一个经验主义者的语言。这样，D3 对于意义的可翻译性标准的支持者来说并不能提供什么帮助。

当然，有人可能建议，这一标准可以变得更为宽松，通过将一个经验主义者的语言的原初定义扩展到包括反事实条件句，从而允许像 D3 那样的定义。亨佩尔考虑了这个可能性，并且说道："**这个建议将对定义倾向性语词的问题提供一个解答，如果不是因为这个事实的话，即目前似乎没有任何关于反事实条件句的精确意义的完全令人满意的解释。**"① 尽管这个关于缺乏令人满意的对反事实条件句的意义解释的评论，在亨佩尔写这句话的那个年代是真的，但它并不是一直如此。在六十年代后期到七十年代早期，很多哲学家，其中最著名的包括罗伯特·斯塔尔纳克② 和大卫·刘易斯③，修改了由鲁道夫·卡尔纳普④、索尔·克里普克⑤、理查德·蒙太古⑥ 以及其他人所发展的可能世界语义学。粗略地说，这个想法是，**如果 A 是事实的话，那么 B 也将是事实**，当它在一个可能的世界状态 w 中被评价的时候是真的，当且仅当，在所有 A 为真的可能世界状态中，B 在那些跟 w 最为相似的世界状态

---

① Logical Positivisn, p.120.

② Robert Stalnaker, "A Theory of Conditionals", *Studies in Logical Theory*, *American Philosophical Quarterly*, Monograph Series, no. 2 (Oxford: Basil Blackwell, 1968); and "Indicative Conditionals", *Philosophia*, 5, (1975).

③ David Lewis, *Counterfactuals* (Cambridge MA: Harvard University Press, 1973).

④ Rudolf Carnap, *Meaning and Necessity* (Chicago: University of Chicago Press, 1947).

⑤ Saul Kripke, "A Completeness Theorem in Modal Logic", *Journal of Symbolic Logic*, 24: 1 (1959); "Semantical Analysis of Modal Logic", *Zeitschrift für Mathematische Logik und Grundlagen der Mathematik*, 9 (1963); "Semantical Considerations on Modal Logic", *Acta Philosophica Fennica*, 16 (1963).

⑥ Richard Montague, *Formal Philosophy: Selected Papers of Richard Montague* (New Haven: Yale University Press, 1974).

中也是真的。不那么形式化地说，**如果 A 是事实的话，那么 B 将也是事实**是真的，正好是当，在为了使得 A 为真而对现实世界进行最小改动的那个世界状态中，B 也为真。这个方法现在被广泛地接受了，并且在发展反事实条件的系统化逻辑的过程中被证明是富有成果的。

既然这一发展使得亨佩尔的批评过时了，自然有人可能会问，允许经验主义者的语言中包含 D3 那样的定义，是否能解决可翻译标准所面临的像**温度**这样的观念带来的问题。有两个理由认为不能。第一，从可能世界语义学而来的、用以解释反事实条件句的语义学方法，包含了在对那个标准的实证主义支持者们看来可疑的因素。世界的可能状态这个观念——正如在可能世界框架中所使用的那样——最自然地被理解成包括了可能性的**形而上学**观念，而它不能被还原为，或者被解释成单纯的关于可能性、必然性、分析性的语言学观念。从而，允许用它来刻画一个经验主义者的语言，将很自然地被实证主义者认为是在一个关于意义的标准中，引入了非常实质性的形而上学成分，而该标准原初是设计来将形而上学排除在有意义的范围之外的。将这个情况推之极端，给出反事实条件句逻辑的语义学发展，不能自然地挽救逻辑实证主义者，因为这些发展是基于这样的预设，即实证主义者关于意义的理论大体而言是错误的，其中关于可能性的理论尤其如此。

认为像 D3 那样的定义不能解决像**温度**这样的词汇对意义的可翻译性标准提出的问题，其第二个原因是更为平淡的。如果像这样的定义是非循环的，那么它们将不能包含所有的情形，从而不能作为定义。为了表明这一点，记住这一点就够了，即一些东西的温度是非常高的。比如，太阳的温度是如此之高，以至于如果一个温度计去测量它的话，将会被熔化，或者爆炸，从而不能给出任何读数。然而太阳还是有一个温度的。既然 D3 不允许这样，从而不是一个适当的定义。

假如有人反对这个批评，说，只有当我们将这个定义中的**温度计**一词意味日常的、我们都熟悉的温度计，D3 才是不正确的，那怎么办？当然，他还可以接着说，我们可以**想象**有这样的温度计，它在太阳表面依然不会熔化或者爆炸，如果我们这样来理解 D3 中的**温度计**这个词，认为它指的是这些想象的温度计，那么这个反例就消除了。好吧，让我们认为 D3 中的**温度计**包括这些虽然不存在但是可以想象的测量设备。那么，**温度计**将意味着什么呢？我想，一个自然的想法是，用**温度计**这个词，我们意味着，**一个用来精确地测量温度的设备（不管它是如何构造的）**。如果这是我们所意味的，那么可能这是真的：如果 n 是太阳的温度，并且一个温度计——即，一个能在其读数上精确读出 n 的设备——被放在太阳上，那么这个设备将在它的读数上读出 n。但是，使得 D3 为真的代价是，用一个之前已经理解了关于**温度**的观念来定义**温度计**，而不是反过来。如果那是我们理解 D3 的方式，那么它就不是关于温度的定义，我们就还是没有成功地将关于温度的陈述翻译到一个经验主义者的语言中去。这样，这个关于意义的可翻译性标准的问题仍然没有解决。

亨佩尔提到的关于这个标准的第二个缺陷，包含了他称为**理论构造**（*theoretical constructs*）的东西，它的例子包括这样的词汇：**电子，重力势能，**以及**电场**。就亨佩尔所定义的经验主义者的语言，其中唯一能够允许的谓词是观察性谓词，以及可以用观察性谓词加上罗素的逻辑手段来定义的谓词。亨佩尔提到，诸如**是一个电子**这样的谓词，既不是观察性谓词，也不是可以严格地由观察性词项来定义的谓词。因为这意味着这样的谓词将被排除在经验主义者的语言之外，从而意义的可翻译性标准错误地将关于电子以及其他理论实体的陈述刻画成无意义的。

亨佩尔对这个问题的反应是很重要的。他认为这表明，经验主义者必须把关于他们的意义标准的关注，从单个的句子转移到整个句子体系。根据他的看法，使得关于理论实体的句子有意义的，是因为它们处于一个由假说和观察性陈述所组成的系统中，而这一系统可以做出可检测的预测。这些预测是由这个系统的所有不同的方面一起作用的结果。其结果是，如果给出一组由一个理论系统所做出的观察性预测，一般地，我们不能将每个预测跟这个系统中的每个被孤立出来的假设一一对应。亨佩尔提出，这是一个关键性的事实，从而使得单独地定义理论词汇是不可能的。如果事实确实如此，即对于任何包含理论词项的陈述 S，我们可以独立出一组通过 S 单独地做出的预测，并且，如果这些预测就是 S 对这一理论作为一个整体做出的预测所做的所有贡献，那么我们就可以简单地用这些预测来定义 S。然而，S 与这个系统中的其他句子相互依赖，使得这不可能。从而，我们需要寻求的，不是每个单个的陈述被孤立着看的时候它的经验内容，而是每个陈述在一个一体化的系统中的作用，而这个系统作为一个整体具有经验内容。

实证主义者未能成功为证实主义辩护的教训

经验主义者的意义标准遗留下了些什么呢？实际上，它发展成这个断言，一个非分析、非矛盾的句子是有意义的，当它在某个能够做出观察性预测的系统中具有一个功能性角色。关于这个想法，有很多是模糊和有待解决的。什么才算是一个理论系统？什么是这个系统中的经验意义或内容？单个的句子在这样的系统中必须起到什么样的作用，才能从它对这个整体的意义的贡献来说被算作是有意义的？是否只有被实际地使用的系统才能对一个句子赋予意义，或者是否能说，一个句子是有意义的，因为**可以设想**它可以在某个仅仅只是可能的系统中起到一个适当的作用？亨佩尔并未认真地考虑过这些问题中的任何一个，更不要说回答了。不过，从对单个句子的强调，转移到对整个系统或理论作为一个整体的强调，这一点是很重要的。这里关键的想法是，这个系统作为一个整体具有观察性的后果。从而，如果意义仍然是由这样的结果来分析的，那么意义自然的单元——即有意义性的经验主义标准所适用的东西——将是整个的理论系统，而不是单个被考虑的句子。

这个向**语言整体主义**（linguistic holism）的迈进，是对关于单个句子的意义证实理论的表述的失败尝试的两个主要回应之一。这个回应的首要支持者就是威拉德·冯·奥曼·蒯因（Willard Van Orman

Quine），我们将在这一卷的最后讨论他的哲学。蒯因哲学背后的主要思想是，意义确实是可以由观察性结果基础上的证实来解释的，但是，因为这些结果不能由单个的句子单独地被得出，而必须从整个理论或概念系统中推出，从而这样的理论和概念系统才是意义的首要承载者，或者说是其内容。历史上另一个对证实主义的失败的主要回应，则是反对意义能够由证实性来理解或者分析这一想法，并试图找到其他理解意义的方式。跟随后期维特根斯坦，很多在后实证主义时期的英国哲学家——约翰·奥斯汀（John L. Austin），吉尔伯特·赖尔（Gilbert Ryle），彼特·斯特劳森（Peter Strawson），理查德·哈尔（Richard M. Hare），以及其他一些人——都试图通过表达式在日常语言被使用的很多不同的方式来解释意义，并从这一途径中得出不同的哲学教训。我们将在第二卷中考察这些思想的发展。

在我们离开这个未能成功表述一个可接受的关于意义的经验主义标准的尝试的历史之前，还有另一个要从实证主义者的失败中得出的哲学教训。这一教训在广义上可以被看作是具有摩尔主义精神的。在讨论摩尔对怀疑论的反驳的时候，我们讨论了他的一个重要的方法论观点。假设我们考虑这样一个一般性的哲学理论，为了使得一个东西被认为是知识，它必须满足什么条件。无论这个理论一开始看来是多么吸引人，当抽象地考虑它本身的时候，跟我们的大多数关于知道什么和不知道什么所做出的自信的常识性判断比起来，它并不能得到比这更为稳固的支持了。从而，如果能够表明，一个关于知识的一般性哲学理论，与大多数我们日常认为我们所知道的东西相冲突的话，那么这个哲学理论——而不是常识性判断——必须被认为是错误的。同样的观点也适用于哲学的其他领域，其中包括意义理论。尽管实证主义者有一个初看起来诱人的，也看似有理的关于经验性意义必须是什么的理论，对这个理论的不同版本的表述不断地与我们的大多数确信的、前理论的、关于意义的判断相冲突，这个事实应该很正确地被认为是表明了，这个关于意义的哲学理论是错误的，而不是反过来。

这个一般性的结论超越了这个由逻辑实证主义者所发展的特定的

理论。任何一个我们可能构造出来的意义理论，任何一个具有如下形式的理论，

S 是有意义的，当且仅当，……

都必须回应——至少在一个相当大的程度上——我们日常的、前哲学的关于什么是有意义、什么是没有意义的判断。这一点是真的，无论这个理论的目标是仅仅**描述**我们日常的关于意义的概念，还是至少部分是**修改性的**，即它试图修改或完善我们的日常概念，通过处理它面临的障碍和有问题的因素，从而解决理论问题。意义的证实理论在动机上被认为是**修改性的**。实证主义者认为这是他们理论的一个优点，他们并不是完全忠于日常人们做出的每一个关于意义的确信的判断。我们所看到的是，即使是以这些实质性的概念重组为目标的理论家，也不能太过于偏离我们日常的、前哲学的判断。在修改主义的路上走得越远，其理论就变得越加不合理。直至到某一点，这种不合理性盖过了这个理论原初的诱人之处。这并不是说，关于我们的日常判断，以及我们日常的、前哲学的概念的修改，都是无法得到辩护的。在某些情形下，它们是能够得到辩护的。然而，这确实是说，我们日常的、前哲学的判断，对大多数哲学上有很好的出发点的理论也具有实质性的约束。

第十四章

情感主义以及对它的批评

本章概要

1. 情感主义者的学说以及它们的论证

情感主义论题；从证实主义对其所做的论证，摩尔的不可定义性断言，评价性判断的行动导向特质

2. 情感主义，唯我主义，以及伦理分歧

由道德分歧和争论带来的挑战

3. 对情感主义的批评

评价性蕴涵的问题

需要用评价性 / 混合性 / 经验性三分法来代替评价性 / 非评价性二分法

为解释不表达信念且不能为真或为假的句子表面上的蕴涵关系带来的问题

情感主义者的行为谬误（performative fallacy）

为什么不可能通过说明简单的评价性语句一般被用来做的言语行为——命令，推荐，赞扬，责备——来赋予评价性语词以意义

情感主义的修订版概念

将情感主义从一个关于我们的评价性语词真正意味着什么的错误的描述性理论，转化成一个关于我们应该如何使用它们的规范性建议

4. 情感主义的历史遗产

元伦理学里的两个要求；情感主义对元伦理学的长远影响

情感主义、很多种评价性判断和对语言的评价性使用丧失了哲学敏感性

情感主义对规范伦理学作为一个反思性哲学研究领域这一观念的影响

情感主义者的学说以及论证

情感主义价值理论是一个很有影响力的著名哲学理论。尽管它是逻辑实证主义的一个重要部分，却也是在概念上可以从后者分离的。它是逻辑实证主义的一个部分，这是因为，它的几个主要思想都是由意义的证实标准所支持的。它能够跟逻辑实证主义分离，这是因为它有其他一些支持的源泉。结果是，在经典的证实主义失败了之后，它却能以一种或另一种形式生存下来。我们将要考察的两个最重要的情感主义者，一个是 A. J. 艾耶尔，他在《语言、真理和逻辑》的第六章里表述了他的观点。另一个是查尔斯·史蒂文森（Charles L. Stevenson），他在一篇讨论文章《伦理词项的情感意义》[①]里表述了他的观点。

我们从艾耶尔的四个中心断言开始。[②]

> E1. 没有什么评价性的判断（句子 / 陈述）等价于一个非评价性的判断（句子 / 陈述）。
>
> E2. 没有什么非评价性的判断（句子 / 陈述）蕴涵一个评价性的判断（句子 / 陈述）。

---

① Charles L. Stevenson, "The Emotive Meaning of Ethical Terms", *Mind* 46 (1937).

② 实证主义者，尤其是艾耶尔，在用句子、陈述以及判断的时候，倾向于较为随意而不加辨别——说它们的"意义"，它们的"蕴涵"，或者其所缺乏的。为了达到对文本一个合理的忠实程度，在报告其观点的大部分时候，我将沿袭这一不尽如人意的倾向，除非精确的重新表述是绝对必要的。

E3. 没有什么评价性的判断（句子／陈述）蕴涵一个非评价性的判断（句子／陈述）。

E4. 评价性的判断（句子／陈述）既不是真的，也不是假的。它们并不陈述事实。相反，它们的意义完全是情感性的。

有三条论证思路使得艾耶尔和其他实证主义者达到这些结论。第一个是证实主义的。因为伦理以及其他评价性判断似乎不能在任何合理的意义上由日常的经验观察来证实，实证主义者认为它们是认知上无意义的。从而，它们被认作为不能表达要么为真要么为假的陈述，或者跟这样的陈述有任何逻辑关系。这样，如果它们有任何功能的话，那么似乎它们的功能必然是非认知的，或者说情感的。

情感主义的第二个论证思路起源于摩尔。情感主义者接受摩尔对伦理自然主义的批评。在摩尔看来，核心的评价性观念——**好**——是不能定义的。从而，**好**这个词不能代表任何复杂的性质。而且，摩尔也不认为它能表达任何简单的、其呈现或不呈现能够由观察来决定的自然性质。情感主义者接受所有这些说法，并且同意摩尔关于**好**不表达任何自然性质的观点。然而，尽管摩尔总结到，它必须代表一个非自然的性质，实证主义者却拒绝这一点。他们认为这个关于"非自然性质"的观点，比一个神秘的"我们知道它不是什么"好不到哪去。他们由此总结到，**好**并不表达任何性质。它的功能，在他们看来，必定不是做出陈述或者描述事实，而是表达情感。

对情感主义的第三个论证思路，是基于评价性语言的行为导向的特质。这是史蒂文森非常强调的。情感主义者认为，真诚地判断什么东西是好的或对的，就是对它具有一个正面的情感态度，且该态度能够为行动提供动力。判断一个行为是对的，就是认识到履行这一行为的一个正面的动力。情感主义者认为，当我们说**好**或**对**这样的词语时，其中一部分意思是，如果一个人对于 x 是无所谓的，或者对于 x 没有什么正面的感情，那么就**不能**真诚地判断 x 是好的或者对的。我们可以将这个观点总结成，**如果一个人真诚地判断 x 是好的或者是对的，那么 x 就不能使一个人无动于衷。**

这个关于评价性概念的行动导向特质的观念，相应于情感主义的这一理论，即把某个东西称为好的或者对的，就是表达了一个人对于它的正面的态度。它也被用来作为一个辩论的武器，以反对很多关于"好"或"对"的描述性理论。情感主义者指出，一个人可能真诚地判断一个行为是这样的：（i）它产生了最大量的幸福，（ii）它促进了人类的生存，（iii）被大多数人所认可，或者（iv）是上帝希望我们所做的，而对该行为没有任何正面的感觉，或者看不到任何做它的动力。因为，根据情感主义者的观点，一个人不可能真诚地判断一个行为是好的或者对的，却没有这样的正面的感觉，或者看不到这样的动力。判断一个行为是好的或者对的，跟判断它满足于上述（i）—（iv）中所描述的一项是不同的。这意味着，**好**和**对**跟下面这些并非意味着同样的事情：产生最大量的幸福的行为，促进了人类的生存的行为，被大多数人所认可的行为，是上帝希望我们做的行为。因为伦理理论通常被认为是关于评价性词汇的理论，情感主义者认为，以这种方式，他们就能够驳斥大多数与之抗衡的关于这些评价性观念的描述性理论。①

情感主义，唯我主义，以及伦理分歧

然而，仍然至少还有一个关于评价性词汇的描述性理论，不能通过这种方式来驳斥。这就是一个唯我主义理论（egoistic theory）。根据

---

① 这个论证最多表明了，**好**和**对**跟任何一个这样的描述性语词 D 并不是严格地同义的：D 没有将一个与动机的内在联系作为它的意义的一个部分。就它自身而言，这个结论是相当弱的，并且跟摩尔的下述论断可以直接类比，即"好"不能被描述性地定义。为了使得情感主义的结论效力更强，我们需要摩尔的那些关于同义性、定义、分析性、逻辑后果以及蕴涵的错误的假设。尽管这些假设是实证主义者乐意采取的——合乎他们关于模态性的一维观念——它们却不能被非认知主义者所采用，如果非认知主义和它的实证主义的渊源被切断的话。

（元）伦理唯我主义，一个评价性的断言，诸如**讲真话是对的**，跟一个相应的关于该说话者喜好的断言意味着相同的事，比如，**我更愿意人们讲真话**。因为这是不一致的，即真诚地做出关于一个人的喜好的断言，然后接着说，**但是我对于讲真话无动于衷，我对此完全无所谓**，从而，唯我主义作为一个价值理论，跟实证主义者关于评价性判断是情感性的、行动导向的观点是相容的。

然而，唯我主义跟情感主义并不相容。根据唯我主义，评价性断言是关于一个人的喜好的心理断言。既然它们可能是真的或者假的，唯我主义认为，评价性断言也是可以为真或者为假的。这跟情感主义者的下述论断相矛盾，即评价性断言并不陈述事实，从而不能为真或为假。这个问题是这样的：我们可以看到，情感主义者的这一原则，即评价性的判断总是关于感情和动机的表达，假如它为真的话，如何可以被用来反驳伦理学中的很多描述主义的理论。然而，即使这个原则是真的，它也不能被用来反驳唯我主义。为了反驳后者，情感主义者必须找到其他的论证。

史蒂文森在"伦理词项的情感意义"中做了这一论证，他用了摩尔关于分歧的论证的一个版本来反驳唯我主义①。想象下面这个 A 和 B 之间的对话。

> A：打击恐怖主义者是对的。
> B：不对。打击恐怖主义者是不对的。我们应该努力理解他们。

根据唯我主义，这个对话等同于：

> A′：我更情愿我们打击恐怖主义者。
> B′：不对。我更情愿我们不打击恐怖主义者。我们应该努力理解他们。

---

① 参见第本书四章。

这样来分析这个对话似乎是错的。根据唯我主义者的分析，B 的回应是很奇怪的。说"不对"，似乎表明了他的意图是要**反对** A 所说的话。但是，如果唯我主义者是正确的话，那么他根本不是在做这样的事。相反，他做出了一个陈述以描述他自己的感受，而这是跟对 A 的陈述的唯我主义分析完全相容的。①

很难不同意摩尔和史蒂文森的这一观点，即唯我主义者关于 A 和 B 之间分歧的分析不是那么的尽如人意。然而，我们可能想知道，情感主义者是否能够做得比这更好。当然，如果他的分析只是着重每个说话者的情感，那么很难看出，他如何成功地解释两者之间的分歧。然而，对于情感主义者来说，这里还有比简单地表达原始情感多一些的东西。根据史蒂文森的观点，很多对评价性语言的使用更好是被分析成说话者所做的**推荐**，而不是一个为真或为假的陈述。根据这一观点，A 和 B 之间原初的对话可以被分析成如下形式：

> A*：让我们来支持打击恐怖主义者。
> B*：相反，让我们不要支持对他们的打击。让我们改为试图来
> 　　理解他们。

当这个对话被这样来分析的话，我们有的就不是一对相互冲突的陈述，而是一对相互冲突的推荐。两个**陈述**相互矛盾，当一个为真将在概念上或者必然地排除另一个为真。两个**推荐**相互冲突，当做出一

---

① 艾耶尔（在《语言、真理和逻辑》的第 110 页）关于摩尔的论证采取了一个稍微不同的观点。史蒂文森承认，有一个关于分歧的直观的意义，据此 A 和 B 显然具有分歧。这一意义是由摩尔的论证所表明而没有被唯我主义所捕捉到的。根据史蒂文森的观点，这种分歧的意义——他对其进行了表述且称之为**一个趣味上的分歧**——并不是摩尔对其所认为的，即一个关于事实的分歧。另一方面，艾耶尔为摩尔反对唯我主义的论证不仅加入了这一假设，即在 A 和 B 之间有一些真正的分歧，而且还有这个假设，即这一分歧是事实性的。从而，艾耶尔认为，摩尔的论证包含了一个错误的假设。在使用上面这个论证的时候，我区分了这两个假设，并认为这个论证只包含了第一个假设。

个的时候，将在概念上或者必然地排除做另一个推荐。在情感主义者看来，这个对话所表达的分歧是后一种。这并不是明确的信念上的分歧，而是史蒂文森称为的**趣味上的分歧**。

那么，一个趣味上的分歧如何得到解决呢？根据情感主义者的观点，很多趣味上的分歧之所以产生，并不是因为人们有着根本不同的价值或喜好，而是因为，他们关于事实有着不同信念。解决这些评价性分歧的方法，是就相关的事实达成一致。例如，A 和 B 之间的分歧，可能是由一个关于下列事实的基础性分歧导致的：(i) 导致恐怖主义者进行恐怖活动的原因，(ii) 他们的终极目标或者动机，(iii) 击败恐怖主义者以及他们的同盟军的前景、代价，(iv) 通过迅捷、猛烈的军事行动使将来的恐怖主义得到震慑的可能性，以及 (v) 限制军事行动，并与恐怖主义者妥协，这对于鼓励其他人为推广其政治立场而进行同样的暴力袭击的可能性。所有这些事实性问题，都可以在原则上，通过一种理性的方式来论证和研究。从而，为解决评价性的分歧，情感主义确实为理性的辩论开辟了空间。

然而，这种诉诸理性来解决评价性分歧的办法，只有在这种情况下才会奏效，即这种分歧确实是基于关于事实性问题的不同信念。如果 A 和 B 有着根本不同的价值观念——对于某种行为、不同形式的社会组织或者其他根本性的事务有着根本不同的喜好——那么情感主义将认为，不可能有**任何**理性的办法来解决这些分歧。让我们来看一个小小的例子。假设 A 认为惩罚，甚至是处死那些谋杀了成千上万无辜者的人是有价值的，不仅仅是因为这样做会震慑其他人，而且还因为我们的正义感要求这样做。假设另一方面，B 讨厌报复以及任何形式的暴力，并且在任何情形下都不赞成报复性暴力或者死刑。如果 A 和 B 如此不同的态度**不是**基于不同的事实性信念，那么情感主义告诉我们，一个关于这些评价性分歧的理性解决办法是**在概念上不可能的**。

这里，意识到这一点是很重要的，即情感主义者并不是做出一个心理学或社会学的断言。例如，他们并不是说，A 和 B 可能永远不会就死刑达成一致。他们也不是说，唉，就人类本性而言，我们永远不

能指望人们在他们极为看重的事情上变得理性。情感主义者的观点远
远不止这些。它是说，在我们所描述的那种情况下，当 A 说**对大屠杀
的刽子手执行死刑是对的**，而 B 说**这是不对的**，这里不存在事实性的
问题，并没有什么真正的信念来区分这两派。他们并不在信念上有什
么分歧，从而，在什么是可以进行推理的东西上也没有分歧。他们之
间的不同完全是趣味上的不同。

对情感主义的批评

在解释了情感主义是什么以及情感主义者为什么相信它为真之后，
我现在开始讨论对它的批评。

关于评价性蕴涵（evaluative entailments）的问题

我们先来回顾艾耶尔和其他的情感主义者的三个断言。

> E1. 没有什么评价性的判断（句子／陈述）等价于一个非评价
> 性的判断（句子／陈述）。
>
> E2. 没有什么非评价性的判断（句子／陈述）蕴涵一个评价性
> 的判断（句子／陈述）。
>
> E3. 没有什么评价性的判断（句子／陈述）蕴涵一个非评价性
> 的判断（句子／陈述）。

这里的关键是，这些论题都是用一种相互排斥的二分法来表述的。
每个陈述都要么是评价性的，要么是非评价性的。记住这一点，然后
考虑下面的句子：

> 1. 你偷了那个钱。
> 2. 你偷那个钱是错的。
> 3. 偷钱是错的。

这里，（3）明显是评价性的，而（1）明显是非评价性的。但是（2）怎么办？它看起来是评价性的。但是注意，（2）蕴涵（1），而后者是非评价性的，这从而与 E3 相矛盾。

艾耶尔在他的《语言、真理和逻辑》的第 107 页讨论了这些例子。

> 　　一个伦理词项出现在一个命题中，对这个命题的事实性内容并不增加什么。这样，如果我对某人说："你偷了那个钱，是做错了"，比起我只说"你偷钱"来，我并没有多说出任何东西。加上"这样做是错了"，并不对"你偷钱"做出进一步的陈述。我只是表明我在道德上不赞成这种行为。这就好比我用一种特别憎恶的声调说"你偷钱"，或者写这个句子的时候加上一些特殊的惊叹号。那个声调或惊叹号，对那个句子的实际意义并没有增加任何东西。它只是用来表明在说这句话时所伴随的说话者的某种情感。

这里艾耶尔说的一点似乎是，（1）和（2）有着同样的字面内容或意义。但是这意味着，它们是逻辑上等价的，从而跟 E1 相矛盾。

为了使得艾耶尔免于这个问题，我们可能建议，实际上，（2）是一个**复杂的**句子，它包含了一个**评价性的**部分，以及一个**经验性的**部分。在这种观点下，（2）的逻辑形式类似于这样：

　　2′. 你偷了那个钱，而偷钱是不对的（或者在那时是不对的）。

这里，左边的合取支是一个**经验性的**句子，而右边的合取支是一个纯粹的**评价性的**句子。这个组合作为一个整体来说是怎样的呢？我们并不想把它叫做评价性的，因为它蕴涵了左边的合取支，而后者是经验的。我们也不把它叫做经验的，因为它蕴涵了右边的合取支，而后者是评价性的。相反，我们只是说，（2）以及（2'）是**混合性的**句子。从而，结果是，我们认识到有三类句子，**评价性的、经验性的**以及**混合性的**。

我们从而可以重新表述 E1—E3：

> E1′. 没有什么评价性的判断（句子／陈述）等价于一个经验性的判断（句子／陈述）。
>
> E2′. 没有什么经验性的判断（句子／陈述）蕴涵一个评价性的判断（句子／陈述）。
>
> E3′. 没有什么评价性的判断（句子／陈述）蕴涵一个经验性的判断（句子／陈述）。

在这三个论题之外，情感主义者还应该被认为是继续坚持，评价性的句子既不是真的也不是假的。它们并不表达事实。相反，它们的意义完全是非认知的，或者说是情感的。

到目前为止都很好。既然例子（2）不再被包括在修改过的论题内，它也不再是对它们的反例。然而，我们还是没有走出困境。根据对蕴涵的标准定义，跟某一事物处于这种关系的东西是能够为真或为假的——比如说，陈述，命题，或者用来做出陈述或表达命题的句子。我们并没有说，一次欢呼，一声呻吟，一个微笑，一个感叹——喔！——或者甚至是一个命令，能够**蕴涵**什么东西，它们当然不蕴涵一个陈述。

记住这一点，再来看（2）蕴涵（1）这个观点。这可能看起来是没有问题的，鉴于这个事实，即（2）是一个具有（2′）那种逻辑形式的混合句。但是，（2′）应该怎样理解呢？既然它的右边合取支是评价性的，那么似乎，根据一些著名的情感主义者的分析，（2′）应该被理解成（2″）

> 2″. 你偷了那个钱，不要偷钱！

然而，这样说真的有意义吗，（2″）作为一个整体，是能够具有一个真值的东西？如果不是的话，那么情感主义者就不能认为（2）具有一个真值，从而不能承认这个似乎很明显的事实，即（2）蕴涵（1）。

事实上，我们可以把这个反驳表述得更强。（3）是一个**单纯评价性句子**的例子，根据情感主义者，它应该是具有（3′）这样的逻辑形式。

3′. 不要偷钱！

然而，在理论分析之前，似乎这是显然的，（3）蕴涵这样的条件句，其前件是句子（1），而其后件是句子（2）。换句话说，（3）**偷钱是错的**蕴涵了这个句子：**如果你偷了那个钱，那么你偷钱是错的**。但是人们关于（2）所说的东西是有一个真值的，情感主义者**必须**断定，（3）是不能为真或为假的。从而，不清楚情感主义者怎样可以照顾到我们这一强烈的前理论的确信，即通过（3）蕴涵了由（1）作为前件（2）作为后件的条件句这一事实，显示了（3）是能够有真正的蕴涵关系的。

这对于情感主义者来说是一个严重的问题，不过也许并不是一个不能解决的问题。这个问题是，评价性的句子确实跟其他一些种类的句子有某种逻辑关系。情感主义者不能通过诉诸传统的逻辑蕴涵观念来解决这个问题，从而，他们必须试图用其他方式来解释它。这要求两点。第一，情感主义者需要更为明确甚至精确地说明，关于语言的评价性使用是如何被理解的。它们是感叹，是等价于律令性的语言，还是其他一些行为——比如，命令或者推荐？第二，有了精确且清晰的分析之后，情感主义者还需要刻画评价性句子所涉及的、与逻辑蕴涵不同但是与之类似的逻辑关系。朝着这个方向的一些努力——比如，试图发展出一套关于律令的逻辑——已经由原初的情感主义者的后继者们去做了①。这些努力在怎样的程度上是成功的，或者它们并未取得

① 参见 R. M. Hare，*The Language of Morals*（New York：Oxford University Press，1964），and *Freedom and Reason*（New York：Oxford University Press，1965）。哈尔的学说将在第二卷中讨论。

成功，我们在这里将不做考虑。

情感主义者的行为谬误（Perfomative Fallacy）

这将我们带到了情感主义者的另一个很严重的问题。正如我们已经看到的，情感主义被作为一个理论提出来，是为了解释诸如**好、坏、对、错、正义、不正义、应该、必须**等等评价性词汇的意思。这个理论试图通过明确表述一些简单的句子的意义，来阐述这些词汇的意义，这些句子中，我们有意识地把什么东西叫做好的、坏的、对的、错的、正义的、非正义的，等等——比如（4）中这样的句子。

　　4a. 这本书是好的。
　　　b. 偷窃是错的。
　　　c. 政府是非正义的。

情感主义者用说话者在说它们的时候所做的那种言语行为来分析这些句子的意义。这些言语行为中，重要的是那些给出命令、发出要求，以及做出推荐的。所以，根据情感主义者，这一句子——**偷窃是错的**，或者，**我们不应该偷窃**，其意义被认为大致是，**不要偷窃！**类似的，**那是好的**，其意义也被认为跟这样的要求是一样的——**让我们支持 x**，或者**我推荐 x**。其中我所说的话——**我推荐 x**，**并不被认为是试图描述一个推荐 x 的行为，而是做出推荐这个行为本身**。

这就是情感主义者的观点架构。然而，在这整个分析上有一些根本性的错误。如果一个人所做的是给出一个关于评价性的语词、短语和句子的意义，那么他就不能将自己限制在一个一定范围的语言环境中。特别是，他不能将自己限制在被用来表达推荐、命令之类的行为的简单句这里。相反，一个关于评价性表达的意义的理论，必须适用于所有这些表达可能在其中出现的不同的句子。

据我所知，对情感主义的这一点的第一个批评，是大卫·罗斯爵士（Sir W. David Ross）在他出版于 1939 年的《伦理学基础》一书中提出来的。

　　这个理论，即所有包含"对"或者"好"这个谓词的判断都是命令，很明显没有什么合理性。唯一能够被合理地认为是命令的道德判断是这样的，一个人对另一个人说："你应该去做什么什么。"一个命令是试图将某人引导到以一种说话者所希望的方式来做出行为，要么是仅仅通过权威性的或者语气坚决的语言，要么是加上这样的暗示，即如果不照做的话就会受到惩罚。无疑，"你应该做什么什么"这样的语词，可能被用来作为引导一个人以某种方式做出行为的手段。但是，如果我们公平地对待"对"和"好"的意义的话，我们必须考虑到这样一些说话方式，如，"他应该做什么什么"；"你应该是做了什么什么"；"要是什么什么是事实的话，那么你就应该是做了什么什么"；"要是什么什么是事实，那么你应该做什么什么"；"我应该做什么什么"。这里关于义务的判断要么是指向第三个人而不是对着其说话的那个人，要么是对过去，要么是对一个过去未能被满足的条件，要么是仅仅作为一个可能的将来，要么是说话者自己。将这样的判断描述为命令，没有什么合理性。然而，显而易见，"应该"在这些情况中都意味着相同的东西。并且，如果在这里的某些情形中它不表达一个命令的话，那么它在任何情形中都不是这样。如果这句话"你应该做什么什么"，可以被用作为引导其对象做出某一特定行为的方式，这并不意味着，这个表面上的陈述不是真正的陈述，而是一个命令。使得它的意义跟真正的"做什么什么"分开来的东西，是一个人试图为其对象提出建议，给出以某种特定的方式做出行为的**理由**，即，它是对的。这个试图引导那个对象以某种特定方式做出行为的尝试，跟这个行为是正确的这个想法是可分离的，并且前者一刻也不能被认作是"你应该做什么什么"这些字的意义。①

　　后来，这个观点由其他人进一步发展了——最重要的是彼特·盖奇

---

① Sir W. David Ross, *Foundations of Ethics* (Oxford : Clarendon Press, 1939)，第33—34 页。

和约翰·塞尔。下面这个对情感主义的批评是对这一论证思路的一个展开。①

从这些哲学家得来的线索，我们认识到，在为评价性的字词和语句给出意义的时候，我们不能限制在类似（4a—c）这样的、被用来做推荐、命令之类的行为的简单句子上。相反，我们关于评价性表达的意义理论，必须适用于所有不同种类的其可能出现的句子——包括像句子（5）。

> 5a. 老布什应该在 1991 年就了结了萨达姆·侯赛因。
>
> b. 我想知道我是否应该更努力地工作。
>
> c. 如果西方式的民主是正义的，那么它们将得到其民众的拥护。
>
> d. 比尔希望那个电热毯是好的。

很难用律令、命令或者推荐来分析这些句子。显然，它们跟（6）中这些古怪的句子并不意味着同样的事情。

> 6a. 老布什，听好了，1991 年就干掉萨达姆·侯赛因！
>
> 老布什，我命令你在 1991 年干掉萨达姆·侯赛因。
>
> 老布什，我推荐你在 1991 年干掉萨达姆·侯赛因。
>
> 老布什，请在 1991 年干掉萨达姆·侯赛因。
>
> b. 我想知道是否：更努力地工作！
>
> 我想知道我是否命令自己更努力地工作。

---

① 出于一些原因，罗斯原初的反驳似乎没有得到太多的关注，或者是对这一争论有什么影响。很久以后，在 "Ascriptivism"，（*Philosophical Review*，69 [1960]），彼特·盖奇修改并详细论述了该反驳（而没有提到罗斯），他针对的是五十年代的牛津的日常语言学派。在后来，约翰·塞尔在 "Meaning and Speech Acts"（*Philosophical Review*，71 [1962]）一文中，进一步阐述了这个论证，但是既没有提及盖奇，也没有提及罗斯。不过，塞尔确实引述了保尔·乔夫（Paul ziff）的 *Semantic Analysis*（Ithaca：Cornell University Press，1960），第 227 节以及接下来，其中有一个类似的论证。

　　我想知道我是否推荐自己更努力地工作。

　　c. 如果：支持西方式民主，它们将得到其民众的拥护。

　　　　如果我命令你支持西方式民主，那么它们将得到其民众的拥护。

　　　　如果我推荐西方式民主，那么它们将得到其民众的拥护。

　　d. 比尔希望：我推荐那个电热毯！

　　　　比尔希望我推荐那个电热毯。

　　　　比尔希望他推荐那个电热毯。

　　　　比尔希望：购买那个电热毯，如果你正要买一个的话！

　　一般性的结论不只限于这些滑稽古怪的例子。评价性表达在很多种类的句子中都出现。任何关于这些词的意义的理论，都必须解释它们对它们所处的所有那些句子的意思所做的贡献。情感主义的问题是，只有很小一部分包含评价性表达的句子可以被合理地分析成包含了律令、命令，推荐，以及诸如此类等等。

　　其结果是，当评价性表达出现在诸如（5）这样的句子中时，情感主义者未能给出它们的意义，这超出了说话者使用评价性语句做出直接的推荐，或者表达清楚的命令的限制范围。甚至有理由相信，这个失败意味着，即使是像（4）中的那些简单的评价性句子，情感主义也没有正确地给出其意义。毕竟，认为从一种语言环境到另一种语言环境，评价性表达**改变**了它们的意义，这似乎并不合理。例如，当我们考虑条件句（5c），似乎很显然，它被认为在某种形式上是描述性的。为了达到这一点，作为其前件的评价性从句——**西方式民主是正义的**，也必须被认为是描述性的——而不是一个律令，或者是一个用来做出推荐的句子。我们可能不会说，**西方式的民主是正义的**这个句子，当它单独被使用的时候，有一个纯粹的评价性意义——仅仅就是做出命令或者推荐，而当它出现在一个条件句的前件中时（或者是作为一个诸如**相信**、**希望**或者**想知道**这样的命题态度谓词的补足语的时候），就具有一个不同的、描述性的意义。因为如果它确实按照这种方式改变了它的意义，那么像（7）这样的推理将只是一个偷换概念，而不是我们承认的有效的演绎推理。

    7a. 西方式的民主是正义的。

      b. 如果西方式的民主是正义的，那么它们将得到其民众的拥护。

      c. 因此，西方式的民主将得到其民众的拥护。

    这里的教训是，评价性表达**不**具有情感主义理论所认为的那种关于评价性语言所具有的意义。这并不意味着，当情感主义者注意到，评价性语词经常在像（4）中的那些简单句中被用来做出推荐、发出命令或者敦促听者做出某种行为，他们是错的。这些句子**确实是**经常被用于这些方式。但是，这些句子的**意义**并**不是**通过说明这种它们通常被用来做的行为而被给出的。也许一个类比可以帮助我们看到这一点。如果我在一封推荐信中说，某个学生是聪颖的，那么我做了一个言语行为，即赞赏或推荐这个学生。但是那并不表明，**聪颖**这个词具有特殊的、非描述性的、行为化的意义。它所表明的是，**赞赏**和**推荐**这样的词是以这种方式来理解的，说一个学生具有诸如"聪颖"这种我们希望学生所具有的特质，这**是**赞赏或推荐她①。同样地，说一个东西是好的，经常是推荐它，但是这并不表明，**好**这个词具有一些特殊的行动性意义。相反，它表明了，**推荐**这个词是这样来理解的，推荐某个东西的一个方式是说它好。

    在这种联系下，值得注意的是，英语中的一些词确实具有非描述、行动性的意义，可以通过表述它们被用来做的言语行为来刻画。这些词有：**你好，我也是，请，**以及**是的。**理解**你好**这个词，就是理解说"你好"是向某人进行问候。理解**我也是**就是知道，说它意味着对先前的一个陈述表示赞同。理解**是的**这个词，粗略地说，就是理解用它来

---

① 另外一个很好的例子是**危险的**。说什么东西或者什么人是危险的，通常是对别人做出警告。不过，它仍然是一个描述性词项。

回应像**你觉得舒服吗**这样的问题时，是给出一个正面的回应，它在这种情况下就等价于说你是舒服的。理解**请**这个词，就是理解，当它被加在一个特定语法结构的句子之前时，这表明，你的话语被用来表达一个有礼貌的请求。因为这些词语的意义是通过它们被用来做的言语行为给出的，它们在其中能够有意义地出现的句子范围是非常受限制的。

例如，我们通常不说这样的句子：**我相信你好；如果你好，那么一个人是友好的。我怀疑是否我也是；如果我也是，那么就没什么可争辩的；山姆不同意马克所说的"你能把胡椒递过来吗"；我想知道是否是的；或者，如果是的，那么有一个素数。**在某些情形下，我们可以对上面这些句子强加上一个可以理解的阐释。比如在下面的对话中：A问**2是一个素数吗？**B回答**如果是的话，那么有一个素数。**然而，即使是这里，这个回应也应更适当地被表达成：如果这个答案是"是的"，那么有一个素数。

那个一般性的论点，我认为还是成立的。因为这些特殊的词具有非描述性的、行为性的意义，这样的意义是通过说明它们所用来表达的言语行为而给出的，从而它们能够有意义地出现的地方是严格受到限制的。如果评价性词项是跟非描述的、行为性的词类似的话，我们应该预期它们可以有意义地出现的范围也是严格受到限制的。既然评价性的词汇并没有这样受到限制，那么它们并不具有情感主义者所归属给它们的意义。

情感主义的修订版概念

如果这个推理思路是正确的话，那么情感主义必须被拒绝，假定它被认为是一个关于评价性词汇在日常语言中真正意味着什么的描述性理论。然而可能，它可以由另一种方式得到理解。假设一个情感主义者坚持，我们对于评价性语言的日常使用是混淆的、误导的。一方面，我们用各种各样包含评价性词项的简单句来给出命令、做出推荐以及一般性地来引导行为。另一方面，我们在更为广泛的句子类别中以一种非常不同的、准描述的方式使用评价性词项——就好像它们代表了事物可能具有或缺乏的性质。这样，或许可以坚持，我们对于评价性词汇的日常使用既预设了它们表示对象所具有的性质，同时也承认：一个对象具有这些性质中的这个或那个，这一点无可避免地是有吸引力的或者给人以动力的或者是行动导向的。

但是，情感主义者可能会说，这是不一致的——没有什么性质是内在就其本质来说以这种方式具有吸引力的和行动导向的。一个采取这一观点的情感主义者，将**拒绝**接受我们日常的评价性词汇，而是将它们认为是混淆的、不适当的，最终来说不能应用于任何东西。① 他可能会提出将这些词汇都替换成那些依据情感主义的理论真正起作用的评价性词汇。一个采取这一观点的情感主义者将是一个修订主义者，他不是致力于描述我们现有的评价性语言，而是用一些他们争辩说更为可取的东西来替代它们。当然，我们可能会想知道，这是否真的更为实际，或更为可取。我们可能也想知道，是什么使得一个采取这一观点的哲学家认为世界会跟随他的引领。

情感主义的历史遗产

在讨论支持和反对情感主义的论证的过程中，我们隐含地提出了两个一般性的要求，它们是任何一个关于评价性语言和评价性判断的理论都应该满足的。

> R1．这个理论必须解释理由、反省和逻辑在评价性事项中的角色。
> R2．这个理论必须解释评价性语言的使用以及评价性判断的做出是如何跟动机、承诺以及行动联系起来的。

这两个要求之间的张力是构造一个关于评价性语言和评价性判断的适当理论所面临的一个中心难题。标准的描述性理论将评价性语言

---

① John Mackie 采取了与之类似的观点，但是并不是一个修订主义者，参见 *Ethics*（Singapore：Pelican Books，1977）。

作为一类特殊的陈述事实的语言而将评价性判断作为关于一类特定领域内的事实的一种特殊的信念和知识，倾向于强调 R1，而对 R2 感到为难。与之相反，情感主义强调了 R2，而对 R1 感到为难。

原初的情感主义理论是被对它的反驳决定性地击败了，对此少有怀疑。然而，这并不意味着，一个关于广泛意义上的价值的非认知主义也随着情感主义而消逝了。正如我们将在第二卷所看到的，一个重要的非认知主义流派，作为被称为英国哲学**日常语言学派**（ordinary language school）的一部分，盛行于二十世纪五六十年代。尽管它也充满了严重的问题，然而这个想法，即评价性语言有一些特殊之处，以及将它们跟日常的事实陈述的话语和知识区分开，这直至今天还是道德哲学中的一股强力。在这一方面，情感主义的历史遗产仍然存在。

另一个起初引起强烈反响，但是所幸并未持续长久的历史影响是在分析哲学传统中关于评价性问题的哲学思想极端的狭隘化。这种狭隘的一个方面是将关注点限制在一组非常有限的评价性词汇上——**好，坏，对，错，应该**，以及少数其他一些词汇——对于它们，一种将其还原为少数几种情感和喜好的分析（曾经）似乎是可能的。在情感主义出现之后的二十多年内，关于价值的哲学讨论都太过经常地给人以这样的印象，它们忽视了用来表达判断的评价性语言的丰富的、微妙的特质。一个评价性词汇的小样本包括：**公平的，正义的，非正义的，义务的，可允许的，有价值的，值得称赞的，应该责备的，可辩护的，可责备的，可原谅的，粗鲁的，有礼貌的，不体贴的，英雄的，有勇气的，智慧的，审慎的，优雅的，邋遢的，怠惰的，美丽的，庄严的，美好的，吸引人的，迷人的，丑陋的**。当一个人开始感受到我们的评价性语言丰富多彩的时候，他自然就会问，同类分析是否对所有的评价性表达都同样适用？不管长远来看情感主义是否会被认为是有着重要的洞见，其最坏的一个短期历史影响是，鼓励哲学家们忽视评价性词汇的丰富多样性。幸运的是，现在分析哲学家们对此有了更为广泛的认识，道德哲学需要——并且令人高兴的是，现在也正在具备——

一个跟不同类别的评价性词汇所覆盖的领域相对应的概念网络。这种网络可能与一个本质上非认知主义的关于评价性语言的分析相容，也可能不相容。然而，为了提供这样的网络，我们必须做更多的工作，而不是简单地声称所有的评价性判断都是情感的。

情感主义的另一个短期的，但历史上重要的影响，是以牺牲规范伦理学为代价而提升了元伦理学。情感主义并不是这样一个观点，说我们应该接受什么样的评价性判断，而是一个这样的学说，它指出当一个人接受这样的判断的时候，他是在做什么。从而，关于情感主义的争议并不是一个伦理学内部的争议，而是关于伦理学自身本质的争议。简要地说，情感主义是一个元伦理学论题。当然，采取一个元伦理学的立场并不免除一个人做出伦理判断，以及在相互竞争的伦理原则中进行取舍的需要。关于这些原则以及在它们之间进行选择的方法的研究，被称为**规范伦理学**。因为即使是情感主义者也要做出伦理决定、解决道德争端，所以一个人大概会认为，哲学家对规范伦理学的兴趣会经久不衰，即使是在情感主义的时代。然而不幸的是，事实并非如此。

相反，对于情感主义的执着，使得很多哲学家倾向于不那么积极地研究规范伦理学。这方面最明显的标志之一是史蒂文森的一篇非常有影响力的文章，《伦理词项的情感意义》("The Emotive Meaning of Ethical Terms")。他大概可以说是他的时代最为突出的情感主义者了。在论证了包含"好"这个词的句子的意义主要是情感化的而非描述性的之后，史蒂文森用下面的段落结束他的文章。

　　　　我可能会再加上，如果"x 是好的"本质上是做出一个建议，它很难说是哲学家们被要求做出的一个陈述，相比于其他人而言。在这个程度上，伦理学用伦理词项进行谓述，而不是解释它们的意义，**它不再是一个反思性的研究**。伦理性陈述是社交工具。它们在一个合作性团体中被使用，在其中，我们相互调整自己的行为以适应于他人。哲学家们就跟其他人一样在其中占据一席之地，但不占一个主要的部分。①

这里，史蒂文森似乎是建议，

(i) 道德哲学家的工作是决定伦理词项的意义，并且

(ii) 如果这些意义是情感性的，那么关于说明什么是对错好坏
的道德原则的表述和评价，就不是一个反思性工作，也不
是适合于哲学研究的主题。

简单说来，史蒂文森似乎是说，如果情感主义是正确的，那么就
没有作为一个反思性事业的规范伦理学这样的东西。

然而，很难看出为什么应该如此。也许对于最简单的情感主义来
说这是真的，在其中陈述性地说出伦理句子跟表达原始情感没有什么
两样，并没有什么可以理解的成分。然而，对于大多数情感主义的复
杂版本（或者一般的非认知主义）来说则并非如此，或至少不是明显
如此。根据它们，说什么东西是好的，保留了其本质化的吸引力或驱
动力。正如我强调过的，我们所有人，不论是不是情感主义者，都在
做道德选择。在做这些选择的时候，我们通常诉诸这样的道德原则，
它们是基于我们觉得确信且全心全意信赖的承诺。然而，我们也遇到
我们的原则互相冲突的情形，或者由于其他原因而不能给出一个清楚
的结果。在这些情形中，我们需要从熟悉的东西外推到不熟悉的东西。
我们要找到一种方式来修改或扩展我们已经接受了的、覆盖了很多我
们觉得很清楚的情况的原则，以使得它们为我们现在还不是很清楚的
情形提供清楚而一致的指导。即使到最后，我们最基本的伦理原则被
表明是部分地基于对于其不存在什么理性论证的个人兴趣和喜好，这
一点还是很清楚的：理由、论证以及反思在表述、测试、修改以及扩
展这些原则中起到一个重要的作用。因为这种推理恰恰是在规范伦理
学领域的，从而规范伦理学是高度反思性的，有很多值得哲学家去做

① 在艾耶尔的 *Logical Positivism* 第 281 页，粗体是作者加的强调。

的工作，不管它们在元伦理学上是不是非认知主义者。

更为明显地看到这一点的方法是关注这些问题：**我应该做什么？我应该怎样生活？以及，我应该采取什么样的伦理原则？**而不是这样的问题：**什么样的伦理原则是我能够表明任何一个理性的行动者都必须采纳的，不管他有什么特殊的兴趣或喜好？**史蒂文森可能思考过，不管什么形式的情感主义，其为真都使得伦理原则不能被表明是跟每一个理性的行动者联系在一起的。但是即使这是真的，认为它将使得规范伦理学不再是一项哲学家们可以富有成果地进行的反思性事业，这就是秉持了一个太过于限制的关于规范伦理学的概念了。遗憾的是，史蒂文森绝不是坚持这一观念的唯一一位情感主义者，或者受情感主义激发的哲学家。

不过，即使在情感主义的年代，还是有其他人坚持在规范伦理学领域做启发性工作。他们其中之一就是伟大的反情感主义者和反后果主义者，大卫·罗斯爵士。我们将在下一章考察他的工作。

第十五章

情感主义时代的规范伦理学：大卫·罗斯爵士的反后果主义

本章概要

1. 后果主义

后果主义的基本论题；简单后果主义和扩展化后果主义之间的区分

2. 罗斯对于后果主义的质疑

跟使好结果最大化相冲突的三类义务；一个结果的好是否总独立于它是如何产生的，以及由谁来享有它

3. 道德义务的范围

很多类被忽略的行为在规范伦理学与元伦理学上的意义：道德上好的但并非义务性的行为，道德上坏的但是可被允许的行为，以及可被允许的、非义务性的、道德上中立的行为

4. 罗斯关于道德义务的正面理论

一般性义务的多样性；实际义务的定义以及在相互冲突的一般性义务之间进行权衡的问题；罗斯的悲观性结论以及它的效果

5. 罗斯的道德方法论

用在先的道德确信来评价道德论题；跟摩尔在认识论中的方法论保守主义之间的相似

W.D. 罗斯跟 A. J. 艾耶尔和 C. L. 史蒂文森是同时代人。像艾耶尔一样，他也是牛津学派的成员之一。（他也是奥瑞尔学院的院长）。不同于艾耶尔和史蒂文森，他既不是一个情感主义者，也不是一个逻辑实证主义者。他相信，伦理学的句子和判断是要么为真要么为假的，并且，那些为真的句子表述了真正的事实。从而，在试图决定我们应该接受什么样的道德原则的时候，他认为他自己是在试图决定，什么样的道德原则是真的。然而，因为他关于道德判断的事实性本质的观点，在很大程度上独立于他关于我们应该采取哪一个伦理原则的论证，从而，我们可以研究他的规范伦理学主张，而不必试图解决他的元伦理学立场是否正确这一问题。出于分析的目的，他关于规范伦理学的工作可以分成三个部分：(i) 他对关于道德义务的后果主义理论的批评，(ii) 他自己关于义务的理论；(iii) 他用来表述和测试伦理学理论的方法。我们将逐一讨论这三者。首先，我们从他对后果主义的批评开始。

后果主义

关于道德义务的后果主义理论的核心特质是，他们认为一个行为对错与否完全取决于其后果的好坏。尽管这些理论可能采取不同的形式，最简单、最一般的，也是最为纯粹的后果主义形式可以由（C）给出。

> C. (i) 一个行为 x 是对的，当且仅当，不存在这样的替代性行为 y，它所产生好结果减去坏结果的差额，将比由 x 所产生的更大。（一个不对的行为就是错的。）
>
> (ii) 一个行为是一项义务，当且仅当，相较于任何其他替代性行为，它所产生的好结果减去坏结果的差额都更大。

根据这类理论，如果所有方面都考虑在内，由一个行为所导致的事态是可能产生的最好的事态，那么这就是一个人在道德上应该做的事情。如果一个人做了任何其他的行为，它带来了一个没有那么好的事态，那么他就是做了一件道德上错的事情。根据这个观点，行为仅仅是带来最好的可能事态这一目的的手段。行为的本质并不意味着什么；它唯一的道德相关的特征就是其结果的价值。

不同的后果主义的版本取决于在这一点上的不同，即关于什么可被认为是好的（或者坏的）。对于罗斯来说，三个简单的事情就其本身来说是好的——美德、知识、快乐。然而，他对关于道德义务的严格的后果主义理论的反驳，在很大程度上并不严格依赖于什么样的事情被认为是好的或者坏的。因此，除了特别情况之外，我们将不考虑可能跟严格的后果主义原则一起而被采用的、关于"好"的不同的理论。不过，我们确实需要稍微暂停一会，来考虑一下一个行为与它的后果之间的区别。正如我所说过的，后果主义将行为看作是产生好的结果这一目的的手段。从而，当说明一个行为的后果的时候，自然地并不将这个行为本身或者这个行为已经被做了这一事实包括在其结果之内。毕竟，一个行为的后果是被行为所**导致**的或者产生的，没有什么行为导致自身；它也不导致它自身被做了这个事实。

尽管在讨论后果主义的时候，这一观点经常被认为是理所当然的，然而有些时候却并不是这样。从而，需要对比一下两个关于后果以及后果主义的不同观念。根据第一个观念，我们可以把它称为**简单的后果主义**——一个行动的结果并不包含该行动本身。相反，一个行动发生了，然后，因为它发生了，所以一些其他的事——它的后果——随后也发生了。例如，一个庭审证人在誓言下做假证。在这个假证的后果中，可能包括被告被判无罪，以及该证人后来因为做假证而接受审判。然而，该证人说了一个谎这个事实，却**不是**这个证人的假证所导致的结果之一。第二个后果主义的观念，我们将其称为**扩展化后果主义**，恰恰是在这一方面与前面一种不同。根据第二个观念，一个行为的后果包括了那些由这个行为所导致的事情，以及这个行为本身。从而，在做假证这个例子中，证人说了一个谎这个事实也是这个假证的后果之一。

这两个观念的不同之处可能是重要的，因为第二个允许我们对一个行为本身附加内在的价值，并且将这个价值，跟由这个行为所导致的事态的价值一起，包含在后果主义计算中。这可以在原则上，对于一个行为被认为是对的还是错的，起到显著的作用。例如，一个持有扩展化后果主义的人，可能对说谎赋予很大程度的内在的恶，独立于它们可能导致的事态。其结果是，一个谎话的"后果"，在关于"后果"的扩展了的意义上，将总是包含很大程度的恶，这需要被其他好的结果所盖过，才能使得这个行为被认为是对的，或者是一项义务。

正如这个领域的很多作者一样，罗斯并没有总是区分这两种后果主义。然而，很多篇章似乎明显地表明，他的主要批评目标是简单的后果主义——这是自然的，因为简单的后果主义似乎是后果主义者们一般所认为的，至少在他们遭遇罗斯式的批评之时。所以，就我们的目的而言，我将采用简单的后果主义作为我们所默认的后果主义立场，并且，只有在需要的时候，我才转向考虑扩展了的后果主义版本。

罗斯对于后果主义的质疑

后果主义基于定义就不为真

罗斯所论证的第一点是，后果主义的原则 C 并不构成关于**对的行为、义务的行为**或者**一个人应该做的行为**这些表达式的定义（在摩尔的意义上）。这是他的名著《对的和好的》第一章的主题"**对的意义**"。他说：

> 关于**对**可以定义成**产生了如此这般结果**的最为深思熟虑的断

言，是由 G. E. 摩尔教授做出的。在其《伦理学原理》中，他说，**对**意味着**产生了最大可能的好**。现在这通常被指出来反对享乐主义，并且没有人比摩尔教授更为清楚地指出这一点，**好**就意味着**快乐**这个断言是难以被严肃地坚持的；尽管说唯一好的事情就是快乐，这可能为真也可能不真，然而"好就是快乐"这个陈述是一个综合的而非分析的命题；**好**这个词和**快乐**这个词代表了不同的品质，即使具有前者的事物也恰恰是那些具有后者的事物。否则的话就难以理解，**好就是快乐**这个命题，一方面被某些人坚定地支持，而另一方面却被另一些人强烈地否定，因为我们并不支持或者反对分析命题；我们认为它们是理所当然的。同样的断言难道不应该也适用于这样的陈述吗？**对的行为就意味着这样的行为，它在那个情境中产生了最大可能的好**。难道不是仅仅通过反思就可以看到，这不是我们用**对**来意味的东西，尽管它是关于对的事情的一个正确的陈述？这看起来很明显，例如，当一个普通人说，信守承诺是对的，他绝没有在想这一行为的所有后果，对于后者他知道或者关心得很少，或者没有。似乎，"理想的功利主义"（即，后果主义）是合理的，只有当它被理解为，不是关于**对**这个观念的一个分析或者定义，而是作为这样一个陈述，即所有对的行为且只有这样的行为具有这样进一步的特质，即能够产生最好的可能的后果，而且，它们是对的，是因为它们具有这样的特质。①

正如我们在本书第四章所看到的，罗斯的这一观点是对的，即像 C 这样的后果主义原则并不能被认作为摩尔式的定义。当然，C 不是一个定义这个事实，并不告诉我们它是否为真，或者是否可被接受。因为罗斯相信它是不可接受的，他必须接着提出更进一步的论证来达到这个更强的结论。

我们从罗斯讨论的两种包含了后果的一般性责任开始。一种，他称之为"好意的义务"，"基于这样纯粹的事实，即世界上还有其他存

---

① 罗斯，*The Right and the Good*（Oxford : The Clarendon Press, 1930），第 8—9 页。

在者，我们可以改善其在美德、智慧和快乐方面的状况"（这些被罗斯认为是就它们自身而为好的）。① 另一种，他称之为"自我提升的义务"，"基于这样的事实，即我们能提升我们自己在美德或者智慧方面的状况"。② 粗略地说，后果主义理论认识到不同种类的义务：产生最大的好的义务，这既包括对他自己的好，也包括对别人的好。③ 尽管罗斯清楚地承认，这些后果主义者的考虑对于决定什么是一个人应该做的事情来说是相关的，他相信还有其他的因素我们必须要考虑。这些其他的因素主要可以被分成三类——不伤害他人的义务，正义的义务，以及特殊关系的义务。

不伤害他人的义务

关于这些义务，他说：

> 我认为，我们应该区分（好意的义务和）那些可以被归于**不伤害他人**这一标题下的义务。毋庸置疑，伤害他人同时也就是没有能够对他人好；但是在我看来这很清楚，没有恶意被理解成一个跟善意不一样的义务，也是作为一个具有更为严苛的特质的义务。④

尽管罗斯没有就这一点做太多详细的阐释，还是很容易看到他的观点。像 C 那样纯粹的后果主义原则，要求我们将个体看作是有利于人类这一目的的手段；并且正因如此，它们违反了这样的义务，即我们不能为了有利于其他一些人而伤害某些人。正如罗斯指出的，"**我们一般不应该认为这是可被辩护的，为了使其他人存活而杀掉某个人，**

---

① *The Right and the Good*，第 21 页。

② 同上，第 21 页。

③ 然而，注意这两种情形中对于快乐的不同的处理。罗斯对此感到很为难。参见 *The Right and the Good*，第 24—26 页。

④ *The Right and the Good*，第 21 页。

或者为了帮助其他人而偷一个人的东西。" ①

我们可以举例说明这一点。想象一个这样的情况：一个医生看护着三个绝症病人——一个需要心脏移植，一个需要更换肾脏，还有一个需要肝脏。我们假定没有自愿的捐献者，或者刚刚去世的人，并且，唯一可能的具有这些所需要的器官的来源就是跟这些病人没有什么关系的健康人，而他们并不愿意牺牲自己的生命来挽救他们。然而，这个医生知道，她的病人们如果没有器官移植的话必死无疑。她应该做什么呢？一个可能的行动方案是，可能听起来很异想天开，设计欺骗一个健康的人，杀掉他，再将他的器官移植到这三个垂死的病人身上。当然，这个计划可能有一些实际的困难——比如，在捐献者和病人之间需要有适当的匹配，从而防止器官的排斥反应，手术本身的不确定性，被揭露的可能，等等。不过，我们可以为了论证的需要而假设这些困难都被解决了；这个医生认识一个健康的人（她之前的一个病人），其器官将不会被排斥，她知道如何杀掉这个人而不会被任何人发现，她还研发了一套万无一失的器官移植技术，从而使得她可以在很大程度上预言，这个手术将是成功的，并且，她确信所有这些事都将被保密。

在这样的情形下，执行这一令人毛骨悚然的计划，将导致救活三个人，而一个人死去；相反，如果不执行这个计划的话，就会导致三个人死掉。假设不论就他们自身的完善，还是就他们会对他人所带来的好处的量而言这四个人的生命是实质上可以互相比较的；假如他们活着的话，一个人会自然地假设，如果执行这个计划，杀掉一个以救活三个，所产生的好结果与坏结果之间的差额，比之这个医生所能够采取的任何其他措施都要大。如果确实如此，那么后果主义的原则 C 告诉我们，这个医生是**道德上有义务**去执行这个计划的。但是当然，罗斯会说，这是错的；这个医生不仅没有义务这样做，而且她有义务**不**这样做。

罗斯用这样的例子来表明，后果主义的原则 C 是错的。在得出这

---

① *The Right and the Good*，第 22 页。

一结论的时候，他既拒斥了一个规范性原则，还对这一拒斥从一个元伦理学的观点进行了阐释，该观点认为道德讨论是陈述事实的。在我们的讨论中，我们将这些讨论分开，并且只考虑前者。在这个角度，一个人必须问问自己，是否同意罗斯的这一观点，即这个医生**并非**道德上有义务去执行她的谋杀计划。如果一个人同意这一点，如我所做的那样，那么他将必须拒斥 C 的第（ii）部分（当它被认为是表达了我们先前称之为**简单后果主义**的立场）。如果一个人进一步同意罗斯，也正如我所做的这样，这个医生执行这个计划将是不能被容许，从而是错的，那么他也必须拒斥 C 的第（i）部分。我们是否通过称 C 的（i）和（ii）部分为**假**来表达这一点，这对于当前的目的来说并不重要。①

正如罗斯所看到的，我们的例子所表明的问题是，原则 C 未能考虑到这一事实，即我们不能伤害无辜的人这一义务，超过了任何诸如我们需要做对他人有利的事这样一般性的义务。这并不意味着，不伤害他人的义务是绝对的、从来不能被任何其他事情所盖过；然而，它确实意味着，关于一个行为是对、是错还是义务的，这里有比客观地计算它的后果更多的东西需要决定。我们并不**仅仅**考虑一个行为的最终结果，将其和其他可能行为的结果进行比较；相反，我们还必须考虑这样的结果是怎样被产生的。

正义的义务

罗斯用来质疑后果主义的第二类义务被他称作**正义的义务**。他说，这些"是基于这样的事实或者可能性，即对于快乐或者幸福（或者其

---

① 一个同意罗斯关于医生计划的观点的顽固后果主义者，可能退回到扩展化后果主义，从而将内在为坏的事态扩展到包括任何这样的事态：在其中有人被谋杀了（相较于仅仅是死去，或者没有被挽救）。只要他对这样的事态赋予足够高级别的恶，他在这种情形中可能跟罗斯得到同样的结论。然而，这一点并不清楚，这种适应罗斯类型的例子的弱化的后果主义策略，是否将在所有情形中都有效。假设这个例子被改变为，我们现在面临这这样的选择，根据一个恐怖主义者的命令杀掉一个无辜的人，以阻止他执行他所威胁的杀掉三个其他人的计划。在这样的情形下，如果一个人相信他并不是道德上有义务去杀掉那个无辜的人，那么他将拒绝 C 的第（ii）部分，即使是按照对后果主义的扩展化理解。一个类似的测试也适用于第（i）部分。

他方面）的分配，与我们所考虑的这些人的美德并不符合；在这种情形下，就有义务去推翻或阻止这样的分配。"① 罗斯有他自己独特的关于利益分配问题的看法，以及这些问题如何跟后果主义相联系。在考察这些问题的时候，我将首先描述一些包含分配的典型案例，并且从一种通常被采取的视角来表明，为什么它们对于后果主义来说是一个问题。在这之后，我们将考察罗斯关于美德的观点如何跟这个问题相联系。

关于利益分配问题的一个形式是源于这一事实，个体具有权利，或者应该享有某些东西，这独立于他们作为一个有感知的存在者、是一个人的行为潜在的受益人这一身份。如果个体确实具有这样的权利（生命权，自由权，以及类似的权利），或者确实应该得到某些东西，那么，诸如此类的行动，包括不公平地剥夺了一些人的自由，财产，或其他一些他们应得的或者他们具有权利的东西，就应该被认为不仅不是义务的，而且是错的，即使这样的行为对于社会总体利益带来了一点其他可能的替代方案所不能达到的增益。从这一点来看，后果主义的问题是，它没有留下空间来发展出一个关于应得或有权享有什么东西的道德上健全的观念。

下面的三个例子可以表明这一点。（i）一个国家为一项军事行动征兵。有人基于后果主义的立场论证道：贫穷的人应该被征兵，而富于创造性的人以及富人应该被免兵役。因为（a）在公民生活中，后者比之穷人对社会的总产值增加更多，并且（b）他们的生活无论如何要比穷人更好——无论是从所享受的快乐、所获得的知识、所实践的美德，等等——从而，如果他们的生命在战争中失去的话，比之如果是穷人的生命在战争中失去的话，那么所有有感知的存在者所享受的好处的总量将会减少得更多。当然，这个推理是错的。在这个基础上只对穷人征兵**不是**道德上要求的，而且恰恰相反，是道德上被**禁止**的。后果主义的问题是忽视了这一事实，即每个人都有平等的生命权和自由权。（ii）一个人利用非工作时间，只用他已经有权利支配的资源，很辛苦

---

① *The Right and the Good*，第 21 页。

地工作了很长时间，生产出一些对他自己和他的家庭有益的东西（比如，他建造了一座房子）。在他完工之后，另外的人——可能是一些当权者——正确地判断，如果将这个人的劳动成果赠与另一个家庭的话，它将被享受得更多——这足以让如下事情成立：对于有感知的存在者的整体而言，相比于允许那个人占有自己的劳动成果而言，把这些成果没收并赠予另外那个家庭所带来的总体好处将会稍微多一些。虽然如此，这样的行为既不是道德上有义务的，甚至也可以争辩说不是道德上可被允许的。后果主义的问题是它忽视了这样的事实，即通常，产品的生产并不是像天上掉下来的馅饼一样，从而可以由一些慈善机构在人们之间不偏不倚地分配；相反，它们是人类活动的成果，从而产生了权利和占有权。（iii）B 群体的成员对于 A 群体的成员有一些误解，并基于此非常不喜欢且不认同他们。尽管如此，A 群体中的一个家庭计划在由 B 群体聚居的社区里工作并且在那里居住。因为 B 群体极其不喜欢 A 群体，这将会在 B 群体中导致许多愤怒、不愉快，以及徒然的抵制——我们可以想象，这些足以盖过 A 群体中的那个家庭所拥有的快乐，如果他们搬进去的话。根据后果主义，似乎这个家庭道德上有义务不搬进去。但是，这似乎明显是错的；B 群体成员所感受到的不快在这个情况中毫无价值。后果主义的问题是，它仅仅衡量了所享有的好处的总量，而不是谁享有它，或者为何享有它。

　　确实是这样的吗？在表述这些对后果主义的批评的时候，我假设了后果主义者认为，什么样的事情是内在为好的（或者坏的）这样的事实，独立于由谁来经验它们，以及它们是怎样被产生的。尽管这个关于"好"的观点是很通常的，它并没有准确地反应出罗斯的观点。在《对的和好的》的第二章，他将正义的义务描述为，有义务使得**"对他人的幸福的分配，适应于其德行"**①。在第五章，他讨论了快乐（一种内在的好）的价值，以及它跟德行的关系，如下：

　　　　但是，关于德行这一观念的反思并不支持这样的观点，认为快

① *The Right and the Good*，第 26 页，粗体字是我所加的强调。

乐总是就其自身好的，痛苦总是就其自身坏的。因为，虽然这一观念意味着这样的信念，应得的快乐是好的，不应得的痛苦是坏的，它还强烈地建议了，不应得的快乐是坏的，而应得的痛苦是好的。

　　还有另外一组事实也能对"快乐总是好的，痛苦总是坏的"这样的观点提出疑问。我们有一个清楚的信念，存在坏的快乐和好的痛苦（尽管这一点不是那么明显）。我们认为，例如，由一个行动者或一个旁观者在一个淫荡或者残忍的行为中所享受到的快乐是坏的；我们认为这是好的事情，人们在想到邪恶或者苦难的时候，应该是觉得痛苦而不是快乐。①

　　所以，可能在上面包含了 A 群体和 B 群体的情形（iii）中，如果 A 搬进来的话，B 群体成员将会经历的痛苦、不快乐以及一般性的负面效应，以罗斯的标准，将不会被认为是坏的，因为 B 群体的成员**不应该经受这些事情**。

　　在第五章，罗斯扩展了他关于内在的好的观点，从而使其正好包括四项，"美德，快乐，根据美德来分配快乐，以及知识（和稍低一点级别的，正确的意见）"②。在他看来，快乐总是好的，除了那些其中包含某种使快乐不配被享有的特征的情形。

　　一个快乐的状态具有这样的性质，它并不必然是好的，但是，如果该状态中没有什么其他的特质阻碍它成为好的，那么它就是好的。两个可能阻碍其成为好的的特质是（a）不是应得的，以及（b）这样的状态，它将一个坏的倾向变成现实。③

　　既然他关于"好"的理论结合了关于应得的考虑，以及一个特定的好的事态是如何被产生的，罗斯并**不**认为他关于正义的义务跟一般

①　*The Right and the Good*，第 136—137 页。

②　同上，第 140 页。

③　同上，第 138 页。

后果主义者使好的方面最大化的义务相冲突。

正义的义务是尤其复杂的，这个词被用来涵盖那些实际上非常不同的事情——诸如偿清债务，为一个人对别人的伤害进行补偿，以及**根据其德行在人们中间分配快乐**。我只用这个词来指这三者中的最后一项。在第五章我将试图表明，在美德、知识以及快乐这三个（相对来说）简单的好之外，还有一个更为复杂的、不能被还原为其他三者的好，它是由快乐相对于美德的比例构成的。履行这一点是我们对所有人的一项义务……**从而，这是跟善意和自我提升一起，属于我们应该产生尽可能多的好这一一般的原则，尽管这里所包含的好与任何其他的好都是不同种类的。**①

一个人不能一劳永逸地决定哪个事态是好的，而不对享受这种好的那些人的道德特征做一些判断，以及那些好是怎样被享受的，这是一个强有力的想法，需要得到比我们这里所能够给予的更多的注意。②当然，罗斯提出了一个非常重要的问题。然而，他并没有补充必要的细节；而且在我看来，他也没有确立这一点，即我们关于正义的义务仅仅是一般后果主义者使好的方面最大化的义务的一个特例。罗斯将快乐所具备的好跟美德联系起来，可能足以使得后果主义者可以处理某些正义分配的问题——甚至可能是我们的第三个包含了 A 群体和 B 群体的例子。然而，这一点远非明显，这种联系是否为后果主义解决了前两个情形中的问题。关于向穷人征兵而免去富人兵役的问题，并不是说它会打破美德和快乐之间的一种适当的平衡；并没有理由假设穷人比富人更有美德。这个政策是错的，即使穷人具有更少的美德。这对于第二个例子也可能同样如此——如果我们那位努力工作的生产者他自己在道德上很一般，而当权者想要将其劳动成果赠与的那些人

① *The Right and the Good*，第 27 页，其中的粗体是我所加的强调。

② 一个有趣的关于好、应得以及它们跟平等之间的关系的最近的讨论，参见 Shelly Kegan，"Equality and Desert", in *What Do We Deserve?*，O. McLeod and L. Pojman, eds.（Oxford：Oxford University Press，1998），277—297。

是道德上的典范。在这样的情况下，没收他的房子而将其转移给其他人，这甚至可能提升快乐和美德的总体平衡。然而，这将既非正义或道德上有义务的，也可以争辩说不是道德上可允许的。这个例子表明的是，这个生产者对于他的劳动成果具有所有权，它并不只是其总体道德水平的一个函项。从而，在我看来，由正义的分配为后果主义所带来的问题仍然存在。

这些遗留下的问题是否能够从一个后果主义的角度得到解决，通过将"好"解释得更为依赖一个先前的、关于生产和分配利益的程序的正义性的判断？可能，尽管在尚未仔细检查为达到这一效果而提出的精确而细致的提议情况下，不可能对此进行判断。现在，似乎最好是将我们自己限制在两个被限定的结论上。第一，关于正义和公平分配的问题，是对后果主义提出了初步的问题。尽管这些问题中的某些大致沿着罗斯所建议的方式是可以解决的，然而，是否所有这些问题都可以像这样得到解决，这一点并不清楚。第二，将关于"好"的解释依赖于关于道德美德、正义、应得、权益以及类似东西的解释，对于一个非常熟悉且诱人的后果主义图景——由摩尔在《伦理学原理》中所表述的后果主义——来说，这种策略已经表现了一个主要的变化。对于摩尔来说，"好"是伦理学的根基性概念，其他的观念——比如对、错，以及道德义务——都是依赖于它的。相应地，他论证道，关于"好"的问题能够而且必须在我们试图解决关于对错以及类似观念的问题之前得到解决。这个关于"好"的优先性的简单观念会被落到一旁，如果后果主义者在回应由正义所提出的问题的时候，将关于"好"的理论依赖于先前的关于公平、应得、权益以及美德的理论。因为这些决定可能自身预设了关于对错以及道德义务的判断，从而"对"和"好"就在概念上相互依赖，而摩尔所设定的简单的概念上的优先性就被推翻了。

关于特殊关系的义务

罗斯对后果主义的最后一个批评包含了可被称为**关于特殊关系的**

义务。这些通常包含了这样的情形，一个主体的特定行为赋予其他人以权利。这些权利的存在解释了，为什么某些特定的进一步的行为，虽然它们能使得好的后果最大化，却不是道德上义务的，甚至不是道德上可被允许的。

关于特殊关系的第一个义务是，信守自己的承诺——它既包括隐含的承诺，也包括明确的承诺。（例如，罗斯认为，撒谎就包含打破了这样一个隐含的承诺，它是当一个人处于一个对话中的时候所做出的。①）做出一个许诺就是对某个人做出一个承诺。一旦这个承诺被做出了，我们对之做出承诺的那个人就对我们有了一种特殊的、其他人所没有的权利；而这个人就不再只是作为我们行为的潜在受益人的人类的一员。从而，当到了该为我们的承诺兑现的时候，我们考虑的并不是最大化作为一个整体的人类的利益，而是兑现一个先前的承诺。当然，存在一些特殊的情形，其中产生某些其他的义务，其重要性超过了我们兑现自己承诺的义务；比如，将我的奄奄一息的朋友紧急送到医院，这可能使得我不能兑现今天晚上跟你在电影院见面的承诺。然而，除去特殊情况，我们并不认为，我们关于兑现允诺的义务可以被人类总体价值上的一点小小的增益而盖过。如果我们答应了为 x 做某件事，我们当然不是要找 x 以外的其他某个可能从我们的行为中得到比 x 多一点的益处的人；我们只是认为自己在道德上被要求信守自己的承诺。罗斯建议，在认识到这一点的时候，我们实际上认识到严格的后果主义是不可接受的。

建议一个人这么做可以是对的可能显得荒谬：它所产生的后果没有那些他所能行使的其他行为所产生的后果好。然而，稍微思考一下将会使得我们确信，这并不荒谬。一类最容易看出确实是如此的情形，大概是一个人做出了一个承诺的情形。在这样的情形中，我们都认为，一般来说，履行自己的承诺是我们的义务，而不论其整体后果到底有多少好处。尽管我们并不认为这样做必然是我们实

①　*The Right and the Good*，第 21 页。

际的或者绝对的义务，然而我们也绝不会认为，在总体后果上的任何一点价值上的增益，即使是最轻微的一点，将必定可以为我们做其他一件替代性的事情来辩护。让我们通过抽象来简化这一情形。假设履行对 A 的一个允诺将对他产生 1000 个单位的好，然而，如果做其他一件事情，我将对 B 产生 1001 个单位的好。我对 B 并没有做出过任何允诺，且这两个行为的其他后果都具有同等的价值。我们真的应该认为这一点是自明的吗：我们的义务是做第二个行为而不是第一个？我认为并非如此。我想我们应该认为，只有当它们总体后果之间存在价值上很大的差异，才可以为我们没有履行对 A 的一般性义务进行辩护。毕竟，一个允诺就是一个允诺，不应该被认为是无足轻重的，就像我们正在考察的这个理论所蕴涵的那样。一个承诺究竟是什么，这是不容易确定的，不过，我们当然会同意，它对我们的行动自由构成了一个严肃的道德限制。对于 B 产生 1001 个单位的好，而不是履行我们对 A 的承诺，可能是没有将我们进行慈善的义务看得太重，不过却肯定是将我们信守承诺的义务看得太轻了。①

罗斯提到的第二个关于特殊关系的义务是进行补偿，当一个人之前伤害了某人，或者对某人做了错事。正如做出承诺的情形，这个义务来自该行动者先前的行为，从而使得他人具有了某些权利。例如，如果 A 伤害了一个无辜的人 B，而后来开始做善事，A 欠了 B 一些特殊的东西，即使补偿 B 所带来的总体效果，跟对其他一些未牵涉其中的第三方做善事比起来并不是那么地有价值。伤害了 B 之后，A 有义务在想要对其他人做善事之前，首先对 B 进行补偿。

罗斯提到的最后一种特殊关系包含感激的义务，这是在接受了他人的恩惠之后——特别是当这种恩惠具有很大的价值，或者由别人做出某种牺牲而导致的。这个义务是普遍存在的，典型的是对父母、家庭成员和朋友。

① *The Right and the Good*，第 34—35 页。

所有这些义务对诸如 C 这样的后果主义原则的失败提供了生动的例子。根据后果主义，每一个可以设想能从我们的行为获益的人，都在原则上对我们有同等的道德上的要求权。但是这显然是不对的。我们对之做出过允诺的人，在道德上有特殊的权利可以要求我们信守承诺；我们所伤害过的人，在道德上有特殊的权利可以要求我们做出补偿；给予我们恩惠的人——包括家人和朋友——在道德上有特殊的权利可以要求我们回报他们的恩惠。正如罗斯所指出的，后果主义没有能适当地注意到这些，是其最为显著的缺陷。

> "理想的功利主义"理论（后果主义）的一个本质缺陷是，它忽略了或至少没有适当地对待，义务所具有的高度个人化的特征。如果唯一的义务就是产生最大的利益，那么由谁来享有这样的利益这个问题——是不是我自己，或者是施予我恩惠的人，或者是一个我承诺了要将那样的好处所给予的人，或者仅仅只是一个跟我没有什么特别关系的人——对于我产生那个好结果这一义务而言并没有什么差异。但是事实上，我们都确定这确实有很大的差异。①

如果罗斯关于这个问题的观点是正确的，那么后果主义无论是作为一个关于道德义务的理论，还是作为关于行为在道德上对错的理论，都必须被拒绝。其结果是，我们需要一个新的理论。

道德义务的范围

在转向罗斯对后果主义的正面的替代性学说之前，有必要先看一下诸如 C 这样的后果主义原准则的另一个缺陷——一个罗斯没有提到的，但是为很多理论都具有的缺陷。我将论证，包括罗斯自己的正面的替代性理论也具有这样的缺陷。这个缺陷涉及道德义务的范围这一问题。根据 C（ii）原则，每个行为都要么是义务，要么是不被允许

---

①   *The Right and the Good*，第 22 页。

的——除了这样的情形，即一个人可选择的两个不同行为的总体后果的价值是（a）完全一致的，以及（b）并没有被这个人可选择的任何其他行为的总体后果的价值所超过。在这些相当罕见的情况下，C原则将两个行为都认为是对的，而任何一个都不是义务的；在所有其他的情形下，行为被刻画成要么是道德上错的，从而是不被允许的，要么是道德上义务性的。但这是很值得怀疑的。当然有很多行为，它们既不是义务的，也不是错的，而仅仅是可允许的。

在我的业余时间，如果我决定读一本书而不是听音乐，是去健身房而不是看电视，是给报纸的编辑写一封信而不是上网，或者是写一篇新的哲学论文而不是看红袜队和洋基队的棒球赛，那么我所做的事情通常既不是义务的，也不是错的，而仅仅是可允许的。我并不需要计算对包括我自己在内的全人类的利益，从而决定我的义务是什么；在这些情形中，关于义务的问题并没有产生。对于我来说，一件事可能比另一件事更好，一件事可能比另一件事更为体面，一件事可能比另一件事从长远来说给别人带来更大的好处。我可能因为我所做的其中的某些事情而被赞赏，被崇拜，或者得到尊敬，而可能因为我所做的另外一些事情而被批评，或者被看不起。但是，这并不使得任何一个行为成为道德上义务的，或者道德上错的。

相反，我们必须看到这样的区分：道德上错误的行为，道德上可允许但并非所要求的行为，以及道德上义务的行为——道德上可允许但并非义务的行为这一中间类别包含了很大范围内的行为，它们可以进一步被区分成道德上好的行为，道德上坏的行为，和道德上中立的行为。特别值得注意的是，道德上可允许但并非义务的、道德上好的行为[1]。这包括了所有这些事情，从简单的关切，到对特定的义务做得过多（当一个人履行了自己的义务，并且还多做了一点），直到圣徒式

---

[1]　这一类别，即可允许但并非义务性的、道德上坏的行为，同样很有意思。它们包含了：简单的粗鲁和没有礼貌的情形；这样的情形，一个人拒绝对某个人提供重要的帮助（后者对其并没有什么特别的权利进行要求），即使是当提供这样的帮助对他自己来说成本是很小的；以及这样的情形，一个人有权做 x，但是行使那样的权利将会对其他人造成伤害。

的行为、英雄主义的行为，以及自我牺牲。例如，我可能帮了你一个忙，给了你一张紧俏的篮球赛门票，从而你可以看你最喜欢的球队的比赛。那是好的，从道德的观点来看也是不错的。然而，这样做并不是我的义务。如果我不是把这张门票给你，而是自己去看了，我并没有做任何道德上错误的事情；我并不是未能履行自己的义务，因为在这个方面我并不存在什么义务。

　　另外一种非义务性的，但是道德上好的行为是，履行了某人的义务，并且又多做了一些。比如，一个教授的工作的一部分是跟学生见面，回答他们的问题，讨论他们的作业，就他们的学习提供建议，等等。假设某个教授做了所有这些，并且还多做了一些。他在晚上和周末还跟学生通过电子邮件或者电话进行交流，他把他的书和文章借给他们，在学生们毕业后进入研究生院或者自己有了教职之后，他还是继续读他们的文章，并为他们提出建议。到某一特定的点，这个教授的行为对于履行其作为一个教师的义务来说似乎已经足够了。而在那个点之后，他所做的是超出的部分——并非义务，但是是值得赞扬的，并且是道德上好的。通常，很难（如果不是不可能的话）精确地说出义务终止于哪一点，而在那里职责以外的工作开始。但这是不成问题的，察看他所做的全部工作，这个教授所做的比所要求的多得多。

　　最后，还有圣徒式的、自我牺牲的以及英雄主义的激励人心的例子。这些包括了像阿尔伯特·施韦策和特蕾莎修女这样圣徒式的人物，他们毕其一生致力于减轻苦难，以及那些像瑞克·瑞思克拉那样英雄般的消防员或警察，在世贸中心，他们在将很多人引导到安全地点之后，又返回到熊熊烈焰的大楼中去，自己在试图营救更多的人的时候牺牲了。[①]尽管这些罕见的人物值得最高的赞誉和崇敬，他们却并不是履行他们的道德义务，就像那些从来没有达到这样道德高度的人也不是没能履行他们的道德义务一样。一个人会这样来描述他们，只有当他认为，除了在后果主义的计算中完全持平的罕见例子之外，关于行为只有恰好两种道德上重要的范畴——那些义务性的，以及那些道德上

---

① James B. Stewart, "The Real Heroes are Dead", *New Yorker*, 2002年2月11日。

不被允许的。然而，只要稍微注意一下我们实际所做的道德判断就可以发现，我们关于行为的道德评价的范畴远远比这丰富。因为未能注意到这一点，包含了 C（ⅱ）的严格的后果主义原则篡改了，从而在我看来是扭曲了我们的道德经验，使其几乎面目全非。

最后，认识到用一套扩展了的范畴对行为进行道德评价，这不仅影响到规范性理论，还影响到一些元伦理学——特别是对于情感主义而言更是如此。例如，根据那个由艾耶尔提出的、相对来说比较简略的情感主义，说偷窃是错的，就是表达某人对于偷窃的不赞同，说帮助他人是对的，就是表达对帮助他人的一个正面的态度。然而，这个简略的分析并不具备条件来区分这两者：关于某一个特定的帮助他人的例子，说它是道德上义务的，和说它虽然是道德上好的，却并不是所要求的。我们不能把**两者**都只是分析为一个人对此表示赞成，因为那将错误地将两种不同的道德陈述认作为一种。从情感主义的角度看，一个人应该如何精确地分析这些断言，这是一个由艾耶尔提出的简单情感主义所没有回答的问题。是否这个理论更为复杂的版本就能够回答这个问题，这并不是一个我们需要解决的问题。

这里的要点是，我们不要匆匆地接受一概而论的，然而却过于简化的规范伦理学或元伦理学的论题，而不彻底检查它们所要覆盖的评价领域。我们在这一节所做出的关于道德评价的范围的评价性区分，对于后果主义和情感主义来说是够麻烦的了。但是这可能仅仅只是开始；对于我们复杂的道德评价体系，很难说我们已经做了多少实质性的工作。进一步探索这个体系，从而发现在我们的日常道德、法律话语中的所有道德上重要的区分，对于发展更为复杂的规范伦理学和元伦理学理论都是至关重要的。①

---

① 两篇有用的关于这一节的一般性话题的文章是，Joel Feinberg, "Supererogation and Rules", *International Journal of Ethics* 71（1961）；以及 Roderick Chisholm, "Supererogation and Offense", *Ratio*5（1963）。

罗斯关于道德义务的正面的理论

对后果主义提出了严肃的怀疑之后，我们现在来看一个关于道德义务的替代性的规范理论。建立在下面这个关于行为的道德相关特征的清单基础上，我们可以重构罗斯的正面理论。

道德上相关的特征

1. 一个行为的后果的价值（相较于这个行动者可以行使的所有其他行为的后果的价值）
2. 这个行为是不是撒谎
3. 这个行为是不是履行或者打破一个承诺
4. 这个行为是不是做出补偿，或者报答所受到的恩惠
5. 这个行为是否公正 ①
6. 这个行为是否伤害了他人

这些道德上相关的特征有些是肯定性的，有些不是肯定性的。如果一个行为有肯定性的道德相关特征，我们说它是**正面道德相关种类**的一个例子。如果一个行为有非肯定性的道德相关特征，我们说它是**负面道德相关种类**的一个例子。这两个观念被用来定义**一般的义务**和**实际的义务**。

一般的义务

(i) 一个行动者具有一般的义务要做 x，当且仅当，x 是正面道德相关种类的一个例子。

---

① 正如上面所讨论过的，罗斯自己很可能不会将这一点列为一项单独的道德上相关的特征，而是会将它作为生产了一种特殊的好而涵括在 MRF1 下面。我将它作为一项独立的特征列在这里，是因为，对于他将其包含在生产好的后果的条目下的例子，我并不认为是决定性的。

(ii) 一个行动者具有一般的义务不做 x，当且仅当，x 是负面
道德相关种类的一个例子。

实际的义务

(i) 一个行动者具有义务要做 x，当且仅当，x 是正面道德相
关种类的一个例子，并且要么 (a) x 不是任何负面道德相
关种类的例子，要么 (b) x 的正面道德相关种类的**强度**高
于其负面道德相关种类。

(ii) 一个行动者具有义务不做 x，当且仅当，x 是负面道德
相关种类的一个例子，并且要么 (a) x 不是任何正面道德
相关种类的例子，要么 (b) x 的负面道德相关种类的**强度**高
于其正面道德相关种类。

尽管这个框架是有吸引力的，并且也避免了一些后果主义的反例，
然而三点主要的顾虑立刻就产生了。第一个涉及前面一节中讨论过的
道德义务的范围问题。似乎每一个行为都要么是正面要么是负面的道
德相关种类，因为无论这个行为是否具有对应于 2—6 的道德相关特征
中的任何一个，它将几乎总是具备一些带有（正面或者负面）价值的
后果，从而通过特征 1 中得到一个评价。这样，即使道德相关的特征
2—6 不起作用，1 本身就大体上足以产生一个实际的义务，从而将道
德义务刻画成是无所不在的。其结果是，罗斯的理论——在我看来是
错误地——将几乎每一个情形都刻画成这样，即我们具有道德义务去
履行某个行为或其他行为（除了那些可被认为是相当罕见的情形，其
中正面道德相关种类与负面道德相关种类正好相互抵消）。如果是这样
的话，那么他的理论没有能够对很有意思的一个很大范围内的可被允
许但并非义务的行为做出正确的解释，这或多或少跟后果主义在这方
面的失败一样。

罗斯自己并没有发现这个范围内的行为会产生问题，这一点可以
通过下面的话来表明。

然而，必须要补充一点，如果我们没有处于任何特殊的义务之下，诸如信守一个承诺或者对施予我们恩惠的人抱有感激，那么我们就应该做将会产生最大的好处的事情；甚至即使是当我们处于特别的义务之下，一个行为所具有的促进总体的好这样的倾向，是决定它们正确与否的最主要因素之一。①

尽管我不同意这段中强调的部分，但它的其他部分显然是正确的。当然，如果一个行为其后果的价值足够大（至少对于他人来说），那么，诸如不要撒谎或者不要打破承诺这样一般的义务就能够被推翻，从而使得对于一般性义务的违背是可允许的。从而，对于一个人的行为后果的考虑确实是在决定对错和义务的过程中起到重要的作用。在我看来，它在做下面这种决定的时候也起到同样重要的作用：在可允许但并非义务性的行为中，决定什么是道德上好的，什么是道德上坏的。在我看来，这里的挑战是，如果不将我们的道德义务的范围远远扩展到它们的适当界限之外的话，如何解释一个人的行为后果的价值能起到这样的作用。

关于罗斯的正面理论的第二个顾虑是，我们如何决定一个行为的特征哪些是道德上相关的。罗斯声称这是自明的，即什么特征是道德上相关的、什么不是；显然，能带来最大可能好处的一般来说是对的，而且，信守承诺、进行补偿以及对所接受的恩惠抱有感激也是的，而撒谎和伤害他人一般来说是错的。一些哲学家相信这种诉诸自明是神秘的，然而，很难知道除此以外有什么其他的方式。所有规范性理论都假设了一些原则，这些原则不能从其他更为基本的东西那里得到进一步的支持。例如，后果主义认为关于"好"的根本性断言，以及基本的后果主义原则C，是根本性的、不能解释的。如果，像罗斯那样，一个人是元伦理学上的认知主义者，那么可能他会认为这些后果主义的原则是自明的（如果他相信它们为真的话）。如果一个人不是认知主义者，那么可能，他也会非认知性地对待罗斯的原则。在任何一种情

---

① *The Right and the Good*，第39页，粗体是我的强调。

形中，都有一些规范性的原则被认为是根本性的——不管它们最终的元伦理地位将是什么。唯一的不同之处是，罗斯认为有更多一些的原则具有这样的地位。很难看出，为什么这个所谓自明的原则在数量上的些微不同，应该被看作是特别有问题的。

　　然而，还是有一个相关的、更为严重的值得我们顾虑的问题。既然有一些正面和负面道德相关的特征，而其中的一个（涉及由行为所导致的后果的价值的）适用于几乎所有行为，从而绝大多数行为都将成为几个道德相关种类的例子。更重要的是，在几乎所有那些有意思的例子中，一个人试图从规范伦理学理论中为其找到指引，而那些被考虑的行为将至少成为一个正面道德相关种类的例子，以及一个负面道德相关种类的例子。在这样的情形中，罗斯的理论告诉我们，我们实际的义务是被这样决定的：取决于该行动者可选择的行为的正面道德相关特征与负面道德相关特征的相对分量。但是，我们想要知道，什么才是不同种类的相对分量？

　　遗憾的是，罗斯对此几乎没有说什么。他关于这个问题最为确定的观点似乎是下面这些：

　　　　试图更为确定地表述出正确行为的本质，这是值得的……显然，我们所做的任何一个行为都对无数的人具有无数的结果，或者直接或者间接，很可能任何一个行为，无论它是多么的正确，都会对一些无辜的人具有反面的效果（尽管那些可能是很微不足道的）。类似的，任何一个错误的行为都可能对一些值得帮助的人有一些好的结果。从而，从某一方面来看，每一个行为将是一般地正确的，而从另一个方面看，也将是一般地错误的。正确的行为只能通过这样的方式跟错误的行为区分开，即对于该行动者在该情境中所有可能采取的行为，在那些它们为一般正确的方面所具有的一般的正确性，减去在那些它们为一般错误的方面所具有的一般的错误，其差额是最大的……**对于估算关于这些一般义务的相对分量，就我所能看到的，没有什么一般性的规则可以被提出。我们只能说，很多分**

量是在于"纯粹的义务"的义务——信守某人的承诺的义务，或者
为我们所做的错事进行补偿，以及对我们所受到的服务给予同样的
回报。对于其他的（接下来这句话是引自亚里士多德），"我们的决
定依赖于感知"。在确定我们在特定情形下的特定义务之前，我们
对行为的所有方面进行我们所能够进行的最为充分的反思，我们的
决定是高度可错的，**然而这却是我们关于我们的义务所能拥有的唯
一的导向。**①

　　这相对于他的理论的其他部分，是非常值得注意的悲观结论。如果罗
斯是正确的，那么对于构建一个可行的规范伦理学理论，我们将几乎
做不了什么。如果他所构建的那种理论不能够说明一个行为不同的道
德相关特征的相对分量，那么在绝大多数这种我们一开始并不确定其
对错的情形中，我们就不能对什么行为是对的、什么行为是错的提供
一个有用的、有信息含量的答案——因为这些行为将会是既有一些正
面的特征，也有一些负面的特征。

　　从而，我们最终处于一个非常尴尬的地位。罗斯用来反驳后果主
义的论证是非常有力的，并且，他用来评价行为的多重道德原则也是
有说服力的。但是，他的结论——我们必须说，这是几乎没有通过什
么论证而得到的结论——却是，对于通过详细阐释这样的原则——它
们为相互竞争的一般性评价确立先后次序、解决它们之间的冲突——
来系统化我们的道德思考，我们可以做的甚少。就关于对错和道德义
务的规范伦理学的前景来说，这几乎等于一种悲观论调。要么罗斯的
这一观点是错的，要么这一想法，即构建一个有信息含量的、提供道
德指导和解决疑惑的规范伦理学理论，是根本错误的。我认为，可以
公正地说，在他写这本书的时候以及之后的很多年，关于这两个选项
的相关优点的意见分歧更为深化了。

---

①　*The Right and the Good*，第41—42页，粗体是我的强调。罗斯在这里所概述的立
场本质上来说是亚里士多德主义的，这一点不应该感到奇怪，因为他是一位杰出的亚
里士多德学者和翻译者。

不难看出这其中有些反讽的地方。我相信，罗斯并没有打算促进对哲学中规范伦理学的价值的进一步的怀疑。作为一个拥有高度的道德和理智上的明晰性、具有高度发达的道德敏感性的人，他将是最后一个对关于道德问题可以有一个严肃的、作为一门知识学科的途径表示不以为然的人。然而，在他所写作的年代，很多重要的分析哲学家都对规范伦理学持怀疑态度——视其为，要么是最终难以理解的，要么无论如何不是哲学真正的考虑范围。认为罗斯也具有这些怀疑是不对的。相反，正如我们在本书第 14 章中看到的，他是在他的年代，对关于伦理学的哲学怀疑论的主要来源——情感主义——的首要而最富有洞见的批判者。然而，他自己关于对道德义务的规范伦理学理论，就我们对哲学中这一领域可以合理地期待什么这一点上，其最终结论却在很多人看来是非常悲观的结论。出于这个原因，在我看来，似乎可以将他的工作视为不经意地带上了二十世纪三四十年代对规范伦理学以及其他的评价性问题在哲学中的地位所具有的相当广泛的怀疑，这是当时很多重要的分析哲学家的典型态度。

罗斯的道德方法论

我们最后来考察罗斯在伦理学中的方法论，这表现在下面的段落中。

在前面，我们很大程度上是围绕关于道德问题"我们真正是怎么想的"这一点；我们拒绝了一个特定的理论（后果主义，或者"理想的功利主义"），因为它跟我们实际所认为的并不一致。可以说这在原则上是错的，即我们不应该满足于阐明我们现在的道德意识告诉我们什么，而是应该把目标定在根据理论来批判我们现有的道德意识。现在，我并不怀疑，关于我们所认为对的事情，人们的道德意识通过道德理论而经历了很大的修改。但是假如有人跟我们说，我们应该放弃信守承诺带有一种特殊的义务这一观点，因为下面这点是自明的，即唯一的义务就是能产生尽可能多的好，那么我们必须问问自己，当进行反思的时候，我们是否真的**被说服了**：认为这是自明的；我们是否真的**可以**放弃我们的这一观点，即信守承诺在独立于产生最大可能的好之外还有一种约束力。以我自己的经验，我发现我不能这样做……事实上，通过反思，似乎这一点是自明的，一个承诺，虽然如此简单，是我们一般来说需要履行的义务，而且经过反思，似乎这并**不是**自明的：认为产生最大的好是唯一使得一个行为成为义务的东西。通过一个理论，要求我们放弃我们实际上关于什么是对的什么是错的的理解，就像是通过这样的一个理论，说"只有满足如此这般条件的东西才是美的"，从而要求人们否认他们关于美的实际经验。如果我所称为我们的实际想法的东西……确实是一个理解，即，一个知识，那么这样的要求就完全是荒谬的。①

罗斯接着说，

事实上，我会说，关于道德问题我们倾向于说成是"我们所认为的"东西，包含了相当多的我们并没有思考但却知道的东西，**这样的东西形成了一个标准，从而任何一个道德理论都要通过诉诸这样的标准而被测试是否为真，而不是反过来让它们接受任何道德理论的测试**……除了思考它们之外，我们没有什么更为直接的方法来认识关于对和好，以及什么样的东西是对的和好的的事实；**善于思考且受过良好教育的人所具有的道德确信是伦理学的素材，就好像感觉－感知是自然科学的素材一样**。正如后者中的一些是虚假的从而需要被拒绝，前者中也有一些这样的东西；但是，正如在后者中，只有当它们跟其他一些更为精确的感觉－感知相冲突的时候才被拒绝，前者也是只有当它们跟其他一些更好地经受了反思测试的确信相冲突的时候才被拒绝。现在最优秀的人所拥有的道德确信，

① *The Right and the Good*，第 39—40 页。

是很多代人的道德反思累积的结果，它发展出关于道德差异的极为微妙的评估能力；理论家对之只能报以最大程度的尊敬。①

在这个段落中有两个可以被适当地区分开来的张力（而对关于它们是否正确这个问题不抱偏见）。第一个是罗斯关于道德实在论的元伦理学立场。在这个观点下，伦理学的主题是道德现实，就如自然科学的主题是物理现实一样。正如感觉感知是关于物理现实的真正知识的基础，道德反思，以及前理论的道德直觉，是关于道德现实的真正知识的基础。

这一段中的第二个张力是罗斯在规范伦理学中的方法论保守主义。他很严肃地对待我们在先的道德确信，并且对之报以尊敬，尤其是那些符合这两点的：(i) 其自身并不再基于其他更为基本的确信，以及 (ii) 我们感受最为强烈的确信。对于罗斯来说，难以一次推翻所有这些，或者即使是大多数这些确信或者价值。我们在考虑规范伦理学之前就已经具备了不能被取消的评价性承诺，除非当它们跟我们所持有的其他一些更为强烈的承诺相冲突。我们能够做出修改并进行提炼，我们可以消除不一致性，而且在原则上，我们可以试图修改并推广那些我们已经接受的、受到限制的道德原则，从而它们可以为更大范围内的行为提供经得起推敲的道德分类，包括一些我们当前对之并不太确定的行为。在这些情况下，我们试图表述出正确刻画出我们已经确定的绝大多数行为的道德地位的新原则，而对我们现在尚不确定的一些行为提出一些裁决性意见。如果我们是成功的，那么，由先前我们很清楚的情形提供的对于新原则的支持，将转化成对先前并不确定的情况所提出的意见的支持。以这样的方式，我们有望逐渐地开拓我们的道德确信的范围，而减少我们的道德疑虑。然而，一个规范性理论能使我们偏离出我们最强、最为根本的、先前已经持有的道德确信多远，这里存在着一些限制。

这一点应该听起来很耳熟，因为它跟我们之前已经讨论过的分析

---

① *The Right and the Good*，第 40—41 页，粗体是我的强调。

哲学传统中的两个重要的发展是类似的。第一个是 G. E. 摩尔跟关于外间世界的怀疑论的对决。由摩尔以及其他人所得出的结论是，我们关于我们知道什么的最为基本的前理论的确信，构成了这样的资料，关于知识的哲学理论必须通过它们而得到测试；从而，没有什么样的知识论——不管抽象地看它是多么有吸引力——可以被接受，如果它跟这种确信有太多相冲突的地方。第二个发展是逻辑实证主义者没有能够构造一个关于意义的新的、极端的理论。从这个失败中得到的一个重要教训是，认识到这一点，我们关于句子的意义的前理论的确信，构成了这样的资料，关于有意义性的理论必须通过它们而得到测试；从而，没有这样的理论——不管抽象地看它是多么地有吸引力——可能是正确的，如果它跟太多这种前理论的确信有冲突的话。罗斯关于规范伦理学的方法论保守主义，以及他反驳后果主义的论证，是哲学中同类视角的又一例证。

关于第四部分的拓展阅读

讨论的主要一手文献

Ayer, A. J. *Language, Truth, and Logic*. New York: Dover, 1952 (reprinting of the 1946 2nd edition).

Carnap, Rudolf. "Testability and Meaning." *Philosophy of Science* 3 (1936) and 4 (1937).

Church, Alonzo. "Review of *Language, Truth, and Logic: Second Edition*." *Journal of Symbolic Logic* 14 (1949): 52—53.

Hempel, Carl G. "The Empiricist Criterion of Meaning," *Revue Internationale de Philosophie* 4 (1950); reprinted in A. J. Ayer, ed., *Logical Positivism* (New York: Free Press, 1959).

Quine, W. V. "Truth by Convention." First published in O. H. Lee, ed., *Philosophical Essays for A. N. Whitehead* (New York: Longmans, 1936);

reprinted in H. Feigl and W. Scllars, eds., *Readings in Philosophical Analysis* (New York: Appleton, 1949); in P. Benacerraf and H. Putnam, eds., *Readings in the Philosophy of Mathematics* (Englewood, NJ:Prentice Hall, 1964); and Quine, *The Ways of Paradox* (New York:Random House，1966).

Stevenson, Charles L. "The Emotive Meaning of Ethical Terms." *Mind* 1937.

补充性的一手文献

Ayer, A. J. *Logical Positivism*. New York: Free Press, 1959.

——. "Verification and Experience." *Proceedings of the Aristotelian Society* 37 (1936—1937); reprinted in *Logical Positivism*; see also his introduction to the volume.

Neurath, Otto. "Protocol Sentences." *Erkenntnis*3 (1932—1933); reprinted (in English) in *Logical Positivism*.

Ross, W. David. *Foundations of Ethics*. Oxford: Clarendon Press, 1939.

——. *The Right and the Good*. Oxford: Clarendon Press, 1930.

Schlick, Moritz. "The Foundation of Knowledge." *Erkenntnis* 4 (1934); reprinted (in English) in *Logical Positivism*.

进一步阅读的材料

Cartwright, Richard, "Propositions." In R. J. Butler, ed., *Analytical Philosophy*, 1st series (Oxford: Basil Blackwell, 1962).

Chisholm, Roderick. "Supererogation and Offense." *Ratio*5 (1963).

Feinberg, Joel. "Supererogation and Rules." *International Journal of Ethics* 71 (1961).

Geach, Peter. "Ascriptivism." *Philosophical Review*69 (1960).

Hare, R. M. *Freedom and Reason*. New York: Oxford University Press, 1965.

——. *The Language of Morals*. New York: Oxford University Press, 1964.

Kegan, Shelly. "Equality and Desert." In O. McLeod and L. Pojman, eds., *What Do We Deserve?* (Oxford: Oxford University Press, 1998), 277—297.

Mackie, John. *Ethics*. Singapore: Pelican Books, 1977.

Searle, John. "Meaning and Speech Acts." *Philosophical Review*71 (1962).

第五部分

早期蒯因的
后实证主义视角
THE POST-POSITIVIST PERSPECTIVE
OF THE EARLY W. V. QUINE

第十六章

分析与综合、必然与可能、先天与后天

本章概要

1. 语境

蒯因和实证主义者的遗产

2. 反对分析 / 综合区分的循环性论证（circularity argument）

蒯因尝试通过展现分析性只能依据那些已经预设了它的概念来加以定义这一点，来证明这种区分是非法的

3. 评估循环性论证

为何只有当人们采纳了实证主义者关于必然性、先天性和分析性的观念后这种论证才成功

4. 关于同义性（synonymy）（以及分析性）的另一种定义

同义性如何可以依据命题态度构造中的可替换性而被定义，由此产生出一种可被辩护但在哲学上缺乏重要性的分析性观念；
蒯因的极端回应

5. 格里斯和施特劳森对蒯因的回应

批评 1：强的和弱的解释

这样一种论证：对分析与综合运用中的一致性说明，二者间不存在真实的区分；这种论证的洞见和缺陷

批评 2：关于意义的怀疑论

为何蒯因的立场导致一种关于意义的站不住脚的怀疑论

语　境

　　威拉德·范·奥曼·蒯因自 1936 年起至 1978 年以七十高龄退休，其间任教于哈佛，最初是讲师，后来成为教授；在退休后他仍继续哲学写作和讲演二十余年。他的学术生涯始于对逻辑的研究，而第一本主要的哲学出版物是发表于 1936 年的著名文章《以约定为真》("Truth by Convention")。到二十世纪四十年代初，他是哲学舞台上的重要角色，尤其在美国。凭借 1951 年发表的出色作品《经验论的两个教条》，他成为美国首屈一指的哲学家，直到曾作为哈佛的本科生跟随他学习的克里普克于 1970 年 1 月在普林斯顿做了后来成为《命名与必然性》(Naming and Necessity) 的三次讲演。即使在克里普克出现后，蒯因对分析哲学的巨大影响仍然保持了二十五年还多。

　　在第十二章，我们已经讨论了蒯因在《以约定为真》里的论证，在本书第二卷我们还将检验他的主要著作——发表于 1960 年的《语词和对象》以及发表于 1969 年的《本体论的相对性及其他论文》①——所发展出的关于意义和指称的怀疑论原则。在本章和下一章里我们会主要关注他的《经验论的两个教条》，这是他所有文章中最知名和被讨论最广泛的。② 在其中蒯因提出了对逻辑实证主义的批判。他将自己认为的实证主义背后的核心观念分离出来；暗示了在他看来这些观念中哪些正确哪些错误；简要概述了一种新哲学观点的核心信条，并希望这种观点能够保留实证主义的大部分精神和遗产，又避免其中的基本问题。

　　尽管《两个教条》所表达的核心观念在四十年代的大部分时间已经成为蒯因思想的一部分，这篇文章却直到 1951 年才发表。那时逻辑

---

　　① Quine, *Word and Object* (Cambridge, MA: MIT Press, 1960); *Ontological Relativity and other Essays* (New York and London: Columbia University Press, 1969).

　　② Quine, "Two Dogmas of Empiricism," *Philosophical Review* 60 (1951); reprinted in Quine, *From a Logical Point of View* (Cambridge, MA) Harvard University Press, 1953, 1961, 1980)。Unless otherwise indicated, citations will be from the 1980 edition.

实证主义已经被终结了。然而，很多哲学家仍相信有一些关于实证主义的正确的东西应当保留，无论最终它们是否会被拒斥。问题在于如何将好坏区分开来，而很多哲学家认为蒯因的文章正是在进行这种工作。当人们回顾那时的历史时，会不得不去想，《两个教条》变得如此重要和具有影响力的重要原因之一就是，恰恰在一批重要的哲学家需要一种视野的时候，它提供了这种视野。在考察这篇文章时我们将尝试一步步地建立这种视野。

接近这篇文章最好的方法是将其分为三个部分。第一部分包括 1 到 4 节，在其中蒯因讨论和拒斥了分析和综合句之间或分析和综合陈述之间的区分。第二部分由第 5 节构成；在此他讨论了关于意义的证实（或经验主义）标准背后的核心预设，以及他称之为**还原论**（基本相当于我们所说的**逻辑构造理论**）背后的核心预设。蒯因给出了如下建议：这些预设中哪些应当保留，哪些应当被拒斥，哪些新预设又应当被补充进来。该文的最后一部分是第 6 节，包括对他的意义实证理论的简要概述，以及他关于自然科学的观点。

在本章我们将关注第一部分，蒯因在其中讨论了哲学上分析与综合句或命题的传统区分。我们已经看到，逻辑实证主义者和《逻辑哲学论》时期的维特根斯坦都将有意义的句子或陈述划分为三类——分析句（或曰"重言式"），它们应当仅仅由于意义而为真；矛盾式，它们应当仅仅由于意义而为假；以及综合句，它们的真假被认为不仅依赖于它们的意义，也依赖于世界所是的样子。如我们在第十二章中强调的那样，对维氏和实证主义者来说，如下之点都是至关重要的：分析真理与综合真理之间的区分，应该与必然/偶然以及先天/后天的区分完全一致。在他们看来，所有必然的先天真理都是分析的，而它们是必然和先天的，这仅仅是因为它们是分析的。

对维氏而言，这种观点的来源在于他的如下论点：一个句子要说出任何东西或提供任何信息，那么它的真就要排除世界可能处于的某种可能状态。既然必然真理没有排除任何事情，它们也就没有说出任何事情，而且既然它们没有说出关于这个世界所是的样子的任何事情，那么这个世界所是的样子也就没有对它们的真做出任何贡献。所以，它们的真必然仅仅由于它们的意义。对实证主义者而言，所有关于世界的知识都依赖于观察和感觉经验。这意味着，既然先天真理可以独立于观察和感觉经验而被知道，那么它们一定不是关于这个世界的；如果它们没有告诉我们关于世界的任何事情，那么它们的真一定应当仅仅由于其意义。在这种假设——所有先天真理都是必然的，也只有先天真理才是必然的——的背景下，实证主义者看到，他们将先天与分析等同起来的看法，与维氏将必然与分析等同起来的看法完全一致。

此外，实证主义者坚持一种解释性的先天性（explanatory priority）；任何一个句子所具有的必然性和先天性的**理由**，应当在其分析性中去寻找。在他们看来，在不诉诸那种关于某些特定陈述由于意义而为真的知识的情况下，不会有关于如下东西的解释：什么是必然性，我们如何能知道一种真理是必然的，或者我们如何能知道任何先天的事情。因此，从他们的观点看，必然和先天真理最好是分析的，因为如果它们不是分析的，那么人们根本不可能给出关于它们的可理解的记述。但令人啼笑皆非的是，这种被实证主义者放置在分析性观念上的理论分量，使得他们关于分析性、必然性和先天性的原则极易遭受潜在的毁灭性批判。如果可以表明分析性无法扮演实证主义者所分配的解释性角色，那么他们对必然性、先天性甚至分析性本身的承诺，都会面临危险。这就是蒯因的攻击背后所隐含的策略。

在第十二章我们检验了什么可以被看作——至少在事后可以被看作——这种攻击的第一部分。在那里我们阐明了实证主义者这种主张——关于某些特定陈述由于意义而为真（或以约定为真）的知识可以被用于解释所有的先天知识——背后显而易见的推理。根据从蒯因的《以约定为真》中提取出的论证，我们的结论是，这种推理在根本上是有缺陷的，因为任何解释都预设了某种在先的先天知识，这种知识自身不能从语言上加以解释。如果这是正确的，那么实证主义者就从未成功地表明，分析性可以承担那些使自己变得如此重要的工作。就这一点本身而言，这并未证明关于分析性、先天性或必然性有任何不合逻辑的东西。但是，在实证主义者将这些观念联系在一起的指导性假定的语境中，这已经足以令他们着实感到不安了。

无论出于何种理由，他们很晚才认真学习了《以约定为真》的课程。因此，十五年后的 1951 年，蒯因提出了新的、更直接、更彻底的攻击。他赞同实证主义者的如下基本预设：如果不诉诸分析性，就没有可解释的必然性和先天性。然而，他对如下观点提出挑战：在不预设需要分析与综合来解释的那些区别的情况下，可以做出某种分析与综合间真正的区分。因此，他得出结论说，没有办法解释必然性、先天性甚至分析性，或使它们合法化。这意味着，分析与综合、必然与偶然、先天与后天之间不存在真实的区分。确实，关于任何一种区分存在的想法恰是"两个教条"中的一个，而这正是蒯因文章的攻击目标。该文 1—4 节的任务就是阐明这种教条应当被拒斥。

反对分析／综合区分的循环性论证 ①

蒯因在一开始说，不能试图依据必然性去解释分析性，因为必然和偶然真理的区分同分析与综合的区分一样需要（如果不是更需要的话）解释。人们可能通过说出如下事情来做出这种区分：一个分析句是这样的句子，**它仅仅由于意义而为真**，而一个综合真理则**由于事实而为真**。但蒯因想问的是，我们将这种关于意义的谈论理解成什么？当然，他认为我们无需设想这样一些**事物**的存在，它们是句子或其他表达式的意义，以作为这两方之间——语词一方，以及语词所代表的或被用于的对象一方——中介的晦涩的实体。相反，蒯因坚持认为，关于意义的谈论不是关于事物的谈论；当谈论意义时，我们想知道哪些句子和其他表达式是有意义的，哪些是彼此同义的。这引导他认为，搞清楚这种观念——一个句子由于意义而为真——的最好方式，就是

---

① 译者注：此处的"circularity argument"译为中文后容易引起误解。所谓"循环性论证"并不是说这个论证本身是循环的，而是说该论证揭示了分析性定义中的循环之处。因此译者将其译作"循环性论证"，以与一般所谓的"循环论证"（begging the question）相区别。

将它解释成另一种观念——一个句子可以通过同义词之间的替换而被转换成一个逻辑真理。既然无论其中的非逻辑语词如何被理解，一个逻辑真理都为真，那么这就意味着任何一个符合此条件的句子都在逻辑上被担保为真。

这种解释同样弄清楚了分析性的另一项传统特征。就传统而论，一些哲学家这样做出分析与综合的区分：声称分析陈述是矛盾陈述的否定。根据蒯因的解释，既然一个分析句可以通过同义词之间的替换而被转换成一个逻辑真理，那么它就也是一个可以通过同义词之间的替换被转换成逻辑谬误——也即一个在逻辑上等价于简单的矛盾式 $A \ \& \ \sim A$ 的句子——的否定的句子。因此，蒯因对分析性的解释提供了理解如下原则的合理的方式：一个分析句的否定是矛盾的。

通过这种方法，蒯因获得了下述对分析性的建议性定义。

关于分析性的建议性定义

S 是分析的当且仅当 (i) S 是一个逻辑真理，或者 (ii) S 可以通过同义词之间的替换而被转换成一个逻辑真理。

为了使这个定义成功，我们必须能弄清两个关键概念：**逻辑真理**和**同义性**。蒯因认为逻辑真理的概念是没有问题的，假如我们事先获得了一份逻辑常项的清单的话——例如，**和，或者……或者，非，所有，至少一个**，实质蕴涵和充分必要条件。有了这份清单，我们就可以这样来定义**逻辑真理**。

逻辑真理

S 是一个逻辑真理，当且仅当它是这样一个模式（schema）的替换示例（substitution instance）：这个模式的所有替换示例都为真。

一个模式，比如 S 或非 S，是指一个由示意性字母（schematic letters）加上逻辑常项构成的式子。一个模式的替换示例是这样一个句子：它是将示意性字母替换成语言表达式的结果——例如，将句子式的示意性字母替换为语言中的谓词，将主格式的示意性字母替换为语言中的名称。在这种意义上，（1）和（2）就是逻辑真理的例子。[①]

> 1. 或者下雨或者不下雨。　　　　　S 或非 S
> 2. 没有不是已婚的人是已婚的。　　没有不是 G 的 F 是 G。

另一个分析性的建议性定义需要弄清的概念是同义性。如果同义性是一个清晰合理的概念，那么我们可以用**不是已婚的人**的同义词**单身汉**来将句子（3）变成一个（2）这种形式的逻辑真理。[②]

> 3. 没有单身汉是已婚的。

但是，只有当同义性是一个合理的概念时这才有效；而且只有当我们给它一个清晰的、非循环的定义后，蒯因才会承认其合理性。

这引导他去检验下述建议。

关于同义性的建议性定义

> 一个表达式 A 与一个表达式 B 同义，当且仅当在所有语言环境（除非使用到引号）下 A 都可以替换 B 而不改变真值。

这种关于同义性的定义合适吗？蒯因的回答是，这取决于该定义被运用于何种语言——一种外延语言还是内涵语言。在**外延语言**中，指涉或被运用于同样对象的表达式可以相互替换，而这些表达式出现

---

① 有时，比如在（1）中，为了从模式中得到示例，需要对语法做出微调。

② 在这里和接下来的部分，我理所当然地认为**单身汉**与**不是已婚的人**以及**未婚男人**同义，如果有表达式是同义的话。我这样做只是因为这个例子在（蒯因和其他作者的）文本中被大量使用，而不是因为我认为没有关于同义词的更好的例子。在我看来，有很多更好的事例——比如，**一只蓝球**（*a blue ball*）与**一只是蓝色的球**（*a ball that is blue*）同义。如果**单身汉**的例子令你不悦，就只管用一个你喜欢的例子来代替。

于其中的任何句子的真值都不会发生改变。这种语言的例子有，罗素的形式逻辑语言、数学语言，和据有人所说的物理科学所适用的大部分语言。相反，在**内涵语言**中，指涉或被运用于同样对象的表达式的替换，有时会改变这些表达式出现于其中的句子的真值。像英语这样的自然语言就是内涵语言。首先我们将考虑，这种关于同义性的建议性定义被运用于外延语言时运作得如何，接下来再考虑内涵语言的情况。

在将这种定义运用于外延语言时，考虑下面这几对表达式是很有用的。

在清晨的天空中被看到的行星	在黄昏的天空中被看到的行星
本·富兰克林	美国首任邮政局长
是有肾脏的生物	是有心脏的生物

天文学发现已经告诉我们，在清晨的天空（在某一特定的时间和地点）和黄昏的天空（在某一特定的时间和地点）所见的行星是同一颗。因此，这一对单称限定摹状词——**在清晨的天空中被看到的行星**和**在黄昏的天空中被看到的行星**是互指的（coreferential）。在外延语言中，其中一项总是可以被另一项替换，而不改变任何句子的真值。这一点对名称**本·富兰克林**和单称摹状词**美国首任邮政局长**来说也同样为真。谓词**是有肾脏的生物**和**是有心脏的生物**则说明了该要点的另一种版本。所有有肾脏的生物都是有心脏的，反之亦然，这似乎是一种生物学上的偶然事实（至少蒯因这么认为）。因此，这两个谓词完全适用于同样的对象。在外延语言中，这意味着，在任何句子里一个谓词总是可以被另一个替换，而其真值则不受影响。

由此可以说，如果关于同义性的建议性定义被运用于外延语言，那么上述三对表达式都是成对的同义词，而（4）和（5）中的句子就被会宣称为是分析的。

4a. 对任何一个对象而言，它是在清晨的天空中被看到的那颗
　　行星，当且仅当它是在黄昏的天空中被看到的那颗行星。

　b. 任何本·富兰克林的后裔都是美国首任邮政局长的后裔。

5. 任何有心脏的生物都是有肾脏的生物。

但这些结论是错误的。为分析性做辩护的人会争论说，既然（4）和
（5）的真值是偶然而非必然的，而且既然我们不能仅仅在知道它们所
包含的语词之意义的基础上知道它们为真，那么它们就不是分析的。
因此，在外延语言中，分析性和同义性的辩护者们会拒斥关于同义性
的建议性定义。

　　然而，假设关于同义性的定义被运用于内涵语言（例如英语），特
别是包含（6）这种语言构造的语言。

6. ……是必然真的。（It is a necessary truth that…）

请注意，对指涉相同对象词项的替换有时会改变这种构造的真值。

7a. 如果一颗行星在清晨的天空被看见，那么这颗在清晨的天
　　空被看见的行星是在清晨被看见的，这是必然真的。（真）

　b. 如果一颗行星在清晨的天空被看见，那么这颗在黄昏的天
　　空被看见的行星是在清晨被看见的，这是必然真的。（假）

这意味着，当上述那种建议性定义被运用于包含构造（6）的语言
中时，词项**在清晨的天空中被看到的行星**和**在黄昏的天空中被看到的
行星**被该定义正确地刻画是非同义的。对我们将要看到的另一些成对
的表达式来说，同样如此。

8a. 本·富兰克林是本·富兰克林，这是必然真的。（真）

　b. 本·富兰克林是美国首任邮政局长，这是必然真的。（假）

9a. 一个有心脏的生物是一个有心脏的生物，这是必然真的。(真)

 b. 一个有心脏的生物是一个有肾脏的生物，这是必然真的。
 (假)

一般而言，关于同义性的建议性定义会具有如下后果：在包含（6）这种构造的语言中，指称（外延）的相同对同义性来说是不充分的。① 相反，像**单身汉**和**未婚男人**这样的真正同义词在（6）中是可以互换而不改变句子真值的。

10a. 如果某人是个单身汉，那么他是一个未婚男人，这是必然真的。(真)

 b. 如果某人是个未婚男人，那么他是一个未婚男人，这是必然真的。(真)

这样一来，该定义正确地将它们刻画为是同义的。

　　蒯因由此得出结论：这种建议性定义是对同义性的恰当表述，它反过来又允许我们去定义分析性，假如我们谈论的语言包含必然性概念的话。可必然性呢？它是什么意思？在蒯因看来，

11. S 是必然真理。

仅仅意味着

12. S 这个陈述是分析的。

　　但现在我们陷入了一种循环。为了解释分析性，我们必须首先弄清同义性。为了恰当地弄清同义性，我们必须诉诸一种事先已经被理解了的必然性观念。而为了解释必然性，蒯因认为我们必须预设分析

---

① 一个单称词项的外延是它指称的事物，一个谓词的外延是它适用于的事物的类。

性，而这意味着我们没有取得任何进展。如果拥有这个族群中的任何一项——**分析性、同义性、必然性**——我们就可以定义其他项。但既然我们不能在排除其他项的情况下解释其中的任何一项，而且蒯因认为它们都同样需要解释，那么他的结论就是：所有这些观念都必须被拒斥。

评估循环性论证

我们从这种观察开始：蒯因的论证至多只对接受了实证主义者如下两个基本论题的立场有效。

> T1. 所有的必然（和所有的先天）真理都是分析的。（对所有句子 S 来说，如果 S 表达了一条必然（先天）真理，那么 S 是分析的。）
>
> T2. 分析性是需要解释的，合理的必然性（和先天性）也是如此。

设计这种论证是为了展示这种立场不会是正确的，因为弄清楚分析性的唯一方法涉及对必然性和先天性的概念的预设，而这种预设正是分析性意图去解释的。在评定这种论证和理解它所具有的影响时，没有比牢记其历史背景更重要的了。今天，只有极少数哲学家会接受 T1 或 T2，它们现在无疑都过时了。如今，主流的观点——从本质上说源自索尔·克里普克的《命名与必然性》（我们在第二卷会讨论它）——是，必然性和先天性分别是形而上学和认识论上的观念，可以各得其所；此外，尽管很多真理是必然的和先天的，但还是有很多必然但不先天或先天但不必然的例子。在分析性问题上，则是众说纷纭；很多人现在设想，当排除包含目录词表达式（比如**我、现在、这里、实际上**）的句子时，分析真理是必然且先天真理的一个子集。（当目录词被引入后事情会变得更复杂。①）出于这些理由，实证主义者依据分析性来解

---

① 关于目录词的富于启发性的讨论，请参 David Kaplan, "Demonstratives", in J. Almog, J. Perry, and H. Wettstein, eds., *Themes From Kaplan*（New York and Oxford：Oxford University Press，1989）。

释必然性和先天性的尝试，现在看来错得一塌糊涂。蒯因的循环性论证也好不到哪儿去。既然它预设了实证主义者的错误假设，即必然性（先天性）和分析性只有在 T1 和 T2 正确的情况下才讲得通，那么它就犯了同样的错误，而且与当代对这些概念的理解毫不相干。从我们当下的视角看，蒯因并未试图——更不用说成功地——给出一种反对分析性的一般论证。他至多成功地破坏了一种关于分析性的特定的设想，以及实证主义者和其他哲学家持续关注的一组特定的论题。

为了避免他的成就被看轻，我们必须记住在蒯因的时代 T1 和 T2 是非常流行的。一方面，实证主义者和更早先的实证主义者的影响还很强大，在美国尤其如此。另一方面，T1 和 T2 也被许多重要的非实证主义者接受。我们不仅可以将它们的根源追溯到《逻辑哲学论》，而且可以在维特根斯坦的后期哲学中找到对它们的保留，包括在《哲学研究》中。此外，关于必然性和先天性的确定，以及关于它们的语言学来源的信念，仍然保留在日常语言学派的哲学中——这个学派的中心在牛津，从四十年代后期持续到六十年代初，并受到后期维特根斯坦的巨大影响。这种工作全都在蒯因循环性论证的目标内。因此，该论证是——而且被看作是——对当时关于分析性的主流观点的如此强有力的反驳，这个事实是一项相当大的历史性成就。

当然，同时期有一些对蒯因的回应引起了重要的批判性反驳。既然我们随后将在本章中考察这些内容，在此我们无需仓促地去评判他的循环性论证对其最初目标的反驳取得了怎样的成功。在我们进行这种评判之前，我将进一步检验如下想法，即尝试在不假定 T1 和 T2 的情况下来定义分析性。人们可能想知道，蒯因主义思路的力量会如何影响到这种尝试？

关于同义性（以及分析性）的另一种定义

在寻找一种可替代的分析性定义的道路上，我们可以将（在一种语言之中的）同义性概念作为起点。如我们所见，在呈现循环性论证时蒯因说，如果我们得到了必然性的概念，那么我们就可以借助保持（6）这种语言构造——……是必然真的——的真值的替换来定义同义性。蒯因尤其认为，如果我们可以弄清（13）这样例子的意思，并且如果这种陈述为真，那么谓词 A 和 B 可以被称作是同义的，就像单称词项 n 和 m 那样。

13a．所有的 A'是 B'，且只有 A'是 B'，这是必然真的。
b．n=m，这是必然真的。

但是，这并非我们关于同义性的正常的概念，就像（14a—b）所表述的那样。

14a．所有的**等边三角形**（*equilateral triangles*）是**等角三角形**（*equiangular triangles*），且只有**等边三角形**是**等角三角形**，这是必然真的。
b．2^{10}=1024，这是必然真的。

尽管每个句子都为真，但粗体①字标示的表达式一般**不**被认为意味相同的事情——换言之，是同义的。

我们之所以不把这些表达式当作是同义的，一个重要的理由在于，我们将（14）中的陈述当作重要的发现。一个人可以知道三角形是等边的而不知道它是等角的。同样，一个人可以知道一本书有 1024 页而不知道此书的页数是 2^{10}。这些例子显示出，有一些特定的表达式总是可以彼此替换而不改变（6）这种构造中的真值，但在（15）这种构造中进行替换却不总是如此。

15．x 知道／相信／认为／说……

---

①　译者注：原文为英文斜体。

　　很多哲学家认为，我们关于同义性的日常概念要求同义词不仅在
（6）这种模态构造中，而且在（15）这种认识论构造中也是可替换的。
因此，他们会坚称，只有当（15）这种构造中的替换也被包括在内时，
借助可替换性的建议性定义才会得出正确的结果。当它们被包括在内
时，2^{10} 和 1024 才被正确地刻画为不是同义的。这些哲学家可能会补
充说，**单身汉**和**未婚男人**确实通过了这种替换性测试，所以被正确地
刻画为同义词。这种想法意味着，如果一个人相信琼斯是一个未婚男
人，那么他就相信琼斯是一个单身汉，反之亦然。相信某人是单身汉
并不要求任何推理，这不过就是相信他是一个未婚男人。

　　根据这种观点，蒯因依据必然性而定义的同义性概念，与我们日
常的同义性概念不同且比之更弱，日常的同义性概念可以借助（15）
这种构造中的可替换性加以定义。当我们以这种方式理解同义性定义
时，就很好地捕捉到我们关于意义的相同性的观念，而没有预设任何
关于必然性的东西。因此，如果一个分析句继续被定义为一个可以通
过同义词替换而被转换成逻辑真理的句子，那么我们就获得了一种没
有预设必然性的分析性定义，也就回避了蒯因的循环性论证。

　　当然，这种得自新定义的关于分析性的设想，比实证主义者所赞
同的要狭窄得多。在我看来，理解它的最好方式是将其视作放弃了论
题 T1 和 T2，这些正是蒯因和他所批评的哲学家的共同之处。例如，
在新的定义之下，只有屈指可数的关于算术的必然真理和先天真理最
终被归类于分析真理。对哲学论题来说也是如此，即使它们为真。对
一种特定的哲学构想来说这是很重要的。就像蒯因同时代的其他分析
哲学家一样，很多逻辑实证主义者认为，既然哲学论题不是经验性的，
那么如果它们为真，就必定是分析的。这种哲学家的工作被认为是这
样的：通过语言或概念分析的方法，搜索出那些被隐藏起来但十分重
要的分析真理。如果分析性这个概念的确比最初所以为的要狭窄得多，
那么这种哲学构想就是难以辩护的。因此，如果一个分析性的辩护者
在面对蒯因的论证时，不得不撤退到上述这种关于分析性的修订后的
立场的话，那么人们必须裁定蒯因的论证在本质上是成功的——即使

他可能错误地认为分析与综合间完全不存在任何区分。

但是，蒯因自己可能不会对这种有限的胜利感到满意。在《经验论的两个教条》中，他并未讨论如下策略：借助除**这是必然真的**之外的其他构造中的可替换性，来定义同义性。然而，十九年后，他在1970年出版的著作《逻辑哲学》（*The Philosophy of Logic*）中讨论了这种可能性，其中有对例子（16）和（17）的讨论。①

16．cordates 必然是 cordates。

17．汤姆认为 cordates 是 cordates。

在讨论这些例子时，蒯因使用 *cordate* 作为**有心脏的生物**的缩写，而 *renate* 则是**有肾脏的生物**的缩写。所有有心脏的生物都是有肾脏的，而且只有有心脏的生物是有肾脏的，这被公认为是生物学真理，因此 *cordate* 和 *renate* 这两个表达式被认为适用于同样的对象，但当然不是同义的。有趣的是，蒯因表示 *cordate* 是**有心脏的生物**的缩写。当然，他的意思是——尽管他并未说出来——就他对这些词项的使用而言，它们是**同义的**。但如果这是他的意思，那么无论如何都会有同义性这么一种东西存在。所以他的例子似乎预设了他意图去反驳的立场。②

① Willard Van Orman Quine, *The Philosophy of Logic* (Englewood Cliffs, NJ: Prentice Hall, 1970), pp. 8—10.

② 蒯因漫不经心地允许同样的预设溜进《两个教条》的第二节。这一节关注的是定义的概念，而蒯因的主要观点是：既然大部分为人熟知的定义——例如，词典上的定义和哲学家的**引申**——都报告了（或依赖于）一种对业已存在的同义性示例的信念，那么将分析真理定义为由于其中语词的定义而与逻辑真理等同的尝试，就无法避免对有问题的同义性观念的依赖。但是，在这种讨论的某个阶段，蒯因注意到这种观点——定义依赖于对业已存在的同义性示例的信念——的一个例外。在第25—26页，他说：

　　可是，确实仍然有这样一种极端的定义，它完全没有回溯到在先的同义性：纯然出于缩写的目的而对虚构符号进行的清晰的传统引入。在其中的被定义项与定义项成为同义的，这是因为它被创造为符合这种目的，即与定义项同义。在此我们拥有了一种由定义创造出的关于同义性的真正清晰的事例；希望所有种类的同义性都可以是这样合理的。

话虽如此，在指出将（16）中某一个出现的 *cordates* 的替换为
renates 会如何改变真值后，蒯因说：

> 诚然可以引入其他例子。例子（17）与（16）一样适用，因
> 为汤姆可能**不**认为所有的 cordates 都是 renates，但仍然承认所有的
> cordates 都有心脏。①

蒯因这里说的是，在（17）这种情况下，同在（16）中一样，用
renates 代替某一个 *cordates* 的出现会改变真值——这意味着，与（16）
相对照，我们可以依据（17）中的可替换性来定义同义性，而仍然可
以得到我们想要的结果，即 *cordate* 与 *renate* 不是同义的。但蒯因接下
来说：

> （17）具有这样的优点：它以一种比（16）更无害的语言表达
> 出来，带着其所编造的必然性意义。但是，无害是一回事，清晰则
> 是另一回事。（17）中的**认为**一词，尽管它很平常，但承袭了同义
> 性概念的模糊性……和其他模糊性。②

尽管对于任何相信同义性的人来说，这里的主要观点自然是无可辩驳的，但蒯因
在此似乎忘记了他全部论证的核心问题在于：同义性是如何被创建的；而不是：同义
性概念——换言之，意义的相同性——是否有意义。他的答案是它没有意义。但如果
它没有意义，那么承认源自清晰规定的同义词之间是真正同义的，就与他的总体结论
不一致。我认为这表明，即使蒯因献身于自己更大的、否定性的、论辩性的目的，也
不足以阻止被否定真理的一线曙光破晓而出。

①　*The Philosophy of Logic*，第 9 页。请注意此处隐含着的替换。在本段最后一个句
子中汤姆被描述成（ⅰ）不相信所有的 cordates 都是 renates，（ⅱ）相信所有的 cordates
有心脏——换言之，所有的 cordates 都是有心脏的生物。蒯因用这一点来展示（17）中
的替换——**汤姆相信 cordates 是 cordates**——可以怎样来改变真值。只有当蒯因假定，
相信所有的 cordates 都是有心脏的生物就是相信所有的 cordates 都是 cordates——而这
又反过来依赖于他关于**有心脏的生物**与 *cordate* 是同义的假定——时，所有这些才有道
理。蒯因的讨论在贬低同义性时再次预设了它。

②　*The Philosophy of Logic*, p. 9.

从表面上看，这段话似乎是对蒯因立场的归谬。他说，**认为**和大概其他比如**相信**、**知道**之类的动词，都拥有同义性、必然性**和其他**的模糊性。但他拒斥了同义性和必然性的观念，因为它们是模糊的。如果认为、相信和知道等概念更加模糊，那么根据同样的推理，它们也应当被拒斥。但这似乎意味着，根据蒯因的看法，无论我们何时说某人认为、相信或知道某事，我们都在说某种错误、不可理解和必定为假的东西。如果这是他的立场，那么显然是荒谬的。

有理由认为这的确是蒯因的立场。在《两个教条》发表和《逻辑哲学》出版之间的时期，蒯因完成了他最引人注目和最具影响力的著作《语词和对象》，并于 1960 年出版。[1] 在这本书中，他发展出一套基于**翻译的不确定性**（*Indeterminacy of Translation*）的独立论证，这导向如下结论：在我们对下述这些概念的日常理解的意义上，不存在意义、指称、信念之类的东西。蒯因结论的含义是，在我们对准确描述实在所感兴趣的范围内，我们关于意义、指称和信念的日常理解，必须被大幅削弱和净化过的行为主义的代替物所代替。在第二卷，我将详细讨论这些结论，并解释它们为何是动机不良和最终弄巧成拙的。而现在我只关注，在讨论这种可能性——在关于信念的语境里依据可替换性来定义分析性和同义性——时，1970 年的蒯因似乎全然被这些极端的结论支配，而且，由于这种原因，他似乎意图走向与如下立场相距甚远的地方：拒斥任何依据信念句来定义同义性和分析性的办法。

很可惜，蒯因甘于全心投入于此，因为站在他的立场上，还有一种立论无需走得那么远。请考虑（18）和（19）。

18. 琼斯是一个未婚男人。

19. 琼斯是一个单身汉。

当然，可以想象人们把这两个句子放在某人面前，问他是否相信它们，而他回答说他相信（18）却不相信（19）。但人们可能想问，

---

[1]　Quine, *Word and Object*.

在 x 相信……这种构造中，可替换性如何能成为关于同义性的合适测试呢？很多哲学家通过区分**真挚地赞同一个句子**（*sincerely assenting to a sentence*）和**相信这个句子所表达的东西**（*believing that which the sentence expresses*）这两个方面，来回答该问题。例如，如果我问一个只会说西班牙语的人曼纽尔，他是否相信**地球是圆的**（*The earth is round*）这个句子所说的东西，他可能不知道是否要回答**是**或**否**，因为他不知道这个英语句子的意思。说曼纽尔相信地球是圆的，这大概仍然是正确的，特别是当他接受了对应的西班牙语句子时。因此，人们没有赞同一个句子 S 并不总是表明他不相信这个句子所表达的东西。人们可能相信 S 表达的东西，但却由于不知道 S 的意思而不赞同 S。

许多同义性的辩护者会将同样的推理运用到（18）和（19）中。他们可能说，任何一个真挚地赞同（18）但不赞同（19）的人，要么不理解**未婚男人**这个表达式，要么不理解**单身汉**，或者不理解这二者。但如果他不理解这些表达式的意义，那么他的赞同或异议都不能令人信赖地指示出他所真正相信的东西。特别是，如果他赞同（18）且理解它的意思，那么他就真的相信琼斯是一个未婚男人。而如果他相信这点，无论他是否理解**单身汉**这个词、赞同还是不赞同（19），他都相信琼斯是一个单身汉。

这就是很多同义性的辩护者会采取的论证。关于这种立场有两点值得注意。第一，这种对通过信念构造中的可替换性来定义同义性的辩护，依赖于如下假设：在**因为不理解其意思而不接受一个句子**和**因为不相信其所说的东西而不接受一个句子**之间存在着真正的区分。尽管我认为假定存在这种区分是合理的，但我相信，如果追问的话，蒯因会拒斥它。（这对蒯因来说就更糟了。）第二，只有当我们确信如下这点的时候——任何相信琼斯是未婚男人的人都相信琼斯是单身汉（即使他在接受句子［18］时又拒斥句子［19］）——这种对通过信念构造中的可替换性来定义同义性的辩护才会起作用，并给我们想要的结果——比如**单身汉**和**未婚男人**是同义的。但如果我们问自己，我们为什么对此如此确信，那么很难抗拒如下这种回答：既然（18）和

（19）意味着相同的事情，那么任何相信其中一个句子所表达的东西的人，也一定相信另一个句子所表达的东西——在这种情况下任何相信琼斯是未婚男人的人都必须相信琼斯是单身汉，无论他可能说什么。但如果这真的是我们认为在信念构造中**单身汉**与**未婚男人**总是可以互换而且不改变真值的理由的话，那么我们在这些语境下依据可替换性而产生的同义性定义，就预设了一种对我们应当定义的观念——意义的相同性——的一种在先的把握和使用。所以，这里似乎最终有一种循环，尽管这并不是蒯因关注的那种循环。

我们从中该得出什么结论呢？我得出的结论是，我们关于**信念、知识、断言、一个人所说的东西、意义、一个句子的意思或所说的东西以及一个表达式的意思**这些东西的概念是相互依存的。关于这些观念中任何一项的真理，都与关于其他项的真理联系在一起。涉及其中任何一个概念的疑问、模糊性和不确定性，都可以转化成涉及其他概念的疑问、模糊性和不确定性。所有这些概念都是真实的和合理的，但无论对命题态度族群——**信念、知识、断言、一个人所说的东西**——还是语义族群——**意义、一个句子所意味或所说的东西、一个表达式所意味的东西**——来说，它们其中的一组都不可能在概念上先于另外一组。对每一个概念而言，都可以做出这种真实的区分：哪些情况肯定被归类于它，哪些情况肯定不被归类于它。此外，对每个概念来说又都存在这样一些情况：这个概念是否适用于此，是可疑的，甚至是不确定的。因此，如果我们依据同义性来定义分析性，或者如果我们将同义性与信念这样的概念联系在一起，那么就会有一些句子被明确地算作分析的，另一些则不是，还有一些则是可疑的甚至不确定的。当然，在谈论这些时，我已经超出蒯因清晰的论证以及他的期望太远了。可是，一旦从背景式的预设——蒯因和实证主义者共享的 T1 和 T2——里被分离出来，蒯因在《两个教条》前四节里著名的循环性论证就自然会将我们引到这里。

格里斯和施特劳森对蒯因的回应

我非常怀疑，之前已经概括出的对蒯因的批判性回应并非诞生于《两个教条》出版不久的时代，因为它要求放弃在那时被蒯因和他的论敌所假定的论题 T1 和 T2。此外，采取这种批判就意味着接受一种被大幅削弱的分析性观念，就像放弃一种作为纯粹语言分析的、旨在发现富于启发性的重要的分析真理的哲学观念。蒯因那时的大部分论敌太执着于这种哲学观念而不愿放弃它。出于这种原因，他们错过了一些可以对蒯因的论证进行的最有效的批评。

不过，在当时还是有一些有趣而有效的批判性回应出现。其中有两种批评尤其突出，它们在一些值得学习的重要之处提出了论点。它们出现于保罗·格里斯和彼得·斯特劳森发表于 1956 年的文章《为教条辩护》（"In Defense of a Dogma"）中。① 第一种批评开始于对澄清蒯因真实立场的尝试。在《两个教条》的第一段，蒯因声称"**相信在基于独立于事实的意义的分析真理与基于事实的综合真理之间，存在某种根本上的断裂**"是一条没有根据而应当被放弃的教条。② 而在第四节的最后，关于他反对这种区分的论证，结论是这样的："**即使有所有这些先天的合理性，分析和综合陈述之间的界线却并未被划出。认为存在这样一条界线完全是经验主义者的一条非经验性的教条，一条形而上学的信条。**"③ 说在分析和综合陈述间存在一种区分完全是没有根据的，而且这种区分应当被放弃，这究竟是什么意思呢？蒯因的结论

---

① H. P. Grice and P. F. Strawson, "In Defense of a Dogma," *Philosophical Review* 65（1956）, reprinted in James F. Harris, Jr. and Richard H. Severens, eds., *Analyticity*（Chicago：Quadrangle Books，1970）。另一条在促使蒯因发展自己在《语词和对象》里的观点中扮演了重要角色的批评，来自 Rudolph Carnap, "Meaning and Synonymy in Natural Languages," Appendix D, second edition of *Meaning and Necessity*（Chicago：University of Chicago Press，1956）。我们会在第二卷讨论它。

② "Two Dogmas of Empiricism", p. 20.

③ Ibid., p. 37.

准确来说究竟是什么？格里斯和斯特劳森指出，对此可以给出强的或弱的解释。

批评 1：强的和弱的解释

根据强的解释，蒯因断言的是：在分析和综合陈述间**不存在区分**——换言之，在被哲学家贴上**分析**标签的那一类陈述和贴上**综合**标签的陈述之间没有区别（这可能是因为根本就没有真正的分析或综合陈述）。以此类推，在同义的和非同义的表达式之间也没有分别——换言之，在被说成是具有同样意思的几对表达式和被说成是具有不同意思的几对表达式之间没有分别。同样，在必然和偶然真理间也没有区别。根据弱的解释，蒯因并没有否认有这些区分存在。相反，他的论点是：尽管这些区分标示出一些真正的不同之处，但这些不同之处的本质以及人们做出这些区分的理由，却被谈论它们的哲学家误解了。根据这种解释，在被刻画为**分析性的**陈述与被刻画为**综合性的**陈述之间有某种不同，但哲学家错误地描绘了这种区别。

在区分了上述两种解释后，格里斯和斯特劳森继续论证道，强的解释所表达的观点是错误的。他们说，在分析句或分析陈述与综合句或综合陈述之间当然存在着不同，就像同义的表达式和非同义的表达式之间有不同一样。如下事实表明了这些不同之处的存在：在每一种情况下，都存在一种被刻画为获得广泛赞同的成规惯例，这些成规惯例关涉哪些事例属于一个范畴，而哪些属于另一个。以分析/综合区分为例。存在着这样一种广泛的赞同：**单身汉是未婚的，三角形是有三条边的，天或者下雨或者不下雨，以及如果萨姆将一块表给了玛丽，那么萨姆给了玛丽一块表**，这些是属于一类的；而**书在桌子上，西雅图在下雨，这个房间里有人**以及**我有一只手**，它们则属于另一类。此外，至关重要的是，被分配到这两个类别中的句子并没有形成一个封闭的列表。相反，熟悉这种区分的不同的人，会在面对新的句子时进行大致相同的分类——即使他们之前可能从未遇到那些特殊的例子，而在学习这种区分时自然也不会被告知它们是否是分析的。这表明，在学习分析/综合间区分的时候，人们并不是单纯地记住被哲学家们贴上任意标签的一小张清单上的句子。相反，他们获得了一种真实的能力——对每个人来说大致都一样——这种能力允许他们在面对一个包含新句子的开放列表时，区别两种不同的句子。

根据格里斯和斯特劳森的看法，这种事实——不同的人会做出明显相似的鉴别——需要解释。他们论证说，自然而然的解释当然是，这些句子自身的一些特征，一定在不同的施事者一方唤起了那些相似的判断。被施事者划分为综合性的句子所共有的那些特征，必须为如下事实负责：不同的施事者以相同的方式划分它们；而被划分为分析性句子所共有的那些特征也必须为如下事实负责：不同的施事者同意将它们分为一组。因此，声称在这两类句子或陈述间**不存在区分**——也就是说，在哲学家称之为**分析性的**陈述和**综合性的**陈述间没有区别——是错误的。至于这种区分严格说来究竟是什么，以及它应当被如何描绘，对此可能会有一系列问题。但是，格里斯和斯特劳森坚持，毫无疑问，我们毕竟应当做出一种区分。因此，关于蒯因结论的强的解释所表达的观点是错误的。

在继续研究格里斯和斯特劳森关于蒯因的结论的弱的解释说了些什么之前，让我们驻足片刻来评估一下上述论证。这种论证依赖于如下假定的事实：被哲学家归类为分析性的句子差不多是这种同质的合集（homogeneous collection），该合集实质上可以被任何已经获得了关于这种区分的初步指导的人识别出。作为哲学家，格里斯和斯特劳森并未进行任何经验性的研究来证实这种主张。相反，他们只假定自己的观察是几乎无可置疑的。尽管在他们的假定中可能有基本的真实性，但有理由认为事情比他们意识到的要复杂。

对这种基本的真实性而言，如果我们从两份清单开始——一份包含**可以被先天知道的简单、明显、必然的真理**，另一份包含**只能被后天知道的简单、明显、偶然的真理**——然后向被试者展示两个范畴中任意的新例句，那么我推测，我们很有可能会发现在对新例句的分类上大家可以达成很大程度的一致。这种结果会支持如下主张：在被说话者划归为一类的那些陈述和划归为另一类的陈述之间，应当做出某种区分。如果一个哲学家简单地以为必然、先天和分析是一回事，且与偶然、后天、综合相反，而后三者又是一回事，那么你自然就可能用这些观察来支持你的如下论点：在分析与综合间必须做出某种区分。

但是，有两处重要的疑义严格地限制了这种论证的力量。第一，如我反复指出的那样，这些确定——一方面关于必然、先天和分析，另一方面关于偶然、后天和综合——既非不可避免的，最终说来也非自然的。相反，它们是那个特殊时代分析哲学中的狭隘的人造物。从我们今天的视角来看，可以发现并非所有的必然真理都是先天的，并非所有的先天真理都是必然的，而且每个类别中的所有成员并不都是显而易见的。在很多情形下，进行正确的分类需要进行小心的分析和论证。出于这些原因，**不应该**期望如下事情：一般的说话者在获得了关于必然／偶然区分和先天／后天区分的初步指导后，在面对从由之产生的上述四种范畴中任意选取出来的新例子时，会在很高程度的精确性和一致性上对其进行分类。

第二，从格里斯和斯特劳森所设想的那种关于说话者所做判断一致性的最小心地进行的实验性测试中得出的结论，是受到限制的。假设 W 是日常使用中的某个语词或短语，而格里斯和斯特劳森风格的关于说话者判断一致性的测试显示，说话者确实以非常一致的方式将 W 运用于任意选取出的新情况。这表明（i）在说话者会将 W 运用于其上的对象和不会运用于其上的对象间有一种真实的区分，而且因此（ii）有一些为第一个类别中的对象所拥有的性质将它们与第二个类别中的对象区别开。但是，说话者判断的一致性并不总是表明（iii）这些性质构成了 W 的意义，（iv）W 真的适用于被说话者称为 W 的那些对象，或者（v）句子**有一些 W 存在**是真的。为了明白这些，请想象 W 是**一个女巫**这样一个谓词，在某个特定共同体中的说话者很可靠地将这个谓词运用于特定的类型的女人，而不应用于其他类型；一个通过与魔鬼结盟而获得了自己超自然力量的女人，这是**女巫**这个定义的一部分。尽管根据这种理解，事实上不存在女巫，但在人们将这个词用于其上的那些个体（可能由于她们的言谈和举止看上去有些可疑）与不用于其上的那些个体间，存在着一种真实的区分。根据同样的推理，蒯因主义者可能会主张，单凭这种事实——在说话者将类似**分析的**和**必然的**这样的词项运用于新情况的方式间存在一致性（假定这是可以成立的）——并不能表明存在着分析真理或必然真理，也不表明在分析和综合、必然和偶然间存在着任何真实的区分——即使在会被说话者称作**分析的**与**综合的**或**必然的**与**偶然的**句子间，存在某种区分。①

就目前情况来说，蒯因主义者的这种回应是正确的；但这还不是最终的定论。在**女巫**这个例子中，一个重要因素就是如下这条限制：一个女人作为一个女巫必须满足的一项条件，实际上却无人符合。只是由于说话者拥有错误的信念——这种信念被认为是定义性的——被说话者称作**女巫**的女人和不被称作女巫的女人之间的真实区分，才没有转化成女巫和非女巫之间的真实区分。将同样的推理用于**分析**的话，蒯因主义者会表明说话者具有相似的错误信念，它们恰恰被当作**分析**的定义性因素；而循环性论证并没有犯这种错误——除非它被放置在如下这种情况下：说话者假定了 T1 和 T2 这两个哲学论题。可除了职业哲学家外谁又会这样做呢？② 所有这一切的后果是：无论蒯因还是他的批评者格里斯和斯特劳森，都没有完全成功。循环性论证并没有证明不存在分析/综合之分，也没有找出关于分析性的任何错误信念（除了 T1 和 T2）。格里斯和斯特劳森关于说话者在运用上的一致性论证最多证明了如下假设：应当做出某种区分；但这并不排除不存在分析真理的可能性。在不考虑 T1 和 T2 的情况下，从这个论证自身我们不能得出更多的东西。

关于蒯因结论的强的解释所表达的观点，格里斯和斯特劳森的论证对之进行了反驳，而上述情况留给我们一种对该论证的混合式的评

---

① 从本质上说，这就是吉尔·哈尔曼（Gil Harman）对格里斯和斯特劳森论证的回应。感谢杰夫·斯匹克斯对此所做的非常有用的讨论。

② 此外，根据其极端立场，蒯因主义者可能会解释，任何一样事物如何都可以是任何其他事物的定义性因素。

价。一方面，他们关于针对一份开放清单分类的一致性的论证在两个问题上是有缺陷的：首先，由于他们与蒯因持有同样有问题的预设，所以没有注意到对他们来说不可见的复杂性；其次，在从涉及一对词项的分类的一致性到被这些词项表标示出的真实的区分转变的过程中，没有充分重视其中的复杂性。另一方面，很有可能通过将他们的论证构造成一种受到严格限制的版本，以对如下主张提供一定程度上的支持：在必然先天和偶然后天之间应当做出某种区分，而在同义的和非同义的表达式间应当做出另一种区分。① 我们由此是否应当支持这种想法——在分析与综合间存在着真实的区分——这完全依赖于分析性被如何定义，以及用什么来解释它。但格里斯和斯特劳森在这方面并没有帮助我们。

在我们拥有了对他们的论证——这种论证是反对关于蒯因结论的强的解释的——的裁决后，就可以转向他们关于蒯因结论的弱的解释的讨论。在这种解释下，在分析与综合、必然与偶然、同义与非同义之间**有**某种区别，但这些区别被广泛地误解和错误描述了。根据弱的解释，这就是蒯因的论点。但是，如果这是他的论点，那么格里斯和斯特劳森会问，**其他哲学家理解和描述这些区分的方式究竟错在哪里**？在弱的解释下，认为分析真理可以通过同义词之间的替换而被还原为逻辑真理，这是错误的吗？认为分析真理诚然如此，当然就要诉诸同义性概念。但在弱的解释下，这就没什么问题了，因为根据这种解释，在同义的表达式和非同义的表达式之间存在真实的区分。就算我们希望获得一种更完善、更精确的关于同义性、必然性和分析性的理解，但这已经是另一回事。

格里斯和斯特劳森的结论是，在关于蒯因的弱的解释下，通过循环性论证他最多表明了，这些概念形成了一个相互定义的概念族群。如果他在这一点上是正确的，那么说分析真理可以通过同义词替换而

---

① 即使在同义性和非同义性的情况下，还是有理由认为，所做的区分对日常说话者而言并不完全是显而易见的。参阅我的著作《超越严格性》（*Beyond Rigidity*）（New York：Oxford University Press，2002）的第三章。

还原为逻辑真理，就没有什么错了；说同义性可以依据必然性来定义，也就没什么错了；以此类推。相反，所有这些主张都是真的。因此，如果我们承认所有的区分都存在，而这只是在纠正哲学家对这些区分所做的错误陈述，那么我们必须得出结论说，蒯因在 1—4 节的相互定义性论证（interdefinability argument）并未识别出这些陈述。这就是格里斯和斯特劳森从弱的解释里所得到的教训。

同样，尽管他们是有道理的，但还是需要加以限定。一般而言，表明一组概念是相互定义的，这当然不是表明它们有问题。也不是表明它们被错误地描述或误解了，除非其中的一个概念被认为在逻辑上先于其他概念，并被假定构成了理解这些概念的基础。但是，不仅实证主义者这样来对待分析性，格里斯和斯特劳森所属的日常语言学派的哲学家们也是这样来对待它的。既然这正是蒯因的攻击目标，那么他的相互定义性论证就正中靶心。

再重申一遍，相互定义性论证最多可以说表明了 T1 和 T2 的合取是错误的——这两种情况不可能都为真，即所有的必然（和所有的先天）真理都是分析的，以及分析性可以被用来解释合法的必然性（和先天性）。当然，如果一个人一开始就不接受 T1 和 T2——就像很多哲学家现在所做的那样——那么他就不会得出结论说，蒯因的论证证明了不存在分析/综合之分，或者他所讨论的其他区分。但是，人们可以承认，这表明了一种关于分析性、必然性和先天性之间关系的设想是不融贯的。尽管与蒯因为自己设定的成就相比，这种成就远没有那么辉煌，但这却不是件小事情。格里斯和斯特劳森错过它的原因在于，他们（错误地）分享了蒯因有问题的前提，即 T1 和 T2，但又（正确地）保留了对必定存在某种必然真理、先天真理和同义表达式的信念。

批评 2：关于意义的怀疑论

格里斯和斯特劳森对循环性论证做出的第二个批评集中于意义和同义性，而非分析性和必然性。他们的观点是，蒯因关于同义性的怀疑论一般而言直接导致了一种关于意义的诡异的怀疑论。在我看来，这一次他们的批评不只是完全正确的，而且带有历史的预见性。他们论证道，由于难以理解而拒斥同义性概念是荒谬的，因为这会要求我们同样拒斥意义这个概念——这种立场显然是站不住脚的。建立这种联系的论证很简单。如果表达式还是可以有意义的话，那么在原则上，如下问题必须有正确答案：**这个或那个表达式意味着什么**？但如果有关于这些问题的正确答案，那么我们可以将同义表达式确定为这样的东西：关于它们的这些问题的答案是相同的。

以下是格里斯和斯特劳森关在更广阔的语境下进行的讨论。

说两个表达式 x 和 y 在认知上是同义的，似乎无论如何都对应于我们日常通过说出如下东西所表达的意思：x 和 y 有相同的意义，或 x 与 y 意味相同的事情。如果蒯因在他对极端论题（强的解释）的依附上保持一致，那么他似乎不仅必须坚持：我们设想通过使用"分析"和"综合"所标示的那种区分不存在；还必须坚持：我们设想通过表达式"意味相同的事情""不意味相同的事情"所标示的那种区分不存在。他至少必须坚持在如下范围内坚持上述这点：在被用作谓词表达式时，**意味相同的事情**这个概念应当与**对同样的对象……来说是真的**不同，而且超出了后者。否定这种区分（被认为与同外延［coextensional］和非同外延［non-coextensional］的区分不同）真的存在，是极端的悖论……但这条悖论比这更猛烈。因为我们频繁地谈论各种表达式之间同义关系的出现和不出现——例如，合取、各种小品词、完整的句子——在其中似乎不存在任何对日常同义性概念的替换，就像同外延性被说成是谓词的同义替换那样。**所有这些谈论都是无意义的吗**？**所有关于将一种语言中的句子翻译成另一种语言中的句子是正确还是错误的谈论都是无意义的吗**？很难相信这种说法。但如果我们成功地尝试去相信它，那么还会面临更为严重的损失。**如果所有关于句子同义性的谈论都是无意义的，那么似乎所有关于句子有某种意义的谈论最终也都必定是无意义的**。因为如果谈论一个句子有某种意义或意味某事是说得通的的话，那么想必问"它意味什么？"也是说得通的，而如果问一个句子"它意味什么？"是说得通的，那么句子的同义性大概就可以被定义为这样：两个句子是同义的，当且仅当任何针对其中一个句子的问题"它意味什么？"的正确答案，也是针对另一个的同样问题的正确答案。①

此处的论证是有力的：只有当人们希望完全放弃意义和翻译时，才会放弃同义性。此外，蒯因似乎感觉到了它的力量，因为在这种批评出现后四年，他出版了《语词和对象》，在其中，他提倡——以某种转弯抹角的方式——完全放弃意义和翻译。我们要到第二卷才会解释这种灾难性的选择。

---

① Grice and Strawson, "In Defense of a Dogma," pp. 60—62 in *Analyticity*，着重号为我所加。

第十七章

意义和整体论的证实主义

本章概要

1. 蒯因的实证主义原则

他关于整体论证实主义的原则和材料对理论的不确定性（under-determination of theory by data）；涉及分析 / 综合区分的推论；关于他对这种区分批评的最终裁定

2. 对蒯因实证观点的批判

一条悖论

蒯因的整体论证实主义原则和不确定性如何导致了一条悖论；一种蒯因主义的尝试性解决；对这种尝试的批判

蒯因成问题的经验主义遗产

在蒯因框架下对实证主义和经验主义核心立场的重构；对蒯因而言，证实主义和经验论的传统问题是如何出现的

"两个教条"第 5 和第 6 节中蒯因的实证主义原则

在上一章，我们考察了《经验论的两个教条》前四节给出的著名的循环性论证。根据我对该论证的介绍，它的主要教训是：没有一种解释或定义什么是一个分析句的方法，能够与当时分析性的辩护者所广泛预设的两个基本论题相一致。

T1. 所有的必然（和所有的先天）真理都是分析的。（对所
有句子 S 来说，如果 S 表达了一条必然［先天］真理，那
么 S 是分析的。）

T2. 分析性是需要解释的，合理的必然性（和先天性）也是如此。

    既然蒯因自己也接受这些论题，那么他就得出结论说，分析／综合
区分与必然／偶然、先天／后天区分一样，都必须被拒斥。

    关于经验论的第一个教条，我们就先说这么多。在第 5 节，蒯
因将他的注意力转向了所谓的第二个教条，即他所封的**彻底的还原
论**（*radical reductionism*）。这种观点说，所有有意义的句子都可以被
翻译成关于感觉经验的句子。（彻底的还原论大致上是我们以前称为**感
觉材料的逻辑构造原则**的东西）。蒯因的第一个主要论点是，这两条
原则——（i）在分析／综合之间存在一种真实的区分，和（ii）彻底
的还原论——在经验主义者那里是相互关联的，这种经验主义者将证
实主义（*verificationism*）当作一种意义理论。大致说来，根据证实主
义，两个句子有相同的意义当且仅当它们可以被同样的经验证实或证
伪——确证或驳倒。获得了这种同义性概念，人们可以这样来定义分
析性：一个句子是分析的当且仅当它与一条逻辑真理是同义的。因此，
如果证实主义是正确的，那么分析／综合之分就是安全的。同样，如果
证实主义或它在某种程度上的特别简单的版本是正确的，那么任何经
验句都可以在不失去其意义的情况下被翻译为关于感觉材料的句子的
集合，这些句子会确证原初的句子。但从本质上说，这不过就是彻底
的还原论的原则。出于这些理由，蒯因得出结论：如果证实主义是正
确的，那么经验论的两个教条就是预料之中的必然推论。

    当然，在蒯因写作《两个教条》的时代，作为一种意义理论的证
实主义就已经失败了，而且彻底失去了生命力。对彻底的还原论来说
也是如此。不过他注意到，一些哲学家仍然坚持某些修订后的版本。

    但是还原论的教条以一种微妙的、更精细的形式，继续影响着

经验主义者的思想。这种观念一直萦绕着，即对每一个陈述或每一个综合陈述而言，都有一系列独特的可能的感觉事件与之相关联，这些事件中任何一个的出现都会增加这个陈述为真的可能性，还有另外一系列独特的可能的感觉事件与之相关联，它们的出现则会降低这种可能性。这种观念当然暗含在关于意义的证实理论中。

还原论的教条存留在如下这样的假定里：如果将每个陈述与其他陈述分离开考虑，那么它完全可以容许确证或否定。我的相反的建议是——从根本上得自卡尔纳普《世界的逻辑构造》（Aufbau）一书中关于物理世界的原则——我们关于外在世界的陈述不是单独地面对感觉经验的法庭，而是作为一个法人团体出庭。[1]

这些评论意味着，一个知道某句子意义的人，可能**并不**准确地知道哪些经验或观察会对它有利，而哪些会对它不利；当然，至少对某些陈述来说蒯因的观点是正确的。关于他所想东西的最好例子，是高度理论化的科学假设。人们可能理解了这条假设，并由此知道它如何在相关的科学理论中起作用，但却不准确地知道哪些可能的观察会支持或否定它；这条假设自身可能太过于抽象和理论化，以至于就其自身而言不能逻辑地蕴涵观察性预言。为了产生观察性预言，它必须与进一步的附带的陈述（它们中有一些是自身可以被观察到的）以及关于该理论的其他假设相结合。出于这种考虑，让我们设想：假设 H 通过陈述 T_n 与进一步的陈述 T_1 的结合，蕴涵与我们实际观察到的东西相违背的观察性预言。如果这些预言是假的，那么我们就会知道被用于产生预言的陈述至少有一条必须被拒斥。但究竟是哪一条呢？在蒯因看来，在此没有硬性的规则。我们需要拒斥哪一条陈述依赖于一系列的想要的东西——包括由之产生的系统的简单性，它可以被用于新的情况的轻易程度，以及它在将来可能被修订的方式。根据这幅图景，单独出现的陈述不能通过与经验的直接对比而被确证或驳倒。相反，一个陈述与经验之间的关联，通常以一个更大的被接受的事实和理论的整体作为中介。

[1]　Quine, "Two Dogmas of Empiricism," pp. 40—41.

这种结论大致可以表述如下：

　　A. 确证的单位并不是单独出现的句子或陈述，而是作为整体
　　　　的理论。

蒯因并未就此停下；从 A 中他又得出了结论 B：

　　B. 意义的单位不是单独出现的句子，而是整个理论。

因此，他以下面的评论结束了《两个教条》的第 5 节：

　　我们近来在反思，一般而言，陈述的真显然依赖于语言和语言
之外的事实；我们还注意到，这种显而易见的情形不是逻辑地但却
是极其自然地带来如下感觉：一个陈述的真可以被分析为一个语
言成分和一个事实成分。如果我们是经验主义者，那么这个事实成
分一定被归结为在一定范围内起确证作用的经验……我现在的建议
是：谈论任何单独出现的陈述的真中的语言成分和事实成分都是胡
说，而且还是很多胡说的根源。从总体上看，科学既依赖于语言也
依赖于经验；但这种双重依赖不能被显著地追溯到一个接一个的科
学陈述。

　　如上所述，在使用中定义一个符号的想法，与洛克和休谟那种
不可能的逐词逐项的经验论相比，是一种进步。从弗雷格开始，陈
述而非词项就被认为是对经验主义批判负责任的单位。而我现在的
主张是，即使以陈述为单位，我们也已经把自己的网格画得太细微
了。在经验上具有重要意义的单位是作为整体的科学。①

　　让我们慢慢考察这段话，逐步地进行改写。蒯因在开始之处表达
了对一条一般原则的赞同，

---

① Quine, "Two Dogmas of Empiricism," pp. 41–42.

……一般而言，陈述的真显然依赖于语言和语言之外的事实……

这可以被改写为（1）。

1. 一组句子的真依赖于：(a) 这些句子意味着什么，以及它们关于世界说了些什么；(b) 这些句子所说的世界存在的方式。

接下来蒯因将注意力转向人们以这条正确的一般性原则为基础，而自然会倾向于得出的一项特定结论。即

……一个陈述的真可以被分析为一个语言成分和一个事实成分……

这可以被改写成（2）。

2. 对每一个单独出现的真句子 S 而言，它的真都依赖于：(a) S 意味着什么，以及 S 关于世界说了些什么；(b) S 所说的世界存在的方式。

随后蒯因告诉我们，经验主义者一定会如何解释一个或一组句子所说的世界存在的方式这个概念。

……如果我们是经验主义者，那么这个事实成分一定被归结为在一定范围内起确证作用的经验……

这可以被改写为（3）。

3. 这个条件——一个或一组句子所说的世界存在的方式——

> 就是可以确证这个或这组句子实际发生的感觉的或观察性事件
> 的条件。

蒯因在段落末尾拒斥了（2），而表示了对（1）和（3）这两个版本的
赞同，在其中所谈论的那组句子是关于世界的科学理论。

> ……我现在的建议是：谈论任何单独出现的陈述的真中的语言
> 成分和事实成分就是胡说，而且还是很多胡说的根源。从总体上
> 看，科学既依赖于语言也依赖于经验，但这种双重依赖不能被显著
> 地追溯到一个接一个的科学陈述。

引文中的最后一段仅仅重申了上述结论，并将其放置于历史的视
角中。在这些引文里，当蒯因说到**洛克和休谟那种不可能的逐词逐项
的经验论**时，他所指的是这种观点：任何一个有重要意义的语词都代
表可能的感觉经验的一个合集，除此之外不代表任何东西。蒯因争论
道，这是一个重要的进步——特别是对经验论而言的进步——当我们
意识到人们可以"在使用中定义一个符号"，而不用将语词与任何非语
言的实体（这些实体是该语词的意义或任何它所适用的实体的集合）
结合起来时。为了**在使用中**定义一个符号，我们需要给出这样一条规
则，它规定了一个语词对自己出现于其中的每个句子的意义所做的贡
献。这种定义的一个典型范例是罗素对定冠词"the"的分析。我们同
样看到这种想法被用于如下原则：物理对象句可以依据感觉材料句而
得以分析。这种分析的关键在于，尝试规定物理对象句可以如何作为
一个整体而被翻译成相应的感觉材料句，同时不需要将每一个物理对
象语词与一个关于感觉材料的同义短语结合起来。

这就是当蒯因说出如下想法时所提到的那种进步：

> 如上所述，在使用中定义一个符号的想法，与洛克和休谟那种
> 不可能的逐词逐项的经验论相比，是一种进步。从弗雷格开始，陈

述而非词项就被认为是对经验主义批判负责任的单位。而我现在的主张是，即使以陈述为单位，我们也已经把自己的网格画得太细微了。在经验上具有重要意义的单位是作为整体的科学。

在此提到弗雷格，是因为他提供了第一个在使用中定义符号的哲学上的重要例子——尽管与罗素不同，但弗雷格自己并未将这一点与任何经验论联系起来。当蒯因谈论陈述而非词项**被认为是对经验主义批判负责任的单位**时，他谈及了（4）中的一对原则。

> 4a. 意义的主要单位是单独出现的句子；语词只有通过它们对那些句子的意义所做的贡献才能有意义。
>
> b. 一个句子的意义，应当依据可以确证它的感觉的或观察性事件来被加以理解。

无论以何种形式，逻辑实证主义者被看作是接受了这两条原则的。蒯因在引文结尾处拒绝了原则（4a）和（4b），而代之以（5a）和（5b）。

> 5a. 意义的主要单位是完整的科学理论；句子只有通过它们对那些理论的意义所做的贡献才能有意义。
>
> b. 一个理论的意义在于可以确证它的感觉的或观察性事件的集合。

这是他的如下话语在本质上的意思，

> 而我现在的主张是，即使以陈述为单位，我们也已经把自己的网格画得太细微了。在经验上具有重要意义的单位是作为整体的科学。

现在的处境要求我们后退一步，并将整幅图景拼接在一起。请再次考虑蒯因的一般性结论 B——意义的单位不是单独出现的句子，而是理论。（当然，[5a] 也表达了这一点。）这条原则的意思是什么，为什么蒯因要接受它呢？乍一看这似乎是一项奇怪的主张。它似乎暗含，除非人们已经理解了那些与 S 结合在一起形成一种理论的整个一系列其他句子，否则便不能理解一个单独的句子 S。尽管这似乎是怪异的，但我认为蒯因会接受这一点。我相信，他的论点是：为了理解 S，人们确实需要知道什么会是 S 的证据或反证。但是，一个句子和证据之间的联系一般不会是直接的，而是以其他句子作为中介的。因此，知道什么会是 S 的证据或反证，就还原为知道 S 如何在一个人的整体理论或信念系统中起作用，这种理论或系统作为一个整体而产生出观察性预言。既然知道 S 的意义就是知道什么事情会确证或驳倒 S，而且既然知道什么事情会确证或驳倒 S 就是知道 S 对一个人关于世界的整体理论产生的观察性预言所做的贡献，蒯因就得出这样的结论：S 的意义就在于，它对一个人所接受的关于科学的整个系统产生的观察性预言所做的贡献。

　　另一种得出本质上相同论点的方法是提问：为了从蒯因的前提 A 得出他的一般性结论，B 需要什么样的前提。蒯因所需要的和他所接受的，正是 C。

　　　　C. 确证的单位或主要对象，就是意义的单位或主要承担者；它的意义就是那组可以确证它的感觉的或观察性事件的集合。

　　将意义确定为证据，在本质上说就是这种确定：在被用于单独出现的句子时，意义的可证实性标准的失败，已经表明此种确定是错误的。蒯因坚称，可证实性标准的错误不在于将意义确定为证据——他未经论证地将这一点当作不言自明的真理；而在于将意义的单位定位成单独出现的句子。在蒯因看来，恰当的观点是：意义的基本单位是整个理论。

　　QT1 表达了由此而来的证实主义版本。

QT1. 整体论的证实主义（HOLISTIC VERIFICATIONISM）

　　a. 一个理论的意义 = 它所符合的可能观察的类。

　　b. 两个理论具有相同的意义，当且仅当它们符合同类的可能
　　　　观察。

　　在对这些论题的理解中，我们会认为，一个理论符合的可能观察
的类，是由该理论所蕴涵的观察性条件句的类给出的——在其中一个
条件句的前件规定了某个或某些观察性事件，而其后件则规定了一个
进一步的观察性事件。一个理论所蕴涵的所有这些条件句的集合，就
是该理论所产生的经验性预言的集合。为了使得这个理论为真，所有
这些条件句都为真这一点是必要的。为了使两个理论意味相同的事情，
它们蕴涵同样的观察性条件句这一点是必要且充分的。

　　在这种理解下，从本质上说，这些论题是那些简单、陈旧的证实
主义原则在升级后被用于理论而非单独出现的句子的产物。一旦做出
这种调整，各种推论就相对自然地出现了。蒯因在《两个教条》最后
的第 6 节里讨论了这些。

　　QT2. 我们信念的整体是一个"人工的织造物，它只在边缘之
　　　　　处紧密接触着经验"。①

　　QT3. 不管发生什么，任何陈述都可能被认为是真的（通过调
　　　　　整理论中的其他地方）。

　　QT4. 任何陈述都可以被拒斥或被认为是假的（通过调整理论
　　　　　中其他地方）。因此没有陈述可以免于修正。

QT5. 不确定性

　　对任何一个融贯的理论 T_1 和它所符合的可能的观察的类 O 来
说，都存在一个同样符合 O，却在逻辑上与 T_1 不相容的理论 T_2。

---

① 　Quine, "Two Dogmas of Empiricism," p. 42.

蒯因在第 6 节开始处提到的 QT2，只是一种断言 QT1a 的隐喻性的方式。我们信念的整体构成了一个理论或系统。这个系统只被它所做的关于经验的预言确证。确实，这个系统的意义或内容只不过是它所符合的那些潜在经验的类。QT3 和 QT4 背后的推理同样很清晰。首先请考虑 QT3。想象一个理论 T 包含一个陈述 S，S 不是观察陈述。假设 T 做出了一项错误的预言，而 S 是涉及产生这项预言的陈述之一。既然 S 自身并没有做出该预言，而只是在与该理论的其他陈述 P、Q 和 R 结合在一起时才做出该预言，那么蒯因推论说，如果人们想这样的话，他就总是可以保留 S 而拒斥附带的假设 P、Q 和 R 中的一条或多条。当然，拒斥这些可能要求一些其他的调整，但蒯因认为总是可以完成这些调整。因此，"不管发生什么"，任何（非观察性的）陈述都可以被认为是真的。

同样的推理也适用于 QT4。假设 T_1 是一种做出了正确预言的理论。同样假设 T_1 含有某种非观察性的句子 S。蒯因认为，从原则上说，无论面对何种理论，人们总是可以构造出另一种理论 T_2，使得 T_2 以一种不同的方式与 T_1 做出相同的观察性预言。事实上，T_2 总是可以被构造成这样：它能够制造出符合 T_1 的观察性预言，而在同时否定 S。如果这是正确的，那么根据 QT1b，在两个意味相同事情的理论之间，不存在为真或为假的问题可以将它们分离开——不可能其中一个做出了关于世界的真实断言，而另一个却没有。因此，任何非观察性的句子 S 总是可以在不导致错误的情况下被否定。这听上去似乎是矛盾的，但根据蒯因的看法，这只是由于我们习惯于认为句子自身具有意义，而无论它们根植于何种更广阔的理论之中。如果我们放弃这种观点并接受整体论的证实主义，那么假定没有句子可以在蒯因的意义上免于修正，就自然得多了。最后，关于 QT4 的讨论也阐释了不确定性论题 QT5——我们在对 QT4 的阐释中默默地依赖于 QT5 这个论题。

在正确地处置了蒯因的实证观点后，我们同样可以扩展他对分析 / 综合区分的批评。请回想一下，在该文 1—4 节里的原初的批评，预设了在蒯因进行写作的时代被广泛接受的如下两个论题。

T1. 所有的必然（和所有的先天）真理都是分析的。（对所有句子S来说，如果S表达了一条必然（先天）真理，那么S是分析的。）

T2. 分析性是需要解释的，合理的必然性（和先天性）也是如此。

从本质上说，蒯因的论证是：分析性不能解释必然性或使必然性合法化，因为只有在预设了必然性的情况下分析性才可以被解释和合法化。既然其中任何一个概念都不能在不预设另一个概念的情况下被合法化，那么合法化是不可能的，而且两个概念都应当因为混乱和不融贯而被拒斥。在获得了整体论的证实主义后，蒯因现在可以为他对分析/综合区分的批评增加另一层支持；他可以精准地定位出，关于这种区分的传统描述究竟错在何处。

在蒯因看来，分析/综合之分的传统辩护者（比如艾耶尔）坚持（6a—c）。

6a. 经验与单独出现的综合句的确证有关，但与分析句的确证无关。

b. 在面对任何经验时，分析句可以在不出错和不改变意义的情况下被认为是真的。综合句则不然。

c. 在不出错的情况下分析句不可能被拒斥，除非我们改变了我们用这些句子所意味的东西。综合句则可以在这种情况下被拒斥。

与此相反，蒯因关于整体论证实主义和不确定性的原则引导他去否定（6）中的断言，并用（7）中的断言来代替它们。

7a. 单独来看，经验绝不与非观察性句子的确证有关。但是，经验与所有这种句子的确证有关：它们的角色被认为是对我们关于世界的总体理论做出了贡献。

b. 在面对任何经验时，任何非观察性的句子可以在不出错和不改变意义的情况下被认为是真的（通过在别处进行代偿性的改变）。

c. 在有意义地谈论单独出现的句子的意义的范围内，我们总体理论中的改变（这种改变会涉及在人们接受和拒斥哪些句子这个问题上的改变），毫无疑问应当被视作改变了其中所有句子的意义。

一种概括蒯因在这方面对分析/综合区分批评的方式是，说他拒斥了在依赖于经验来得以确证的句子和其确证与经验无关的句子之间的截然的和确定的——人们可以说是**一种绝对的**——区分。然而，这并不意味着他认为经验同样或在同样程度上与所有句子都无关。根据蒯因的立场，我们的信念系统可以被认为是这样一张网：它只在边缘触及经验。不同的句子在这张网上占据不同的位置。如蒯因所说，有些句子在接近外围的地方。在面对新的经验时，它们是我们已经准备好去修正的，比如观察句和低级别的概括句。另一些陈述则在我们的概念框架（conceptual scheme）中扮演更核心的角色——例如，高度理论化的科学假设，甚至逻辑法则。这些陈述是我们最不愿放弃的。但是，在外围的句子与在网络中心的句子间的区别只是程度上的，而非类别上的。逻辑法则是一个极端的例子。一些哲学家设想，为了阐明量子力学，一些逻辑法则应当被修正。蒯因自己并不认为量子力学要求我们这样做，因此他主张逻辑保持原样。但是，他并没有声称以下做法是不合适的：通过提及逻辑法则在经验科学理论中的作用，来评估它们的正确和错误。

因此，蒯因最后关于分析/综合区分的批评可以被表述如下：在经验在何种程度上与不同的句子的确证有关的问题上，确实存在某种差别，但将这种差别描述为免于修正的句子（例如分析句）和不免于修正的句子（综合句）之间的差别，则是错误的。没有句子可以免于修正；相反，在此存在着一个连续统。一般被认为是分析的句子位于这个连续统的一端，而一般被认为是综合的句子则位于另一端。此外，这种区分应当在如下这种意义理论的语境中做出：在这种理论里，意义的单位是整个理论，而意义被确定为证据。

作为一个整体考虑，蒯因对分析性的双管齐下的批判在历史上影响很大。其中的原因在于，它所依赖的假定是被广泛认同的。批判的第二部分所依赖的整体论证实主义，受到逻辑实证主义者及其后继者的欢迎，他们在其中看到一种方法来营救自己以往有问题的体系中那些被认为是最重要的洞见。当然，到 1951 年相当多的其他哲学家已经不再相信实证主义，并完全放弃了证实主义。不过，大多数反证实主义的哲学家仍然认可这种观点：哲学不过就是语言分析，所有的必然性就是语言的必然性，所有的先天性都是以语言为基础的。既然这些哲学家仍然接受论题 T1 和 T2 里那种将必然性、先天性与分析性联系在一起的看法，蒯因批判的第一部分（循环性论证）对他们来说就仍是严肃的挑战。

以五十年后的眼光回顾，上述争论似乎过时了，而蒯因对分析 / 综合区分的攻击所引起的喧闹也显得难以理解。今天，无论整体论的证实主义，还是论题 T1、T2 所表达的对必然性和先天性的语言分析，其拥趸都少之又少。既然蒯因的批评依赖于他全然接受的这两条论题，那么这种批评不会再具有它曾经的重要性。但是，它的确对蒯因那个时代的哲学产生了真正的影响。

对蒯因实证观点的批判

现在我们转向蒯因在《两个教条》第 5 和第 6 节中表达的观点所引起的问题。第一个问题以一条悖论的形式出现，是将他的整体论证实主义论题与不确定性论题结合在一起的产物。[1]

---

[1]　吉尔·哈尔曼在《意义和理论》（Meaning and Theory）（*Southwestern Journal of Philosophy* 9：2 [1979]：9—20）一文中对这条悖论进行了非常有用的讨论，而这又可以追溯到芭芭拉·汉弗莱斯在她的《翻译和意义的不确定》（Indeterminacy of Translation and Theory）（*Journal of Philosophy* 67 [1970]：167—178，pp. 169—170）一文所做的观察。

悖　论

QT1. 整体论的证实主义

　　a. 一个理论的意义＝它所符合的可能观察的类。

　　b. 两个理论具有相同的意义，当且仅当它们符合相同的可
　　　能观察的类。

QT5. 不确定性

　　对任何一个相融贯的理论 T_1 和它所符合的可能的观察的类 O
来说，都存在一个同样符合 O，却在逻辑上与 T_1 不相容的理论 T_2。

从这两条原则可以得出，对任何一个融贯的理论 T_1 而言，都存在另一
个与它意味相同的事情但在逻辑上与之矛盾的理论 T_2。这是很怪异的。
人们会认为，如果两个理论意味相同的事情，那么它们在同一件事情
上应当是相容的，因此只有当一个理论自身不融贯时才会与另外那个
理论不相容——既然根据前提，T_1 是融贯的，那么情况不可能是这样。

　　但怪异之处还不止于此。在三条显然是微不足道的补充性前提的
帮助下，我们可以从 QT1 和 QT5 中推导出矛盾。请记住，我们已经使
用了这两条原则来表明，某个融贯的理论 T_1 可以在与 T_2 逻辑上不相容
的情况下与 T_2 意味相同的事情。但显然，两个意味相同事情的理论一
定对世界做出了同样的断言，也因此一定在真值上一致，而两个在逻辑
上彼此不相容的句子不可能同时为真。以下是我们的前两条补充性前提。

SP1. 如果两个理论意味相同的事情，那么它们对世界做出了
　　　同样的断言，这种情况下它们的真值不可能不同。因此
　　　其中一方为真当且仅当另一方为真；同样，一方为假当
　　　且仅当另一方为假。

SP2. 如果两个理论在逻辑上不相容，那么它们不可能都为真。

由此可以得出 T_1 和 T_2 均为假。但这是很奇怪的。当然存在着关于

某事的正确理论。这是我们的第三条补充性前提。

SP3．一些关于某些主题的理论是正确的。

有了这一点，我们可以简单地选出某个正确的理论 T_1，和某个在观察性上与之相等却在逻辑上与之不一致的理论 T_2，并像以前那样进行论证。然后我们会得出这样两种结论：T_1 和 T_2 必须都为真，因为它们拥有相同的意义；同时它们不能都为真，因为它们在逻辑上不相容。既然这是一条矛盾，那么导致它的前提中的至少一条一定是错误的。

另一种表达该悖论的方法是这样的。请考虑蒯因自己。当然，有一些他所接受并希望对此做出断言的科学理论。事实上，他也同样告诉了我们这一点。假设 T_1 是他确实接受的一种理论，那么根据他自己的不确定性论题可以得出结论：必定存在着另一个在逻辑上与 T_1 不相容的理论 T_2，它与 T_1 做出了相同的经验性预言。但现在，既然科学家蒯因因为 T_1 为真而接受它，那就必定因为 T_2 为假而拒斥它。可是这与他的整体论证实主义的哲学论题相冲突，或者无论如何，在我们接受了似乎很明显的前提 SP1 后，与该论题相冲突。因此，科学家蒯因似乎与哲学家蒯因产生了矛盾。我们必须处理的问题是，在坚持蒯因观点的精神上而非字面上意思的情况下，这种矛盾是否可以被避免，这条悖论是否可以被化解。

对这个问题，一种可能的蒯因主义的解决方案，可以沿着吉尔伯特·哈尔曼在他极富洞见性的文章《意义和理论》[①]中所提建议的线索被重构出来。该解决方案依赖于下述三条蒯因主义原则。

P1．理论是句子的集合或合取。

P2．一个句子意味着什么，以及由此它为真还是为假，这是相对于它在何种语言中被使用而言的事情。

———————

① 接下来，我重构了哈尔曼的建议，使用了与他略有不同的术语，并忽略了他所关心的某些辅助性的问题。

P3. 一个人的语词的意义，以及因此他所说的语言，都受到他
所接受的信念和句子的总体系统的影响。尤其是，一个理
论化的词项的意义，比如**电子**，依赖于人们接受哪些包含
此词项的法则。如果改变了这些法则，那么人们就改变了
这个词项的意义，以及包含它的句子及理论的意义。

我们可以通过考虑蒯因文章《论关于世界的在经验上等价的系统》
（"On Empirically Equivalent Systems of the World"）中讨论的一个简单
案例，来说明这些原则在回应我们悖论中的使用。

考虑某种理论表达，并选出其中的两个词项，例如"电子"和
"分子"。我假设它们在本质上没有出现在任何观察句中；它们只是
纯粹理论上的。现在让我们对理论表达做出如下改变：只将这些词
项清除掉。新的理论表达将在逻辑上与旧的不相容：旧的理论表达
所断言的关于所谓电子的事情会被新的否定……显然……这两种理
论表达**在经验上是等价的**——它们暗含同样的观察性条件句。①

让我们检查一下我们会如何描述这种情况。在这项检查中，我们
会使用词项**理论**来代替蒯因在引文中所使用的表达式**理论表达**——也
就是说，将它用于那些被用于进行理论工作、包括制造观察性预言的
句子的集合或合取。我们假定 T_1 是我们关于科学的标准系统，而 T_2 则
是做出了轻微修正的理论，在该理论的法则里，**电子**和**分子**被系统地
置换了。这两种理论在逻辑上是不相容的，因为 T_1 在逻辑上蕴涵了这
个（非观察性的）句子**电子是原子的组成部分，而原子又是分子的组
成部分**，但 T_2 却蕴涵这个句子的否定。有了 T_1 作为我们所熟知并信以
为真的标准科学理论，我们会拒斥与之不相容的 T_2。但是，假设我们
遇到某些生活在世界上某个孤立角落的人，他们从未学习过我们所知
道的标准的物理学，但完全靠自己发展出了一套物理学理论。非常不

---

① Quine, "On Empirically Equivalent Systems of the World", *Erkenntnis* 9 (1975):319.

可思议的是，他们琢磨出的这套理论完全就是句子的集合 T_2。当他们告诉我们这点时，我们大吃一惊。显然，他们的理论——被当作是句子的集合——与我们的不一致，因为语词**电子**和**分子**在这两个理论中是被置换过的。但是，这些理论间的不同似乎完全是语词上的。我们的新朋友用语词**电子**所意指的东西正是我们用语词**分子**所意指的，而他们用语词**分子**所意指的东西正是我们用语词**电子**所意指的。除了这些纯粹的语词上的差异外，我们在关于世界的问题上并没有什么分歧。很显然，他们用哪些语词来表达自己的观点并不重要，重要的是他们的观点究竟是什么，这些观点反映在他们的语词所意味的东西上。在类似这种情况下我们会说，尽管我们的新朋友说了一种与我们略有不同的语言，但他们在这种语言中所表达的理论与我们在自己语言中所表达的理论意味相同的事情，因此，他们做出了与我们相同的关于世界的断言。

那么，关于这两种理论 T_1 和 T_2，我们会说些什么呢？如果它们意味相同的事情，那么它们当然不会在逻辑上不相容，不是吗？但既然句子**电子是原子的组成部分，而原子又是分子的组成部分**是 T_1 中的一条定理，而其否定**情况不是这样的，即电子是原子的组成部分，而原子又是分子的组成部分**是 T_2 中的一条定理，那么这两个理论如何可能不在逻辑上不相容呢？回答这些问题的关键在于，清楚地记住一个重要的事实。这两种理论，T_1 和 T_2，仅仅被认为是我们所说的语言 L_{us} 和他们所说的语言 L_{them} 中语法上的句子的集合。既然组成这两种理论的句子在两种语言中意味相同的事情，那么在询问这些理论是否意味相同的事情以及它们在逻辑上是否不相容时，我们必须确定自己的问题与谈论的哪种语言相关。

我们可以问下述任何一个问题。

> Q1. L_{us} 中的 T_1 与 L_{us} 中的 T_2 的意义是否相同？作为 L_{us} 中句子集合的这两种理论，在逻辑上是否相容？
>
> Q2. L_{them} 中的 T_1 与 L_{them} 中的 T_2 的意义是否相同？作为 L_{them}

中句子集合的这两种理论，在逻辑上是否相容？

Q3. L_{us} 中的 T_1 与 L_{them} 中的 T_2 的意义是否相同？作为 L_{us} 中句子集合的 T_1，与作为 L_{them} 中句子集合的 T_2，在逻辑上是否相容？

对这些问题的回答如下：

A1. 既然我们同意 T1 在 L_{us} 中为真，但认为 T2 在 L_{us} 中为假，那么这两种理论在 L_{us} 中就不意味着相同的事情（即使它们恰好蕴涵同样的观察性条件句，并因此做出等同的观察性预言）。此外，既然 T2 包含一条作为 T1 中某定理的否定的定理，那么被当作 L_{us} 中句子集合的这两种理论在逻辑上就是不相容的。

A2. 既然他们同意 T2 在 L_{them} 中为真，但认为 T1 在 L_{them} 中为假，那么这两种理论在 L_{them} 中就不意味着相同的事情（即使它们恰好蕴涵同样的观察性条件句）。此外，既然 T2 包含一条作为 T1 中某定理的否定的定理，那么被当作 L_{them} 中句子集合的这两种理论在逻辑上就是不相容的。

A3. 既然 T1 被理解为 L_{us} 中句子的集合，T2 被理解为 L_{them} 中句子的集合，而它们只在语词上有差别，那么 L_{us} 中的 T1 与 L_{them} 中的 T2 的意义是相同的。但是，在这种理解下，T1 和 T2 不是在逻辑上不相容的；只有当句子或句子的集合被当作属于同一种语言时，它们才可能在逻辑上不相容。

这是一个蒯因主义者会在哈尔曼的建议下，利用原则 P1—P3，对问题 Q1—Q3 做出的自然的回答。而且作为对这种特殊情况的描述——仅仅涉及语词**分子**和**电子**的置换——这些答案似乎是正确的。既然在这种情况下，我们对 T_1 中句子的使用，与我们的朋友在 T_2 中对相应句子的使用，在每个方面都相符，那么 L_{us} 中 T_1 的意义显然与 L_{them} 中 T_2 的意义相同。然而，关于蒯因主义的令人吃惊的事情是，他将这种例子当作是范式。他认为，无论两种理论 T_a 和 T_b 会如何不同，无论这两种理论的拥趸可以如何不同地使用其中单独出现的句子，只要这些理论蕴涵相同的观察性条件句（以及做出同样的观察性预言），那么某些人所接受的语言中 T_a 的意义，就与另一些人所接受的语言中 T_b 的意义相同。它们之间的不同只是纯粹语词上的。在蒯因主义者看来，在它们之间的选择与实质毫无关系，而只关系到人们发现哪种语言使用起来最简单、方便和有效。在做出同样观察性预言的理论之间做出理论上的选择，这变成了语言之间在实用性上的选择。这就是蒯因基于整体论证实主义的实用主义。

考虑到这些，我们可以这样陈述对最初悖论的蒯因主义解决方案。矛盾出自蒯因主义最初的原则 QT1 和 QT5，加上补充性前提 SP1—SP3。

QT1．整体论的证实主义

　　a．一个理论的意义＝它所符合的可能观察的类（得自该理论蕴涵的观察性条件句的类）。

　　b．两个理论具有相同的意义当且仅当它们符合同类的可能的观察（也即，当且仅当它们蕴涵同类的观察性条件句）。

QT5．不确定性

　　对任何一个相融贯的理论 T_1 和它所符合的可能的观察的类 O 来说，都存在一个同样符合 O，却在逻辑上与 T_1 不相容的理论 T_2。

　　SP1．如果两个理论意味相同的事情，那么它们对世界做出了同样的断言，这种情况下它们的真值不可能不同。因此其中一方为真当且仅当另一方为真；同样，一方为假当且仅当另一方为假。

　　SP2．如果两个理论在逻辑上不相容，那么它们不可能都为真。

　　SP3．一些关于某些主题的理论是正确的。

我们已经调查过的蒯因主义对这种悖论的解决方案是，放弃最初的整体论证实主义式子 QT1，并将其替换为该论题下述更弱的版本 QT1'。

QT1'. 较弱的整体论的证实主义

a. 一个为某些人所接受的语言中理论的意义 = 它所符合的可能观察的类（得自该理论蕴涵的观察性条件句的类）。

b. 一个为某些人所接受的语言中的理论 T_1 的意义 = 一个为某些人所接受的语言中的理论 T_2 的意义，当且仅当 T_1 和 T_2 符合同类的可能的观察（也即，当且仅当它们蕴涵同类的观察性条件句）。

而不确定性论题 QT5 则无需本质上的改变，但可以仅仅进行如下澄清以避免歧义。

QT5'. 不确定性

对任何一个在为某些人所接受的语言 L_1 中相融贯的理论 T_1，以及它所符合的可能的观察的类 O 来说，在 L_1 中都存在一个同样符合 O，却在逻辑上与 T_1 不相容的理论 T_2。

悖论就这样被阻止了，因为整体论证实的弱化版本并不蕴涵如下结论：在 L_1 中与 T_1 恰恰拥有同样观察性后承的理论 T_2，与在 L_1 中的 T_1 拥有相同的意义——在此 L_1 是那些接受 T_1 人所说的语言。像我们在关于该悖论的最初表述中所假设的那样，如果 T_1 在 L_1 中为真，那么 T_2 在 L_1 中就为假，而根据 SP1，在 L_1 中 T_2 的意义就与 L_1 中 T_1 的意义不同。① 不过，L_1 中 T_2 的意义究竟是什么？整体论证实主义的弱化

---

① 根据我们对其他原则的重述，SP1 现在可以被陈述如下：如果 L 中的 T 与 L' 中的 T' 意味相同的事情，那么 L 中的 T 所做的关于世界的断言就与 L' 中 T' 所做的关于世界的断言相同，这种情况下 L 中的 T 与 L' 中 T' 的真值不可能不同。SP2 则是：如果同一个语言中的两个理论在逻辑上不相容，那么它们在该语言中不可能都为真。

版本并没有给出回答。但无论它的意义是什么，都不会是 T_1 在 L_1 中的意义。L_2 的情况也完全如此。既然 T_2 在 L_2 中与 T_1 在 L_1 中意味相同的事情，那么 SP1 与 L_1 中 T_1 的真便一起保证了 T_2 在 L_2 中为真。因此，T_1 在 L_2 中为假，而且它在 L_2 中的意义与 T_2 在 L_2 中的意义不同。和以前一样，整体论证实主义的弱化版本并没有谈论在 L_2 中错误的理论 T_1 的意义。甚至没有说，在 L_1 中错误的 T_2 的意义与在 L_2 中错误的 T_1 的意义是否相同。蒯因主义者或许是想提醒我们，在不能言说之处必须保持沉默。

我想，在为了蒯因的利益而对产生自他最初原则的悖论所构建的回应中，这是我们能做得最好的了。我们最后采取的立场既是融贯的，又是蒯因主义的。可是它正确吗？在此，我们可能使自己满足于如下三条批评性的观察。

第一，即使整体论证实主义的弱化版本，也几乎没有获得实证性的辩护。诚然，在**电子－分子**的例子中，两种理论在事实上都意味相同的事情，并蕴涵相同的观察性条件句。可它们意味相同的事情是**因为**它们蕴涵相同的观察性条件句吗？无论蒯因自己还是其他蒯因主义者都没有认真地去尝试说明这一点。此外，还存在其他可能的解释。像很多哲学家认为的那样，如果意义取决于用法，那么两种理论明显意味相同的东西这项事实，就应当被归因于如下事实：组成它们的句子可以被一一对应起来；在这种对应关系中，成对的句子被两种理论的拥趸在各自的共同体中以完全相同的方式使用。如果这是对上述例子的正确解释，那么当两种非常不同的理论不能被安置在这种对应关系中时，即使蕴涵相同的观察性条件句，它们（在各自的共同体中被使用时）的意义可能也不同。为了确证弱化版本的整体论证实主义，人们需要排除这种可能性。但这项工作迄今还未完成。

第二，被用来避免最初悖论的弱化版本的整体论证实主义，并不足够一般化。如我们所见，关于那些理论在其不被接受的语言中的意义，它缄默不语。既然关于这些理论的句子是这些语言中的完全有意义的句子，那么这些理论自身在这些语言中也必须有自己的意义。此外，根据弱化版本的整体论证实主义，上述意义不能被等同为这些理论所蕴涵的观察性预言。弱化版本的证实主义的拥趸没有回应如下这种挑战，而这种挑战正是要阐明：这些理论的意义是什么，为什么有些理论的意义被确定为它们的观察性预言的总体，而另一些理论的意义却是某种非常不同的东西。

最后，最初的悖论可能并未被完全摒除。我们设想的解决方案，使得某语言中一种理论的意义依赖于说该语言的人是否接受它为真。但说话者无论在经验还是逻辑上都不是无所不知的，而有时句子的集合或理论会拥有一些未被说话者注意或认出的逻辑属性。考虑到这些，请看如下这种可能的情形。T_1 是关于某个领域的一种正确的理论。T_2 则是与 T_1 蕴涵相同的观察性条件句的集合，但与 T_1 在逻辑上不相容（尽管可能不那么明显）的另一种理论。在这种情况下，某个特定的说话者 x 相信，这两种理论在观察性上是等同的，而且它们的所有预言均为真。但是，x 没有注意到它们的不相容性，并错误地认为它们是彼此相一致的。因此，x 认为 T_1 和 T_2 均为真。这样一来，x 所说的语言 L 既是某个接受 T_1 的人所说的语言，也是某个接受 T_2 的人所说的语言。这足以让我们重塑一种关于弱化版本的整体论证实主义的悖论，以取代关于蒯因原初版本的悖论。根据这种弱化的版本，即使这两种理论在 L 中逻辑上不相容，它们在 L 中仍然具有相同的意义（因此，根据 SP1，它们在 L 中具有相同的真值）。当然，这是不可能的。如果最初的悖论表明，蒯因原初版本的整体论证实主义不正确，那么可想而知，悖论的重塑版就表明，弱化版本的整体论证实主义仍然不正确。当然，人们可以尝试避免这种结果：可以就如下主张进行辩论，即两种理论真的可以用我们在此所想象的方式彼此相关；或者，人们可以声称，在任何这种情况下，施事者 x 都在没有意识到的情形下说着与每种理论相应的两种不同的语言，并在这两种语言间摇摆不定；又或者，人们可以寻找某种更弱版本的整体论证实主义，以避免由上述情景提出的反驳。所有这些回应在理论上都是可能的。但随着整体论证实主义变得如此怪诞，人们不得不去想，既然它在错误的轨道上，那么就应当全然放弃它。

蒯因成问题的经验主义遗产

到这里，我将悬置关于由这条悖论引起争论的进一步的问题，并着手处理涉及蒯因整体论证实主义更广泛的哲学重要性的争论。我已经建议，将他的立场看作早先证实主义者所开创工程的延伸。既然蒯因赞同证实主义者关于将意义确定为感觉证据的看法，那么人们可能想知道，早先证实主义者对形而上学的极端批评，是否也遗留给了蒯因。

为了看清这一点，我们从一个简单的例子开始。请考虑一种由我们所知的物理学构成的理论 T，其中可能包含的各种不融贯之处已经被清除了。假定 D 是 T 所蕴涵的观察性条件句的集合。现在设想有另一种理论 T+，它与 T 的不同只在于加上了一些关于上帝、神圣目的和人类与神性间关系的纯粹的形而上学断言。让我们假设，这些形而上学断言的增加并未改变该理论在逻辑上所蕴涵的观察性条件句。因此，T 和 T+ 蕴涵同样的观察性条件句的集合 D，并做出了同样的观察性预言。有了所有这些，蒯因的整体论证实主义会告诉我们，T 和 T+ 意味相同的事情，而且做出了关于实在的相同断言（在某些为人们所接受的语言中）。因此，在增加这些导致了 T+ 的形而上学陈述时，我们并未增加任何关于实在的进一步的断言。T+ 中额外的句子是无用的，没有任何新的内容。我想，根据这一点，存在着拒斥它们的实用上的根据——因为它们没有起到任何作用。但即使人们没有意识到这一点，或因为发现它们是令人愉悦的而没有拒斥它们，它们也没有提出任何关于实在的争论，是完全微不足道的。当然，这种蒯因主义的结论是艾耶尔所乐于接受的。像艾耶尔可能认为的那样，**一个赞同物理学却又同时接受了关于上帝陈述的人，不过就是一个仅仅赞同物理学的人；这就像是，他所赞同的东西以一种令人慰藉的语调，说出了关于物理学命题的断言**。① 在所有形而上学断言都可以被这样处理的范围内，

---

　　①　请比较艾耶尔在 *Language, Truth, and Logic* 一书第 107 页中关于**偷钱是错误的**（*You acted wrongly in stealing that money*）的注解。

人们可以在蒯因整体论证实主义的框架下，重构早先证实主义者对形而上学的一般性攻击。如果这项工程可以行得通，那么证实主义者拒斥传统形而上学的大部分精神，可以被视作是被蒯因的实证论题证明是正确的。

　　蒯因自己似乎将这种攻击的战线推进到更极端的结论，这种结论与关于物理对象的存在及其本质的传统哲学问题有关。他在《两个教条》第 6 节中告诉我们，所有的物理对象都是"神话"，堪比荷马诸神。我们被告知，二者之间唯一显著的差别就是，物理对象的**神话**比拟人化的诸神更有用。此外，它在一个特殊的方面特别有用。蒯因说：

　　　　作为一个经验主义者，我仍然把科学的概念框架看作这样的：从根本上说，它是一种根据过去的经验来预测未来经验的工具。物理对象是作为方便的媒介而从概念上被引入它的位置上的——不是依据经验来定义，而只是作为一种在认识论上堪比荷马诸神的、不可被还原的设定物。对我来说，作为物理学的外行，我确实相信物理对象而不相信荷马的诸神；而且我认为，这种相信的反面是一种科学上的错误。但就认识论的立场而论，物理对象和诸神之间的区别只是程度上的，而非种类上的。这两种实体只是作为某种文化上的设定物而进入我们的观念之中的。物理对象的神话之所以在认识论上比其他大多数神话优越，是因为作为一种把可操作的结构置入经验之流的手段，它被证明是比其他神话更灵验的。①

在说"物理对象的神话"是有用的的时候，蒯因的意思是，依据物理对象对科学法则进行的陈述，是一种对感觉经验做出预言的有效方式。我们可以用下述方式阐述蒯因的论点。我们日常的物理学理论 T，可以被认为是对我们自己的感觉经验做出预言的一套精致的机制。但是，我们不应该认为 T 是做出这些预言的唯一方式。蒯因似乎相信，从原则上说，构造另一种可供选择的理论 T- 是可能的——这种理论完全没

① 第 44 页。

有谈论物理对象，而是直接依据感觉经验来陈述所有的法则。假设我们可以想象这样一种理论。我们的想法就是：T 和 T- 可以在使用非常不同的理论工具的情况下，做出关于感觉经验的相同预言。既然这些理论符合同类的可能的感觉证据，那么整体论证实主义告诉我们，它们做出了关于实在的相同断言。因此，那种随意使用物理对象言谈的理论，（在某个人所接受的语言中）实在没有说出比那种（在某个人所接受的语言中）仅仅使用感觉材料语言的理论更多的东西。

根据这幅蒯因主义的图景，T 和 T- 在对待客观事实上没有任何不同。因此，在它们之间做选择的唯一依据是实用性。问题不在于哪种理论是真的、正确的或精确的——二者都符合这些，相反，问题在于，面对二者都可以做出的关于感觉经验的预言，哪种理论的装置是得出这种预言最简单和最有效的工具。蒯因的回答是：使用了物理对象语言的理论最符合这些德行。但是，他又不辞劳苦地指出，这是物理对象理论更为优越的唯一一个方面。

以下是 1948 年的另一篇文章《论何物存在》（"On What There Is"）中的引文。

> 由于无数散落的感觉事件与单个的所谓的对象联系在一起的方式，物理学概念框架使我们关于经验的记述简单化了……物理对象是被设定的实体，这些实体使我们关于经验之流的记述变得丰富而简单，正如无理数的引入使运算法则变得简单一样。从一种只包含有理数的基本运算的概念框架的观点看，包含有理数和无理数的更为广泛的运算，便具有这种方便的神话的身份，它比字面真理（即关于有理数的运算）更简单，而且将这种字面真理作为自己的一个分散的部分。同样，从现象主义的观点看，物理对象的概念框架是一种方便的神话，比字面真理更简单，而且将这种字面真理作为自己的一个分散的部分。①

---

① Quine, "On What There Is," *Review of Metaphysics* 2 (1948): 21—38; reprinted in Quine, *From a Logical Point of View*, rev. 2nd ed. (Cambridge, MA: Harvard University Press, 1980), 1—19, at pp. 17—18.

在此，蒯因发展出一种平行关系。关于本质的现象主义的——也即感
觉材料——理论与关于本质的物理主义理论的关系，类似于关于有理
数（换言之，可以被写成分数的数字）的算术理论与包含有理数和无
理数（比如 2 的平方根）的更广泛的理论的关系。蒯因接近了这样的
说法：字面真理被关于有理数的理论和关于本质的现象主义理论所表
达。更广泛的算术理论只是陈述同样的字面真理的简化方式；以此类
推，更广泛的关于本质的物理主义理论，也只不过是表达关于本质的
字面真理的简化方式，而这种真理同样被现象主义理论所表达。①

　　值得注意的是，蒯因在发表于《哲学评论》杂志（*Philosophical
Review*）中《经验论的两个教条》的原初版本里，以更详尽的方式提
出了同样的类比。但他在重印于《从逻辑的观点看》中的版本，则删
去了对这种类比的讨论，据他说，这是因为，这与该书中同样出现的
《论何物存在》里所引的章节重复了。② 这种删除是令人惋惜的，因
为在《两个教条》中关于这种类比讨论的原初版本，比《论何物存在》
中的更广泛和更富于启发性。以下是相关段落：

　　　　请设想，出于类似的缘故，我们获得了有理数。我们发展出一

---

　　① 蒯因后来对此感到不安。在《从逻辑的观点看》1980 年版前言中（第 viii 页），
他写下了这样的关于上述引文的话："但我要在这个前言里借机提出一些忠告。一是，
无论在原则上还是动机上，《论何物存在》都不是唯名论的。我更关心的是对本体论的
归属，而非对它的评价。此外，在那篇文章以及《两个教条》中，我在把物理主义的
设定物比为荷马诸神时，谈论的都是认识论而非形而上学。设定的对象可以是真实的。
如我在别处所写的那样，称一个设定物是一种设定并不会令其屈尊。"对我而言，写
于事后三十二年的这段话更像是深思熟虑之言，而非简单的说明文字。无可否认，物
理对象的"实在性"和涉及物理对象语言的陈述的真理性，在 1948 年是人们所乐于承
认的。但有了蒯因对整体论证实主义的承诺，加上他对用于测试诸理论的对经验的现
象主义刻画，这种承认的内容就没有多么了不起了。在《设定物和实在》（"Posits and
Reality"）中，蒯因试图（在我看来这并不十分成功）更早地处理这些问题，该文（据
他说）写于 1955 年，首次发表于 1960 年，又收录在蒯因的 *The Ways of Paradox and
Other Essays*（New York：Random House，1966）中。

　　② 参阅《本书各篇论文的出处》（"Origins of These Essays"），载于 *From a Logical
Point of View*，第 169 页。

种代数理论来对它们进行推理，但我们发现这麻烦到令人觉得不便，因为一些如平方根这样的函数在被代入某些变量时没有值。然后发现，我们的代数规则，可以通过在概念上将一些虚构实体——可以被称作无理数——加入我们的本体论中来加以简化。**我们从头至尾仍然真正感兴趣的，都是有理数**；但是我们发现，通过**假装**无理数也存在，我们通常可以更快速、更简洁地从关于有理数的一条规则达到另一条规则。

我认为，这是对无理数的引入和其他关于数字系统的扩展的公平记述。如下事实与我的类比无关：无理数的神话地位，最终为狄德金－罗素的版本——他们认为无理数是有理数的某种无穷的类——让路。既然实在被限制在有理数的范围内而没有被扩展到有理数的类，那么那种版本无论如何是不可能的。

现在我的建议是：经验类似于有理数；而物理对象则类似于无理数，它们是设定物，仅仅起到简化我们对经验的处理的作用。物理对象不能被还原为经验，就像无理数不能被还原为有理数一样，但将它们编入我们的理论中，这使我们可以更容易地从关于经验的一条陈述达到另一条陈述。

我认为，对物理对象的设定与对无理数的设定之间的显著差别，仅仅在于以下**两点**。第一，与在数字的情况下相比，在物理对象的情况下，简化的因素更具有压倒性；第二，我料想，在语言中对物理对象的设定有着更久远的年代，甚至是自语言诞生起就有的。因为语言是社会性的，所以它的发展依赖于主体间性的指涉（intersubjective reference）。①

如果我们在蒯因所似乎意图的那种意义上来严肃地对待这种类比，那么我们会得出以下观点：

---

① Quine, "Two Dogmas of Empiricism," pp. 41—42，着重号为我所加。

(i) 关于本质的现象主义理论，告诉了我们全部的真理，而且
除此之外没有告诉我们任何事情；

(ii) 现象主义理论所论及的那些要素——也就是说，感觉经验
或感觉材料——是"我们从头至尾仍然真正感兴趣的"；

还有：

(iii) 对物理对象的谈论只能以如下方式被辩护：这是一种对
我们所真正感兴趣的东西——感觉材料或感觉经验——做
出预言的极为简便的方法。在设定物理对象时，我们"假
装"这些东西真的存在，将其作为我们更简便地预言感觉
经验的工具。

　　根据我的判断，这些观点定位了蒯因在 1951 年所采取的立场，这
种立场处于一种长期而显著的经验主义传统——这种传统是关于哲学
中的错误的——的终点处。我们已经看到，为了将逻辑实证主义者所
捍卫的一种关于意义的经验主义观点中的一项关键成分，扩展和重塑
为一种整体论证实主义，蒯因是如何接受了这项关键成分。而整体论
证实主义原则反过来又引导他接受自己扩展和重塑的、实证主义者关
于物理对象的还原主义计划中的那项核心要素。蒯因所属的这种还原
主义和经验主义传统，可以被刻画为三个发展阶段。在贝克莱那里，
意义或分析的基本单位是词项，实在的基本要素——词项被用于谈论
这种要素——是感觉材料，而物理对象被刻画为感觉材料的集合。在
罗素和艾耶尔那里，意义的基本单位是句子，实在的基础性要素（至
少在他们的现象主义阶段）仍然是感觉材料，而物理对象被说成是感
觉材料的逻辑构造——这意味着，那些声称是关于物理对象的陈述，
应当被认为可以转换成关于感觉材料的陈述。当我们来到蒯因的《论
何物存在》和《两个教条》时，我们得知，意义的基本单位是整个理
论，而感觉材料或感觉经验是在实在中"我们真正感兴趣的"事情，

物理对象则是神话或理论设定物，"与荷马诸神一样"——这意味着物理对象理论与现象主义理论有着同样的内容，它们对感觉经验做出了相等同的预测。彻头彻尾的新瓶装旧酒。

由此，一些古老难题的出现就不足为奇了。例如，请考虑他人问题。假设蒯因所说的关于物理对象的所有东西，都适用于他们。当然，我们是通过知道他人的身体而了解他们的。因此，任何关于认为物理对象是方便的神话的理由，似乎都是认为他人是方便的神话的理由。换言之，如果 T 是这样一种理论：它对我们自己的感觉经验做出观察性预言，但完全没有承认他人的存在，而 T* 则在做出同样的预言时考虑到他人，那么根据蒯因的看法，这两种理论应当具有相同的意义，并因此在所有关于客观事实的问题上一致。改写一下蒯因关于物理对象的说法，就是这样——亲爱的读者，你们只不过是在认识论地位上与荷马诸神一样的方便的神话。①

我不希望你们中的任何人接受这种观点。而如果你不接受它，那么你必须至少拒斥导致它的蒯因主义论题中的一项。它们是：无论强还是弱的整体论证实主义；材料对我们关于本质的理论的不确定性；这种将材料陈述——该陈述被用于详述诸理论的内容——刻画为报道了私人感觉经验的陈述而非关于公共对象的陈述的刻画。面对这些选择，多数人会自然地至少放弃这些论题中的最后一项。蒯因自己也正是这样做的；无论如何，在二十世纪五十年代早期后，他几乎不再谈论私人感觉经验或现象主义的本体论。为了捍卫整体论证实主义，人们可以选择放弃感觉材料陈述，并将观察陈述刻画为物理对象陈述的一个子类。如果人们这样做了，那么一些对蒯因主义整体论而言最为糟糕的问题就一扫而光了——与此一同消失的，还有关于神话和荷马

---

① 蒯因在《设定物与实在》中意识到这个问题，并试图解决它。我并不认为他是完全成功的，因为他究竟希望拒斥掉哪一条将他导向这种结论的核心原则，这并不十分清楚。确实有一些段落似乎在暗示对感觉材料依赖的减弱，但即使这些引入也并不十分清楚。

诸神的令人激动的讨论。

但我们该在何处停下来呢？根据整体论证实主义，如果报告了对物理对象的日常、孤立的观察的陈述可以扮演这样的材料陈述——这种陈述赋予理论以经验性内容——的角色，那么我们应当走多远？使用了放大镜的观察还算数吗？双筒望远镜、单筒望远镜、显微镜、电子显微镜、射电望远镜、盖格计数器（Geiger counters）、X光机的情况又如何呢？我们在理论的观察性基础中囊括进的东西越多，关于理论中非观察性部分的整体论证实主义，就会变得越不彻底也越无趣。人们想问，是否可以有任何原则性的基础，用来在观察性和非观察性之间做出区分，由此使得更弱化的整体论证实主义变得可信？

考虑到这些，请再看一下对蒯因实证主义观点的最终反驳。蒯因提出了一种关于意义的一般性理论，并设想这可以放之四海而皆准。但如果我们将他关于意义的哲学观点用于其自身，将会发生什么呢？和以前一样，假定 T 是我们关于世界的总体科学理论。TQ 是将蒯因的哲学观点加在该理论上所产生的结果。而 T ~ Q 则是将蒯因的哲学观点的否定加在 T 上所产生的结果。这些理论做出了不同的观察性预言吗？如果是这样，那么蒯因应当指出它们，而我们则随之可以决定他的哲学是否应当被接受。尽管蒯因时不时地做出一些这方面的姿态①，但他从未以一种认真或系统的方式来进行这种尝试——这或许是因为，无论他的哲学还是其反面，在做出关于世界的观察性预言问题上，都没有扮演非常直接和重要的角色。如果诚然如此，那么这三种理论——不包含任何哲学的理论、包含了蒯因哲学的理论和包含了蒯因哲学之否定的理论——都做出了差不多同样的观察性预言。根据整体论证实主义，这就是说它们意味着差不多同样的事情，并因此在它们各自的拥趸所说的语言中，做出了差不多同样的关于世界的断言。如果这是正确的，那么蒯因的哲学应当被这样看待：在那些关于上帝、绝对等句子被称作是空洞的意义上，它实质上也差不多是空洞的。毫

---

① See "Epistemology Naturalized," in Quine, *Ontological Relativity and Other Essays* (NewYork and London: Columbia University Press, 1969).

无疑问，这里有一些错误。恐怕很难抗拒这样的结论：出错的是蒯因的整体论证实主义本身。

关于第五部分的拓展阅读

讨论的主要一手文献

Grice, H. P., and P. F. Strawson. "In Defense of a Dogma." *Philosophical Review* 65 (1956); reprinted in James F. Harris, Jr., and Richard H. Severens，eds., *Analyticity* (Chicago: Quadrangle Books, 1970).

Quine, W. V. "On What There Is." *Review of Metaphysics* 2 (1948): 21—38; reprinted in Quine, *From a Logical Point of View*, rev. 2nd edition (Cambridge, MA: Harvard University Press, 1980).

——. "Two Dogmas of Empiricism." *Philosophical Review* 60 (1951); revised and reprinted in Quine, *From a Logical Point of View* (Cambridge, MA: Harvard University Press, 1953, 1961, 1980).

补充性的一手文献

Quine, W. V. "Epistemology Naturalized." In *Ontological Relativity and Other Essays* (New York and London: Columbia University Press, 1969).

——. "On Empirically Equivalent Systems of the World." *Erkenntnis* 9 (1975): 313—328.

——. *The Philosophy of Logic*. Englewood Cliffs, NJ: Prentice Hall, 1970.

——. "Posits and Reality." Reprinted in *The Ways of Paradox and Other Essays* (New York: Random House, 1966).

——. "Truth by Convention." First published in O. H. Lee, ed., *Philosophical Essays for A. N. Whitehead* (New York: Longmans, 1936); reprinted in H. Feigl and W. Sellars, eds., *Readings in Philosophical Analysis*

(New York: Appleton, 1949); in P. Benacerrafand H. Putnam, eds., *Readings in the Philosophy of Mathematics* (Englewood, NJ: Prentice Hall, 1964); and Quine, The Ways of Paradox (New York: Random House, 1966).

进一步阅读的材料

Harman, Gilbert. "Meaning and Theory." *Southwestern Journal of Philosophy* 9:2 (1979): 9—20.

译后记

　　索姆斯教授这部著作的重要性无需多言。在该书出版十余年后，我们能够有机会将其译为中文出版，或许在一定程度上有助于国内相关领域的研究。正如作者本人所说，本书既可以用作教材，也可以作为研究的材料。由于种种原因，一些重要的分析哲学家未能被囊括进来，这也是一大遗憾之处。幸运的是，在作者出版的新书《哲学的分析传统》(*The Analytic Tradition in Philosophy*) 中，像弗雷格这样重要的哲学家已被加入进来。

　　全书第一卷一共包含五个部分，其中第一部分（关于摩尔）和第四部分（关于逻辑实证主义）由仲海霞翻译，第二部分（关于罗素）、第三部分（关于维特根斯坦）和第五部分（关于蒯因）由张励耕翻译。由于仲海霞无暇参与，第二卷由张励耕独自翻译。必须要说明的是，在我们的翻译中，无论具体的术语还是语言风格都可能有不尽一致之处。尽管我们已经尽量避免此类情况的出现，但这种差异还是会存在并可能给阅读带来一定的问题。在此也请各位读者见谅。

　　原书中有一份索引，但在中文版中已无实际作用，故而略去。

　　囿于译者自身能力，本书的译文必定还有各种问题或难以令人满意之处。希望大家给予批评和指正，以共同推进国内分析哲学的研究。

　　北京大学的韩林合老师和李麒麟老师对本书的翻译工作给予了很大帮助。首都师范大学的叶峰老师在百忙之中抽出时间为本书作序，并详细阐述了一些相关的学术问题，无疑为本书增色很多。华夏出版社罗庆编辑也为本书做了诸多工作。我们在此表示衷心的感谢。

图书在版编目（CIP）数据

20 世纪分析哲学史. 1，分析的开端/（美）司各特·索姆斯（Scott Soames）著；仲海霞，张励耕译. --北京：华夏出版社，2019.5（2020.10 重印）

书名原文：Philosohical Analysis in the Twentieth Century: the Dawn of Analysis

ISBN 978-7-5080-9602-5

Ⅰ. ①2… Ⅱ. ①司… ②仲… ③张… Ⅲ. ①分析哲学－哲学史－世界－20 世纪 Ⅳ. ①B089-091

中国版本图书馆 CIP 数据核字（2018）第 254237 号

Philosophical analysis in the twentieth century, volume 1: the dawn of analysis / by scott soames / ISBN:0-691-11573-7

版权所有翻印必究

北京市版权局著作权合同登记号：图字01-2013-6858号

20 世纪分析哲学史（第一卷）

作 者	［美］司各特·索姆斯	
译 者	仲海霞 张励耕	
责任编辑	罗 庆	
责任印制	顾瑞清	

出版发行	华夏出版社有限公司	
经 销	新华书店	
印 装	三河市万龙印装有限公司	
版 次	2019 年 5 月北京第 1 版	2020 年 10 月北京第 2 次印刷
开 本	720×1000 1/16 开	
印 张	29.75	
字 数	411 千字	
定 价	128.00 元	

华夏出版社有限公司 地址：北京市东直门外香河园北里 4 号 邮编：100028

网址：www.hxph.com.cn 电话：（010）64663331（转）

若发现本版图书有印装质量问题，请与我社营销中心联系调换。